中国社区矫正

惩罚功能正当性研究

刘 政 著

ZHONGGUO SHEQU JIAOZHENG
CHENGFA GONGNENG ZHENGDANGXING YANJIU

法律出版社 LAW PRESS·CHINA
北京

图书在版编目(CIP)数据

中国社区矫正惩罚功能正当性研究 / 刘政著. -- 北京 : 法律出版社, 2023
ISBN 978 - 7 - 5197 - 7451 - 6

Ⅰ. ①中… Ⅱ. ①刘… Ⅲ. ①社区－监督改造－研究－中国 Ⅳ. ①D926.74

中国版本图书馆 CIP 数据核字(2022)第 249209 号

中国社区矫正惩罚功能正当性研究
ZHONGGUO SHEQU JIAOZHENG CHENGFA GONGNENG ZHENGDANGXING YANJIU

刘 政 著

责任编辑 李 群 赵雪慧
装帧设计 汪奇峰

出版发行 法律出版社
编辑统筹 法规出版分社
责任校对 张红蕊
责任印制 耿润瑜
经　　销 新华书店

开本 710 毫米×1000 毫米 1/16
印张 20.5 **字数** 320 千
版本 2023 年 3 月第 1 版
印次 2023 年 3 月第 1 次印刷
印刷 北京虎彩文化传播有限公司

地址:北京市丰台区莲花池西里 7 号(100073)
网址:www.lawpress.com.cn
投稿邮箱:info@lawpress.com.cn
举报盗版邮箱:jbwq@lawpress.com.cn

销售电话:010 - 83938349
客服电话:010 - 83938350
咨询电话:010 - 63939796

书号:ISBN 978 - 7 - 5197 - 7451 - 6
定价:76.00 元

凡购买本社图书,如有印装错误,我社负责退换。电话:010 - 83938349

序

社区矫正作为一项新兴的非监禁刑罚执行制度，是当今世界现代刑罚文明进步的重要成果和重要标志，在国际社会法治建设的历史进程中，对于促进国家治理和社会治理的现代化、法治化和文明化，已经越来越显现出其独特而重要的作用。

我国社区矫正作为从国外借鉴引进的一项新型非监禁刑罚执行制度，随着国家民主法治建设的发展而发展，随着国家刑事司法制度的完善而完善，自2003年启动社区矫正试点和2014年全面推进社区矫正工作以来，全国社区矫正工作经历了一个从无到有、从小到大、从点到面的发展过程。尤其是2020年我国《社区矫正法》的颁布和实施，标志着我国社区矫正工作已经进入一个依法规范、依法运行和依法保障的法治建设新阶段。目前，社区矫正制度建设虽然已经取得较大进展和较好效果，但由于起步较晚、基础较弱等原因，特别由于受传统刑罚理念和传统刑罚体制的诸多束缚与影响，我国现代社区矫正还存在某些法律缺陷和制度弊端。其中一个牵动全局的突出问题，就是由于社区矫正的刑罚本质偏离，已经导致有些地方产生社区矫正惩罚功能缺失现象或泛滥现象，从而异化了对社区矫正公平正义的社会观念，引发了对社区矫正惩罚功能的社会质疑，并在某种程度上影响着社区矫正制度的有效实施。故而，加强社区矫正惩罚功能正当性的理论研究和实践探索，应当成为当前我国法学界与实务界高度关注和亟待破解的重要课题。

刘政博士所著的《中国社区矫正惩罚功能正当性研究》一书，作为国家社科基金青年项目的研究成果，为我国法学界、法律界正在兴起的社区矫正惩罚功能正当性研究提供了有益的研究视角、研究观点和研究路径。例如，该书通过进行社区矫正惩罚功能正当性的法理重塑研究，致力于创新以正当性、必要性、合法性、适度性为核心意涵的惩罚功能现代理念，消除单纯报应主义或单纯功利主义的惩罚功能理论误区，构建刑罚惩罚性与刑罚恢复性并重的惩罚功能理论模式，实现社区矫正惩罚功能正当性的理性回归，努力为社区矫正惩罚功能建设提供理论依据，这对于当前深入进行社区矫正惩罚功能正当性的研究，具有较高的学术价值。又如，该书通过社区矫正惩罚功能正当性的法律重构，着力于修补惩罚功能的法律缺陷和消除惩罚功能的制度弊端，进而完善惩罚功能的法律设置和规范惩罚功能的法律实施，确立社区矫正管理体制和运行机制，努力为社区矫正惩罚功能建设提供实践依据，这对于当前积极探索社区矫正惩罚功能正当性的实践路径，具有重要的应用价值。

正因如此，我欣然为《中国社区矫正惩罚功能正当性研究》一书作序。作为刘政博士昔日的指导老师，对于他在法学教育工作岗位上教学能力的持续提升和科研成果的不断积累，我由衷地感到高兴。同时，我也衷心期望该书的出版能够引起法学界、法律界读者的更多关注，进而促使我国社区矫正制度的研究更加深入，收获更丰硕的研究成果。

是为序。

谭世贵*

2022 年 9 月 6 日于广州

---

* 谭世贵，系第四届全国十大杰出青年法学家，华南师范大学法学院二级教授、博士生导师。

目　　录

第一章　国外现代社区矫正惩罚功能正当性的发展考察

社区矫正作为现代非监禁刑罚执行制度，是当今世界现代刑罚文明进步的重要成果和重要标志，在国际社会法治建设的历史进程中，对于促进国家治理和社会治理的现代化、法治化和文明化，已经越来越显现出其重要的刑罚体系和刑罚功能的历史作用。我国社区矫正作为借鉴引进的一项现代非监禁刑罚执行制度，基于其与国外现代社区矫正不可分割的法理渊源和制度联系，我们进行社区矫正惩罚功能正当性研究，有必要先对国外社区矫正惩罚功能的发展背景、发展过程和发展趋势进行具体考察，从中了解其所具有的基本原理、基本特征、基本原则和基本价值取向，以此作为深化研究的理论基础和实践依据。

一、社区矫正惩罚功能的概念定义和基本内涵

在现代人类社会生活的法律实践中，法律惩罚是一种必然的社会存在和普遍的社会现象。戴维·格兰德之所以将法律惩罚称为“我们这个时代最为紧迫的问题之一”，[①]是因为，看一下我们所在社会，我们就会发现一个事实，即很多社会实践在与法律惩罚打交道：作为违法犯罪人，要接受法律惩罚；作为违法犯罪的受害人，要揭发违法犯罪行为，积极主张惩罚；作为国家司法官员，要对违法犯罪人进行调查、起诉，决定是否施加惩罚，施加惩罚的量度是多少，并最终对违法犯罪人适用惩罚；作为违法犯罪人的亲属朋友，因为自己的亲人好友受到惩罚而感觉间接受到惩罚；作为受害人的亲属朋友，因为自己的亲人好友受

① Garland, D. , *Punishment and Society today*, Punishment & Society, 1 ;5 – 10, 1999.

到伤害而产生愤恨情感，积极主张对违法犯罪人施加惩罚。① 由此可见，法律惩罚往往涉及社会生活的各个方面，关系到社会成员的各种诉求。法律惩罚作为一个刑罚理论和刑罚实践问题，与社区矫正惩罚功能的基本内涵有着密切联系。

（一）惩罚功能的基本意涵

1. 惩罚的概念定义

惩罚作为现代刑罚理论体系的基本概念，国内外相关文献对其有着不同视角的诸多表述。其中，《刑事法律大辞典》的表述是："惩罚"指享有惩罚权的人使他人遭受某种痛苦、折磨、损失、资格丧失或者其他损害。适用惩罚必须经合法授权，否则就构成侵权或犯罪。在现代社会中，惩罚一般限于作为某种违法行为的后果。②《布莱克法律辞典》的表述是："惩罚"是一种制裁，如罚款、刑罚、监禁或财产、权利或特征的丧失；这种制裁是针对违反法律的个人作出的。《法律辞典》的表述是：一种惩罚的行为或方法，是针对违法行为而作出的刑罚，惩罚被界定为引起痛苦或报应。③

与此同时，国外刑法学者对惩罚概念有着不同的表述。例如，德国学者梅尔认为："惩罚被视为一种制裁，这意味着它通过法律制度将特定的行为或行动与特定的结果连接起来，从而消极性地影响导致这些行为的动机。"④德国学者尼采认为："惩罚事实上不是单一的概念，而是各种意义上的组合，就惩罚的各种目的全部历史来说，对它根本无法下定义，它是不确定性和偶然性。"⑤英国学者哈特对惩罚概念所给的定义，在当今世界西方国家最具影响力。他的定义主要依据5个因素来界定惩罚的概念标准：①惩罚必定带来痛苦或者其他结果，而这些结果通常被认为是不快乐的；②惩罚必定是因为违犯法律规则而被制裁；

① 参见王立峰：《惩罚的哲理》，清华大学出版社2013年版，第2页。

② 参见黄巧玲：《解读"教育惩罚"——基于分析教育哲学视角》，载《教学与管理（理论版）》2014年第1期。

③ 参见陈岩、王迎龙：《法律惩罚于被害人之价值》，载《犯罪研究》2010年第3期。

④ 罗冠杰：《刑罚正当性之功利主义根基》，吉林大学2016年博士学位论文，第8页。

⑤ 刘崇亮：《本体与属性：监狱惩罚的新界定》，载《法律科学（西北政法学院学报）》2012年第6期。

③惩罚必定是因为这个违犯行为而施加于实际的或者假定的违犯者；④惩罚必然是由他人而不是违犯者有意识地执行；⑤惩罚必定是由一个权威来施加和执行，这个权威根据一个法律制度来建立，而对这个法律制度的抵触就构成违犯行为。[①]

在国外学者对惩罚概念所给定义的基础上，我国刑罚学界专家学者亦对惩罚概念定义进行了颇有新意的研究和阐述。例如，我国学者张文显等认为：惩罚即法律制裁，是国家强制对责任主体的人身、财产和精神实施制裁的责任方式。惩罚是最严厉的法律责任方式。惩罚主要针对人身进行，国家使用强制力对责任主体的人身、精神施加痛苦，限制和剥夺财产，让责任主体感到压力、损失和道德非难，从而起到报复、预防和矫正的作用，平衡社会关系，实现社会的有序发展，维护社会正义。[②] 我国学者刘崇亮认为：所谓惩罚在这里可以界定为，国家基于报应主义或功利主义的目的，而对被定为有罪的人有计划、有组织地施加痛苦的一种方式。当人类社会进入近代社会后，惩罚则由一种方式转变为一种机制。[③]

综上所述，国内外刑法学界专家学者对惩罚概念定义的诸多表述，主要包含了国家为什么要实施惩罚和罪犯为什么要承受惩罚两个不同的概念。这些表述虽然在语义上未能形成统一规范的概念定义，但从不同语义表述上，已经形成共同的概念内涵，即惩罚是国家强制力的体现，惩罚是国家刑事制裁活动，惩罚意味着由报应带来的痛苦和损益。

2. 惩罚功能的概念定义

惩罚功能作为现代刑罚功能体系的重要构成，国内外刑法学界基于不同的刑罚理念和不同的刑罚实践，对惩罚功能的概念定义，亦有着不同刑罚视角和不同刑罚语境下的不同表述。通常的表述方法是惩罚的概念定义加上功能的概念定义。在这些不同的表述中，国外专家学者鲜有直接的概念归纳，多以刑罚功能概念来覆盖惩罚功能概念，或以刑罚功能内容来阐述惩罚功能概念。例

① 参见王立峰：《论惩罚的政治正当性》，载《中国刑事法杂志》2012 年第 5 期。

② 参见陈太清：《罚款的补偿性研究》，南京大学 2011 年博士学位论文，第 7 页。

③ 参见刘崇亮：《本体与属性：当代惩罚的新界定》，载《法律科学（西北政法学院学报）》2012 年第 6 期。

如,德国学者费尔巴哈的表述是:“国家每一部法律中的惩罚都是一个为维护外在权力而构成的,对违法给予威信上(内心)的恶的法律后果。”①法国学者福柯的表述是:“刑事惩罚是一种普通化的功能,它随着社会共同体的功能及其各因素的功能一起扩展。这样就造成了关于惩罚的程度、惩罚权力的合理使用的问题。”②

相对而言,我国刑法学界更为注重对惩罚功能的理论研究,对惩罚功能概念定义的阐述更为直接、更为明确、更为具体。例如,我国学者高铭暄、马克昌的表述是:“刑罚的惩罚功能,是指刑罚的适用不但使犯罪分子丧失某种权益而感受生理上的痛苦,而且使其因受到政治上、道义上的否定评价和严厉谴责而在心理上感受到莫大的耻辱……惩罚功能是抑制犯罪意念,实现刑罚特殊预防目的的坚实基础。”③我国学者陈兴良亦认为:“刑罚的功能,是指国家创制、适用与执行刑罚所能产生的积极社会作用。如果说,刑罚的内在属性是惩罚与教育,这是从静态上揭示刑罚的本质特征;那么,刑罚的功能就是刑罚的内在属性在其运动过程中的外在表现,是刑罚内在属性的外化,这是从动态上考察刑罚这一法律制度,刑罚的功能与国家刑事法律活动是密不可分的,它只能表现在国家创制、适用与执行刑罚的过程。”④

综上所述,国内外刑法学界专家学者对惩罚功能概念定义的诸多表述,从不同视角阐述了刑罚功能与惩罚功能的关联性,阐述了惩罚功能的刑罚根据和刑罚结果,并重点概括了惩罚功能所具有的积极社会作用的本质属性。

3. 惩罚功能的内涵解读

在现代刑罚理论和刑罚实践中,惩罚功能的概念定义主要来自惩罚功能所蕴含的丰富法理意涵。美国刑法学者贝勒斯指出:“惩罚的中心理念是人们必须为其不轨行为‘付出代价’。在刑法中,这些代价指刑罚;在民法或私法中,它

---

① [德]安塞尔姆·里特尔·冯·费尔巴哈:《德国刑法教科书》(第14版),中国方正出版社2010年版,第31页。

② [法]米歇尔·福柯:《规训与惩罚》,刘北成、杨远婴译,生活·读书·新知三联书店2012年版,第99页。

③ 高铭暄、马克昌主编:《刑法学》(第4版),高等教育出版社2010年版,第238-239页。

④ 陈兴良:《刑法哲学》,中国政法大学出版社2009年版,第442页。

主要指对受害者支付金钱赔偿。侵权法中的惩罚与刑法中的惩罚区别在于:刑法具有一种社会前景效应,故它关涉所有的不法者;而侵权法的前景是关注原告个人,而不是整个社会。"①由此可见,惩罚功能的核心意涵在于:犯罪引发刑罚,刑罚在于惩罚,惩罚带来痛苦。即惩罚功能以实施报应为目的,以国家强制为保障,以公平正义为价值,在整个社会生活的运行过程中,具有十分重要的惩罚犯罪和预防犯罪的社会作用。

(1)惩罚功能的特征意涵。所谓特征意涵,是指惩罚功能所特有的、区别于其他刑罚功能特征的法理意涵。惩罚功能的概念定义,主要来自惩罚功能的刑罚特征意涵。无论是在刑事法律实践还是民事法律实践中,惩罚功能都集中显现了以下一些固有的基本特征:

第一,惩罚功能的国家强制性。惩罚功能所具有的国家惩罚性,作为一项非常严厉、非常重要的国家刑事制裁活动,其实施过程具有十分明确的国家强制性。这种国家强制性主要包括:惩罚功能的实施依据,必然依赖于国家刑事授权,只有通过国家刑事立法过程中的法律设置,惩罚功能才真正具有法律地位的正当性和法律实施的合法性;惩罚功能的实施主体,必须是法定的国家刑罚机关,只有通过国家刑罚机关来行使国家刑罚权力,惩罚功能才能具有相应的法律权威和法律效益。

第二,惩罚功能的社会影响性。惩罚功能所具有的社会影响性,其目的在于所有社会成员对惩罚功能形成公认的不利后果意识。虽然报应主义者和功利主义者,对惩罚功能社会影响性形成的公认不利后果存在评判差异,如报应主义者认为惩罚无须考虑惩罚后果,功利主义者则认为惩罚应当有利于社会;但现实社会生活中,所有社会成员对惩罚功能所形成的后果共识,必然会从社会意识层面,不同限度地影响到社会生活和社会秩序。

第三,惩罚功能的现实可能性。惩罚功能所具有的现实可能性,是指在刑罚设置、刑罚适用和刑罚执行的过程中,在具有合法根据和必要条件的情况下,将惩罚功能的可能性,转化为惩罚功能的现实性的实施过程和实施目标。简言

① [美]迈克尔·D.贝勒斯:《法律的原则:一个规范与分析》,张文显译,中国大百科全书出版社1996年版,第249-250页。

之,通过在刑罚实施过程中,依法实施刑罚惩罚功能,就有可能将惩罚犯罪和预防犯罪的刑罚目的,具体转化为进行社会管控和维护社会稳定的社会现实。

第四,惩罚功能的效果积极性。惩罚功能中的效果积极性,主要是指通过刑罚设置、刑罚裁量和刑罚执行的途径,可能对国家治理、社会治理、社会秩序直接产生积极作用的惩罚功能影响过程。惩罚功能的效果积极性,主要依存于现实社会生活中惩罚功能存在和惩罚功能作用的客观性。① 因为,"惩罚在客观上具有产生相应积极作用的可能性,这种可能性在刑罚本身具有其存在的根据,而不是人们主观臆造的,如果客观上根本不可能产生积极作用,自然谈不上刑罚的功能。"②惩罚功能的积极性,集中显现其固有的刑罚本质和应有的刑罚目的,通过发挥其在惩罚犯罪和预防犯罪方面的惩罚功能积极作用,不断提升惩罚功能应有的法律效果和社会效果。

(2)惩罚功能的原则意涵。所谓原则意涵,是指惩罚功能所具有的、类似于其他刑罚功能原则的法理意涵。惩罚功能的概念定义,具体来自惩罚功能的刑罚原则意涵。瑞典学者阿里克桑德尔·皮兹尼克认为:"'原则'(principle)是一个含蓄、模棱两可的词。但一个理想的原则是有价值的原则。是能在一定程度上可在实践中予以实现的原则。一个原则的可行性程度越高,就越有价值。"③根据国内外刑法学者对惩罚功能基本原则的研究和概括,惩罚功能的原则意涵主要包括以下四点:

第一,惩罚功能的公正原则意涵。"公正的直观是,一种认为得到相应的回报,或者一种回报来自相应的行为,也就是说,好有好报,坏有坏报,并且,好报只能来自好行为,坏报只能来自坏行为。这是一种完满的对应关系,这是公正的基本内涵。"④惩罚功能作为依托国家强制力实施的国家刑事制裁活动,其根本要求是必须贯彻公正原则。贯彻公正原则的主要内容包括:首先,应体现仅对违法犯罪活动实施惩罚的公正性,即对违法犯罪实施惩罚其本身就是对社会

---

① 参见中国社会科学院语言研究所词典编辑室编:《现代汉语词典》,商务印书馆 1983 年版,第 382 页。

② 马克昌:《刑罚通论》,武汉大学出版社 1999 年版,第 41-42 页。

③ Aleksander Peczenik, *On Law and Reason*, Kluwer Academic Publisher, 1989, p. 74.

④ 赵汀阳:《人之常情》,辽宁人民出版社 1998 年版,第 74-75 页。

的公正，没有违法犯罪则不应受到惩罚，这也是对社会的公正；其次，应体现法律面前人人平等的公正性，即惩罚依据应指向统一实施的国家法律规范，惩罚对象应指向违法犯罪的社会群体和社会个体，惩罚内容应指向违法惩罚的具体行为和危害后果；最后，应体现惩罚与罪刑相适应的公正性，即根据比例平等的原则要求，按照违法犯罪性质和社会危害程度实施相应的惩罚。

第二，惩罚功能的目的原则意涵。“作为人类理性建构的产物，法律惩罚制度必然有其目的，这种目的里承载着立法者的理想追求。当然，公正的惩罚是法律惩罚实现其目的的前提，只有在首先建立起公正的惩罚制度的前提下，惩罚的目的才可能实现。”[①]在当代刑罚演化史上，一直存在报应主义惩罚目的观与功利主义惩罚目的观的碰撞和博弈，后在折衷主义惩罚目的观的调和下，现代惩罚功能方才形成了以惩罚性为主导和以恢复性为基础的新型目的原则。根据这个目的原则，“刑罚功能实现的目标，是指人们所期望并促使刑罚产生的积极的社会作用，并以之作为刑罚功能实现的努力方向。刑罚功能实现的目标反映着刑罚理论和刑罚实践的价值取向，对刑罚功能的实现具有重要的指引作用”。[②] 惩罚功能作为刑罚功能体系的重要构成，其目的原则意涵中自然应当包括：通过实施在惩罚犯罪中的惩罚功能，而实现社会的公平正义；通过实施在预防犯罪中的惩罚功能，而实现社会的和谐稳定。

第三，惩罚功能的人道原则意涵。“在一个民主社会，对人最大可能的尊重是一项要求，这是人的价值在体系中处于中心位置的必然结果。在主要的主张中，接受人道主义的主张就必然要求尊重人的尊严，不使犯罪行为人感到耻辱，禁止任何残忍的、非人道的、有辱人格的对待。在众多刑事政策中，给予这样的一种尊重是一项重要的或者说处于超然地位的决定和政策。”[③]蕴含于现代刑罚功能之中的人道原则意涵表明，惩罚是改造，改造是人道。这种人道原则意涵，既体现了报应主义惩罚观中的人道原则理念，同时更多地体现了功利主义惩罚观中的人道原则意涵。根据惩罚功能的人道原则意涵，既要在对违法犯罪实施

---

① 王立峰：《惩罚的哲理》，清华大学出版社 2013 年版，第 259 页。

② 胡志军：《刑罚功能新解》，山东大学出版社 2015 年版，第 145 页。

③ De La Cuesta, J. L. , *The Principle of Humanity in Penal Law*, RevueInternationale de Droit Penal, 82, 3 – 4, 2011, p. 457.

刑罚惩罚时,尊重犯罪人的人格尊严和维护犯罪人的合法权益;也要在对违法犯罪实施刑罚惩罚时,更多地关注被害人的社会尊严和维护社会民众的社会权益。

第四,惩罚功能的适度原则意涵。瑞典近期一项全面性改革——瑞典白皮书(SOU. 1986. NO. 13－15)在概述"应得的惩罚"的核心概念时指出:"罪行的惩罚尺度应该基于该罪行的严重程度和人们对该罪行的憎恶程度(以下简称憎恶程度)而定。因此,我们认为在决定惩罚尺度时,以评估罪犯所犯的罪行来衡量应得的惩罚是基于很合理的出发点。在决定各种罪行的惩罚尺度时,我们必须依据一种对于正义所作的推理。相对的比例和公平性在此成为重要的观念。"①这一重要观念体现在现代刑罚实践中,即惩罚功能的适度原则意涵。之所以强调惩罚功能的适度原则,是基于惩罚功能的正当性要求。因为,如果惩罚功能实施程度过量,必然违背刑罚公正原则和失去刑罚法益保障,从而引发犯罪人对刑罚的不服和对社会的对立,严重挫伤犯罪人的改造积极性;必然加剧潜在犯罪人逃避惩罚的意图,严重削弱预防犯罪和社会防卫的应有效果;必然导致犯罪人亲朋好友对刑罚结果的不满,严重影响刑罚功能的法律效果和社会效果。同时,如果惩罚功能实施程度过轻,也必然违背罪刑相适应原则和罪责相适应原则,从而偏离国家惩罚社会犯罪的国家意志,严重异化国家对犯罪行为的政治否定评价;必然制约国家刑罚机关对刑事责任的追究力度,严重弱化对违法犯罪活动的刑罚威慑和刑罚权威;必然掣肘犯罪危害后果的社会安抚功能,严重影响社会公平正义和社会法治信念。

(二)社区矫正惩罚功能的基本意涵

1. 社区矫正的概念定义

社区矫正作为现代刑罚理论体系中的一个重要概念,国内外刑法学界基于不同的行刑理念和不同的刑罚实践,对其概念定义存在诸多的认识差异和表述分歧,这首先体现在东西方国家对社区矫正原意的不同称谓上。社区矫正是对舶来词"community corrections"的意译。美国《成年人社区矫正示范法》对

① [挪威]托马斯·马蒂森:《受审判的监狱》,胡菀如译,北京大学出版社2014年版,第98页。

"community corrections"所下的定义是:"罪犯在其实施犯罪或居住的社区内服刑的制裁方法的总和。"①美国矫正协会组成的社区矫正委员会给社区矫正所下的权威定义是:"社区矫正(community corrections)是通过提供制裁和服务来促进公共安全,并使被害人和被告人处在社区中的司法制度的组成部分。"②英国则较多地使用社区惩罚、社区处罚的概念,并将其写入1988年英国政府绿皮书《处罚·拘禁于社区》之中。特别是英国1991年的《刑事司法法》(Criminal Act)第6条规定,社区刑罚(community sentence)就是下列6种社区令(community order)中的一种或者多种:①缓刑令(probation order);②社区服务令(community service order);③组合令(combination order,即前两种判令的结合);④宵禁令(curfew order);⑤监禁令(supervision order,仅适用于10~17岁的犯罪人);⑥参加令(attendance order,仅适用于10~20岁的犯罪人)。③

我国刑法学者对社区矫正概念定义也进行了多视角的研究尝试。我国学者储槐植所下的定义是:"社区矫正(community correction)是非监禁刑罚的执行方式,是监狱矫正的相对称谓,是以社会为基础的对各类刑事罪犯在非监禁状态下进行治疗、监督、处置等行刑和矫正活动的总称。"④我国学者冯卫国所下的定义是:"社区矫正就是社区处遇、社会内处遇或社会基础处遇,是相对于传统的机构式处遇而言的一种新兴的罪犯处遇方式。具体而言,社区矫正是指通过适用各种非监禁性刑罚和刑罚替代制度,使罪犯得以留在社区中接受教育改造,以避免监禁刑可能带来的副作用,并充分利用社区资源参与罪犯矫正事业的一种罪犯处遇制度。"⑤

2. 社区矫正惩罚功能的概念定义

社区矫正惩罚功能作为社区矫正功能体系的重要构成,在社区矫正刑罚实践中具有十分重要的地位。国内外刑法学界极少专门阐述社区矫正惩罚功能

---

① Branham Lunn S. & Hamden, *Michael S.*: *the law and policy of sentencing and corrections*, St. Paul, MN: Thomson/West, p. 266 - 267.

② Donald G. Evans, *Defining community corrections*, Corrections Today 58(6,1996), p. 125.

③ 参见吴宗宪:《社区矫正比较研究》,中国人民大学出版社2011年版,第6-7页。

④ 储槐植:《美国刑法》,北京大学出版社2005年版,第274页。

⑤ 冯卫国:《行刑社会化研究——开放社会中的刑罚趋向》,北京大学出版社2003年版,第181页。

的概念定义，通常在概括社区矫正功能体系时，附带阐述惩罚功能的概念内涵，并往往以现代刑罚的惩罚功能概念定义，来覆盖或替代社区矫正惩罚功能的概念定义。

基于社区矫正固有的刑罚执行本质属性，社区矫正惩罚功能的概念定义，实质上也可以等同于现代刑罚惩罚功能的概念定义。正如我国学者马克昌所说："任何刑罚都具有惩罚功能，这是各种刑罚的共性；但不同的刑罚还具有不同的惩罚功能，这是各种刑罚的个性。"①又如我国学者吴宗宪在概括国外学者关于社区矫正目标主张时所指出：尽管社区矫正被看成一种宽容的制裁方式，但是社区矫正仍然是一种制裁形式，对犯罪人具有惩罚性②。社区矫正对于犯罪人的惩罚性主要体现在：①社区矫正能够使遭受制裁的犯罪人感受到痛苦和限制（社区矫正对犯罪人具有一定的惩罚性，只是其惩罚性要比监禁刑小）；②社区矫正对象处在监狱的威胁之下（社区矫正中的犯罪人虽然没有在监狱中服刑，但是他们随时会因为违规行为而被撤销社区矫正从而进入监狱服刑）；③社区矫正对象会受到公开羞辱（社区矫正威慑犯罪人的一种方式，就是使用羞辱刑罚或羞辱制裁对犯罪人进行公开羞辱）。

参照国内外刑法学界专家学者有关现代刑罚惩罚功能的概念定义，似可对社区矫正惩罚功能概念做如下相应表述：社区矫正惩罚功能，是指国家专门机关在相关社会团体和民间组织以及社会志愿者的协助下，依据国家制定的社区矫正刑罚规范，通过对社区服刑人员实施刑罚惩罚和监管矫正的活动，可能对国家管理和社会治理产生的积极作用。

3. 社区矫正惩罚功能的内涵解读

社区矫正惩罚功能有着丰富的、复合的法理内涵。其法理内涵主要体现在社区矫正刑罚体系内部架构的法理联系上，具体包括在惩罚功能的实施方式、基本特征和刑罚价值之中。其法理内涵似可作如下解读：

（1）社区矫正惩罚功能的实践方式。由于世界各国社区矫正法律设置的差异性，社区矫正惩罚功能的实施方式，通常表现为直接或间接体现惩罚功能的

① 马克昌：《刑罚通论》，武汉大学出版社1999年版，第46页。

② 参见吴宗宪：《社区矫正比较研究》，中国人民大学出版社2011年版，第23－24页。

不同内容和不同模式的制裁措施。例如,美国社区矫正惩罚功能的实施方式主要包括缓刑、严格监督型缓刑、赔偿和罚金、社区服务、戒毒治疗、日间报告、家庭拘禁和电子监控、中途之家、矫正训练营等;英国社区矫正惩罚功能的实施方式主要包括缓刑监禁、缓刑令、社区服务(惩罚)令、看护中心令、结合令、毒品治疗与检测令、假释、电子监控、宵禁、罚金与赔偿等;德国社区矫正惩罚功能的实施方式包括缓刑帮助、余刑帮助、保安处分帮助、赦免缓刑、青少年教育处分、惩戒措施和少年刑罚缓刑、缓科等;加拿大社区矫正惩罚功能的实施方式主要包括保释监督计划、替代措施计划、赔偿计划、罚金选择计划、暂时释放计划、社区管教中心计划、缓刑、严格监督型缓刑、假释、附条件监禁、社区服务令、社区中心、电子监控等;澳大利亚社区矫正惩罚功能的实施方式主要包括暂缓行刑、缓刑监督、假释、定期拘留、家庭拘留、工作释放、社区服务令、治疗令、少年犯管教中心令、良好行为保证、罚金、补偿或者赔偿、没收财产等;新西兰社区矫正惩罚功能的实施方式包括社区劳动、家庭拘留、假释、监督、从监狱附条件释放等。当今世界各国社区矫正惩罚功能虽然表现为不同的实施方式,但不同的实施方式中却蕴含着共同的法理意涵,如共同的行刑社会化和刑罚非监禁化意涵,共同的刑罚政策轻缓化和刑罚措施替代化意涵。

(2)社区矫正惩罚功能的基本特征。由于社区矫正和监狱矫正均为国家刑罚执行制度,两者之间固有的刑罚本质同一性,决定了其应有的惩罚功能共有性;而由于社区矫正属于非监禁刑罚,监狱矫正属于监禁刑罚,两者之间固有的刑罚方式差异性,又决定了其惩罚功能实施的不同模式、不同内容和不同量度。从这个意义上来讲,社区矫正相对于监狱矫正,其惩罚功能的实施,除共有的国家强制性、社会影响性、现实可能性、效果积极性等基本特征外,还有着诸多的自有的功能特征。

第一,惩罚功能实施内容的特定性。社区矫正作为非监禁刑罚执行方式,其惩罚功能的实施内容,具有区别于监狱矫正的特定性。例如,当今世界各国社区矫正普遍实施的中间制裁、中途之家、社区服务、家庭拘禁、电子监控、保安处分、工作释放、缓刑监督、假释监督、赔偿与罚金等制裁形式和制裁措施,区别于监狱矫正惩罚功能内容的局限性,体现了社区矫正惩罚功能内容的扩张性。

社区矫正惩罚功能实施内容的特定性，依据于国家社区矫正刑罚设置的法定性，源自社区矫正刑罚方式的社会性，其所具有的刑罚替代措施的本质属性表明，社区矫正普遍施行的各种制裁措施，既是社区矫正惩罚功能实施的特定内容，亦是社区矫正惩罚功能实施的特定途径。

第二，惩罚功能实施主体的多元性。社区矫正作为国家刑罚执行制度，其国家刑罚权能的专属性，要求社区矫正执行主体的专门性，从而形成了惩罚功能实施主体的多元性。例如，在不同国家之间社区矫正惩罚功能实施主体的多元性方面，以美国为典型的部分国家，社区矫正管理体制表现为司法属性与行政属性并存的多元性；以日本为典型的部分国家，社区矫正管理体制则表现为行政属性的单一性。又如在不同国家内部社区矫正惩罚功能实施主体的多元性方面，"美国的成人缓刑有不同的管理模式：30 多个州由矫正局管理；6 个州由州法院系统管理；6 个州由当地市、县法院系统管理；4 个州由市、县政府部门管理。青少年缓刑多数由法院系统管理"。[①] 其惩罚功能实施主体的多元化，难免给社区矫正法律制度的统一设置、统一管理、统一实施，带来法律实践上的局限性和体制机制上的复杂性。

第三，惩罚功能实施方式的开放性。社区矫正作为行刑社会化的重要方式，其刑罚特征明显表现为：刑罚理念的创新性、刑罚模式的开放性、刑罚基础的社会性。当今世界各国社区矫正执行机构普遍设置在社区，其刑罚场所和刑罚方式的开放性，从根本上区别于监狱矫正刑罚场所和刑罚方式的封闭性。实施社区矫正惩罚功能的主要途径，就是要通过扩大刑罚开放性，来推动社会参与性，包括有效整合社会行刑资源，充分动员社会行刑力量，积极营造社会行刑环境，为实施社区矫正惩罚功能提供良好的社会条件。综观当今世界现代社区矫正的先进理念和成功经验，如何扩大社会开放性和推动社会参与性，已经成为顺利实施社区矫正惩罚功能的必然要求和必要选择。

第四，惩罚功能实施幅度的宽缓性。社区矫正作为刑罚政策轻缓化的历史产物，其惩罚功能的实施幅度，相对于监狱矫正的惩罚功能，具有较为宽缓的刑

① 李晓明、郭倩：《社区矫正与"后劳教时代"违法犯罪制裁体系的完善》，载《净月学刊》2014 年第 6 期。

罚特征。例如，在限制人身自由的惩罚幅度方面，社区矫正的家庭拘留措施明显宽缓于监狱矫正的封闭监禁措施；在监督管理的惩罚幅度方面，社区矫正的刑罚强制性措施明显宽缓于监狱矫正的刑罚强制性措施；在教育矫正的惩罚幅度方面，社区矫正的社区服务措施明显宽缓于监狱矫正的劳动改造措施。从总体上评估社区矫正惩罚功能实施结果，无论是在限制人身自由上的痛苦程度，还是在精神生活上的痛苦程度，由于社区矫正明显宽缓于监狱矫正，因而成为绝大多数犯罪人及其亲属对刑罚方式的普遍期待，成为现代刑罚人道化、谦抑化、文明化的重要标志，成为社区矫正制度迅速发展的活力所在。

(3)社区矫正惩罚功能的法理联系。社区矫正惩罚功能作为社区矫正理论体系的重要概念，作为社区矫正刑罚功能体系的重要构成，其在社区矫正法律实践的运行过程中，与刑罚本质、刑罚目的、刑罚政策、刑罚功能、刑罚效益相互依存和相互作用，有着密切的、内在的法理联系。

第一，社区矫正惩罚功能与刑罚本质的法理联系。"刑罚的本质指刑罚本身所固有的、决定刑罚之所以成为刑罚的根本方面。从刑罚本身看，它是任何刑罚方法所具有的，而不论这种刑罚方法表现为什么刑种(如是罚金或者是死刑)；从刑罚与其他强制方法的关系看，它是刑罚所特有的，是区别于其他强制方法的内在属性。"①由此可见，社区矫正刑罚本质与社区矫正惩罚功能之间有着天然的内在联系。其中，社区矫正固有的刑罚本质必然确定社区矫正应有的惩罚功能，如果社区矫正偏离了刑罚本质，就无法合理设置和合法实施社区矫正惩罚功能；同时，社区矫正应有的惩罚功能必须体现社区矫正固有的刑罚本质，如果社区矫正惩罚功能缺失或泛滥，则无法实现社区矫正刑罚本质的正当性。②

第二，社区矫正惩罚功能与刑罚目的的法理联系。"所谓刑罚目的是指国家制定、适用和执行刑罚所期望达到的效果。刑罚目的是刑罚理论中最重要的概念，它决定或制约着刑罚的其他所有问题，如刑罚目的如何制约着刑罚对象

---

① 马克昌:《论刑罚的本质》,载《法学评论》1995年第5期。

② 参见刘政:《社区矫正惩罚功能正当性的法理研判和理性回归》,载《南海法学》2019年第1期。

的范围、刑罚的体系与种类、量刑原则与量刑制度问题、行刑制度问题，等等。”①社区矫正刑罚目的与社区矫正惩罚功能之间这种天然的内在联系表明，无论是报应主义目的观与报应主义惩罚观之间，还是功利主义目的观与功利主义惩罚观之间，都存在着一种不以人的意志为转移的互为依存的客观现象。首先，在法律设置程序中，社区矫正刑罚目的的确立，必须以社区矫正惩罚功能为根据。因为作为主观形式存在的社区矫正刑罚目的，它需要根据惩罚犯罪和预防犯罪的社会客观需求，根据社区矫正惩罚功能可能产生的社会积极作用，来合理规划和科学选择社区矫正的刑罚功能。任何超越客观需求和客观可能的社区矫正惩罚目的，都将偏离社区矫正的价值取向并影响社区矫正的刑罚效益。同时，在法律实施程序中，社区矫正刑罚目的一旦依法确立，必然直接影响或间接制约社区矫正的惩罚功能。因为作为客观形式存在的社区矫正惩罚功能，需要依据预先设置的刑罚目的，按照刑罚目的所设定的刑罚要求和所给予的刑罚条件，来把握惩罚功能幅度和规制惩罚功能内容。任何违背刑罚目的和刑罚规范的社区矫正惩罚功能，都将失去惩罚功能应有的正当性和合法性。

第三，社区矫正惩罚功能与刑罚功能的法理联系。所谓刑罚功能，是指刑罚通过内在属性和外在运行而产生的积极社会作用。其中，“刑罚功能的体系和刑罚的各种功能是整体和部分的关系。这个整体并不是刑罚的各种功能的简单相加，而是刑罚各种功能的有机组合。在刑罚功能的体系中，不仅在作为其组成部分的各种功能之间，存在着相互联系、相互影响、相互制约的关系，而且在作为组成部分的各种功能和作为整体的功能体系之间，也存在着相互联系、相互影响、相互制约的关系”。② 社区矫正惩罚功能与社区矫正刑罚功能体系之间这种天然的内在联系表明，没有刑罚功能体系这个整体就没有惩罚功能这个局部，而没有惩罚功能这个局部也就无法构成刑罚功能这个整体，两者之间互为条件并且不可分割。因为，社区矫正刑罚功能体系由惩罚功能、威慑功能、改造功能、防卫功能、安抚功能、保障功能等诸多刑罚功能所组成，其刑罚功能体系的核心内涵就是惩罚犯罪和预防犯罪。从这个意义上来讲，刑罚功能体

① 高铭暄、赵秉志主编：《刑罚总论比较研究》，北京大学出版社 2008 年版，第 101 页。
② 胡志军：《刑罚功能新论》，山东大学 2011 年博士学位论文，第 6 页。

系中的各项功能都具有相应的惩罚性，失去了这个惩罚功能，社区矫正刑罚功能体系就将失去其应有的完整性和正当性，进而失去其固有的刑罚本质。同时，社区矫正惩罚功能作为社区矫正刑罚功能体系的重要构成，它必须依托于刑罚功能体系这个有机整体，通过实现剥夺、威慑、改造、防卫、安抚等刑罚功能的有机结合，来体现惩罚功能在惩罚犯罪和预防犯罪方面的积极作用。离开了刑罚功能体系的整体机能，惩罚功能将因失去体系依托，而无法实现其所追求的法律效果和社会效果。

第四，社区矫正惩罚功能与刑罚政策的法理联系。所谓刑罚政策，是指国家为控制社会犯罪和维护社会稳定而确定的刑罚决策与刑罚方法。在现代刑罚实践中，刑事政策具有导向功能、规制功能和中介功能。导向功能是指刑事政策指导犯罪预防和犯罪控制活动，为预防和控制犯罪指明大致的方向、路线、途径；规制功能是指刑事政策为国家机关预防、控制犯罪确定了具体的行动规则，并进而影响一般公民和实施违法犯罪行为的公民的行为；中介功能一方面表现为刑事政策是刑事立法与司法之间的中间环节，另一方面表现了刑事政策还是理论与实践的中间环节。[①] 社区矫正惩罚功能与社区矫正刑罚政策之间这种天然的内在联系表明，在社区矫正刑罚实践中，刑罚政策的重刑化必然导致惩罚功能的严厉化，刑罚政策的轻刑化必然导致惩罚功能的宽缓化。现代社区矫正作为刑罚政策轻缓化的历史产物，其本身就集中体现了刑罚政策导向功能的重要成果。总体而言，由于社区矫正惩罚功能的实施内容、实施方式、实施程序、实施尺度，是依据刑罚政策的规制功能和中介功能来调节来管控的，因而社区矫正刑罚政策需要通过社区矫正惩罚功能来体现，社区矫正惩罚功能更需要依据社区矫正刑罚政策来规制。

(4)社区矫正惩罚功能的刑法价值。所谓刑法价值，是指刑法(客体)具有满足社会与社会成员(主体)需要的属性与功能，也就是指刑法对社会及其成员的作用或效用。刑罚价值与刑法价值具有同一性，因为，整个刑法就是一部规定什么行为应该处以刑罚，以及处何种刑罚的法律，常常被称为 penal law(刑罚

① 参见刘仁文:《社会转型与刑事政策》，载《当代法学》2005 年第 4 期。

法),刑法中如果没有了刑罚,刑法便不成其为刑法了。[①] 由此可见,社区矫正惩罚功能的实施效用,实质上就是社区矫正刑法价值的重要体现。

第一,社区矫正惩罚功能的正义价值。刑罚正义是实施社区矫正惩罚功能所追求的首要刑罚价值。德国学者黑格尔认为,刑罚价值的核心内容载于刑罚的正义性。在现代刑罚实践中,虽然惩罚功能自身就具有报应主义惩罚观意义上的刑罚正义价值,但将其理论正义价值转化为实践正义价值,还须通过惩罚功能的刑罚设置、惩罚功能的刑罚裁量、惩罚功能的刑罚执行等三个程序,来检验其应有的合法性、合理性和正当性,来具体实现其应有的刑罚正义价值。例如,在社区矫正惩罚功能的实践过程中,通过惩罚违法犯罪的违法性,使犯罪人体验到刑罚的痛苦,使犯罪行为得到正义的报应,这可以向全社会彰显社区矫正的惩罚功能,有利于实现社会公平和维护社会稳定方面的刑罚正义价值;通过刑罚责任追究的合理性,使犯罪人体验到罪刑相适应原则和刑责相对应原则,使犯罪人得到公正、平等和合理的刑罚处遇,这可以向犯罪人群体宣示社区矫正的惩罚功能,有利于实现刑罚均衡和法益保障方面的刑罚正义价值;通过刑罚安抚的正当性,使犯罪受害人体会到物质赔偿和精神补偿的欣慰感,使犯罪受害人及时修补精神创伤和化解仇恨心态,这可以向社会公众表明社区矫正惩罚功能,有利于实现刑罚人道和刑罚文明方面的刑罚正义价值。

第二,社区矫正惩罚功能的矫正价值。矫正价值是实施社区矫正惩罚功能所要追求的重要刑罚价值。作为现代矫正思想的积极倡导者,约翰·霍华德和边沁认为,刑罚价值的基本内涵载于刑罚的矫正性。[②] 在现代刑罚实践中,刑罚矫正作为功利主义惩罚观意义上的矫正价值,在融合报应主义和功利主义的科学内涵的基础上,已经形成当今世界各国较为流行的刑罚目的价值取向。其中,社区矫正作为现代非监禁刑罚执行制度,其惩罚功能的刑罚社会化和刑罚人道化的基本内涵,从整体上呈现出惩罚功能与矫正功能的密切联系,从根本

① 参见李涛:《定罪量刑中的情感因素研究》,西南政法大学2013年博士学位论文,第12页。

② 约翰·霍华德和边沁是矫正思想的积极倡导者,在他们看来,监狱应当承担改造罪犯的角色,其作用不应该是隔离或惩罚犯罪人,而应作为教育犯罪的机构,授予罪犯生活技能、生存职业,使之社会化。因此,任何刑罚都应该以重新塑造罪犯人格为着眼点,以将来积极的环境影响来抵抗过去消极的现状影响。参见钟安惠:《西方刑罚功能论》,中国方正出版社2001年版,第58-59页。

上反映了惩罚功能目的中蕴含的刑罚矫正价值。例如,社区矫正中的监督管理和教育矫正,实质上就是惩罚功能主导下的社区矫正刑罚执行活动。没有惩罚功能就无所谓监督管理和教育矫正,开展监督管理和教育矫正就是在实施惩罚功能。而在社区矫正惩罚功能主导下的监督管理和教育矫正,既有利于重塑社区矫正对象的公民人格,又有利于社区矫正对象融入社会和回归社会,最终实现社区矫正对象的再社会化,这就形成了社区矫正惩罚功能的矫正价值。

第三,社区矫正惩罚功能的效益价值。刑罚效益也是实施社区矫正惩罚功能所要追求的基本刑罚价值。在现代刑罚实践中,刑罚功能和刑罚效益存在的状态不同,前者是一种产生积极作用的现实可能性,而后者则是一种具有现实性的客观存在。刑罚效益得以实现的一个前提条件就是刑罚具有其功能,即能够产生积极的、有利于社会的作用。如果刑罚没有其功能,那么刑罚就没有其效益。而且,刑罚效益的多少受到刑罚功能大小的制约。如果刑罚成本相同,刑罚的功能越大,刑罚的效益就越多。[①] 西方国家提出刑罚替代措施以及建立社区矫正制度的初衷在很大程度上就是解决当时监狱爆满和政府负担过重的问题。后来随着社区矫正制度的不断完善与发展,刑罚经济效益带动刑罚社会效益,社区矫正产生了某些不同于监狱矫正的刑罚效益价值。其中,社区矫正制度的效益价值,自然包含社区矫正惩罚功能的效益价值。其惩罚功能效益价值主要体现在:在社区条件下实施监督管理,较之于在监狱条件下实施监督管理,更有利于整合社会行刑资源,减少国家刑罚成本的静态投入,优化国家刑罚成本动态适用的经济效益;在社区条件下实施教育矫正,较之于在监狱条件下实施教育矫正,更有利于依托社会行刑环境,动员社会力量配合刑罚惩罚和刑罚矫正,提升惩罚功能应有的社会效益。

二、社区矫正惩罚功能正当性的哲理渊源和法理基础

当今世界现代法治社会刑罚制度的进化过程表明,在任何社会模式和任何历史阶段的国家治理体系中,都需要惩罚制度和实施惩罚功能,这是人类社会文明进步不可回避的必然现象和客观规律。在现代法治社会,“一定的制度总

---

① 参见胡志军:《刑罚功能概念论》,载《东岳论丛》2009 年第 3 期。

是以一定的思想为理论支柱。刑罚制度自其一产生,便有相应的思想与之相伴随。因此,与刑罚本身一样,刑罚思想也有其源远流长的历史”。[①] 尤其是伴随着刑罚制度的演化进程,近现代西方国家的刑罚理论,在历经报应主义惩罚观与功利主义惩罚观两大理论阵营的观念博弈和思想碰撞之后,终于在20世纪中期的欧美国家逐步兴起折衷主义惩罚观,并初步形成了科学的、系统的现代刑罚理论体系的发展态势。当今世界现代刑罚理论体系的形成与发展,为现代社区矫正制度的萌生、创立与发展提供了重要的理论引领和理论支撑。可以说,现代社区矫正就是现代刑罚理论的实践成果。社区矫正惩罚功能既来自传统刑罚体系的哲理渊源,又依存于现代刑罚功能的法理基础。

(一)渊源于传统的报应主义惩罚观

1. 报应主义惩罚观的理论形成

传统的报应主义惩罚观,是社区矫正惩罚功能正当性最原始的哲理渊源和法理基础。报应主义惩罚观,最早渊源于人类原始社会以血族复仇为核心的报应思维和报应习俗。进入原始社会后期,传统的血族复仇观念为血亲复仇观念所取代;进入奴隶社会后,血亲复仇观念又为同态复仇观念所取代;进入国家权力干预的社会后,同态复仇观念进而为“赎罪金”观念所取代。西方国家原始复仇思想作为刑罚报应理论的萌芽,延续到中世纪,在宗教神学赎罪理念的影响下,原始复仇思想又变形为神意报应思想。德国学者斯达尔(Starl)与约尔克(Jarche)等人便是近代神意报应论的巨擘。神意报应论认为,神是人世间万物的主宰,世俗社会秩序是神的安排,是神的秩序的折光反射。犯罪既然侵害了世俗社会秩序,实质上便是违背了神的意志,因而应受到神的制裁。国家是神在人世间的代言人,它设置刑罚并以此惩罚犯罪人,只不过是执行神的命令而已。[②] 后来,随着启蒙时代的到来和近代文明的洗礼,启蒙思想家纷纷根据理性主义和自由主义的思想,批判和抨击神意报应思想,并以人道主义观点来宣扬报应主义观点,进而形成了以康德道义报应惩罚观和黑格尔法律报应惩罚观为

---

① 邱兴隆、许章润:《刑罚学》,中国政法大学出版社1999年版,第28页。

② 参见李欣:《刑罚本质观》,载《西南民族学院学报(哲学社会科学版)》2002年第2期。

核心的报应主义惩罚观理论体系。

关于报应主义惩罚观理论体系的理论意义，美国学者罗尔斯的评论是：我们所称的报应主义观点，其对惩罚正当性的证明在于错误行为应得惩罚。一个做了错误行为的人应该为此承受相应比例的痛苦，这种观点在道德上是恰当的。应该对罪犯根据其罪过、其行为的邪恶程度予以惩罚，并决定惩罚的量度。一种情形是错误行为者应得惩罚，另一种情形是错误行为者不受惩罚，前者道德上要好于后者；不考虑惩罚的后果要好于考虑惩罚的后果。① 德国学者梅尔指出："报应主义理论认为，惩罚犯罪的根据在于：报应是应正义的要求，弥补犯罪所造成的不公平。"②挪威学者托马斯·马蒂森认为，一致性的报应理论能够让我们知道哪些行为必须受到惩罚，以及要给多严重的惩罚才能达到正义的标准。在这个观点下，惩罚本身即有其价值，报应理论也因而被称为"绝对性"刑罚理论。③ 学者普里茅茨则认为：报应主义的最为完整的理论形式，应该包括5个信条：①惩罚的道德权利仅基于已经发生的侵犯行为(offense)；②惩罚的道德义务只能基于已经发生的侵犯行为；③惩罚应当与侵犯行为成比例；④惩罚是对侵犯行为的抵消；⑤惩罚是被侵犯者的权利。④ 关于报应主义惩罚观的核心意涵，主要体现在康德道义报应惩罚观与黑格尔法律报应惩罚观的理论之中。传统的报应主义惩罚观在西方国家的法治启蒙时代形成了惩罚功能正当性的哲理渊源和法理基础。

2. 康德道义报应惩罚观的基本原理

康德道义报应惩罚观，是传统报应主义惩罚观理论体系的重要构成，其对传统报应主义惩罚观的理论形成产生了重要的理论先导作用。在传统报应主义惩罚观的理论体系中，康德道义报应惩罚观亦称为等量报应功能理论。其有关惩罚功能正当性的基本理念主要包括：

① 参见王立峰：《论惩罚的政治正当性》，载《中国刑事法杂志》2012年第5期。

② [德]梅尔(Merle J. C.)：《德国观念论与惩罚的概念》，邱帅萍译，知识产权出版社2015年版，第2页。

③ 参见[挪威]托马斯·马蒂森：《受审判的监狱》，胡菀如译，北京大学出版社2014年版，第16页。

④ 参见陈超：《尊重生命权》，华东政法大学2012年硕士学位论文，第1页。

（1）惩罚的性质——主张绝对报复。康德在《法的形而上学原理》一书中曾经多次强调，刑罚的实质在于社会将刑罚的恶施加于罪犯或其他违法者，这种权利是一种“绝对命令”。康德指出：“一项绝对命令就是一项规则，它不仅指出而且使得主观上认为是偶然性的行为成为必须做的……作为有道德感的人，必须根据这种规则去行动。”[①]康德主张绝对报复的理由在于：不论对犯罪者本人还是公民社会，刑（惩）罚绝对不能仅作为促进另一种善的手段。在任何情况下，必须只是由于一个人已经犯了一种罪才加刑于他。因为一个人绝对不应该仅仅作为一种手段去达到他人的目的，也不能与物权的对象混淆。[②] 从上述论述可以看出，康德之所以主张绝对报复的惩罚性质，在于他认为，人的本质是人性，人性的基础是理性，人的自由权利和人格尊严必须受到社会的维护与他人的尊重。任何违背道德原则而侵害他人自由权利和人格尊严的违法犯罪行为，都应被施加绝对的惩罚，也就是刑罚在性质上必须体现为报复犯罪。

（2）惩罚的权利——主张天赋人权。康德遵循罗马法的分类，将刑罚权利划分为公共权利和私人权利。并根据卢梭等启蒙思想家“社会契约论”原理，主张刑罚权以社会契约为母体，由社会契约产生国家刑罚权利，执行刑罚（惩罚）是统治者的权力，统治者作为最高权力者，对一个臣民，由于他犯了罪而加（刑罚、惩罚制造）痛苦于他。[③] 康德在惩罚权利的天赋人权方面还提出：“每个人都享有由于人性而具有的独一无二的、原生的、生来就有的权利。”[④]提议由国家制定规则，用以制约和规范社会成员生存竞争行为，从而形成一种超越于个人权利之上的社会权力，以此要求“人们首先不得不做的事，就是接受一条原则：必须离开自然状态，并和所有那些不免要互相来往的人组成一个联合体，大家共同服从由公共强制性法律所规定的外部限制”。[⑤] 康德有关天赋人权的惩罚权利思想，实质上主张了国家刑罚权来自社会契约和社会需求的合法性与正当

① 王立峰：《康德的惩罚观：公正优先兼顾功利——读〈法的形而上学原理〉》，载《政法论坛》2006 年第 5 期。

② 参见金翼翔：《报应主义的历史梳理》，载《刑法论丛》2016 年第 3 期。

③ 参见［德］康德：《法的形而上学原理》，沈叔平译，商务印书馆 1991 年版，第 164 页。

④ ［德］康德：《法的形而上学原理》，沈叔平译，商务印书馆 1991 年版，第 50 页。

⑤ ［德］康德：《法的形而上学原理》，沈叔平译，商务印书馆 1991 年版，第 138 页。

性,并揭示了法律面前人人平等的社会伦理依据。

(3)惩罚的量度——主张同质等量报复。康德被学界推认为是绝对等量报复论者,这也是他在报应主义惩罚观理论体系中的独到之处。康德的极端报应主义思想体现在,他认为:任何一个人对人民当中的某个个别人所做的恶行,可以看作他对自己作恶。因此,也可以这样说:"如果你诽谤别人,你就是诽谤了你自己;如果你偷了别人的东西,你就是偷了你自己的东西;如果你打了别人,你就是打了你自己;如果你杀了别人,你就是杀了你自己。"①这就是报复的权利。为此,康德针对刑罚与犯罪之间的关系,提出了一个惩罚体现正义的等量比例原则,"这就是平等的原则。根据这个原则,在公正天平上的指针就不会偏向一边"。② 也就是说,根据这个等量比例原则,刑罚惩罚的对象内容应与犯罪侵害的对象程度相当,即对侵害人施以性质相同和量度相同的惩罚。康德还提出,等量比例原则不应仅满足于字面含义,还应运用于具体案例,以期实现真正意义上的等量比例平等。他认为:"只有这样,如果罪犯因自己的罪行自食其恶果,如果以其人之道还治其人之身,把他对别人犯的罪过也在他的身上施行,尽管不是按字义上,而是按照刑法精神这样做的,他才不会控告对他的不公正。"③

(4)惩罚的设定——主张承担行为责任。康德认为,刑事责任设定是实施刑罚惩罚的前提条件,对犯罪人实施刑罚惩罚,不仅要基于其犯罪行为的追究,还要基于其刑事责任的承担。康德在诠释其刑事责任理念时指出:"一种行为之被称为一种行为,那是由于这种行为服从责任的法则,而且,这行为的主体也被看作当他在行使他的意志时,他有选择的自由。那个当事人(作为行为者或道德行为的行动者)通过这种行为,被看作是该行为效果的制造者。"④康德在其道义报应惩罚观中,虽然尚未就刑事责任设定原则提出具体的主张,但是对什么行为属于承担责任的必然,什么行为属于承担责任的例外,联系一些刑事惩罚案例,间接阐释了他对惩罚设定的思想。根据康德惩罚设定的思想,承担行

---

① 陈兴良:《罪刑均衡的价值蕴涵》,载《法律科学(西北政法学院学报)》1996 年第 4 期。

② [德]康德:《法的形而上学原理》,沈叔平译,商务印书馆 1991 年版,第 165 页。

③ 王立峰:《康德的惩罚观:公正优先兼顾功利——读〈法的形而上学原理〉》,载《政法论坛》2006 年第 5 期。

④ 刘爱龙、欧阳琼:《立法程序的正当性》,载《南华大学学报(社会科学版)》2007 年第 1 期。

为责任的主体，应当是具有道德人格和自由意志的自然人。对于违犯法定义务而构成犯罪者，就应当自行承担行为责任和接受惩罚，可见违法犯罪行为是惩罚设定的必要条件。但同时也存在一种例外，一旦责任主体已满足相应责任条件后，也可能不因其某种违法行为而必须受到刑罚惩罚。

(5)对康德道义报应惩罚观的评判。康德的道义报应惩罚观，较之于神意报应惩罚观，充分显现了近代西方国家刑罚思想发展史上的一个重大进步。尤其是康德提出的将罪过作为惩罚必要条件的道义报应思想，对当代刑罚思想发展产生了积极的影响。但是，康德道义报应惩罚观中的绝对报复思想和纯粹正义思想，及其由此主张的惩罚功能正当性，亦在西方国家哲学界和刑法学界，引起了长期的、广泛的理论争辩和思想批判。这些争论性的观点主要包括：

第一，道德评价是否应当成为社会生活的排他性准则。康德的道义报应惩罚观，将道德确立为社会生活行为评价的唯一准则，导致刑法学界对其过分强调道德评价而忽视法律评价的惩罚观产生了诸多的评判。例如，美国学者范伯格指出，严格道德主义的整个学说是内在不统一的，因为一个人不能同时既坚持报应论又坚持道德主义，否则将导致对无被害人犯罪的报应性惩罚。① 德国学者梅尔指出，虽然可以从康德的道德理论中推导出罪犯应受惩罚的报应主义观念，但人们无法在法律体系中为报应主义惩罚提供辩解，而只能对已由自由主义权利概念推导出的特殊威慑与矫正的结合提供解释。② 上述论点揭示了犯罪道德评价与犯罪法律评价相分离的弊端。换言之，国外刑法学者相对集中的评判观点，大致可以表述为，在社会生活中，道德虽然是一种重要的、对犯罪必不可少的评价准则，对社会规范、法律规范、刑罚规范都具有重要的制约意义，但从道德而不是从社会生活的需要来评判，由于人并不仅是为道德而存在，且道德仅仅是维护社会生活的一种手段，因而刑罚与犯罪作为一种社会现象，不应将道德评价作为社会生活规范评价的唯一准则，而应同时将法律规范引入社会生活规范评价的准则内容。

---

① Joel Feinberg, Harmless Wrongdoing, New York/Oxford: Oxford University Press, (1988), p. 124 – 175.

② 参见[德]梅尔：《德国观念论与惩罚的概念》，邱帅萍译，知识产权出版社 2017 年版，第 84 页。

第二，道德罪过是否应当成为社会犯罪的排他性本质。康德的道义报应惩罚观，仅仅以道德罪过为标准而未能准确揭示犯罪本质，由于其过分强调道德罪过而忽视客观行为的犯罪意义，亦带来了不同的评判。美国学者墨菲关于构成一个惩罚理论必须具备五个要件的论述，[①]是对康德将道德罪过作为犯罪绝对本质观点的否定。国内外一些刑法学者同时也相继认为，社会犯罪与道德罪过的关联性并不是绝对的，以道德罪过为社会犯罪的绝对本质，无法完整解释既定的刑罚规范，无法准确揭示社会犯罪本质，难以为刑罚提供科学依据。

第三，道义报应是否应当成为刑罚的排他性依据。康德的道义报应惩罚观，将社会生活中的道义报应视为施行刑罚的唯一根据，主张将刑罚形式与犯罪形式同样对待，导致道义报应观的内部矛盾，从而引发学界的批评。例如，意大利学者龙勃罗梭反对康德将报应作为惩罚的根据，主张科处刑罚的目的是防范行为人将来不再重新犯罪。其认为，施行刑罚应根据行为人的以下不同情况来确定，"对'生来犯罪人'应终身监禁或适用死刑，以免他们重新犯罪。对惯常犯罪的人，应与'生来犯罪人'同样处理。对患有激情性精神病和偶发性精神病的犯罪人可以判处罚金；对患有精神病的老年和少年犯罪人，应送农场或感化院"。[②] 国内外一些学者的观点也认为，刑罚作为一种复杂的社会现象和法律现象，其依据应当是多元化的，而不能将道义报应视为刑罚的排他性依据，刑罚的轻重必须以社会对犯罪的道德评价为转移。科学的刑罚根据，只能是道义根据与法律根据等刑罚根据形成的有机结合和综合运用，如此才能真正体现刑罚根据的正当性。

3. 黑格尔法律报应惩罚观的基本原理

黑格尔法律报应惩罚观，虽与康德道义报应惩罚观之间存在某些理论分歧或理论对立，但它所具有的基本理论观点和基本理论立场，却使其与康德道义

---

① 美国学者墨菲认为：要构成一个惩罚理论，必须具备五个缺一不可的必要条件。①这个理论必须回答"犯罪与惩罚的性质是什么"的问题；②必须回答"惩罚在道德上的正当性根据何在"的问题；③必须回答"惩罚在政治上的正当性根据何在"的问题；④必须确定刑事责任的原则；⑤必须回答"什么是适当的惩罚"的问题。在考察了康德文献中关于惩罚的论述后，墨菲得出结论说，康德没有就上述五个问题给出答案。因此说，康德可能没有一个关于惩罚的理论。See Jeffrie G. Murphy, Does Kant Have a Theory of Punishment? Columbia Law Review, 87(1987), p. 532.

② 马克昌：《论刑罚的本质》，载《法学评论》1995 年第 5 期。

报应惩罚观一道，共同构成了传统报应主义惩罚观的理论体系。在传统报应主义惩罚观的理论体系中，黑格尔法律报应惩罚观又可称为等价报应功能理论。其有关惩罚功能正当性的基本理念主要包括：

（1）刑罚的概念——主张对犯罪的惩罚与否定。黑格尔以辩证法为基本点，以犯罪本质为切入点，将犯罪定义为："自由人所实施的作为暴力行为的第一种强制，侵犯了具体意义上的自由的定在，侵犯了作为法的法。"①在此基础上，黑格尔将刑罚概念界定为，犯罪是对法的侵犯，犯罪作为一种不法，是对法的一种违背与否定，"而刑罚则是对犯罪的惩罚与否定"。② 黑格尔就此阐述的基本观点是："犯罪的扬弃是报复，因为从概念说，报复是对侵害的侵害，又按定在说，犯罪具有在质和量上的一定范围，从而犯罪的否定，作为定在，也是同样具有在质和量上的一定范围。但是这一基于概念的同一性，不是侵害行为特种性状的等同，而是侵害行为自在地存在的性状的等同，即价值的等同。"③

（2）惩罚的性质——主张对犯罪的扬弃。黑格尔基于道德原则来论述惩罚性质，认为犯罪不仅是恶和伤害，而是对正义的否定，因而主张将惩罚视为对犯罪的扬弃。黑格尔就这一主张所做的解释是：如果把犯罪及其扬弃（annulment）仅仅视为一般祸害（unqualifiedevils），于是单单因为已有另一个祸害存在，所以要采用这一祸害，这种说法当然不能认为是合理的。关于祸害的这种浅近性格（superficial character），在有关刑罚的各种不同理论中，如预防说、儆戒说、威吓说、矫正说等，都被假定为首要善的东西；而刑罚所产生的东西，也同样肤浅地被规定为善。但是问题既不仅在于恶，也不在于这个或那个善，而肯定在于不法（wrong）和正义（the rightingofit）。如果采取了上述肤浅的观点，就会把对正义的客观考察搁置一边，然而这正是考察犯罪时首要和实体性的观点。④

（3）惩罚的根据——主张报应为主并兼顾功利。黑格尔基于其法律报应惩罚观的主导理念，首先质疑功利主义的威慑效果，认为"如果以威吓作为刑罚的依据，就好像对着狗举起杖来，这不是对人的尊严和自由予以应有的重视，而是

① ［德］黑格尔：《法哲学原理》，范扬、张企泰译，商务印书馆1996年版，第98页。
② ［德］黑格尔：《法哲学原理》，范扬、张企泰译，商务印书馆1996年版，第46页。
③ ［德］黑格尔：《法哲学原理》，范扬、张企泰译，商务印书馆1996年版，第104页。
④ 参见邱帅萍：《矫正刑论：黑格尔刑罚目的理论的再定位》，载《政治与法律》2014年第9期。

像狗一样对待他”。[①] 黑格尔对威慑效果进行质疑并不意味着完全否定，其本意在于担心片面强调威慑效果可能影响刑罚正义。与此同时，黑格尔着力于探寻惩罚的正当性根据，进而提出了以报应为主、以功利为辅的刑罚根据新主张。他主张以矫正犯罪的方式，来消除犯罪对社会所造成的不利影响，只有彻底消除这种不利影响，刑罚才能真正实现其应有的使命。黑格尔为强调这一主张的重要性必要性而指出：“罪犯的定在的意志必须受到影响，这一要求与如下实际相关：惩罚一定要给罪犯留下印象，否则，他的定在的意志就不会受到它的侵害。”[②]

（4）刑罚的价值——主张刑罚与犯罪等价报应。黑格尔抛弃康德的等量报应功能理论，而积极主张等价报应功能理论，使其所倡导的报应主义惩罚观，在创新的基础上，更为迎合当时资本主义社会流行的平等价值观。黑格尔等价报应功能理论的逻辑前提是强调刑罚与犯罪之间必须价值等同。他认为：“寻求刑罚和犯罪接近于这种价值上的等同，是属于理智范围内的事。”[③]黑格尔在阐述其等价报应功能理论时提出，追求犯罪和刑罚之间的内在同一性，其实质就是追求犯罪和刑罚在价值上的同等性。他认为，如果我们不仅忽略有限性的本性，而且完全停留在抽象的种的等同性上，那么，当规定刑罚的时候，不仅会遇到不可克服的困难（尤其心理学还要援引感性冲动的强度以及与之相联系的，或者是恶的意志在比例上的更大强度，或者是一般意志的自由在比例上的更小强度——看你喜欢哪一种），而且根据这种观点，很容易指出刑罚上同态报复的荒诞不经（如以窃还窃，以盗还盗，以眼还眼，以牙还牙，同时我们还可以想到行为人只有一只眼睛或者全口牙齿都已脱落等情况）。[④] 但是，“概念与这种荒诞不经根本无关，它应完全归咎于上述那种犯罪和刑罚之间种的等同性的主张……等同性则依然是唯一的根本准则，以调整本质的东西，即犯罪应该受到

---

① ［德］黑格尔：《法哲学原理》，范扬、张企泰译，商务印书馆 1996 年版，第 102 页。

② ［德］黑格尔：《法哲学原理》，范扬、张企泰译，商务印书馆 1996 年版，第 96 页。

③ ［德］黑格尔：《法哲学原理》，范扬、张企泰译，商务印书馆 1996 年版，第 105 – 106 页。

④ 参见王俊峰、王俊平：《论报应之刑》，载《南京社会科学》1999 年第 11 期。

什么刑罚,但并不规定这种科罚的外在的种的形态”。[①]

(5)对黑格尔法律报应惩罚观的评判。黑格尔的法律报应惩罚观,较之于康德的道义报应惩罚观,不但其理论自身有了新的发展和进步,而且对当时西方国家的刑罚思想发展史也产生了积极影响。但是,由于黑格尔等价报应功能理论毕竟还存在某些缺陷,刑法学界一些学者亦从不同视角,对其主张的惩罚功能正当性提出了质疑,展开了批评。主要包括:

第一,法律报应能否排斥道德报应。黑格尔的法律报应主义,主张对犯罪的法律评价和法律报应,而排斥对犯罪的道德评价和道德报应。其割裂法律评价和道德评价的报应主义观点,引发了刑法学界的诸多质疑。例如,英国学者威廉姆·威尔逊曾就此指出:“使得应得之惩罚理论(deserttheory)之推论与那种似乎不合情理的主张分离开来——所有的犯罪人都因为道德需要的事实而遭受刑罚。然而事实上,这样的理论立场可能导致应得之惩罚理论丧失道德权威,而不是这种道德权威把报应主义和功利主义区分开来。”[②]国内外一些刑法学者也都认为,由于法律评价通常建立在道德评价之上,因而法律报应同样建立在道德报应之上。黑格尔将法律评价(法律报应)与道德评价(道德报应)完全割裂的报应主义惩罚观,不能科学解释刑罚的本质。科学的解释应该是,刑罚不仅要以客观违法程度为标准,还应同时评价犯罪人的道德罪过程度。

第二,法律报应能否完全消除社会犯罪。黑格尔的法律报应主义,强调通过法律报应来消除犯罪带来的客观危害性,而忽视了法律报应难以消除的犯罪人的主观恶性。国内外一些刑法学者对此也有诸多非议。例如,马克思主义对报应主义惩罚观最严厉的责难可能在于,法律惩罚忽视了社会不平等问题,甚至可以说,法律惩罚使社会不平等问题进一步恶化,或者使社会不平等披上合理化的外衣。如果法律惩罚的目的在于恢复原状,或者说恢复到违法行为发生前的状态,一旦违法行为有不当得利,那么,惩罚就是剥夺这种不当得利,恢复

---

① 张小虎:《罪刑均衡蕴意探究》,载《现代法学》2002年第6期。

② [英]威廉姆·威尔逊:《刑法理论的核心问题》,谢望原、罗灿、王波译,中国人民大学出版社2015年版,第60页。

违法者与受害者之间的平衡。[①] 从国内外刑法学界一些学者的诸多非议中不难看出,黑格尔强调法律报应可以完全消除犯罪客观危害性的观点,存在理论依据上的局限性和片面性,由于其问题在于难以消除犯罪主观危害性,因而无法从根本上消除犯罪的社会危害性。

(二)渊源于传统的功利主义惩罚观

1. 功利主义惩罚观的理论形成

传统的功利主义惩罚观,是社区矫正惩罚功能正当性较为直接的哲理渊源和法理基础。功利主义惩罚观,其初始形态是重刑恐吓论,其近代形态是古典功利论,其当代形态是多元遏制论。重刑恐吓论曾践行于中国和西方古代社会,以"恐吓"为中核,以"重刑"为特点,其合理性不足而不合理性有余,必然为新的一般预防论所取代。古典功利论以对人的理性的假设为前提,以"立法威吓"为核心,其基点由刑罚的效果转向了刑罚的效益,但不能排除立法的盲目性和随意性。[②] 多元遏制论的倡导者安德聂斯·帕克和哈格等认为,刑罚的一般预防作用不仅包括威吓,而且包括加强道德禁忌等其他功能。[③]

功利主义惩罚观又称预防论或目的论,它是与报应主义惩罚观针锋相对和长期博弈的刑罚理念。美国刑法学者帕克将功利主义惩罚观的核心内涵界定为:刑罚之所以应该存在,不是因为惩罚本身具有某种值得追求的内在价值,而是因为它具有服务于有益于社会的目的的工具价值。功利论不认为刑罚的正当根据在于刑罚本身,而在于其所服务的目的,即刑罚的正当性是相对于其目的的不当性而言的。[④]

关于功利主义惩罚观的基本意涵,国内外刑法学界还有较多的诠释。例如,德国学者费尔巴哈认为:"刑罚的必要性的根据以及刑罚存在的根据,既包

---

① 参见王立峰:《康德的惩罚观:公正优先兼顾功利——读〈法的形而上学原理〉》,载《政法论坛》2006 年第 5 期。

② 参见胡志军:《"一体二性":刑罚根据新解》,载《山东大学学报(哲学社会科学版)》2011 年第 6 期。

③ 参见[挪威]安德聂斯:《刑罚与预防犯罪》,钟大能译,法律出版社 1983 年版,第 5 页。

④ 参见胡志军:《"一体二性":刑罚根据新解》,载《山东大学学报(哲学社会科学版)》2011 年第 6 期。

括法律中规定的刑罚，也包括刑罚的运用本身，是维护所有人彼此之间的自由的必要，其途径是消除人们内心的违法动机。”①我国学者王立峰对功利主义惩罚观的法理诠释是：功利主义的道德理论给惩罚的正当性提供了理论依据。功利主义直截了当地认为，一个惩罚行为之所以是正当的，仅仅是因为比之不行为或者其他行为，这个行为的结果是好的或者更好的。也就是说，一个惩罚行为是正当的，是因为这个行为可以使预期的净利益最大化。功利主义原则主张要着眼于社会总体利益的保护，使惩罚给社会所带来的善的总和大于惩罚给社会带来的恶。②

功利主义惩罚观的理论体系，主要包括两大理论构成：一是以英国学者边沁为代表人物的行为功利主义。行为功利主义的核心意涵，是强调惩罚的结果的乐值高于苦值。二是以美国学者罗尔斯为代表人物的规则功利主义。规则功利主义的核心意涵，是主张惩罚的结果体现为道德规则与其他规则的效益均等。在功利主义惩罚观的基本原理中，无论是行为功利主义，还是规则功利主义，两者共同的理论价值，都在于其积极主张刑罚惩罚应当从整体上促进社会的善。传统的功利主义惩罚观，在西方国家的法治演化时代，形成了主导传统惩罚功能正当性的哲学渊源和法理基础。

2. 边沁行为功利主义惩罚观

边沁的行为功利主义惩罚观，既是一种功利主义惩罚目的理论，又是一种以一般预防为主和以特殊预防为辅的预防理论。边沁作为功利主义惩罚观的创始人，其基本理论主张，对于19世纪以来西方国家的刑事立法和刑事司法，都产生了重要而又深远的理论影响。其有关惩罚功能正当性的基本理论内涵包括：

（1）惩罚的根据——主张功利主义原则。边沁行为功利主义惩罚观中的惩罚根据，源自他所积极主张的幸福观；其所积极主张的幸福观，又源自他所主张的善恶理念。他曾就此有一句名言：“自然把人类置于两位主公——快乐和痛

① ［德］安塞尔姆·里特尔·冯·费尔巴哈：《德国刑法教科书》，徐久生译，中国方正出版社2010年版，第29页。

② 参见贾雁舒：《读贝卡利亚〈论犯罪与刑罚〉》，载《法制与经济（下旬）》2012年第2期。

苦的主宰之下,只有它们才指示我们应当干什么,决定我们将要干什么。是非标准,因果关系,俱由其定夺。"[①]边沁由此认为,只有快乐才是唯一的内在善,而痛苦却是唯一的内在恶。建立在快乐或是痛苦,内在善或是内在恶基础之上的幸福观,使他明确提出了惩罚的根据。这就是,"一切行动的共同目标就是幸福,任何行动中导向幸福的倾向性就是该行动的功利,而功利是一种原则,它表达一个事物使某些恶不能发生或者导致某些善发生的性能或倾向。"[②]也正由于这种幸福观和善恶理念,从而形成了边沁行为功利主义惩罚观中的惩罚根据。他在主张其惩罚根据时还强调:"除了功利的原则外,又能够是别的什么呢? 这种原则为我们提供了我们需要的理由,只有这个原则不用依赖任何更多的理由,这个原则本身就是解决任何实践问题的唯一和完全充分的理由。"[③]

(2)惩罚的目的——主张一般预防和特殊预防相结合。边沁在阐述惩罚的目的时首先阐述了"刑罚除了自身之恶外,还带有其他的恶或痛苦"的惩罚本质。他在主张惩罚本质旨在威慑和预防犯罪的同时,还积极主张将惩罚目的上的一般预防和特殊预防相结合。他认为:一般预防针对的是所有社会预防,是通过惩罚对社会民众进行威慑;特殊预防针对的是罪犯本人,目的在于剥夺罪犯的犯罪能力,消除罪犯的犯罪愿望,威慑罪犯的犯罪可能。其中,边沁在比较一般预防和特殊预防的惩罚目的时认为,一般预防是惩罚的首要目的和主要目的,是惩罚目的正当性的关键所在。因为,"惩罚的首要目的是防止发生类似的犯罪。过去发生的毕竟只有一个行为,而未来则未可限量。已经实施的犯罪仅涉及某一个人,类似的犯罪将可能影响整个社会"。[④] 边沁在主张一般预防的惩罚目的主导地位的同时,也相应关注特殊预防对于一般预防的辅助作用。他还就特殊预防目的效果可能产生的三种情况(剥夺犯罪能力、消除犯罪愿望、威慑犯罪可能),阐述了特殊预防的惩罚意义,即"在第一种情况下,存在一种身体上的无能;在第二种情况下,存在一种道德上的改造;在第三种情况下,存在来自

① [英]边沁:《道德与立法原理导论》,时殷弘译,商务印书馆2000年版,第57页。

② [英]边沁:《政府片论》,沈叔平译,商务印书馆1995年版,第115页。

③ [英]边沁:《政府片论》,沈叔平译,商务印书馆1995年版,第158页。

④ [英]边沁:《立法理论——刑法典原理》,孙力等译,中国人民公安大学出版社1993年版,第26页。

法律的恫吓或者对法律的恐惧。”[①]他并由此指出，只有将一般预防和特殊预防有效地结合起来，才可能恰当地实现惩罚的目的。

(3)惩罚的量度——主张体现惩罚意图的惩罚规则。边沁行为功利主义惩罚观，主张惩罚的严厉性取决于惩罚的社会效果，即任何惩罚都不能回避其量度，惩罚应当与罪刑相当。他就此明确指出：决定惩罚与罪过之比的那些规则或准则必须服从四种目的或意图，即防止任何罪过，防止较坏的罪过，缩减损害，以最小支出行事。[②] 边沁惩罚量度的理论主张，虽然并没有提出有关惩罚量度的明确标准，但围绕如何最大限度地减少惩罚痛苦和最大限度地增加惩罚快乐的惩罚意图，具体提出了制约或主导惩罚量度的十三项惩罚规则。这些规则涉及人们的具体感受，如尽可能地给受刑人造成少的痛苦，而注重刑罚外表上给人所产生的影响；也涉及刑罚自身的表现形式，如惩罚应该与犯罪具有相似性，能够较为容易地呈现在人们头脑中；刑罚应当尽可能具有可挽回性；刑罚应当尽可能地及时执行；刑罚应当随着确定性地增加而相反地减少或者增加其力度；等等。[③]

(4)对边沁行为功利主义惩罚观的评判。边沁的行为功利主义惩罚观，在与报应主义惩罚观的长期博弈中形成的目的理论和预防理论，无疑是西方国家近代刑罚理论的重大进步，对于推进现代刑罚理论体系的发展完善产生了积极影响，并在相当程度上引领了现代刑罚模式的非犯罪化、非刑罚化和非监禁化的发展趋向。但与此同时，国内外刑法学界对边沁的行为功利主义惩罚观的一些原理，对其主张的惩罚功能的正当性，也存在诸多的争议和质疑。主要反映在以下两个方面：

第一，对一般预防理论的质疑。意大利学者菲利认为：“法律惩罚——实际上就是指一般预防——效果不大的一个重要原因就是行为人想象有许多逃脱的机会。”[④]国内外一些刑法学者还从几个方面概括了一般预防理论存在的理论

① 邱兴隆：《比较刑法：第二卷刑罚基本理论专号》，中国检察出版社 2004 年版，第 319 页。

② 参见[英]边沁：《道德与立法原理导论》，时殷弘译，商务印书馆 2000 年版，第 57 页。

③ 参见[英]边沁：《立法理论》，李贵方等译，中国人民公安大学出版社 2004 年版，第 376 – 390 页。

④ [意]菲利：《犯罪社会学》，郭建安译，中国人民公安大学出版社 1990 年版，第 76 页。

缺陷：一是一般预防的效果缺乏普通性，基于刑罚客体在心理特征和感知能力方面的个体差异性，一般预防对于不同的刑罚对象必然产生不同的效果。二是一般预防的依据缺乏合理性，基于自然犯与法定犯在犯罪性质方面的规范差异性，一般预防对于不同的犯罪类型必然形成不同的依据。三是一般预防的作用缺乏统一性，基于不同地域的经济社会发展状况和不同时期的社会治理形势方面的差异性，一般预防面对不同任务不同要求，将难以实现其应有的刑罚目的。

第二，对特殊预防理论的质疑。挪威学者兰德施德特指出："那种认为刑罚的目的在于使罪犯适应社会的观点，无疑是最荒诞的空想，而且只是在经院式的法律学中才能找到。经验证明，刑罚对罪犯恰恰只能起相反的作用。刑罚本身就具有使被判刑者自暴自弃的作用，并且常使罪犯转入受社会歧视的行列。"①国内外一些刑法学者还对特殊预防理论提出了其他的相关质疑。主要包括：一是认为特殊预防理论缺乏刑罚限制原则，这不仅超过了报应理论所允许的人权侵犯范围，而且危及了现代法治的允许范围。二是认为特殊预防理论缺乏刑罚实践目标，由于其没有确立具体的罪犯社会化方案，特殊预防的理论目标虽然正确却无法实现。

3. 罗尔斯规则功利主义惩罚观

罗尔斯的规则功利主义惩罚观，集中体现于他在1995年第1期《哲学评论》发表的《两种规则概念》一文和1976年出版的《正义论》一书中。罗尔斯在文章（专著）中提出了一种关于法律惩罚的新型混合理论，试图在惩罚制度层面和惩罚实践基础上对惩罚进行证明，对报应主义与功利主义进行理论调和，结果形成了区别于行为功利主义的规则功利主义惩罚观。罗尔斯作为功利主义惩罚观的主张者和创新者，其有关惩罚功能正当性的基本理论内涵体现在：

（1）惩罚的根据——主张规则功利主义。罗尔斯在其所著的《两种规则概念》一文中，对报应主义惩罚观和功利主义惩罚观进行比较研究后认为，报应主义是通过具体惩罚个案来证明惩罚正当性，而功利主义则是通过整体惩罚制度来证明惩罚正当性，两种惩罚理论实际上是从不同层次上回答了不同的问题。在比较研究的基础上，罗尔斯虽曾试图对报应主义与功利主义两种惩罚理论的

① ［挪威］约翰尼斯·安德聂斯：《刑罚与预防犯罪》，钟大能译，法律出版社1983年版，第2页。

矛盾立场进行理论调和,但最终还是在惩罚的根据上,更多地转向了功利主义惩罚观。他由此所表明的基本观点是:“必须在所应用和实施的规则体系与该规则体系指导下的具体行为之间做出区分。对于规则而言,功利主义的考虑是合适的;对于具体规则在具体个案中的适用而言,报应主义的考虑是合适的。”① 从而,罗尔斯形成了“每一个行为都应遵循最佳规则”的规则功利主义惩罚观的理论主张。

(2)惩罚的原则——主张公平正义的中立性。罗尔斯在其所著的《正义论》一书中,在充分认识公正的问题上,最具深远影响的思想不外乎罗尔斯“从公平要求的角度来看待公正”的观点……而这也是其“作为公平的正义”理论的核心。② 由此,罗尔斯就如何从公平所要求的中立性出发来确立公正原则,又如何以公正原则来决定社会基本制度和治理社会问题,进行了深入的思考,尤其在其后出版的《政治自由主义》一书中,对公平过程的运行做了全面的阐述。罗尔斯就此提出:显而易见,如果一个理性的人在这种状态中选择了某些原则而不是其他来作为正义的原则,那么我想说,这种正义观比其他的更为合理或更站得住脚。这一状态中的人们可以按照可接受的程度对这些正义感加以排序。③

(3)惩罚的证明——主张社会的中立性。罗尔斯在论证惩罚的正当性方面,坚持《两种规则概念》一文的理论立场,力求调和报应主义惩罚观和功利主义惩罚观的基本原理,认为惩罚的正当性源自惩罚的社会必要性,而惩罚的社会必要性取决于社会合作的稳定性。罗尔斯就此提出:“即使在一个组织良好的社会中,为了社会合作的稳定性,政府强制力在某种程度上也是必需的。因为,尽管人们知道他们具有相同的正义感,并且每个人都要求维持现存的安排,但他们可能还是缺乏完全的相互信任。”④他由此认为,“惩罚的逻辑起点在于自由的优先性,限制自由的理由来自自由原则本身。”⑤罗尔斯主张社会中立性的

① John Rawls, *Two Concepts of Rules*, The Philosophical review, 1955, p. 64:3 – 32.

② 参见[印]阿马蒂亚·森:《正义的理念》,王磊、李航译,中国人民大学出版社 2012 年版,第 48 – 49 页。

③ [美]罗尔斯:《正义论》,何怀宏等译,中国社会科学出版社 1988 年版,第 17 页。

④ [美]罗尔斯:《正义论》,何怀宏等译,中国社会科学出版社 1988 年版,第 230 页。

⑤ [美]罗尔斯:《正义论》,何怀宏等译,中国社会科学出版社 1988 年版,第 233 页。

惩罚观表明，实现惩罚正义应以道德应得为基础，应满足于罪犯本性和社会正义感的需要，其根由在于政府通过实行公正的惩罚体系来消除人们不遵守规则的社会行为。

（4）对罗尔斯规则功利主义惩罚观的评判。罗尔斯的规则功利主义惩罚观，充分体现了刑罚惩罚领域实践理性中的客观性本质理念的重要性，是对传统功利主义惩罚观的一次理论突破，较好地丰富了社会科学中关于不平等问题的研究成果。但针对罗尔斯规则功利主义惩罚观，在调和报应主义惩罚观与功利主义惩罚观过程中所遗留的一些观念矛盾和理论缺陷，及其主张的惩罚功能正当性时，国内外刑法学者亦存在诸多的理论质疑。主要包括：

第一，质疑罗尔斯的公正原则过于模式化。印度学者阿马蒂亚·森针对罗尔斯公平正义理论仅注重"公正制度"而轻视"公正社会"的问题，认为制度选择不仅应符合具体社会性质，而且应贯穿可以预期的实际行为模式。但是，在罗尔斯体系中，两大公正原则的确立，是为了确保选择正确的制度以及所有人采取适当的实际行动，从而使个人与社会心理完全从属于某种政治观念。尽管罗尔斯的方法构建得很有连贯性，也很有技巧性，但他的确过于模式化，并过度简化了许多甚为复杂的大问题，即如何把公正原则的运作与人们的实际行为结合起来，而这正是对社会公正进行实践理性思考的核心。这一缺陷的确令人遗憾，因为社会制度与实际而非理想的个人行为之间的关联，对任何致力于引导社会选择走上社会公正道路的理论而言，都是非常重要的。①

第二，质疑罗尔斯的社会契约方法存在局限性。英国学者弗里曼针对罗尔斯在社会契约方法存在的局限性指出："罗尔斯运用一个虚构的社会契约来论证公正原则。这些选择首先被用于评价构成基本社会结构的制度的公正性。"②印度学者阿马蒂亚结合弗里曼对罗尔斯"作为公平的正义"社会契约方法的总结，质疑罗尔斯在规则功利主义惩罚观中所采用的契约论思想，虽然对于传统的功利主义惩罚观进行了既有趣又重要的比较，"但罗尔斯专注于这一比较而

---

① 参见［印］阿马蒂亚·森：《正义的理念》，王磊、李航译，中国人民大学出版社2012年版，第61页。

② ［印］阿马蒂亚·森：《正义的理念》，王磊、李航译，中国人民大学出版社2012年版，第60页。

疏于探索其他既非契约主义又非功利主义的方法。就像亚当·斯密的例子那样,他引入了其称之为'中立的旁观者'的机制,从而使其以公平的要求来评价公正。而这既非社会契约模式,亦非效用总和的最大化(或'全面好处'的任何其他总和指标的最大化)"。①

(三)渊源于当代的折衷主义惩罚观

1. 当代折衷主义惩罚观的理论形成

当代的折衷主义惩罚观,是社区矫正惩罚功能正当性较为重要的哲理渊源和法理基础。当代折衷主义惩罚观,又可称为综合主义惩罚观或一体论惩罚观,是萌生现代社区矫正制度及社区矫正惩罚功能最直接、最重要的哲理渊源。折衷主义惩罚观,发端于西方国家19世纪后期形成的、并延续百余年之久的、客观主义与主观主义之间的理念论争。其理念论争的主要内容是:客观主义(犯罪主义、事实主义、行为主义)坚持以行为作为理论基石,反对封建刑法的恣意性、残酷性和不平等性,强调重视犯罪行为的客观实害性,主张对犯罪的处罚须与犯罪的实害成正比;而主观主义(犯罪人主义、人格主义、行为人主义)则着眼于行为人本身,将对犯罪的抽象研究转变为对犯罪人的具体研究,强调重视犯罪人主观上的可非难性及人身危险性,主张刑法惩罚对象应当是犯罪人而非犯罪行为。客观主义与主观主义的理念论争,在20世纪20-30年代开始出现缓和迹象。尤其是20世纪40-50年代,在西方国家第3次技术革命的推动下,随着信息论、系统论和控制论等现代方法论与认识论对刑法学领域传统哲学思维和哲学方法的深刻影响,导致刑罚系统理念和刑罚信息理念,居于刑罚哲学方法的主导地位,进而推动了针对客观主义和主观主义理念论争的调和理论的形成。发展到20世纪60年代,在调和理论的引领和演化下,西方国家延续百余年的客观主义与主观主义理念论争,转而形成了当代折衷主义的刑罚理论体系,并随着当代折衷主义理论的兴盛和发展,对于当今世界现代刑罚理念和刑罚实践,产生了极为重要的现实作用和历史影响。

当代折衷主义惩罚观的基本内涵,从本质上来讲,不是客观主义与主观主

---

① [印]阿马蒂亚·森:《正义的理念》,王磊、李航译,中国人民大学出版社2012年版,第62页。

义的简单调和，而是传统惩罚观与现代惩罚观的理念整合，也可以说是各种刑罚惩罚观的理论集合体或理论创新体。当代折衷主义惩罚观的基本立论在于："报应与功利都是刑罚赖以存在的根据。因此，刑罚既回顾已然的犯罪，也前瞻未然的犯罪。对于已然的犯罪，刑罚以惩罚为目的，而对于未然的犯罪，刑罚的目的则是预防。在预防未然的犯罪上，刑罚的目的既包括防止犯罪人再犯罪的个别预防，也包括阻止一般人犯罪的一般预防。"[①]当代折衷主义惩罚观的这一立论主张充分表明，在当今世界现代刑罚理论体系中，当代折衷主义惩罚观作为既相对稳定又不断发展的刑罚理念，已经成为符合刑罚发展规律和体现刑罚本质特征的当代学派和当代理念，在当代刑罚实践中具有理论先进性和理论科学性。当代的折衷主义惩罚观，在西方国家的法治进化时代，曾一度成为主导当代刑罚惩罚功能正当性的哲理渊源和法理基础。

2. 当代折衷主义惩罚观的刑罚根据模式

当代折衷主义惩罚观主导下的刑罚根据模式，虽然在刑罚根据问题上总体显现了报应主义与功利主义相折衷的刑罚一体化理论，但在如何选择和如何实施报应主义与功利主义相整合的刑罚根据模式方面，却反映了不同的折衷主义惩罚观，而不同的折衷主义惩罚规则又往往形成了以下不同的刑罚根据模式：

（1）报应为主和预防为辅的刑罚根据模式。该模式强调刑罚的适用应当主要以注重报应（正义）价值，在必要时再兼顾功利预防价值为刑罚根据。这一刑罚根据模式又可分为两种：一是有限报应模式。美国学者莫里斯认为，报应目的为刑罚设定了上限和下限，在上限和下限的范围内，允许考虑通过刑罚实现其他目的；报应为刑罚所设置的上限具有绝对性，任何刑罚都不能超出所针对的犯罪的严重性，而报应为刑罚所设置的下限则有相对性，即对于特定的重罪，尤其是严重的人身犯罪，刑罚不能低于报应所为犯罪设定的下限，但针对其他犯罪的刑罚则可以低于报应的要求。[②] 二是综合理论模式。美国学者罗宾逊认为，一般情况下，应当根据经验主义惩罚，即公众正义直觉的原则来衡量罪犯可责难性的程度进而运用刑罚，但在以下三种特殊情况下可以偏离该原则：①为

① 陈兴良：《刑法哲学》，中国政法大学出版社 2009 年版，第 437 页。
② 参见邱帅萍：《综合刑论的厘清与反思》，载《法学杂志》2014 年第 9 期。

了促进某个重要的社会的利益，而且对公众正义直觉的原则偏离很小，对刑事司法体系的道德声誉造成的影响也很小；②基于利益衡量，为了更加有效地控制犯罪，在没有其他选择的情况下偏离该原则；③基于利益衡量，为了促进重要的社会利益，在没有其他选择的情况下偏离该原则。①

（2）预防为主和报应为辅的刑罚根据模式。该模式主张刑罚目的主要在于预防犯罪的刑罚根据。美国学者帕克认为：任何一种单一的刑罚理论都不足以为刑罚提供根据，在一个自由的社会中，包括刑法在内的法律都应当着眼于个人自主权以及个人发展，由此，刑罚就应该以预防犯罪为目的，以为个人的自主权以及个人发展提供保障。② 德国学者罗克辛的观点则是：刑罚的目的是一般预防和特殊预防，而非报应；报应理论中的罪责原则是对刑罚的限制，但是，这种罪责原则并不是专属于报应的原则，而是具有独立于报应之外的价值，即自由保障、维护人类尊严的功能，因而，刑罚所受到的罪责原则的限制与报应之间并无必然联系；在罪责原则为刑罚所设定的最高限度内，在基于特殊预防的需要而不会遭致一般预防反对的情况下，可以低于罪责原则的要求运用刑罚。③

3. 当代折衷主义惩罚观的刑罚根据内容

当代折衷主义惩罚观的刑罚根据内容，源自古典学派向近代学派演化期间，有关客观主义的道义责任论与主观主义的社会责任论激烈论争的理论结果，包含了近代刑事旧派和近代刑事新派的基本主张。其刑罚根据内容主要包括：

（1）以规范责任论为刑罚依据的惩罚观。规范责任论由德国学者弗兰克、戈尔德施密特、弗罗伊登塔尔和 E. 施密特莱等学者确立和发展，目前在德国和日本等大陆法系国家的刑罚理论体系中居于主导地位。规范责任论的理论基础，主要包括弗兰克、戈尔德施密特、弗罗伊登塔尔对责任本质是“非难可能性”“义务违反性”“附随事件的正常性”等的一系列论述。在此基础上，施密特根据梅茨格尔区分评价规范和决定规范（意思决定规范）的立场，进一步发展了规范

① 参见邱帅萍：《综合刑论的厘清与反思》，载《法学杂志》2014 年第 9 期。

② 参见邱帅萍：《综合刑论的厘清与反思》，载《法学杂志》2014 年第 9 期。

③ 参见邱帅萍：《综合刑论的厘清与反思》，载《法学杂志》2014 年第 9 期。

责任论。施密特为统一故意和过失的要素而使用了期待可能性的观念。另外，施密特还指出，在判断责任时应该把握行为人的全部人格，责任概念实质精神的核心在于行为人的反社会心情，企图调和社会责任论和规范责任论。[①]

(2)以人格责任论为刑罚依据的惩罚观。人格责任论由德国学者比克迈尔首倡，并由日本学者大塚仁和团藤重光等逐步完善。比克迈尔在其《论刑法中的原因概念和因果关系》一书中提出："如果对违法行为予以刑事处罚，必须解决两个问题：犯罪结果应否将某人的行为作为其原因？责任是否也因行为之结果引起而可归属于行为人？故意或过失行为能否因发生结果(Geschehen)而予以非难？"根据比克迈尔关于严格区分因果关系问题和责任问题的主张，日本在制定并实行反映资产阶级民主主义的新宪法之后，团藤重光教授从新宪法所标榜的民主主义观点出发，认为民主主义首先要承认个人的人格是主体的。据此，将犯罪人从客体的把握，开始作为真正的具体人来把握才有可能。在他看来，犯罪行为既然是行为者人格的现实化，那么责任非难就不能仅为行为，而必须论及在行为背后的人格环境，即使关于主体的人格形成，也可能对行为者加以非难。这就要求：第一，行为责任是前提；第二，人格形成责任应加考虑，两者合一构成团藤重光教授的人格责任论。[②]

(3)以新社会防卫论为刑罚依据的惩罚观。新社会防卫论渊源于第二次世界大战后，由意大利学者格拉马蒂尔倡导的激进社会防卫运动。针对格拉马蒂尔的激进社会防卫论，法国学者安塞尔由此在其所发表的《新社会防卫论》一书中，首次提出了新社会防卫论的观点。安塞尔在新社会防卫论中，主张根据健全的刑事政策修改刑法，使社会防卫运动统一到刑法之中，用以保障复归社会者的自由和权利，同时主张改革现有刑罚制度，把刑罚和保安处分合并为刑事制裁的统一体系，根据具体情况选择适用刑罚或保安处分。安塞尔特别强调犯罪人具有复归社会的权利，国家具有使犯罪人复归社会的义务，表现了他所主张的新社会防卫论以"复归社会"的权利为中心的刑事政策的特点。[③] 安塞尔有

---

① 参见[日]大塚仁：《刑法概说》(总论第3版)，冯军译，中国人民大学出版社2009年版，第437页。

② 参见[日]中山研一：《刑法总论》，成文堂1989年版，第323页。

③ 参见逢锦温：《刑法机能的历史考察》，载《福建政法管理干部学院学报》2004年第3期。

关新社会防卫论的基本观点集中表明，新社会防卫理论作为刑罚依据方面的折衷主义惩罚观，实质上推动着体现新人道主义的刑事政策创新运动，兼具着刑罚道义性和刑罚社会性的理论优势。

（四）渊源于现代的理性刑罚惩罚观

1. 现代理性刑罚惩罚观与社区矫正惩罚功能正当性的理论联系

现代的理性刑罚惩罚观，是社区矫正惩罚功能最直接最现实的哲理渊源和法理基础。现代理性刑罚惩罚观，直接渊源于当代折衷主义惩罚观，并主要贯穿于近代刑事学派的刑罚惩罚理念之中。现代理性刑罚惩罚观与社区矫正惩罚功能正当性的理论联系，主要体现在：

（1）体现于现代理性刑罚惩罚观之中的社区矫正惩罚功能正当性，与当代折衷主义刑罚理念相关的法理意涵主要包括：①关于刑罚的正当性。等价刑将刑罚的正当性建立在道义报应上，矫正刑将刑罚的正当性建立在功利预防上，两者在理论上都过于牵强，折衷刑则主张刑罚的正当性既在于其报应性，也在于其功利性。②关于犯罪预防目的。等价刑偏重一般预防，矫正刑偏重个别预防，折衷刑主张刑罚的目的不但包括一般预防，还应包括个别预防。③关于刑罚的配置。等价刑主张刑罚与犯罪之间在价值上的对应性，在适用量上的比例性，主张确定的法定刑；而矫正刑主张刑罚与矫正目的的吻合性，主张不确定性。折衷刑主张刑罚既应与犯罪在价值上保持对等和比例，又应当符合个别矫正的要求，因此主张相对确定的法定刑。[①] 具体而言，当代折衷主义惩罚观对社区矫正惩罚功能正当性的理论影响，集中体现为以公正刑罚而预防犯罪的统一理性，主要表现为刑罚惩罚功能在制刑、量刑、行刑方面的刑罚惩罚合理性。

（2）体现于现代理性刑罚惩罚观之中的社区矫正惩罚功能正当性，与近代刑事学派的刑罚惩罚理念相关的法理意涵主要包括：近代刑事学派刑罚惩罚理念，作为当代折衷主义惩罚观的理论构成和理论进化，既体现了折衷主义惩罚观的刑罚根据模式，又包含了折衷主义惩罚观的刑罚根据内容。其中，以规范责任论、人格责任论和新社会防卫论为主体的刑事近代学派，在构建现代刑罚

---

① 参见包雯、李玉华等：《21 世纪刑罚价值取向研究》，知识产权出版社 2006 年版，第 113 页。

理论体系和引领现代刑罚惩罚观的刑罚理念演进过程中，不断推进刑罚惩罚工具观向刑罚惩罚理性观的转变，不断创新刑罚惩罚本质、刑罚惩罚目的、刑罚惩罚政策、刑罚惩罚功能等方面的现代刑罚理念。在此基础上，逐步形成了与刑罚惩罚观相联系的刑罚正义化理念、刑罚人道化理念、刑罚轻缓化理念、刑罚社会化理念、刑罚个别化理念。

上述这些现代刑罚理念，既体现了当今世界现代刑罚理论体系的科学发展，更标志着当今世界现代刑罚实践方式的文明进步。近代刑事学派刑罚惩罚理念对社区矫正惩罚功能正当性的理论联系，既为社区矫正制度刑罚方式的创立与发展提供了理论基础，更为社区矫正惩罚功能的设置与实施提供了理论依据。由此可见，现代的理性刑罚惩罚观，在当今世界法治文明时代，必然成为现代刑罚惩罚领域尤其是社区矫正惩罚功能正当性的哲理渊源和法理基础。

2. 现代刑罚人道化理念对社区矫正惩罚功能正当性的理论影响

现代刑罚人道化理念是人道主义的社会思潮和伦理原则深刻影响人类社会生活与人类社会实践的结果，是体现刑罚文明进步的刑罚价值取向。现代刑罚人道化理念发端于刑事古典学派而发展于刑事实证学派和新社会防卫论。虽然不同的刑事法学派关于刑罚人道主义的理解和阐述，总是基于不同的视角而各有所不同，但是基本的立场却是一致的。那就是倡导尊重犯罪人，把犯罪人当作人来看待，强调犯罪人的权利，尤其注重保护犯罪人复归社会的权利，重视其社会价值的实现。①

在现代刑罚人道主义理念的影响和推动下，刑罚人道化逐步成为国际社会的刑罚共识。尤其是20世纪50年代以来，随之陆续形成的一系列体现刑罚人道化理念的国际准则，进一步推进了刑罚领域的法律规范和法治建设，为现代刑罚制度注入了更为丰富的刑罚人道主义精神。这主要体现在：一是联合国在关于刑罚执行或囚犯待遇方面，先后制定了《囚犯待遇最低限度标准规则》《切实执行囚犯待遇最低限度标准规则的程序》《囚犯待遇基本原则》《保护人人不受酷刑和其他残忍、不人道或有辱人格待遇或处罚宣言》《保护被剥夺自由少年规则》《关于移管外籍犯的示范协定及有关外籍犯待遇的建议》等一系列标准或

① 参见姜祖桢主编：《社区矫正理论与实务》，法律出版社2010年版，第73页。

规则。二是联合国在关于刑罚执行和囚犯待遇方面,先后制定了《执法人员行为准则》《执法人员使用武力和武器的基本原则》《联合国少年司法最低限度标准规则》等一系列综合性规定。三是联合国在关于监狱管理人权标准方面,先后制定了《禁止酷刑和其他残忍、不人道或有辱人格的待遇或处罚公约》《保护所有遭受任何刑事拘留或监禁的人的原则》《关于医务人员、特别是医生在保护被监禁和拘留的人不受酷刑和其他残忍、不人道或有辱人格的待遇或处罚方面的任务的医疗道德原则》等一系列规则。以上这些充分体现刑罚人道主义的国际司法准则,直接引领着国际社会现代刑罚制度的刑罚人道化价值取向。

根据刑罚人道化的法理意涵和价值取向,世界各国相继在刑罚领域创建社区矫正制度。主要是通过集中反思监禁刑罚违背人道主义的制度弊端,积极探索非监禁刑罚体现刑罚人道主义的制度模式,从而导致了新型刑罚执行模式——社区矫正制度的应运而生。尤其在社区矫正惩罚功能的法律设置和法律实施方面,较之于监禁刑罚而更好地体现了非监禁刑罚的刑罚人道化趋向。这种刑罚人道化趋向主要包括以下三重含义:一是尊重和保护犯罪人的人格,即犯罪人首先是人,然后才是犯罪的人,所以犯罪人作为一个公民所享有的基本权利应得到保护。二是禁止把人当作实现刑罚目的的工具,即犯罪人在刑事司法中是作为伦理道德上独立自主的人格主体而存在的,并非作为手段,如作为惩戒社会公众的先例而受刑罚的。三是禁止使用残酷而不人道的即蔑视人权的刑罚手段,对犯罪人处以刑罚制裁并非将其作为刑罚的客体,而是以积极的态度对其予以教育或矫治,使其复归社会。① 由于社区矫正以平等而人道的姿态实施刑罚惩罚,倡导尊重和维护犯罪人的合法权益,注重满足犯罪人复归社会的社会需求,使社区矫正对象能够在具备基本生活需求和正常社会交往的条件下接受刑罚惩罚,从而更为直接、更为具体地体现了现代刑罚人道主义精神。

3. 现代刑罚社会化理念对社区矫正惩罚功能正当性的理论影响

现代刑罚社会化理念是集刑罚民主化和刑罚科学化于一体的现代刑罚思想,是构成现代刑罚理论体系的重要内容,是引领现代刑罚实践文明进化的重

① 参见陈庆安:《刑罚人道主义及其相关问题》,载《河南省政法管理干部学院学报》2003 年第 5 期。

要依据。刑罚社会化理念萌芽于刑事古典学派的兴起、发端于刑事实证学派的观点、确立于社会防卫运动的发展。其法理意涵的演化进程主要体现在：一是在刑事古典学派兴起过程中。意大利学者贝卡里亚倡导的人道主义和理性主义的惩罚观，孕育了刑罚改革和监狱改革的时代命题。英国学者边沁主张的对监狱结构和内部组织进行改革的观点，为刑罚改革和监狱改革进行了思想准备。尤其是英国学者约翰·霍华德的《英格兰和威尔士的监狱现状》一书的出版，引发了西方国家对监狱改革的重视，为刑罚改革和监狱改革提供了理论基础。二是在刑事实证学派兴起过程中。西方国家以龙勃罗梭、菲利、李斯特等学者为代表的刑事实证学派，十分关注行刑方式问题的理论研究和实践探索，分别从社会学和人类学等不同的视角，对犯罪原因问题、行刑方式问题发表了诸多见解，为刑罚社会化思想的形成和发展提供了理论依据。三是在社会防卫学派兴起过程中。法国学者马克·安塞尔积极倡导运用剥夺自由刑对罪犯进行"重新社会化治理"的刑罚思想，并继而提出以非犯罪化、非刑罚化、受害人化、社会化为主要内容的"非刑事化"思想，在此基础上形成了刑罚社会化的核心理念。

在现代刑罚社会化理念的影响和推动下，随着西方国家对监狱制度改革的日益关注和积极探索，刑罚社会化开始由理论渗透到实践，很快对各国的刑事立法和刑事司法产生了积极的影响。例如，1880 年，美国马萨诸塞州的一个女犯监狱，在当今世界率先实行允许被监禁罪犯从事监狱外社会性工作的监管方式。1913 年，美国威斯康星州通过立法，规定轻刑犯在由法院作出判决后，可在监狱外从事社会性工作，从制度设置上实现了监狱由封闭式向开放式的转变。自 20 世纪以来，以"矫正"和"更新"为核心意涵的刑罚社会化思想倾向，在美国的刑罚实践中，开始居于主导地位。尽管 20 世纪 70 年代，美国一度由于强调刑罚惩罚和刑罚威慑的新古典主义的回潮，导致刑罚社会化的理论和实践受到质疑和挫折。但当今世界现代刑罚理论和现代刑罚实践的演化效果仍然充分表明，刑罚社会化已经形成一种符合刑罚发展规律的现代刑罚思潮，它所具有的强大生命力已标志着现代刑罚的发展趋向。

根据现代刑罚社会化的法理意涵和价值取向，在现代刑罚实践中，刑罚社会化理念的实践表现形式主要是行刑机构、犯罪人和社会参与等三者之间的刑罚互动。其中,刑罚社会化对于行刑机构、犯罪人和社会参与之间的刑罚良性互动,在社区矫正惩罚功能的法律设置和法律实施过程中,产生了更为明显的理论影响。例如,一是社区矫正所具有的刑罚开放性,不仅有利于消除监狱矫正难以避免的脱离社会的制度弊端,从根本上防范监狱封闭条件下罪犯群体之间可能产生的不良恶性循环感染,而且有利于激励罪犯在社区开放环境下接受刑罚惩罚的积极性和效益性,实现社区矫正惩罚功能服务于罪犯再社会化的刑罚目的。二是社区矫正所具有的社会参与性,不仅有利于动员和整合实施社区矫正惩罚功能的社会资源,以增强刑罚惩罚和教育矫正的刑罚能力与刑罚效果,而且有利于依托实施社区矫正惩罚功能的社会监督,以营造刑罚公平和刑罚正义的社会意识与社会环境。

4. 现代刑罚谦抑化理念对社区矫正惩罚功能正当性的理论影响

现代刑罚谦抑化理念是一种集中体现司法克制思想的先进刑罚态度和文明刑罚精神,是现代刑罚理论体系不可或缺的重要内容,是对现代刑罚实践文明进步的基本要求。刑罚谦抑化理念渊源于近代西方刑罚学说和英美法系国家形成的司法克制主义理论。日本学者平野龙一曾指出:"刑罚是一种拘束自由的重大痛苦,其自身并非理想,而是不得已的统治手段……即使行为侵害或威胁了他人的生活利益,也不是必须直接动用刑法。可能的话,采取其他社会统治手段才是理想的。可以说,只有在其他社会统治手段不充分时,才可以动用刑法,这叫刑法的补充性或谦抑性。"①英国学者边沁将刑罚谦抑性适用对象概括为四种情形:一是滥用之刑,即对不存在现实之罪而进行刑法干预的情况;二是无效之刑,即对意志毫无效用,因而无法预防相似行为而进行的刑法干预情况;三是过分之刑,即通过更温和的手段诸如指导、示范、请求等可以获得同样效果时,而适用刑法干预的情况;四是昂贵之刑,指通过刑法干预的不利后果大于所调控的危害行为所造成损害的情况。②

在现代刑罚谦抑化理念的影响和推动下,西方国家不断创新刑罚模式,加

① [日]平野龙一:《刑法总论》,有斐阁 1992 年版,第 47 页。

② 参见杜雪晶:《轻罪刑事政策的理论溯源》,载《甘肃社会科学》2012 年第 4 期。

快了现代刑罚方式的演化进程,如最早萌生于英国后又初步形成于美国的现代缓刑制度,其对某些特定的刑罚制裁,所作出的缓宣告缓刑、缓执行缓刑、不执行余刑的缓刑等刑罚模式,都突出体现了刑罚谦抑化理念。又如,最早孕育于法国等欧洲国家后又形成于英美国家的现代假释制度,其对某些法定的刑罚对象,所实行的法定假释与裁量假释、完全假释与部分假释,也具体贯穿了刑罚谦抑化理念。再如,社区矫正作为现代非监禁刑罚执行制度,其制度确立和制度发展的过程,都集中体现了刑罚谦抑化思想的核心意涵,在某种意义上可以说就是刑罚谦抑化思想的实践成果,它迎合了当今世界刑罚改革的时代潮流,推动了现代刑罚文明进步的历史进程。

根据现代刑罚谦抑化的法理意涵和价值取向,在现代刑罚实践中,“刑法的谦抑性是指根据一定的原则控制刑法的处罚范围、处罚程度,在适用其他法律足以控制某种违法行为、足以保护某些合法权益时,就不要将其规定为犯罪;在适用较轻的制裁措施足以控制某种犯罪行为、足以保护相应的合法权益时,就不用适用较重的制裁手段”。[①] 现代刑罚实践中的这种刑罚谦抑化理念,直接而又具体地影响到社区矫正惩罚功能的法律设置和法律实施。尤其是在社区矫正刑罚执行领域,社区矫正作为非监禁刑罚执行方式,与监狱矫正的监禁刑罚执行方式相比较,其刑罚惩罚范围较小,刑罚惩罚程度较轻,两者在刑罚惩罚功能方面的差异性,既体现了刑罚谦抑化理念的本质要求,亦表明了刑罚谦抑化理念的价值取向。在刑罚谦抑化理念的引导下,社区矫正惩罚功能的法律实践,将不断趋向于现代刑罚制度的正当性和合理性。

5. 现代刑罚轻缓化理念对社区矫正惩罚功能正当性的理论影响

现代刑罚轻缓化理念是人类社会政治经济社会文化历史演化的必然产物,是当今世界现代刑罚文明进步的必然要求。刑罚轻缓化理念渊源于刑事古典学派尤其是刑事近代学派的基本理论。刑事古典学派和刑事近代学派的基本理论,表明了刑罚轻缓化理念与其他现代刑罚理念的诸多理论联系。主要体现在:一是刑罚轻缓化与刑罚人道之间有着密切的理论联系。现代法治社会的实现,不仅需要社会民众对法律的形式尊重,更需要社会民众对法律的实质信仰。

---

① 杜雪晶:《轻罪刑事政策的中国图景》,中国法制出版社2013年版,第68页。

只有对犯罪人处以宽和轻缓的刑罚政策，只有在刑罚中贯穿人道主义精神，充分尊重社会个体的人身自由和合法权益，才能真正确立全社会对刑罚正义的社会认同和社会信仰，由此可见，刑罚轻缓化是实现刑罚人道化的必然要求。二是刑罚轻缓化与刑罚目的之间有着密切的理论联系。一般预防和特殊预防是现代刑罚适用的主要目的，实现现代刑罚目的，就要通过对犯罪人合理适用刑罚惩罚，最终实现预防社会犯罪和维护社会法律秩序的社会功能。也只有在刑罚惩罚中贯穿刑罚轻缓化理念，以刑罚的必定性和及时性，来强化已然犯罪人和潜在犯罪人的刑罚惩罚意识，才能有效预防社会犯罪，由此可见刑罚轻缓化是实现刑罚目的的必要途径。三是刑罚轻缓化与刑罚功能之间有着密切的理论联系。刑罚功能有限性是理性对待刑罚功能的科学理念，其中，“提倡刑罚的最后手段性观念，把刑罚保留作为非不得已的最后手段，并且坚持刑罚节俭原则，控制刑罚的投入量，对犯罪人处以宽和轻缓的刑罚，体现人道主义精神，这不仅是对犯罪人的一种宽和态度，而且是有效发挥刑罚功能的必然选择，也是现代社会刑罚观念进步的表征”。① 由此可见刑罚轻缓化是实现刑罚功能的价值追求。

在现代刑罚轻缓化理念的影响和推动下，西方国家不断调整刑事政策，推动刑事古典学派主导下的重刑主义刑罚理念向刑事近代学派倡导下的轻刑主义刑罚理念的转变；进而推动刑事古典学派主导下的以监禁刑罚为主的刑罚体系向刑事近代学派倡导下的以非监禁刑罚为主的刑罚体系的转变。刑罚轻缓化理念在引领现代刑罚理念和现代刑罚实践的上述两大转变的同时，促进了充分体现刑罚轻缓化理念的两大发展趋势：一是刑罚政策“轻轻重重”两极化的发展趋势。“两极化”刑罚观念产生的理论背景，受到反思性“多元理论”的大力推动，表现为古典学派的“自由意志论”和刑罚价值的回归；实证主义的“危险人格”和社会防卫理论的相应确认；对20世纪60年代以来当代犯罪学社会反应理论和犯罪被害人理论以及世界范围内日益普及的人权保障观念的吸收。② 在“两极化”刑罚观念的主导下，西方国家自第二次世界大战结束以来，纷纷调整

① 李震：《刑罚轻缓化的必然性论析》，载《齐鲁学刊》2007年第4期。

② 参见吴宗宪主编：《中国刑罚改革论》，北京师范大学出版社2011年版，第27页。

本国的刑罚政策，分别朝着所谓“宽松的刑事政策”或“严厉的刑事政策”两个不同政策取向，来确立本国的刑事法律制度。即对于重大违法犯罪施以严厉的刑罚政策和惩罚程度，对于轻微违法犯罪则施以轻缓的刑罚政策和惩罚程度，这在当今世界现代刑罚领域，已经成为一种不可逆转的发展趋势。二是刑罚体系非犯罪化、非刑罚化、非监禁化的发展趋势。非犯罪化、非刑罚化、非监禁化观念产生的理论背景，源自刑事古典学派和刑事近代学派之间关于罪刑关系的理论博弈。其中，非犯罪化理念的核心意涵，是指在刑罚设置过程中，将部分传统犯罪行为排除在刑罚体系之外，并力求以其他法律规范来调整新型社会危害行为；非刑罚化理念的核心意涵，是指在刑罚裁量过程中，严格控制对犯罪行为适用刑罚的条件，对某些犯罪人尽量不适用传统的刑罚惩罚，而采用现代非刑罚手段来处置刑事犯罪；非监禁化理念的核心意涵，是指在刑罚执行过程中，着力于克服监禁刑罚的制度弊端，尽量将犯罪人置于开放性的社会环境下执行刑罚，以便犯罪人更好地接触社会、融入社会和回归社会。

根据现代刑罚轻缓化的法理意涵和价值取向，在现代刑罚实践中，“刑罚的轻缓化，要求国家在适用刑罚规制社会生活时，应适当控制刑罚的适用范围和严厉程度，并力求以最小的刑罚成本达到最大的社会效益，即少用或不用刑罚来获取最大的社会效益，以有效地预防和控制犯罪”。① 当今世界刑罚制度之所以由身体刑趋向监禁刑，由监禁刑趋向非监禁刑，并且形成非犯罪化、非刑罚化、非监禁化的发展趋向，无疑是刑罚轻缓化的集中体现。其中，刑罚轻缓化理念对社区矫正惩罚功能的理论影响尤为明显。基于传统监禁刑罚方式与现代非监禁刑罚方式的比较研究足以表明：社区矫正的刑罚开放性较之于监狱矫正的刑罚封闭性，在刑罚惩罚方式方面，充分体现了刑罚轻缓化理念；社区矫正的惩罚宽缓性较之于监狱矫正的惩罚严厉性，在刑罚惩罚程度方面，充分体现了刑罚轻缓化理念；社区矫正的形式多维性较之于监狱矫正的形式局限性，在刑罚惩罚手段方面，充分体现了刑罚轻缓化理念。

---

① 胡学相、周婷婷：《和谐社会建设与刑罚轻缓化》，载《华南理工大学学报（社会科学版）》2007年第3期。

6. 现代刑罚个别化理念对社区矫正惩罚功能正当性的理论影响

现代刑罚个别化理念是一种科学的刑罚方式和先进的刑罚模式，是现代刑罚理论体系的内容创新，是现代刑罚实践效益的开拓路径。刑罚个别化理念作为刑事政策学说的主要观点，渊源于刑事近代学派的基本理论主张。具体而言，在近现代刑罚实践中，刑罚执行的个别化原则是由资产阶级新派刑法学者提出来的。新派的代表人物、目的刑论大师李斯特“基于行为者的分类主张处遇的个别化”，由此刑罚个别化理念纳入现代刑罚理论体系之中，而成为近代资产阶级刑法理论上的一个发展趋向，并被奉为其刑事理论的重要内容。

在现代刑罚个别化理念的影响和推动下，西方国家在 19 世纪中后期，纷纷以刑罚个别预防目的作为刑罚个别化的理论基础，以人身危险性作为刑罚个别化的理论核心，运用刑罚个别化理念来调整刑罚政策和指导刑罚实践。主要表现在：一是刑罚设置方面的刑罚个别化。即在国家刑罚设置过程中，充分考虑犯罪情节、犯罪危害程度及犯罪人的人身危险性状况，并着眼于针对具体刑罚对象的量刑情节和行刑情节，将客观的刑罚设置明确指向微观的刑罚实践。在当今世界各国的刑事法律制度中，普遍实行的罪刑相适应原则或罪刑相均衡原则，都从不同方面体现了刑罚个别化理念在刑罚设置中的具体应用。二是刑罚裁量方面的刑罚个别化。即在刑罚裁量过程中，刑罚定罪与刑罚量刑都应贯穿刑罚个别化理念，充分考虑犯罪人的犯罪危害性和犯罪人的人身危险性，尤其要考虑对犯罪人刑罚裁判所涉及的法定或酌定量刑情节，以刑罚个别化理念来引导刑事个案的公正裁判。例如，法国于 1912 年率先设置少年法庭，将对未成年人的刑罚裁判与对成年人的刑罚裁判分别实施；德国于 1921 年生效实施的刑法典，规定法官裁判对青少年的伤害案件，其刑罚程度须严厉于对普通伤害案件的刑罚惩罚。以上这些这都是刑罚个别化理念，在刑罚裁量程序中的具体适用。三是刑罚执行方面的刑罚个别化。即在刑罚执行过程中，针对犯罪人不同的犯罪危害性和不同的人身危险性，既要充分体现刑罚惩罚的个别正义，又要分别实施刑罚防卫的个别矫治。例如，当今世界各国在监禁刑罚执行和非监禁刑罚执行领域，普遍采用的分管分押制度、循证矫正制度、矫正项目制度、宽严相济制度和奖励惩戒制度，都充分蕴含了刑罚个别化理念，产生了促进刑罚执行现代化和法治化的积极影响。

根据现代刑罚个别化的法理意涵和价值取向，在现代刑罚实践中，现代学派对近代学派这种只着眼于犯罪人“个人情况”的刑罚个别化进行了否定，认为刑罚个别化不应是以个别预防犯罪为适用刑罚的唯一目的，而是应既考虑犯罪的个别预防，又考虑刑罚的报应。于是确立了刑罚适用的预防与报应一体思想，因而刑罚个别化不仅要着眼于犯罪人的再犯可能性，而且要着眼于社会对犯罪行为的评价。现代刑法中的刑罚个别化是责任个别化与预防个别化的有利统一。[①] 在现代意义上的刑罚个别化理念的影响下，社区矫正惩罚功能的法律设置和法律实施，亦在较大程度上得到了创新和发展。主要是根据刑罚报应与刑罚预防的一体化思想，实现刑罚个别化理念与恢复性司法理念相结合，在社区矫正领域推行惩罚性与恢复性并重的二元刑罚惩罚新模式和新机制。如创建于英国的社区服务制度，创建于美国的中间制裁制度，以及践行于世界各国的缓刑制度、假释制度、保安制度、职业禁止制度等，都在惩罚性与恢复性并重的基础上，较好地体现了社区矫正惩罚功能应有的刑罚个别化理念。

三、社区矫正惩罚功能正当性的历史演化和发展趋势

社区矫正作为现代非监禁刑罚执行制度，是当代法治社会文明发展的历史产物，是现代刑罚体系文明进步的重要标志。社区矫正萌生、创立和发展于欧美法治发达国家，顺应着社会法治的需要而产生，伴随着刑罚法治的演化而发展，在长达一百余年的时间里，经历了一个跌宕起伏、调整提高、全面发展的历史进程。其中，社区矫正的惩罚功能作为社区矫正刑罚体系的重要构成，则伴随着社区矫正刑罚本质和刑罚目的的确立而确立，伴随着社区矫正刑罚政策和刑罚功能的调整而调整，同样经历了一个不断完善、不断规范、不断优化的历史进程，并在现代刑罚实践中，充分显现了社区矫正惩罚功能正当性的法律效果和社会效果，逐步形成了社区矫正惩罚功能正当性的发展规律和发展趋势。

① 参见游伟、王恩海：《刑罚个别化思想与我国刑法的发展》，载《华东刑事司法评论》2006 年第 1 期。

（一）社区矫正惩罚功能正当性历史演化的刑罚背景

1. 由身体刑向监禁刑转变的刑罚背景

当今世界现代刑罚演化过程表明：刑罚是人类应对犯罪现象的一种重要手段。由于犯罪现象形式多样，类型繁多，轻重程度不一，由此也形成了刑罚方法的多样性。在不同历史时期，与人们的刑罚观念相适应，形成了以某种刑罚方法为主导、其他刑罚方法相辅助的刑事制裁体系。[①] 其中，在特定历史时期所形成的特定刑事制裁体系，为现代社区矫正惩罚功能正当性的历史演化，提供了直接或间接的刑罚背景和刑罚条件。例如，“从中世纪一直持续到18世纪的典型刑罚方法，是在公共场所展示犯罪人的身体，给其蒙羞和肉体遭受痛苦是刑罚的目标”。[②] 西方国家当时形成这种以身体刑为主的刑事制裁体系的根本缘由是在封建政治权利支配下的封建等级制，导致不同社会群体在刑罚处遇上的重大差异；加上宗教神学特别是宗教法庭对刑罚的恣意渗透，导致刑罚擅断主义为所欲为；封建王权和宗教神权主导下的刑罚报应思想，将身体刑（生命刑、肉刑）等残酷刑罚方法，推向了当时刑事制裁体系的中心位置。后来，受14世纪开始的欧洲文艺复兴思想的影响，随着欧洲资产阶级革命的兴起，古典刑事学派推动了刑罚思想的重大变化。古典刑事学派从维护资产阶级的根本利益出发，倡导天赋人权和人道主义，竭力主张抛弃封建社会残暴的刑罚制度，提出了刑罚法定、刑罚等价、刑罚人道等刑罚思想，主张实行资产阶级人道精神的刑罚制度。在这种新的刑罚思想的指导下，刑罚执行方式发生了重大的变化。[③] 在当时的社会条件下，所谓刑罚方式发生的重大变化，就是以相对文明的监禁刑，取代野蛮残酷的身体刑，在刑事制裁体系上实现由身体刑向监禁刑的转变，进而构建以监禁刑为主体的现代刑罚体系。

在当今世界现代刑罚体系的历史转变中，率先推行由身体刑向监禁刑转变

---

① 参见张昱主编：《更生时代：社区矫正社会工作案例研究》，华东理工大学出版社2017年版，第13页。

② ［英］理查德·霍金斯、杰弗里·P. 阿尔珀特：《美国监狱制度——刑罚与正义》，孙小雳、林避译，中国人民公安大学出版社1991年版，第5-6页。

③ 参见姜祖桢主编：《社区矫正理论与实务》，法律出版社2010年版，第38页。

的首推英国。这主要表现在两个方面:一是率先确立现代监狱模式。英国最早于1552年在布莱韦尔设立矫正院,用于收容流浪汉和犯罪人并强制其从事相应劳动生产;随后于1557年设立伦敦感化院;最后于1576年根据英国议会的一项法律规定,而在全国各郡普遍设立感化院。英国的感化院模式作为现代监狱制度的起源,曾对当时欧洲国家以及世界各国的刑罚体系产生了重大影响。英国继而又在18世纪推行监狱改良运动,在监狱改革先驱者霍华德等人的倡导和努力下,英国议会于1779年通过法案确认监狱改革方案,建立新型监狱制度;并于1823年制定著名的《皮尔监狱法》,于1853年制定《劳役监禁法》,于1865年制定《监狱法》。英国在刑罚执行领域推行的监狱改良活动,在促进世界各国监狱管理的现代化和法治化方面,产生了积极的影响。二是率先推行现代刑罚政策。英国在推进由身体刑向监禁刑转变的过程中,于1868年终止公开的行刑场面;于1870年宣布废止绞刑、斩首和对叛逆犯的肢解刑;于1908年将实行死刑年龄提到16岁,又于1933年提到18岁,不断缩小了死刑适用范围。英国在历经艰难曲折的身体刑废除的道路后,于1998年随着《犯罪与秩序法》的颁布,使死刑从法律上和事实上得到废止,最终实现了由身体刑向监禁刑的刑罚转变。英国作为现代刑罚政策轻缓化的推行者,在当今世界刑罚领域,为以相对文明、科学、人道的监禁刑,全面取代野蛮、残酷、非人道的身体刑,进而形成以监禁刑为主体的现代刑罚体系,起到了一定程度上的引领和促进作用。

现代刑罚体系由身体刑为主向监禁刑为主的转变,必然带动现代刑罚功能的调整和优化。因为,现代刑罚功能作为现代刑罚体系的重要构成,不同的刑罚体系决定不同的刑罚功能,而不同的刑罚功能必然反映不同的刑罚体系。在以身体刑为主体的刑罚体系中,刑罚功能必然以惩罚报应为刑罚目的,不可掩饰地表现出刑罚惩罚的野蛮和残酷;而在以监禁刑为主体的刑罚体系中,刑罚功能必然以社会防卫为刑罚目的,无可非议地表现出刑罚惩罚的相对文明和相对人道。从这个意义上来讲,现代刑罚功能的文明进步,直接源自刑罚体系由身体刑向监禁刑的刑罚转变;现代社区矫正惩罚功能的文明进步,间接源自刑罚体系由身体刑向监禁刑的刑罚转变。换言之,现代刑罚体系由身体刑向监禁刑的转变,为社区矫正惩罚功能正当性的历史演化,提供了一个体现刑罚文明进步的刑罚背景。

2. 由监禁刑向非监禁刑转变的刑罚背景

非监禁刑思想渊源于刑事近代学派,以及由刑事近代学派引发的近代监狱改良运动。当时欧洲国家在实现由身体刑向监禁刑转变后,曾经自19世纪开始,监禁刑的实施陆续出现了新的问题,面临着新的困境。例如,英国在1848年开始以监禁刑取代流放刑后,无形中使原仅适用于轻微犯罪的监禁刑,转变成了适用于除谋杀犯罪之外的所有严重犯罪的刑罚方式,这给监禁刑带来了如何应对长期监禁刑和如何解决监狱人满为患的困境。在英国监禁刑困境的影响下,"欧洲的监禁刑在19世纪中叶已经发生异化,沦为一种仅仅以禁闭为惩罚的制度,而失掉了本来所期待的悔悟、矫正的要素,因而也就无法指望其在降低犯罪率方面有更多的作为"。[①] 又如,美国监禁刑也在19世纪中叶暴露出明显的困境。1850年后,美国社会状况发生重大变化,体现在:城市人口膨胀到前所未有的程度;工业发展开始转变国家的经济状况;大量的移民来到东部和中西部的城市;社会分层加剧。每个变化都使传统的维持社会秩序的方式变得越来越离谱。在这种社会背景下,感化院发生了与欧洲类似的异化:虽然使感化院得以建造的是矫正犯罪人的愿景;但是使感化院得以持存的则是其剥夺自由的功能。[②]

英美国家针对19世纪中叶所遭遇的监禁刑困境,自19世纪后期以来,竭力探索刑罚理论新思维和刑罚实践新路径,积极倡导以有效预防犯罪和加强社会防卫为目标的刑事近代学派理论,从而使非监禁刑罚思想得以萌生和发展,进而在现代刑罚理论体系中逐渐居于主导地位。在非监禁刑罚思想的主导下,英美国家逐步将社会治理的关注重点,集中到现代刑罚体系的改革创新上来,在刑罚目的上不断加快惩罚报应盲目性向教育矫正能动性的演进,在刑罚体系上不断推进由监禁刑为主向非监禁刑为主的转变。英美国家在这一改革发展过程中,着重采取了以下举措:一是推行刑罚政策的轻缓化。主要是在刑罚裁量程序中,以减少监禁刑特别是短期自由刑的适用规模和适用幅度,作为优化刑

① 郝方昉:《刑罚现代化研究》,中国政法大学出版社2011年版,第46-47页。

② 参见郝方昉:《刑罚现代化研究》,中国政法大学出版社2011年版,第47页。

罚政策的核心目标。二是推行刑罚目的的谦抑化，主要是在刑罚裁量程序中，积极推行和大量适用缓刑、假释和保安处分等非监禁刑罚方式，以刑罚目的的谦抑化来体现刑罚方式的人道化。三是推行刑罚方式的社会化。主要是在刑罚执行程序中，针对封闭式监禁刑的制度弊端，以行刑社会化的刑罚理念和刑罚方式，推动封闭式监禁刑向开放式非监禁刑的转变。英美国家在由监禁刑为主向非监禁刑为主的转变过程中，所形成的刑罚理念创新和刑罚实践成果，为当今世界现代刑罚的文明进步，起到了重要的引领作用和促进作用。

现代刑罚体系由监禁刑为主向非监禁刑为主的转变，最终催生了以缓刑和假释为主体的现代非监禁刑罚执行模式——社区矫正制度。而社区矫正制度的法律设置和法律实施，必然给社区矫正惩罚功能正当性带来全面而又深刻的影响。例如，在惩罚功能的实施程度上，实现了由监狱矫正严厉性向社区矫正宽缓性的转变，更好地体现了刑罚政策的轻缓化；在惩罚功能的实施方式上，实现了由监狱矫正封闭性向社区矫正开放性的转变，更好地体现了刑罚方式的社会化；在惩罚功能的实施目的上，实现了传统惩罚报应向现代教育矫正的转变，更好地体现了刑罚目的的谦抑化；在惩罚功能的实施效果上，实现了由社会质疑和抵触向社会认同和配合的转变，更好地体现了刑罚结果的效益化。由此可见，现代刑罚体系由监禁刑为主向非监禁刑为主的转变，给惩罚功能形成的深刻影响，是关系到社区矫正惩罚功能正当性的最直接最重要的刑罚背景。

（二）社区矫正惩罚功能正当性历史演化的刑罚过程

1. 社区矫正孕育创立时期的惩罚功能

社区矫正惩罚功能与监狱矫正惩罚功能的差异性充分表明，社区矫正惩罚功能正当性的演化过程，与现代社区矫正制度产生与发展过程有着密切的依附关系。从演化脉络上来看，社区矫正制度的创立，决定着社区矫正惩罚功能的设置；社区矫正制度的曲折，制约着社区矫正惩罚功能的实施；社区矫正制度的发展，标志着社区矫正惩罚功能的效果。也就是说，社区矫正制度与社区矫正惩罚功能作为一个命运共同体，社区矫正的“兴衰”决定着惩罚功能的“荣辱”，惩罚功能的正当性关系到社区矫正的合法性。[①]

欧美国家于19世纪初,大力推行刑罚制度改革和监狱制度改良运动。当时,面对监狱行刑的弊端,改革者们选择了两条道路:第一条就是彻底回避监禁刑,发展社区刑罚;第二条就是立足于监禁刑,不断改良、发展开放式处遇制度。殊途同归,其改革的最终目的都是要实现矫正服刑人员、保护社区公众两大价值的平衡。[②] 基于这一改革思路,作为社区矫正核心内容的缓刑制度和假释制度,相继在欧美法治发达国家得以形成。虽然缓刑制度和假释制度在刑罚执行模式改革取向上孕育了社区矫正制度,但社区矫正作为一项新型的完整的现代非监禁刑罚执行制度,主要还是渊源于20世纪初在英国兴起的社区性刑罚。当年随着英国社区性刑罚的推行,不仅从刑罚体系和刑罚种类上改变了刑罚格局,而且创新了刑罚价值和刑罚功能的刑罚内容。随着英国社区性刑罚被欧美发达国家以及一些发展中国家所仿效采用,社区矫正刑罚理念逐步得以树立,社区矫正刑罚地位逐步得以确立,社区矫正刑罚体系逐步得以建构,社区矫正刑罚目的逐步得以调整,社区矫正刑罚功能逐步得以完善。从而使现代意义上的社区矫正制度,很快在以欧美国家为主的世界大多数国家得以创立和发展,并在刑罚实践中取得了明显的法律效果和社会效果。

在社区矫正制度的孕育创立时期,社区矫正惩罚功能正当性与当时的社区矫正刑罚政策相联系,主要体现在各种社区矫正刑罚模式的法律设置和法律实施过程之中。例如,英国于1994年颁布《刑事司法与公共秩序法》,明确强调:"法律的天平不应过度地倾向罪犯的利益,受害者未得到公正的补偿,因此需要恢复平衡。"[③]英国紧接着于1995年3月发表《加强社区惩罚》的咨询文件,提出由法庭根据个案审判的情况和需要来确定适当的惩罚措施,运用综合的社区判决来确保惩罚的严厉性。英国又于2003年颁布了一系列社区惩罚措施的刑事法案,为法庭的社区刑事审判提供了严格、合理、有效的刑罚措施。我国学者刘

① 参见刘政:《社区矫正惩罚功能正当性的法理研判和理性回归》,载《南海法学》2019年第1期。

② 参见王平主编:《社区矫正制度研究》,中国政法大学出版社2014年版,第31页。

③ Morton J. ,*A Guide to the Criminal Justice and Public Order Act* 1994, Lindon, Macmillan.

强将英国社区惩罚的法律设置,概括为以下三个方面:[①]一是自我约束的处罚。包括来自警方的警告以及有条件释放的处理方法。这是基于让罪犯认识到自己的罪行就足以防止重犯的设想,这种方法被认为是使违背了与自己社区(社会)协议的公民(犯罪人)感到惭愧并使其重新融入社区的有效做法。二是经济处罚。很多人认为罚金是最灵活的刑罚,法庭可以按照罪行的严重性以及罪犯经济能力(虽然在现实生活中两个标准往往是相互矛盾的)适当地调整实施。同时,它不会造成任何人身的限制并使犯罪人蒙受耻辱。同时,赔偿损失比起罚金,更能使罪犯直接地去面对给受害者所造成的伤害。三是受监督的处罚。所有采用监管的刑罚都以一个特殊的假设为前提,那就是罪犯在没人协助的情况下缺乏动力或个人资源去弥补对社区协议的背弃。这些社区监督处罚措施主要包括:社区更生令、监督令、宵禁令、报到中心令、社区惩罚令、社区惩罚与更生令、毒品治疗与测试令,以及干预令、补偿令和行动计划令等。

综上所述,从英国社区性刑罚的法律设置和法律实施情况来看,在现代社区矫正制度的孕育创立时期,社区矫正作为一项非监禁刑罚执行制度,较之于监狱矫正传统的监禁刑罚执行方式,其惩罚功能初步实现了由刑罚惩罚向教育矫治、由惩罚犯罪向预防犯罪的刑罚转变。这个转变的核心内涵,充分体现了刑罚的轻缓化和刑罚的人道化,在惩罚范围、惩罚方式和惩罚幅度上,社区矫正惩罚功能正当性伴随着现代刑罚演化的历史过程,展现了一种刑罚进化的新型历史形态。

2. 社区矫正调整提高时期的惩罚功能

欧美国家的社区矫正制度建设,自 20 世纪初至 20 世纪 70 年代曾处于高速发展时期。在这个时期,"社区矫正经历了超过半个世纪的高速发展,其组织机构、运行机制、处遇方案等不断完善。但是,社区矫正自身存在的固有缺陷被忽视,社区矫正的效果被夸大,导致社区矫正终于不堪重负,遭到社会大众和专家学者的广泛批评,自 20 世纪 70 年代以来,社区矫正进入调整期"。[②] 当今世界现代社区矫正制度,虽起源于英国但发展于美国。美国作为推行社区矫正时间

① 参见刘强主编:《英国社区刑罚执行制度研究》,中国法制出版社 2011 年版,第 16-17 页。

② 王平主编:《社区矫正制度研究》,中国政法大学出版社 2014 年版,第 31 页。

最早、力度最大、范围最广、效果最好的国家,则恰恰又是社区矫正后来被社会质疑最早、被调整力度最大的国家。美国学者马丁森在其1974年发表的《有什么效果:关于监狱改革的问题与答案》的调研报告中,明确提出社区矫正和监狱矫正对减少重新犯罪没有什么效果的"矫正无效论",从而在美国以及欧洲国家法学界法律界掀起了一场轩然大波,引发社会各界对社区矫正的批判与否定,导致全社会普遍形成对社区矫正的信任危机,进而给迅速发展之中的社区矫正带来了极大的压力和挑战。这就迫使美国政府及欧洲国家不得不收缩社区矫正规模和调整社区矫正政策。主要包括:强化社区监督力度,降低社区刑罚适用率,推行矫正模式向转处模式转变等。

美国和欧洲国家在社区矫正调整期间,虽然在表面上给社区矫正形成了相当程度上的挫折,但在本质上并不意味着对社区矫正的全盘否定,更未从根本上改变社区矫正在刑罚体系中应有的法律地位。而是顺应当代刑罚发展规律的客观要求,使社区矫正在调整中得到新的提高,在挫折中得到新的发展。从而使"20世纪60年代在西方兴起的以改造理论为基础、以教育帮扶为基础、以替代监禁刑为主要目的的社区矫正,到80年代以后,迅速演变为以公平惩罚为理论基础、以监管和控制再犯为基调、以丰富刑罚执行手段和确保社区安全为主要目的的刑事司法制度。"①到了20世纪晚期,随着社会工作等方法在社区矫正中的广泛运用,以及中间制裁等社区刑罚在犯罪控制上的明显效果,社区矫正成功实现转型,并重新回归美国等西方主要国家非监禁刑罚执行制度的主流。②

在社区矫正制度的调整提高时期,社区矫正惩罚功能与当时的政策调整相联系,主要体现在一些适度强化社区矫正监督力度的新模式新制度之中。例如,美国根据社区矫正调整提高的需要,于20世纪80年代创建了一种新型的社区矫正执行模式——中间制裁制度。中间制裁(inter mediate sanction)又称为"中间刑罚"(inter mediate punishment),它是指介于传统的社区矫正和监禁刑之间的制裁形式。由于这类制裁形式主要是为了解决监禁刑和传统的社区矫正

① 占彤、熊彬:《对社区矫正与刑罚轻缓化关系的重新认识——从社区矫正起源的角度》,载《法制与社会》2018年第2期。

② 田兴洪:《社区矫正中的社区参与模式研究》,法律出版社2017年版,第68页。

存在的问题而发展起来的，所以，往往被看成监禁刑或者传统的社区矫正的替代形式。[①] 中间制裁制度的创立，较好地解决了社区矫正调整提高过程中亟须解决的三个问题：一是基于社会各界对改造型矫正计划的普遍质疑，迫切需要建立适应社会犯罪形态变化的新型刑罚执行方式；二是基于社会民众对"公平刑罚"观念的向往和尊崇，普遍主张维持刑罚执行的强度和实施刑罚执行的正义；三是基于权力机关选举形势和法律秩序的双重压力，不得不调整和采取相对严厉的刑罚政策。

中间制裁作为居于传统社区矫正与监禁刑之间的新型社区矫正模式，主要包括居住式中间制裁和非居住式中间制裁两大类型，其刑罚惩罚功能主要表现为七种惩罚形式：①严密的缓刑和假释监督；②家庭监禁与电子监控；③军训式矫正中心（矫正训练营）；④返回社区训练所（过渡教习所）；⑤日报告中心；⑥日罚金；⑦社区服务。[②] 中间制裁作为对国家刑罚目的和刑罚政策的重大调整举措，既有利于控制和缩减监狱犯罪关押规模，又有利于回应和满足严厉惩罚犯罪的刑罚观念和社会倾向。随着美国中间制裁模式在欧洲国家的仿效、推行、充实、发展，在刑罚执行实践中，中间制裁为法院公正裁判量刑提供了合理选择，为监狱减轻关押场所负担提供了疏解途径，为社区教育矫治活动提供了制度保障，为社区安全防卫提供了有力支撑，从而使社区矫正惩罚功能正当性取得了日益明显的法律效果和社会效果。

综上所述，从美国中间制裁的法律设置和法律实施情况来看，在现代社区矫正的调整提高时期的社区矫正惩罚功能，较之于社区矫正孕育创立时期的社区矫正惩罚功能，其刑罚轻缓化政策有所收缩，刑罚社会化方式有所调整，刑罚监督力度有所强化，总体来讲，社区矫正刑罚方式与监狱矫正刑罚方式之间虽有较大差异，但社区矫正固有的刑罚本质和刑罚功能，并未发生根本改变，社区矫正惩罚功能的正当性仍然得到了较好的显现。

3. 社区矫正稳定发展时期的惩罚功能

现代社区矫正制度在历经了 20 世纪初的孕育创立时期、20 世纪 70 年代的

① 参见吴宗宪：《休克监禁及其借鉴探讨》，载《中国检察官》2012 年第 3 期。

② 参见蔡国芹：《美国社区矫正体制的中间制裁制度》，载《时代法学》2007 年第 6 期。

调整提高时期后，自 20 世纪 80 年代以来，欧美国家的社区矫正率先进入稳定发展时期。尤其在英国社区性刑罚模式和美国中间制裁模式的引领下，英美法系国家和大陆法系国家，纷纷围绕加强社区监督这个重心，进一步将社区矫正焦点由改造和整合，转向惩罚和剥夺犯罪能力。越来越多的国家在推行现代刑罚制度改革、扩张社区矫正应用方面达成共识，社区矫正的刑罚地位不断巩固，社区矫正的刑罚方式不断完善，社区矫正的刑罚效益不断显现。社区矫正既修复和恢复了社会关系，达到预防和减少犯罪的目的，又节约了大量监禁刑罚的执行成本，由此成为国际社会普遍认可的刑事执行措施。在英国、美国、加拿大、澳大利亚、德国、法国等西方国家，社区矫正的适用比例均高达 70% 以上。即使在东亚国家，深受儒家文化和重刑主义传统影响的日本、韩国、新加坡等国家，社区矫正适用比例也在 50% 左右。[①] 当今世界各国社区矫正稳定发展的良好局面，集中体现在以下两个方面：

(1)社区矫正立法已经形成国际化态势。例如，联合国大会于 1990 年 12 月通过的《联合国非拘禁措施最低限度标准规则》，既是促进社区矫正法律实施的重要措施，也是推动社区矫正改革发展的行动指南；联合国第 7 届预防犯罪和罪犯处遇大会通过的《减少监禁人数，监处教养方法和罪犯的社会改造》决议，呼吁国际社会重视使用非监禁刑；联合国经济和社会理事会第 44 次会议通过的《开展国际合作，以求减少监狱人满为患和促进替代性刑罚》决议，既促进了社区矫正在世界范围的广泛应用，又推进了社区矫正的国际化进程。又如，欧洲委员会部长委员会于 1997 年 2 月通过的《欧洲社区制裁与措施规则》，于 2000 年 11 月通过的《关于改进实施欧洲社区制裁和措施规则的第[2000]22 号建议》，对于全面推进欧洲国家社区矫正的发展进程产生了积极影响；非洲社区服务裁决国际会议于 1997 年 11 月通过的《卡多马社区服务宣言》和《卡多马社区服务宣言行动计划》，呼吁法语非洲国家和葡语非洲国家采用社区服务以替代判处监禁的方法，将社区矫正国际化的触角扩展到了相对落后的非洲地区。

(2)社区矫正模式已经形成现代化态势。例如，加拿大推行的附条件监禁刑模式。附条件监禁刑(见《加拿大刑法典》第 242 条第 742.7 的规定)是根据

① 参见郭健：《社区矫正法的几个基础性问题探析》，载《犯罪与改造研究》2022 年第 5 期。

强制性规定和自由裁量情况，法院允许罪犯在社区服刑的一种监禁刑。罪犯在社区服附条件监禁刑一般意味着，在家庭软禁之下，在附条件监禁刑监督员的监督之下住在家里，监督是省当局或地区当局的职责。[①] 附条件监禁刑作为加拿大创新量刑倡议和综合量刑改革方案，在其社区性刑罚实践中取得了积极的效果。又如，日本推行的更生保护模式。日本2007年颁布的《犯罪者更生保护法》，规定更生保护涵盖缓刑、假释、刑满释放、后期关怀、赦免、犯罪预防等五个方面的管理内容。日本的更生保护制度在现代社区矫正实践中，通过广泛地、大量地引进多学科、多方法，不断有了新的完善和发展。再如，希腊推行的家庭隔离模式。家庭隔离是近来希腊刑罚制度上的一个创新。它是监禁刑执行的一种替代措施，同时，或者也是监禁刑执行的另一种方法。适用这种制度的最基本条件是犯罪人已满75周岁（根据《刑法典》第56条的规定）。作为一种刑事处罚，这种制度由法官作出决定，从而替代对犯罪人的监禁。[②] 还如，法国推行的公益劳动模式。法国参照其他国家的刑事立法，设置了法国式的公益劳动模式。这种公益劳动模式的主要内容，是通过组织罪犯参加具有社会修复意义的公益劳动，达到既惩罚改造罪犯又避免短期自由刑的刑罚效果。

在社区矫正制度进入稳定发展时期以来，随着社区矫正立法的国际化进程和社区矫正模式的现代化进程，社区矫正惩罚功能，更好地实现了与现代刑罚文明进步的相伴随相适应。总体而言，社区矫正在调整提高时期的惩罚功能，单纯注重和过度强调惩罚功能的监督力度；而社区矫正在稳定发展时期的惩罚功能，不断注入恢复性司法的新理念新模式，开始实现由单纯刑罚惩罚或单纯教育惩正，向惩罚性与恢复性并重的新型惩罚功能模式的转变。尤其恢复性司法是20世纪70年代践行于欧美国家的一种全新的刑事法治模式，被认为代表了21世纪刑事司法的发展方向。

综上所述，稳定发展时期与调整提高时期相比较，社区矫正惩罚功能正当性的法律设置与法律实施，在恢复性司法理念的渗透和影响下，从质和量的结

---

① 参见［加］戴维·多布尼：《附条件监禁刑：加拿大的十年实践经验》，载王钰、王平、杨诚主编：《中加社区矫正概览》，法律出版社2008年版，第338页。

② 参见［希］玛利亚·埃奇曼德瑞托：《家庭隔离：监狱驯化还是家庭再生》，赵书鸿译，载赵秉志主编：《当代刑罚制度改革研究》，清华大学出版社2015年版，第330页。

合上发生了新的变化。其中欧美国家社区矫正惩罚功能的变化，主要表现在：一是在惩罚功能理念上，围绕追求复和正义的社区矫正价值目标，开始实现由传统报应性惩罚功能理念向现代恢复性惩罚功能理念的演进。二是在惩罚功能模式上，围绕推行社会力量对社区矫正的社会参与，开始实现由传统刑罚功能的犯罪惩罚向现代刑罚功能的犯罪控制的演进。三是在惩罚功能政策上，围绕避免监禁刑罚负面效应和减少刑罚适用频率，开始实现由传统犯罪责任认定向现代犯罪责任处置的演进，使社区矫正惩罚功能的正当性得到了更好的体现。

（三）社区矫正惩罚功能正当性历史演化的刑罚趋向

1. 刑罚两极化趋向与社区矫正惩罚功能

当今世界法治社会刑罚现代化的一个重要标志，就是源自并发展于欧美法治国家的“轻轻重重”两极化刑罚趋向。“两极化”刑罚趋向的核心意涵，包括“两极化”刑罚观念和“两极化”刑罚政策。具体而言，“‘两极化’刑罚观念是指在观念上主张将刑罚在轻重两极上两极化，即对严重的犯罪，采取更为严格的刑罚；对轻微的犯罪，采取更为宽松的刑罚。在‘两极化’刑罚观念指导下，西方国家实施了‘两极化’刑事政策，即对于重大犯罪及危险犯罪，采取严格的刑事政策；对于不需要矫治或者有矫治可能的犯罪，采取宽松的刑事政策”。① 社区矫正作为刑罚两极化观念和刑罚两极化政策的历史产物，其社区矫正惩罚功能正当性与刑罚两极化发展趋向，有着紧密的理论联系与实践联系。

（1）刑罚两极化趋向的基本内涵。第二次世界大战结束后，西方国家从纳粹暴行的伤痛中，普遍意识到个人自由的宝贵，越加注重保护人的尊严的重要性必要性，这就使刑事古典学派的自由意志论和刑罚价值论重新为人们所追崇，使刑罚在预防犯罪中的作用重新为政府所运用，因而推动了两极化刑罚观念中的刑罚作用的理论回归。在这以来，实证主义的“危险人格”和社会防卫理论相继产生，并在刑罚实践中得到相应的确认和发展。在此基础上，实证主义和社会防卫论，很快又被发展成为新社会防卫论。“新社会防卫论认为，刑罚的

---

① 刘东根：《两极化——我国刑事政策的选择》，载《中国刑事法杂志》2002 年第 6 期。

目的不再是报应,也不是威慑,而是防卫社会。新社会防卫论的目的是:研究犯罪问题,并将犯罪问题与预防犯罪体制相联系,包括改造罪犯,改革现有刑罚制度和防止重新犯罪;认为新刑法的'人道化'应成为一种发展趋势;刑事政策的着眼点是对犯罪的个人预防,而不是对犯罪的一般预防。"①新社会防卫论的产生与发展,为两极化刑罚观念提供了理论渊源和理论依据。自20世纪60年代以来,随着当代犯罪学社会反应理论和犯罪被害人理论以及人权保障理论的产生和影响,尤其是随着社会反应理论对社会现实和刑事司法的不断渗透,在欧美国家很快形成了宽松的刑罚理念,进而为两极化刑罚观念的运用,提供了新的理论内涵和理论支持。

两极化刑罚观念的运用,必然转化为刑罚两极化政策的依据。20世纪70年代,欧美国家随着政治经济和社会生活的发展,社会犯罪情况和安全形势发生明显变化。一方面,社会严重犯罪现象大幅增加,给社会治安造成严重局面。另一方面,社会轻微犯罪现象则相对稳定,呈现出趋缓态势。社会犯罪"轻轻重重"的两极化趋向,给刑罚政策"轻轻重重"的两极化实践,提出了刑罚理论依据和刑罚实践要求。在这一实践背景下,意大利学者Nuvolone于1982年在《刑事学与比较刑法期刊》(*Revue desciencecriminellededroit penal compare. ie. politique*)上发表了《当代意大利刑事立法与二极的刑事政策》(*Lalegisiationpenale Italiennerecente et. la politique criminellebipolaire*)一文,首次使用了两极化刑事政策。②

自此以后,根据两极化刑罚观念的理论意涵和两极化刑罚政策的实践要求,欧美国家纷纷通过健全刑事立法来调整刑事政策。主要产生了两种不同的刑罚政策倾向:一是制定重刑主义刑罚政策以严厉惩处严重刑事犯罪的倾向。例如,部分国家对于废除死刑产生反复甚至恢复死刑。"美国1977年对一名死刑犯执行了死刑,结束了美国刑事司法史上连续10年不执行死刑的时期。自1977年以来,虽然只发生了少量的处决,但是,恢复死刑的州的数量有所增加。

---

① 康树华:《新社会防卫论评析》,载《贵州社会科学》1992年第2期。

② See Nuvolone La legislation penaleitaliennerecente et la politique criminellecriminellebipolaire. Revuedesciencecriminelle et droit penal compare, la politique 1982.

现在美国有1000名以上的已决犯处于死刑判决之下，并且，该数量每周都在上升。”①二是制定轻刑主义刑罚政策以宽松处置轻微刑事犯罪的倾向。例如，部分国家对轻微犯罪开始实行非机构化刑事执行的刑事政策。这主要表现在：①开放式处遇；②社区内处遇（完全的非机构化）。对于被判处短期自由刑的受刑人，尽量避免实际投入封闭性的监狱设施予以行刑处遇，取而代之以易科罚金、缓刑或者社区矫正，从而避免短期自由刑监狱化的副作用对主观恶性和人身危险性不大的受刑人的腐蚀，鼓励轻微罪犯改过自新，减轻监狱负荷。②

（2）刑罚两极化趋向对社区矫正惩罚功能正当性的影响。刑罚两极化作为一种现代刑罚理念，它引领着刑罚现代化、法治化和文明化的发展趋向；刑罚两极化作为一种现代刑罚政策，它主导着刑罚正义性、谦抑性和人道性的价值取向。刑罚两极化在现代刑罚实践中的积极作用，必然在现代刑罚理念与现代刑罚实践相结合上，对社区矫正惩罚功能正当性的法律设置和法律实施，产生重要而又深远的影响。

第一，刑罚两极化对社区矫正惩罚功能正当性的政策性影响。在刑罚两极化理念引导下的现代刑罚实践中，“总体来说，当今西方国家主要奉行的是‘轻轻重重’两极化政策，具体而言，美国与其他欧美国家又有所不同。美国当代刑事政策更多地表现为‘轻轻重重、以重为主’，当代欧洲国家的刑事政策主要表现为‘轻轻重重、以轻为主’。前者‘轻轻’的目的是更好地实现‘重重’，使司法机关腾出力量来对付重罪，后者的‘重重’则是对‘轻轻’的一种补充”。③ 从刑罚两极化政策的本质属性来看，中国刑法语境下的宽严相济刑事政策，相近于甚至等同于国际社会现代刑法语境中的刑罚两极化政策。社区矫正作为现代非监禁刑罚执行制度，其本身就是刑罚两极化政策在刑罚裁量程序中，贯彻“轻轻重重、以轻为主”刑罚政策的法律化成果；社区矫正作为行刑社会化的现代刑罚执行模式，其本身又是宽严相济刑事政策在刑罚执行程序中，贯彻“宽严适

① 邓文莉：《“两极化”刑事政策下的刑罚制度改革设想》，载《法律科学（西北政法学院学报）》2007年第3期。

② 参见邓文莉：《“两极化”刑事政策下的刑罚制度改革设想》，载《法律科学（西北政法学院学报）》2007年第3期。

③ 卢建平主编：《刑事政策学》，中国人民大学出版社2007年版，第95页。

度、宽严相辅”刑事政策的法律化价值。

在现代刑罚实践中，刑罚两极化对社区矫正刑罚设置和刑罚实施的政策性影响，必然不同限度地影响到社区矫正惩罚功能的实施量度，促使社区矫正机构根据社会犯罪形势的变化情况，适时调节惩罚功能手段的刑罚严厉性或刑罚宽缓性；必然不同限度地影响到社区矫正惩罚功能的实施范畴，促使社区矫正机构适应社会防卫的需求情况，不断规制惩罚功能内容的刑罚扩张性或刑罚谦抑性。由此可见，刑罚两极化对社区矫正惩罚功能的政策性影响，将主要体现为两极分化的如下趋向：一是在“轻轻重重、以重为主”的政策主导下，社区矫正惩罚功能的法律设置和法律实施，可能趋向于对社区矫正对象的惩罚规模扩张和惩罚量度加剧，由此引发社区矫正惩罚功能的泛滥现象。二是在“轻轻重重、以轻为主”的政策主导下，社区矫正惩罚功能的法律设置和法律实施，则又可能趋向于社区矫正对象的惩罚规模紧缩和惩罚量度衰减，由此引发社区矫正惩罚功能的缺失现象。综上所述，只有科学把握刑罚两极化的政策合理性，合理调节刑罚两极化的政策结构和政策趋向，才能真正形成刑罚两极化政策对社区矫正惩罚功能正当性的积极影响。

第二，刑罚两极化对社区矫正惩罚功能的制度性影响。在现代刑罚实践中，刑罚两极化既是一种刑罚政策趋向，又是一种刑罚制度趋向。其中，“轻轻重重、以轻为主”的刑罚政策趋向，难免倾向于功利主义惩罚观，提倡刑罚轻缓性和强调刑罚宽容性，进而主张刑罚制度的非犯罪化、非刑罚化和非监禁化。而“轻轻重重、以重为主”的刑罚政策趋向，则又难免倾向于报应主义惩罚观，提倡刑罚严厉性和强调刑罚正义性，因而主张刑罚制度的犯罪化、刑罚化和监禁化。刑罚两极化的不同政策主张，必然形成不同的刑罚制度模式，并且产生不同的刑罚价值取向。社区矫正制度的萌生与发展，以一定意义上来讲，可以说就是刑罚两极化进程中的一个制度性成果。这个制度性成果，既表现为刑罚两极化的外部制度形态，也表现为刑罚两极化的内部制度实质。

刑罚两极化对社区矫正法律设置和法律实施的制度性影响，必然直接或间接地影响到社区矫正惩罚功能的实施规模和实施效果。一是在“轻轻重重、以重为主”的制度影响下，社区矫正惩罚功能的法律设置和法律实施，可能趋向于监禁刑罚制度的刑罚惩罚模式，因而延缓由监禁刑为主向非监禁刑为主的现代刑罚执行体系的转变，导致社区矫正惩罚功能的过度强化。例如，美国作为“轻轻重重、以重为主”的刑罚政策主导国家，其社区矫正制度的刑罚设置和刑罚实施，即较多地体现了对社区矫正对象监督管理的刑罚惩罚性。二是在“轻轻重重、以轻为主”的制度影响下，社区矫正惩罚功能的法律设置和法律实施，则可能趋向于非监禁刑罚制度的教育矫正模式，因而加快由监禁刑为主向非监禁刑罚为主的现代刑罚执行体系的转变，导致社区矫正惩罚功能的过度弱化。而英国作为“轻轻重重、以轻为主”的刑罚政策主导国家，其社区矫正制度的刑罚设置和刑罚实施，即较多地体现了对社区矫正对象教育矫正的刑罚功利性。综上所述，只有在社区矫正的刑罚两极化实践中，更好地贯穿折衷惩罚观的基本原理，理性选择刑罚两极化的制度合理性，依法建构刑罚两极化的制度模式和制度体系，才能正确发挥刑罚两极化趋向对社区矫正惩罚功能正当性的制度性影响。

2. 刑罚非犯罪化趋向与社区矫正惩罚功能

当今世界法治社会刑罚现代化的一个重要内容，就是在犯罪依据和犯罪处置方面的非犯罪化趋向。在现代刑罚实践中，非犯罪化作为一种新型的刑罚理念和刑罚实践，已经为世界各国法学界法律界所接受，成为国际社会刑事立法和刑事司法关注的重点，某种程度上正在刑罚领域成为一种时代潮流。

（1）刑罚非犯罪化趋向的基本内涵。非犯罪化思想最早源于以英国学者约翰·弥勒的《自由论》为代表的自由主义观点。当时由于自由主义观点中的刑罚谦抑思想，迎合了欧美国家 20 世纪上半叶的犯罪形势和社会需求，从而推动了非犯罪化刑罚理念的产生。而现代意义上的非犯罪化刑罚趋向，则始于 20 世纪中叶的欧美国家，率先形成于英国、美国和德国推进刑事司法改革的过程之中。关于非犯罪化的概念定义，欧洲委员会 1980 年发表的《非犯罪化报告》认为，非犯罪化可分为“法律上的非犯罪化”和“事实上的非犯罪化”。法律上的非犯罪化是指将特定行为从刑法干预范围内排除出去的立法过程。事实上的非犯罪化是指刑法对特定行为的正式反应没有发生变化，但刑事司法制度对刑法的适用解释缩减，搁置刑法的适用，使刑法规定的特定的犯罪行为事实上不作为犯罪来处遇。[1] 关于刑罚非犯罪化趋向的法律意涵主要包括：

第一，非犯罪化的犯罪认定依据。在现代刑罚实践中，"非犯罪化有其深刻的社会基础与丰富的理论依据。社会的变迁时期，必然到来社会的急遽变化，也必将影响人们对诸多问题的看法，其中包括犯罪与刑罚，甚至某种具体的行为的认识，相应地，人们的价值观念也必然呈现多元、开放与宽容，变化了的社会必然有变化的法律与规则，不合时代的'犯罪'或人们给予了容忍的'犯罪'，无论是就刑法的自身发展以及刑法的谦抑主义的要求，还是就刑罚目的观念的变迁，抑或是刑罚执行能力的制约，都应当给予非犯罪化之处理"。[2] 现代刑罚实践充分表明，刑罚的适用方式和适用规模，取决于犯罪的认定依据和处罚依据；而犯罪的认定依据和处罚依据，依存于社会的发展需求和社会的刑罚意识。刑罚非犯罪化的犯罪认定依据，作为一种动态的刑罚理念和刑罚实践内容，作为一种静态的刑罚设置和刑罚实施方式，不仅直接关系着刑罚的适用规模与适用效果，而且深刻影响着人们的法律意识和道德意识，具体约束着社会的公平正义与和谐稳定。故此，刑罚非犯罪化的犯罪认定依据，在一定意义上成为刑罚非犯罪化趋向的动力来源，成为现代刑罚文明进步的重要标志。

第二，非犯罪化的犯罪处理模式。在现代刑罚实践中，非犯罪化的犯罪处理方式通常源自犯罪认定依据。不同的犯罪认定依据，往往催生不同的犯罪处理方式。在当今世界各国的犯罪处理方式中，欧美国家的刑罚理念和刑罚体系，从四个方面具体显现了非犯罪化的犯罪处理模式：一是对无法益侵害性犯罪的非犯罪化处置。这种处置模式强调犯罪界定应当根据犯罪本质，以法益损害为原则，对于无法益侵害的行为予以非犯罪化处置。二是对轻微法益侵害犯罪的非犯罪化处置。这种处置模式主要是运用可罚性违法性理论和社会相当性理论的基本原理，通过多途径来限缩其处罚范围，对大量的轻微法益损害犯罪行为采用不起诉方式施行非犯罪化处理。三是对责任阻却事由的非犯罪化处置。这种处置模式主要是遵循"不知法律不赦"的传统司法原则，采取非犯罪化的犯罪处理方式，将对刑事法律"不可避免的不知"的行为纳入刑事免责范

---

① 参见贾学胜：《非犯罪化的概念界定》，载《暨南学报（哲学社会科学版）》2007 年第 1 期。

② 蔡道通：《刑事法治的基本立场》，北京大学出版社 2008 年版，第 225 页。

围，将防卫过当行为纳入刑事减责行为。四是对处罚阻却事由的非犯罪化处置。其处置模式不是完全意义上的非犯罪化，而是在将隐性非犯罪化和显性非犯罪化相结合的基础上，对具备特殊事由的违法犯罪行为施行的部分非犯罪化。

（2）刑罚非犯罪化趋向对社区矫正惩罚功能正当性的影响。在以刑罚设置、刑罚裁量和刑罚执行为主要环节的国家刑罚活动之中，非犯罪化的刑罚理念和刑罚方式，虽然主要直接作用于刑罚设置和刑罚裁量环节，但同时也间接作用于刑罚执行环节。因为非犯罪化蕴含其中的犯罪理念和犯罪处置模式，所集中显现的刑罚谦抑化精神和刑罚轻缓化政策，既是对现代刑罚介入社会生活后，在广度和深度上的一种有效的合理的控制效应，亦可对社区矫正惩罚功能正当性演化产生重要影响。主要体现在：

第一，刑罚非犯罪化对社区矫正惩罚功能适用规模的影响。在现代刑罚实践中，“犯罪化与非犯罪化直接制约着一国刑法立法上的犯罪规模。行为的社会普遍性，社会对行为的不能容忍性和刑罚干预的迫不得已性，正面运用是犯罪化的条件，而反面运用则是非犯罪化的条件”。[①] 非犯罪化的犯罪处置模式所产生的犯罪处置结果，尤其是对无法益侵害犯罪和轻微法益侵害犯罪的行政化处理，必然不同程度地减少刑事案件的刑罚处置规模。换言之，非犯罪化的犯罪处置结果，必然影响到刑罚裁量规模的非犯罪化；而刑罚裁量规模的非犯罪化，又从刑罚程序上影响着刑罚执行规模的非犯罪化。社区矫正蕴含其中的非犯罪化理念集中表明，非犯罪化对刑罚裁量程序和刑罚执行程序的刑罚适用规模的影响，必然直接影响到社区矫正惩罚功能的适用规模。由此可见，刑罚非犯罪化的扩张，意味着社区矫正惩罚功能适用规模的拓展；刑罚非犯罪化的紧缩，则意味着社区矫正惩罚功能适用规模的缩减。

第二，刑罚非犯罪化对社区矫正惩罚功能适用效果的影响。非犯罪化不仅直接制约国家刑罚设置上的刑罚规模，同时还具体影响到国家刑罚实施的刑罚效果。因为，刑罚规模与刑罚效果是一个相互联系而又相互影响的，包括犯罪认定与犯罪处置的有机整体。非犯罪化的犯罪认定依据，通常影响到社会犯罪

① 马荣春、王超强：《论犯罪化与非犯罪化》，载《犯罪研究》2012 年第 6 期。

的刑罚设置和社会犯罪的刑罚追究，而刑罚设置和刑罚追究的非犯罪化，必然影响到对社会犯罪的刑罚规模；非犯罪化的犯罪处置模式，通常影响到社会犯罪的刑罚程序和社会犯罪的刑罚量度，而刑罚程序与刑罚量度的非犯罪化，必然影响到对社会犯罪的刑罚效果。社区矫正从一定意义上来讲，就是刑罚非犯罪化的犯罪认定依据和犯罪处置模式，通过影响犯罪处置规模而形成的犯罪处置结果。尤其非犯罪化在刑事免责和刑事减责方面的应用，必然直接影响到社区矫正惩罚功能的适用规模和适用效果。由此可见，刑罚非犯罪化的强化，将意味着社区矫正惩罚功能适用政策的宽缓性和适用量度的收缩性；刑罚非犯罪化的弱化，则意味着社区矫正惩罚功能适用政策的严厉性和适用量度的扩张性。

3. 刑罚非刑罚化趋向与社区矫正惩罚功能

当今世界法治社会刑罚现代化的一个重要进步，就是作为刑罚非犯罪化的法律延伸和法律后果的刑罚非刑罚化趋向。现代刑罚实践充分表明，“在各国立法和司法实践中，非犯罪化或者从刑事司法上取消某些犯罪行为，或者在执法上对这些犯罪不追究刑事责任，在此意义上，非犯罪化与非刑罚化可谓一体之两面，即非犯罪化必然导致非刑罚化”。[①] 刑罚非刑罚化与刑罚非犯罪化的内在联系，确立了其在国际社会刑事立法和刑事司法中的重要影响，进而在现代刑罚领域形成了一种发展趋势。

（1）刑罚非刑罚化趋向的基本内涵。“非刑罚化（Depolarization），是指对某些犯罪或某些犯罪分子不用传统监禁刑的刑罚方法而用非监禁刑的方法来感化改造罪犯。因此，它是超越传统刑罚方法范围的新型的刑事责任方法。和其他社会现象一样，非刑罚化的形成与盛行同样包含着种种复杂的原因，有着自己的思想、社会和科学背景。”[②]总体而言，非刑罚化是西方国家法治社会由于社会犯罪观念与犯罪刑罚观念转变的时代产物。19 世纪末的欧美国家，工业革命推动了自由资本主义向垄断资本主义的进步，同时也加剧了社会犯罪率的上升

① 孙国祥：《论非刑罚化的理论基础及其途径》，载刘家琛主编：《当代刑罚价值研究》，法律出版社 2003 年版，第 166 页。

② 孙国祥：《论非刑罚化的理论基础及其途径》，载刘家琛主编：《当代刑罚价值研究》，法律出版社 2003 年版，第 160－161 页。

和社会犯罪斗争的难度,从而导致人们对传统监禁方式的质疑与失望,开始探索新时期同犯罪作斗争的新途径。在这一时代背景下形成的刑事责任多元化和刑事方式社会化,为刑罚非刑罚化的产生,提供了实证基础和社会基础。在如何推进刑罚非刑罚化运动的过程中,欧美国家自进入 20 世纪以来,通过推进非犯罪化而实现非刑罚化,包括:采用和推行起诉便宜主义的刑罚裁量方式,在终止刑事责任追究方式上体现了非刑罚化;采用和推行将刑事案件移送社会法庭审理的刑罚裁量程序,在调整司法程序和加快结案效率上体现了非刑罚化;以及采用和推行缓刑、保安处分、善时制度等刑罚执行方式,使非刑罚化的法律设置和法律实践得到不断更新、不断充实、不断发展。

刑罚非刑罚化趋向的主体法律意涵包括,“广义非刑罚化是指在刑事立法过程中取消某些罪名,在司法过程中不追究某些轻微犯罪的刑事责任;对应该承担刑事责任或有人身危险性的犯罪人处以刑罚之外的方法;在司法、行刑过程中用非监禁措施代替剥夺自由刑。狭义非刑罚化是指对应该承担刑事责任或有人身危险性的犯罪人,以刑罚之外的刑事制裁方法实现刑法防卫社会的目的”。① 刑罚非刑罚化趋向的具体法律意涵,集中体现于以下内容:

第一,规定免刑制度和免除处罚情节的非刑罚化趋向。例如,《法国新刑法典》第 132 – 58 条规定:“轻罪案件,或者除第 132 – 63 条及第 132 – 65 条规定之场合外,违警罪案件,法院在宣告有罪并在必要时作出没收有害物或危险物的判决后,得免除被告其他任何刑罚……”又如,《德国刑法典》第 60 条规定,如针对行为人的行为后果严重至判处其刑罚明显不当程度,法院可免除其刑罚;但行为人因其行为被判处 1 年以上自由刑的,不适用该规定。以上法国和德国等国家刑事法律制度所规定的免刑制度和所免除的处罚情节,有效地限制了刑罚适用范围,从刑罚根据上充分体现了非刑罚化的刑罚趋向。②

第二,推行非刑事制裁措施的非刑罚化趋向。例如,英国 1972 年在其《刑事审判法》中规定社区服务命令和白天训练中心制度,作为对监禁刑罚的替代

① 杜雪晶:《轻罪刑事政策的中国图景》,中国法制出版社 2013 年版,第 103 页。

② 参见田兴洪:《轻罪刑事政策视野下的我国刑罚制度改革研究》,载《刑法论丛》2008 年第 4 期。

措施。又如，美国于20世纪60年代借鉴比利时的缓予起诉制度，而建立审前考察监督制度，对事实上犯了罪的人实行非刑罚处理方式。以上英国和美国等国家的这些非刑罚制裁措施，其实质就是对已构成犯罪的罪犯，改变传统的一般的刑罚惩罚方法，而使用非刑罚制裁性质的其他替代措施进行处罚。随着非刑事制裁措施的不断丰富和不断运用，不断地限制了刑罚适用范围，从刑罚方式上充分体现了非刑罚化的刑罚趋向。

第三，扩张保安处分功能的非刑罚化趋向。例如，《苏俄刑法典》采取仅规定保安处分而不规定刑罚的做法，把传统的刑罚方法融合于保安处分之中，以保安处分代替刑罚的立法模式。又如，《瑞士刑法典》和《意大利刑法典》既规定保安处分又规定刑罚的做法，实行保安处分与刑罚既分离又并存的立法模式。以上各国保安处分作为一项适用于特殊预防目的的特殊处罚措施，其在世界各国刑罚领域的广泛运用，已经成为当今世界最有特色并最具生命力的刑罚替代方式。其特色和生命力之所在，主要是充分发挥了限制刑罚适用范围的功能作用，从刑罚功能上充分体现了非刑罚化的刑罚趋向。

（2）刑罚非刑罚化趋向对社区矫正惩罚功能正当性的影响。非刑罚化蕴含其中的刑罚理念和刑罚方式，集中体现了非刑罚化与非犯罪化的紧密联系，其所形成的各种形式的刑罚替代措施，不仅是对刑罚适用范围的实质性、有效性限制，而且对社区矫正惩罚功能的刑罚实施，也具有多方面的积极影响。

第一，刑罚非刑罚化对社区矫正惩罚功能适用规模的影响。在非刑罚化的刑罚替代措施中，通常在刑罚裁量程序中以宣告有罪为前提，对犯罪人通过作出“不予起诉”“免予刑事处罚”或“免除处罚”的裁定（决定），分别采用训诫、责令具结悔过、赔礼道歉、赔偿损失、行政处罚和行政处分等非刑罚处罚方法，来追究犯罪人相应的刑事责任。社区矫正作为一种现代非监禁刑罚执行方式，虽然其在外部形态上，区别于单纯宣告有罪的非刑罚处罚方法；但其在内部实质上，却与单纯宣告有罪的非刑罚方法有着密切的联系。由于社区矫正本身就是刑罚适用范围限控的刑罚结果，社区矫正惩罚功能则更多地包含了非刑罚化的刑罚要求。例如，社区矫正适用客体中的缓刑和假释，尤其是罚金、职业禁止、社区服务等刑罚执行方式，既从刑罚执行和刑罚裁量两个方面体现了非刑罚化趋向，更从社区矫正惩罚功能方面确立了非刑罚化内容。从这个意义上来讲，单纯宣告有罪的非刑罚处罚方法的适用幅度，将从整体上影响到社区矫正惩罚功能的适用范围。即在刑罚裁量程序中，单纯宣告有罪的非刑罚处罚方法运用得越充分，则意味着在刑罚执行程序中，社区矫正惩罚功能的适用对象和适用范围越被扩张；而在刑罚裁量程序中，单纯宣告有罪的非刑罚处罚方法运用得越谨慎，则意味着在刑罚执行程序中，社区矫正惩罚功能的适用对象和适用范围越被限缩。

第二，刑罚非刑罚化对社区矫正惩罚功能适用效果的影响。在非刑罚化的刑罚替代措施中，单纯采用刑罚化方式来应对社会刑事犯罪，虽能充分体现惩罚犯罪和社会镇压的刑罚效果，但无法有效实现预防犯罪和社会防卫的刑罚目的；而只有综合运用刑罚化和非刑罚化相结合的刑罚方式，充分体现刑罚谦抑、刑罚经济、刑罚个别化、刑罚人道化的价值追求，才能更好地实现惩罚犯罪和预防犯罪相结合的刑罚目的，这就导致了现代刑罚方式的非刑罚化趋向。在这个非刑罚化趋向中，保安处分方式与社区矫正方式相得益彰，两者之间有着天然的内在联系。在外部形态上，虽然保安处分与社区矫正的处罚种类和处罚方式有着较大差异；但在内部实质上，保安处分与社区矫正同为刑罚适用范围限控的刑罚结果，同为非刑罚化方式范畴的基本构成，两者之间在刑罚功能上异曲同工，在刑罚目的上殊途同归。从这个意义上来讲，保安处分的刑罚种类和刑罚方式，尤其是其对社会犯罪刑事责任的追究方式和追究结果，对于社区矫正惩罚功能的实施范围和实施效益，必然产生直接的社会影响。即保安处分在国家刑罚体系中的法律地位越高，则意味着社区矫正刑罚执行制度的发展空间越大；保安处分刑罚功能的运用越充分，则意味着社区矫正惩罚功能的实施越合理；保安处分刑罚功能的适用效果，将在相当程度上支撑社区矫正惩罚功能的正当性。

4. 刑罚非监禁化趋向与社区矫正惩罚功能

当今世界法治社会刑罚现代化的一个重要成果，就是作为非刑罚化的法律实施和法律基础的刑罚非监禁化趋向。在刑罚进化和刑罚文明的历史进程中，实现刑罚非监禁化，已经成为国际社会刑罚改革的关注重点；推动刑罚体系由监禁刑为主向非监禁刑为主的转变,已经成为国际社会刑罚文明的发展趋势。

(1)刑罚非监禁化趋向的基本内涵。“在现代刑罚制度中,非监禁刑是指在轻刑化趋势下,对犯罪较轻的犯罪人的一种处遇方式。而刑罚的非监禁化则是指在自由刑的执行中,对轻微甚至中等程度犯罪行为人,尽量地采用非监禁刑或者适用缓刑的一种刑罚改革趋势。”[①]当今世界有关非监禁化的理论研究和实践探索,始于20世纪70年代的欧美国家。此后,随着联合国于1990年颁布《联合国非拘禁措施最低限度标准规则》,非监禁刑在世界各国相继得到推行,并逐步形成刑罚非监禁化的发展趋势。在现代刑罚实践中,刑罚非监禁化以现代刑罚理念为主导,包括以下基本内涵:

第一,非监禁化的刑罚正义性。“非监禁刑对行为人具有一定的惩罚性以及对其自由的限制作用,因此,非监禁刑具有一般刑罚所具有的正义属性。但又由于非监禁刑重在对行为人的教育矫治和完全复归社会,以实现行为人、被害人以及社区利益的最大化,恢复社区和谐秩序,故正义属性是非监禁刑的次要属性。”[②]由此可见,正义是非监禁刑罚的本质属性。在刑罚非监禁化的发展趋向中,报应主义刑罚的正义属性开始向功利主义刑罚的正义属性转变,一是更多地消减了分配正义方面的不平等,更多地表现为矫正正义的平等性;二是较好地限控了监禁刑的报应性正义,而较多地扩张了非监禁刑的恢复性正义。刑罚正义性作为非监禁刑罚的本质属性,决定着非监禁刑罚的价值取向,确定了非监禁刑罚的功能作用,最终影响着非监禁刑罚的社会评判和社会信念。

第二,非监禁化的刑罚谦抑性。“回顾非监禁刑思想的历史渊源之后,需要说明的是,非监禁刑的正当性依据除了人本主义理念、人道主义刑罚思想、功利主义的刑罚目的观外,刑罚的谦抑思想和司法、行刑和民主化观念,也是其目前有力的理论依据。”[③]由此可见,刑罚谦抑思想作为刑罚非监禁化的理论依据,刑罚谦抑属性作为刑罚非监禁化的重要内涵,在刑罚非监禁化的刑罚实践中,从根本上影响着非监禁刑罚的适用范围和适用幅度。非监禁化的刑罚谦抑性的

---

① 廖劲敏:《刑罚的非监禁化及其在中国的实现》,载《南京社会科学》2008年第7期。

② 王耀忠:《非监禁刑研究》,法律出版社2016年版,第76-77页。

③ 王耀忠:《非监禁刑研究》,法律出版社2016年版,第58页。

本质要求在于：一是在非监禁刑的刑罚裁量过程中坚持刑罚谦抑性，就要做到凡是适用其他法律处罚足以控制社会违法犯罪现象，就尽量不裁判其犯罪或不施加其刑罚；二是在非监禁刑的刑罚执行过程中坚持刑罚谦抑性，就要做到凡是适用较轻制裁措施足以控制重新犯罪和维护监管秩序时，就尽量不加重制裁手段和不增加惩罚力度。刑罚谦抑性作为非监禁刑罚的本质属性，决定着非监禁刑罚的发展趋向，影响着非监禁刑罚的法律效果和社会效果。

第三，非监禁化的刑罚人道性。"人道主义不仅仅促进了立法、司法的文明进步和西方监狱的改良，人道主义的刑罚思想也是促进非监禁刑诞生的一个观念力量；反过来，非监禁刑的出现也比监禁刑更加体现了人类的进步和人道主义精神。非监禁刑的提倡足以体现一个国家对待犯罪行为人的人道主义胸怀和对犯罪行为人人格的尊重，是一个国家文明发展程度和善的标志。"①由此可见，刑罚人道主义是刑罚非监禁化的核心价值。刑罚人道性作为国家刑罚执行方式和刑事制裁措施必须满足的基本要求，它要求刑罚设置、刑罚裁量和刑罚执行的各环节及全过程，都应充分尊重犯罪人的基本人格和依法维护犯罪人的合法权益。刑罚非监禁化从各个方面较好地体现了刑罚人道主义思想，既是刑罚人道性的必然产物，又是实现刑罚人道性的必要途径。

（2）刑罚非监禁化趋向对社区矫正惩罚功能正当性的影响。刑罚非监禁化的本质特征和社会意义在于，通过行刑社会化方式，克服监禁刑的制度弊端，充分依靠和运用社会行刑资源，在监管矫正犯罪人的过程中，更好地发挥其刑罚功能和实现其刑罚目的。在现代刑罚实践中，刑罚非监禁化趋向对于社区矫正惩罚功能，具有直接的和实质性的影响。主要表现在：

第一，刑罚非监禁化对社区矫正惩罚功能适用规模的影响。刑罚非监禁化的发展趋势，就是要以行刑社会化的非监禁刑罚执行方式，取代行刑封闭化的监禁刑罚执行方式。刑罚非监禁化的这一发展趋势，必然导致刑罚方式的多样性、刑罚范围的扩张性、刑罚结果的非难性，进而影响到非监禁刑罚的适用规模。例如，假释作为一种附条件释放的现代非监禁刑罚执行制度，已在世界各国得到普遍重视和广泛采用。"根据美国的统计，1993 年美国联邦和州的矫正

---

① 王耀忠：《非监禁刑研究》，法律出版社 2016 年版，第 63 - 64 页。

机构的罪犯总数为919739人,假释的成年罪犯有658601人,假释率为72%;加拿大1992年至1993年度联邦矫正机构罪犯假释率为36.2%;德国的假释率达到33%;日本成人的假释率在55%左右,而青年的假释率则在最近超过了95%。"[①]又如,社区矫正制度作为多元化的刑种复合体和刑罚执行平台,在当今世界非监禁刑罚执行领域,随着刑罚地位的不断提升,其刑罚适用规模亦不断扩张,"据2000年的数据统计,加拿大适用社区矫正的比率在全世界最高,达到79.70%;澳大利亚为77.48%;新西兰为76.15%;法国为72.63%;美国为70.25%;韩国为45.9%;俄罗斯为44.4%"。[②] 在现代刑罚实践中,社区矫正适用规模,等同于社区矫正惩罚功能适用规模。刑罚非监禁化对刑罚适用规模的作用,必然形成对社区矫正惩罚功能适用规模的影响。即刑罚非监禁化的发展趋势,影响着非监禁刑罚执行体系的发展进程;非监禁刑罚执行体系的发展进程,影响着社区矫正惩罚功能的适用规模;而社区矫正惩罚功能的适用规模,则又同时标志并推动着刑罚非监禁化的发展趋向。

第二,刑罚非监禁化对社区矫正惩罚功能适用效果的影响。刑罚非监禁化的发展趋势,必然形成非监禁刑罚超越监禁刑罚的比较优势,并由此带来社区矫正优于监狱矫正的刑罚效果,这集中体现在社区矫正惩罚功能的适用效果上。总体而言,刑罚非监禁化对社区矫正惩罚功能适用效果的具体影响包括:一是对优化刑罚方式的积极影响。刑罚非监禁化对社区矫正惩罚功能的核心影响,是塑造了行刑社会化的惩罚功能实施模式,在相当程度上克服了监禁条件下的短期自由刑制度弊端,给社区矫正惩罚功能适用效果带来了积极影响。例如,对于被判处非监禁刑在社区服刑的罪犯与监禁刑相比是否会降低重新犯罪率,国外有学者进行了比较研究,即将犯罪性质、犯罪记录相同的两组罪犯,一组放在监狱服刑,另一组放在社区服刑,经过3年跟踪研究证明:在监狱中的毒品犯重新犯罪率比在社区执行的高11%,在监狱中的暴力犯重新犯罪率比在社区执行的高3%,在监狱中的财产犯重新犯罪率比在社区执行的高17%。[③]

---

① 刘东根:《两极化——我国刑事政策的选择》,载《中国刑事法杂志》2002年第11期。

② 白田甜:《社区矫正制度本土化问题研究》,载赵秉志主编:《刑事政策专题探讨》,中国人民公安大学出版社2005年版,第711页。

③ 参见翟中东:《关于重新犯罪防治政策调整的思考》,载《法学家》2009年第2期。

以上比较分析结果表明，社区矫正方式中的惩罚功能适用效果，之所以优于监狱矫正方式中的惩罚功能适用效果，无疑是刑罚非监禁化所产生的积极影响。二是对优化刑罚效益的积极影响。刑罚非监禁化对社区矫正惩罚功能的重要影响，是在塑造行刑方式社会化的同时，塑造了行刑资源社会化，在相当程度上消减了监禁刑条件下的行刑投入过大和行刑成本过高的国家负担，给社区矫正惩罚功能的适用效益带来了积极影响。具体而言，由于非监禁刑采用开放性的行刑方式，国家不需要为行为人提供食宿，而行为人则可以为社会提供无偿的公益劳动，这就省去了监狱设施费用、折旧费用和监狱运作的费用；在社区中执行的非监禁刑，社会志愿者参与社区矫正是一种公益性活动，不需要对其支付工资；同监禁矫正相比不但不用支付工资，而且有效降低了政府用以管理的费用和工作人员与全体社会成员之间因信息不对称所带来的道德风险成本。[①] 由此可见，就实施惩罚功能所要追求的刑罚效益来讲，社区矫正惩罚功能的适用效益，之所以优于监狱矫正惩罚功能的适用效益，应该说是刑罚非监禁化所带来的积极影响。

① 参见王耀忠：《非监禁刑研究》，法律出版社 2016 年版，第 70－71 页。

第二章　我国社区矫正惩罚功能正当性的比较研究

我国社区矫正作为从国外借鉴引进的一项现代非监禁刑罚执行制度，社区矫正惩罚功能作为社区矫正法律体系的重要构成，它伴随着社区矫正制度的发展而发展，伴随着社区矫正体系的完善而完善，同样历经了一个逐步理性逐步规范的实施过程。我们进行社区矫正惩罚功能正当性研究，就应当立足于我国社区矫正惩罚功能的比较研究，以理性的评判思维和科学的评判方法，通过总结经验、检视问题和辨析原因，为探寻我国社区矫正惩罚功能正当性的新理念新路径，提供卓有成效的实证依据。

一、我国社区矫正惩罚功能的基本内涵

基于我国社区矫正源自法律移植的刑罚成果，基于社区矫正现代化国际化的刑罚趋向，总体而言，我国现行社区矫正惩罚功能与国外现代社区矫正惩罚功能相比较，既具有刑罚本质上的同一性，又具有刑罚方式上的差异性，其基本内涵具有一定程度上的中国特色。

（一）社区矫正惩罚功能的概念定义

社区矫正作为我国从国外引入的一个刑罚概念，是从英语“Community Correction”或者“Community - based Correction”翻译过来的外来刑罚术语。我国刑法学界诸多专家学者，对中国刑法语境下的社区矫正概念定义，从性质说、功能说、场地说、对象说的不同角度出发，有着诸多的阐述和诠释。例如，吴宗宪在其主编的《社区矫正导论》一书中给予的定义是：“社区矫正是依法在社区监管、

改造和帮扶犯罪人的非监禁刑罚执行制度。”[①]又如，姜祖桢在其主编的《社区矫正理论与实务》一书中所下的定义是：“社区矫正是国家法定机关利用社会资源，在社区内对符合条件的违法犯罪人员进行的，旨在使其顺利回归社会的非监禁矫正活动。”[②]当前，在中国的刑法语境下，对我国社区矫正最具权威性的概念定义，最早来自最高人民法院、最高人民检察院、公安部、司法部（以下简称两院两部）在《关于在全国试行社区矫正工作的意见》中所作的如下定义：“社区矫正是非监禁刑罚执行方式，是指将符合法定条件的罪犯置于社区内，由专门的国家机关在相关社会团体、民间组织和社会志愿者的协助下，在判决、裁定或决定确定的期限内，矫正其犯罪心理和行为恶习，促进其顺利回归社会的非监禁刑罚执行活动。”[③]

与我国社区矫正概念定义相联系，我国刑法学界专家学者对社区矫正惩罚功能的概念定义，亦有相应的诸多阐释和表述。例如，连春亮在其主编的《社区矫正理论与实务》一书中指出：“社区矫正从整体上具有对矫正对象的制裁性质，所体现的是刑罚的‘惩罚’性，那么不管是制裁，还是惩罚，都是带有强制性的，都会对矫正对象产生制约或者压抑，成为社会道德规范的反向明证，对社会心理起到了强化和凝聚作用。”[④]又如，刘强在其主编的《社区矫正制度研究》一书中提出：“社区矫正虽然也是‘文明’旗帜下的产物，但同样无法剔除其中的‘惩罚’因子，当然，其惩罚目的以及具体的惩罚方式、手段都与传统的监禁刑不尽相同。”[⑤]再如，姜祖桢在其主编的《社区矫正理论与实务》一书中指出：“社区矫正作为刑罚执行手段之一，当然要具备惩罚功能。虽然与监禁刑相比，社区矫正是使符合条件的矫正对象不脱离原来生活的社会环境进行服刑，但它依然以剥夺犯罪人一定权益为内容，同时包含着国家对犯罪人的否定评价。”[⑥]

---

① 吴宗宪主编：《社区矫正导论》，中国人民大学出版社 2016 年版，第 5 页。

② 姜祖桢主编：《社区矫正理论与实务》，法律出版社 2010 年版，第 6 页。

③ 两院两部《关于在全国试行社区矫正工作的意见》于 2009 年 9 月 2 日发布，已在 2020 年 12 月 30 日被废止。后文不再赘述。

④ 连春亮主编：《社区矫正理论与实务》，中国检察出版社 2010 年版，第 29 页。

⑤ 刘强主编：《社区矫正制度研究》，法律出版社 2003 年版，第 56 页。

⑥ 姜祖桢主编：《社区矫正理论与实务》，法律出版社 2010 年版，第 28 页。

(二)社区矫正惩罚功能的实施主体

1. 实施主体中的社区矫正管理体制

社区矫正管理体制,主要是指社区矫正的管理机构、执行机构等主体的设置,配备,编制及其与其他矫正机构之间的关系。[①] 我国社区矫正管理体制,初创于社区矫正试点时期,确立于社区矫正推进时期。社区矫正管理体制的核心,是社区矫正工作的领导体制和工作机制。按照《社区矫正法》的明确规定,我国社区矫正领导体制和工作机制主导下的社区矫正管理体制,作为社区矫正惩罚功能的实施主体,其基本架构主要包括两个方面:

(1)社区矫正管理机构。我国现行社区矫正管理机构,是指在全国各级人民政府司法行政部门设置的、代表国家履行刑罚执行权能的、具体负责社区矫正指导管理监督工作的刑罚执行机关。社区矫正管理机构的职责任务主要包括:一是履行社区矫正的刑罚执行职能。即依据我国《刑法》《刑事诉讼法》《社区矫正法》以及相关法律法规,依据人民法院的判决、裁定、决定以及公安机关和监狱管理机关的相关法律文书,组织实施对社区矫正对象的刑罚执行活动,包括对社区矫正惩罚功能的依法实施,以实现社区矫正刑罚执行结果的刑罚公平和社会正义。二是履行社区矫正的指导管理职能。即坚持国家确立的社区矫正工作方针政策,坚持社区矫正现代化、法治化、文明化、人道化的发展方向,切实加强对社区矫正管理工作的组织实施和指导管理,包括对社区矫正惩罚功能实施工作的监督管理。通过不断完善社区矫正管理程序和不断规范社区矫正管理行为,在全国社区矫正系统建立一个文明、高效、稳定的管理秩序。三是履行社区矫正的能力建设职能。即争取各级党委政府的关心和重视,争取社会各界的支持和帮助,不断加强社区矫正的思想建设、组织建设、法治建设、业务建设和物资建设,不断增强社区矫正的管理能力和执法水平,进一步整合社区矫正的政府资源和社会资源,为提升社区矫正的法律效果和社会效果,提供思想保障、组织保障、法律保障和物质保障。

(2)社区矫正执行机构。我国现行社区矫正执行机构,是指在全国各县

---

① 参见王平主编:《社区矫正制度研究》,中国政法大学出版社 2014 年版,第 213 页。

（市、区）司法行政部门下设的、直接面对社区矫正对象实施刑罚监督管理和教育矫正活动的刑罚执行机构。社区矫正执行机构的组织形式是：由全国各地乡镇（街道）司法所履行社区矫正执行职责，并相应设置社区矫正中心、社区服务基地、教育基地、就业基地等机构，在县（市、区）司法局的直接管理监督下，具体负责对社区矫正日常活动的组织实施。社区矫正执行机构的职责任务主要包括：一是履行对社区矫正对象的监督管理职能。即依法督促社区矫正对象严格遵守法律法规和严格履行刑罚义务，依法规范社区矫正对象的社区矫正生活和社区矫正行为，严格防范社区矫正对象脱管漏管和重新犯罪现象，建立良好的社区矫正管理秩序。二是履行对社区矫正对象的教育矫正职能。即依法对社区矫正对象组织开展科学系统有效的教育矫正活动，促进社区矫正对象认罪服法和悔过自新，推动社区矫正对象转变犯罪心理和行为恶习，力求将社区矫正对象改造成为有益于社会的守法公民。三是履行对社区矫正对象的帮困扶助职能。即依法动员社会力量参与社区矫正活动，依法整合社会资源投入社区矫正建设，依法协调政府相关部门落实社区矫正对象政策，依法维护社区矫正对象合法权益，为社区矫正对象融入社会、回归社会创造有利条件。

2. 实施主体中的社区矫正工作队伍

社区矫正工作队伍，是指由社区矫正机构执法工作人员和社会力量共同组成的，对社区矫正对象进行教育矫正、监督管理和帮困扶助的专群结合的工作队伍。按照《社区矫正法》的明确规定，我国社区矫正工作队伍，作为社区矫正管理体制的组织基础，作为社区矫正惩罚功能的实施主体，其内在结构主要包括：

（1）社区矫正专职工作者队伍。我国社区矫正专职工作者队伍，是指具有国家刑罚执行权能，在社区矫正机构专职从事刑罚实施和监督管理工作的刑罚执行主体力量。我国现行社区矫正管理体制中的社区矫正专职工作者队伍的基本构成现状具体包括：一是全国各级司法行政机关内设社区矫正管理机构中的、列入国家政法专项编制的、具有国家公务员身份的专职社区矫正管理人员。二是全国各地县级司法局所属乡镇（街道）司法所中的、列入国家专项编制的、具有国家公务员身份的专职社区矫正工作人员。三是全国部分地方县级司法局下设的社区矫正工作中心机构中的、列入地方统筹事业编制的、具有国家公职人员身份的专职社区矫正工作人员。四是全国部分地方部分管理机构和执行机构中的、从监狱系统和强制戒毒系统采用转岗或借调形式的、具有国家人民警察和国家公务员身份的、专职或兼职的社区矫正工作管理人员和执行人员。我国社区矫正专职工作者队伍构成的本质属性,确定了社区矫正专职工作者队伍职能的本质特征。其职能本质特征包括:①属于社区矫正管理队伍的主体构成,是社区矫正管理活动的核心力量;②属于国家刑罚权能的实施主体,是社区矫正刑罚惩罚的执法力量;③属于社区矫正工作的协调主体,是推动社区矫正行刑社会化的重要力量。

(2)社区矫正社会工作者队伍。我国社区矫正社会工作者队伍,是通过政府购买社会服务方式,向社会选聘的社区矫正专业工作人员;是协同社区矫正专职工作者队伍,在社区矫正机构参与日常管理工作的刑罚执行辅助力量。社区矫正社会工作者队伍的构建方式主要包括:一是引导政府向社会力量购买社区矫正社会工作服务,通过择优选聘程序组建社会工作者队伍。二是鼓励引导社会组织参与社区矫正工作,通过多种方式向具有社区矫正服务能力的社会组织购买服务,以此充实社会工作者队伍。三是发挥基层群众性自治组织的作用,通过动员和协调村(居)民委员会的基层力量,以此扩张社会工作者队伍。我国社区矫正社会工作者队伍构成的本质属性,确定了社区矫正社会工作者队伍职能的本质特征。其职能本质特征包括:①属于政府向社会力量购买社会服务的对象,不具有国家公务员或国家公职人员的特定身份,故不得直接履行法定的刑罚执行权能;②属于社区矫正管理的辅助力量,不具有社区矫正执法主体的特殊身份,故不得独立承担社区矫正监督管理的刑罚执行任务。

(3)社区矫正社会志愿者队伍。我国社区矫正社会志愿者队伍,主要来源于热心社区矫正事业的政法系统在职和退休干警、各级各类院校的教师和学生、各类社会组织和群众团体的管理干部、各类企业事业单位和经济实体的管理人员、各基层党政机关的公职人员,这是动员社会力量参与社区矫正活动,协助社区矫正机构实施教育矫正工作的刑罚基础力量。我国社区矫正社会志愿者队伍建设具有以下基本特征:一是自愿性。社会志愿者基于热心社区矫正事业而自愿参加社区矫正活动,社会志愿者的进出,均不受法律法规的强制或管理机关的约束。二是无偿性。社会志愿者均不在社区矫正活动中获取任何报酬和利益,除社区矫正机构因工作需要必须发放的相应津贴外,社会志愿者的任何工作投入均为履行社会义务。三是兼职性。社会志愿者均为兼职参与社区矫正活动,故而社会志愿者在社区矫正活动中,往往表现为专业知识和工作技能的差异性,表现为工作岗位和工作期限的流动性。社会志愿者队伍职能的本质特征主要表现为:①不具有社区矫正的刑罚权能,仅参与社区矫正机构组织开展的教育矫正活动,而并不介入社区矫正机构组织实施的刑罚执行活动。②不具有社区矫正管理权能,仅按照社区矫正机构的工作要求发挥辅助作用,而并不介入社区矫正机构依法实施的监督管理活动。

(三)社区矫正惩罚功能的实施客体

1. 实施客体中的管制犯

管制犯,是指人民法院依据相关刑罚规定作出刑事判决后,交由社区矫正机构执行刑罚和监管矫正的罪犯。管制刑作为我国现行刑罚体系中独创的一种限制自由刑,作为依靠人民群众与专门机关相结合、共同监督改造犯罪人的一种有效刑罚方法,是实施社区矫正惩罚功能不可或缺的一个刑罚客体。我国管制刑萌生于民主革命时期的解放区,初创于中华人民共和国成立之初的镇压反革命运动,确立于国家改革开放和民主法制的新时期。我国自 1979 年《刑法》将管制刑纳入刑罚主刑和正式确立管制刑制度以来,虽然在刑罚实践中取得了一定效果,但由于种种原因,管制刑的适用却长期低迷,至今仍然处于制度性和功能性的适用困境。例如,一是在刑罚裁量程序中适用幅度过低。据 2016 年的统计,全国各级法院审理刑事案件被告人判决生效总人数为 1220645 人,其中被判处管制刑者为 9643 人,仅占判决生效总人数的 0.77%。[①] 二是在刑罚执行程序中适用幅度过低。根据 2017 年年底的统计,我国社区矫正机构在册的社区矫正对象总数为 693675 人,其中被判处管制刑者为 9569 人,仅为在册社区矫

① 参见中国法律年鉴编辑部编辑:《中国法律年鉴 2017》,中国法律年鉴社 2017 年版,第 1160 页。

正对象总数的 1.4%。[①] 尽管我国管制刑的刑罚适用和刑罚执行面临困境，但管制刑毕竟是我国现行刑罚体系中既定的一个刑种，在社区矫正惩罚功能实施客体中，应然具有不可或缺的法律地位。

2. 实施客体中的缓刑犯

缓刑犯是指人民法院依据相关刑罚规定，作出刑事判决和缓刑宣告后，交由社区矫正机构执行刑罚和缓刑考验的罪犯。缓刑作为我国从国外借鉴引进的一项现代刑事制度，既在国家现行刑罚体系中居于重要法律地位，更是实施社区矫正惩罚功能的主要刑罚客体。我国缓刑制度曾历经悠久的发展过程，尤其是在我国改革开放以来，在当今世界法治社会刑罚现代化、法治化趋势的牵引下，伴随着社会主义民主法治的历史进程，缓刑制度不断完善，缓刑功能不断增强，缓刑规模不断扩张，缓刑执行已经在社区矫正中居于主导地位，并已在刑罚实践中取得了明显的法律效果和社会效果。例如，一是在刑罚裁量程序中缓刑适用率逐步上升。据相关统计资料，全国各级法院 2008 年宣告缓刑人数约为 249111 人（缓刑适用率为 24.7%），2009 年宣告缓刑人数为 250635 人（适用缓刑率为 25.12%），2010 年宣告缓刑人数为 265230 人（缓刑适用率为 26.33%），2011 年宣告缓刑人数为 309297 人（缓刑适用率为 29.41%），2012 年宣告缓刑人数为 355000 人（缓刑适用率为 33.78%），2013 年宣告缓刑人数为 356523 人（缓刑适用率为 30.77%）。以上数据表明，我国缓刑适用率呈现稳步上升、逐年增长的发展态势。[②] 二是在刑罚执行程序中缓刑执行率居于主导地位。据统计，2017 年全国社区矫正机构在册社区矫正对象总数为 693675 人，其中被宣告缓刑者为 638575 人，高达在册社区矫正对象总数的 92.1%。[③] 这一缓刑执行率，充分表明了缓刑在社区矫正惩罚功能实施客体中，处于至关重要的法律地位。

---

① 参见司法部社区矫正管理局编：《2012～2017 年全国社区矫正工作统计分析报告》，法律出版社 2018 年版，第 2－5 页。

② 参见《全国法院司法统计数据》，载《最高人民法院公报》2009 年第 3 期、2010 年第 4 期、2011 年第 4 期、2012 年第 4 期、2013 年第 4 期、2014 年第 4 期。

③ 参见司法部社区矫正管理局编：《2012～2017 年全国社区矫正工作统计分析报告》，法律出版社 2018 年版，第 2－5 页。

3. 实施客体中的假释犯

假释犯是指人民法院依据相关刑罚规定作出刑事裁定后，交由社区矫正机构执行刑罚和假释考验的罪犯。假释作为我国从国外借鉴引进的一项现代刑罚制度，作为国家现行刑罚体系的组成部分，是实施社区矫正惩罚功能的重要刑罚客体。我国假释制度曾历经逐步发展的历史过程，1979 年颁布的《刑法》正式确立假释的法律地位，标志着我国假释制度开始进入成型期；1994 年修正的《刑法》完善假释的法律设置，标志着我国假释制度开始进入发展期。当前，假释制度虽然不断得到完善，假释功能虽然不断得到体现，但从总体上看，假释发展步履艰难，假释适用面临困境。根据十一届全国人大常委会第二十六次会议公布的数据，结合最高人民法院向全国人大会议年度工作报告披露的数据，以 2012 年全国监狱系统在押罪犯总数 164 万人为相对计算基数，全国各级法院 2009 年仅审结假释案件 32704 件（假释率约为 1.9%），2010 年仅审结假释案件 35724 件（假释率约为 2.1%），2011 年仅审结假释案件 42800 件（假释率约为 2.6%），2012 年仅审结假释案件 46995 件（假释率约为 2.8%），2013 年仅审结假释案件 48896 件（假释率约为 2.9%）。

由此可见，我国假释率虽然逐年略有上升，但进展十分缓慢，特别是每年的假释适用率基数太低，与世界各国的假释适用率相比差距太大。刑罚裁量程序中的假释适用率过低，必然严重制约刑罚执行程序中的假释执行规模效应。据统计，2017 年年底，全国社区矫正机构在册社区矫正对象总数为 693675 人，其中被法院裁定假释者为 27601 人，仅为在册社区矫正对象总数的 4.0%。[①] 尽管如此，今后随着假释政策的调整和假释规模的扩张，在实施社区矫正惩罚功能的刑罚客体中，假释仍有可能成为一个较有发展前景的重要组成部分。

4. 实施客体中的暂予监外执行犯

暂予监外执行犯，是指人民法院、公安机关或监狱机关依据相关刑罚规定，作出暂予监外执行决定（裁定）后，交付社区矫正机构执行刑罚和监管矫正的罪犯。暂予监外执行作为贯穿刑罚人道主义精神的一项现代刑罚执行制度，作为

① 参见司法部社区矫正管理局编：《2012～2017 年全国社区矫正工作统计分析报告》，法律出版社 2018 年版，第 2－5 页。

具有中国特色刑罚体系中对特定刑罚对象的一种刑罚执行方法，是我国实施社区矫正惩罚功能不可忽视的刑罚客体。我国暂予监外执行制度伴随着中华人民共和国的成立而创立，1954年8月原政务院通过《劳动改造条例》[①]，确立了暂予监外执行的法律依据；我国暂予监外执行制度伴随着改革开放和法制建设的发展而完善，1979年颁布的《刑事诉讼法》，进而明确了暂予监外执行的法律地位。我国依法确立暂予监外执行制度以来，暂予监外执行制度曾经得到充分运用，暂予监外执行功能曾经取得明显效果。但一段时间以来，由于制度不够完善和管理不够严格的诸多原因，引发一些地方和单位违法审批暂予监外执行案件时有发生，由此产生暂予监外执行领域的司法腐败现象，导致社会质疑和社会诟病。例如，"全国检察机关对2002年至2005年2月底办理的罪犯保外就医案件进行了复查，通过检查发现罪犯保外就医工作存在问题的占被检查保外就医案件总数的20.7%"。[②]

为此，中央政法委员会于2014年颁布《关于严格规范减刑、假释、暂予监外执行，切实防止司法腐败的意见》，最高人民法院随之印发《关于对职务犯罪罪犯减刑、假释、暂予监外执行案件施行备案审查的规定》，在规范暂予监外执行和防止司法腐败方面采取了有力措施。但与此同时，随着适用政策的收紧和适用程序的从严，加上一些刑罚裁量机关和刑罚执行机关的刑罚理念偏离与刑罚政策失误，全国各地暂予监外执行适用率明显下降，在刑罚实践中产生了不可轻视的负面影响。据统计，2017年年底全国社区矫正机构在册社区矫正对象总数为693675人，其中被法院和监狱机关批准暂予监外执行者为17930人，仅为在册社区矫正对象总数的2.6%。[③] 如果以监狱系统在押罪犯总数164万人为基数计算，则暂予监外执行的适用率仅为1.15%。随着我国刑罚执行制度现代化、法治化、人道化的深入发展，如果暂予监外执行政策能够得到相应调整，则暂予监外执行在社区矫正惩罚功能实施客体中的比重可能实现回升。

---

① 已被1994年12月29日全国人大常委会通过并公布的《监狱法》、1990年3月17日国务院发布的《看守所条例》代替。

② 白泉民主编：《刑罚变更执行法律监督制度研究》，中国检察出版社2009年版，第242页。

③ 参见司法部社区矫正管理局编：《2012～2017年全国社区矫正工作统计分析报告》，法律出版社2018年版，第2－5页。

(四)社区矫正惩罚功能的实施任务

1. 加强监督管理和严格执行刑罚

社区矫正作为国家刑事法律确立的非监禁刑罚执行制度,其固有的刑罚本质,要求其必须将加强监督管理和严格执行刑罚,列为实施社区矫正惩罚功能的首要任务。我国《刑法》第38条、第76条、第85条和《刑事诉讼法》第258条明确规定,对被判处管制、宣告缓刑、假释或者暂予监外执行的罪犯,依法实行社区矫正,由社区矫正机构负责执行。如何实施社区矫正,首先是要对社区矫正对象加强监督管理和严格执行刑罚,以此作为社区矫正机构依法履行社区矫正惩罚功能的重要职责。其主要内容包括:

(1)依法严格执行刑罚。执行刑罚是指依据国家《刑法》和《刑事诉讼法》的规定,按照法院的刑事判决或裁定,对社区矫正对象依法实施刑罚惩罚,确保国家刑罚的依法实施和顺利实施,这是实施社区矫正惩罚功能的根本任务。我国社区矫正机构依法严格执行刑罚,应针对不同社区矫正对象,依据不同法律规定,严格执行以下不同刑罚内容:

第一,对管制犯的刑罚执行。社区矫正机构对管制犯执行刑罚的内容包括:《刑法》第39条规定的对管制犯在执行期间应当履行的刑罚义务和所具有的刑罚权利的刑罚执行;《刑法》第40条规定的对管制犯管制期满解除管制程序的刑罚执行;《刑法》第41条规定的对管制犯管制期满计算标准的刑罚执行。

第二,对缓刑犯的刑罚执行。社区矫正机构对缓刑犯执行刑罚的内容包括:《刑法》第73条规定的对缓刑犯缓刑考验期限的刑罚执行;《刑法》第75条规定的对缓刑犯缓刑考验期间应当履行的刑罚义务的刑罚执行;《刑法》第77条规定的对缓刑犯的缓刑撤销条件及其法律后果的刑罚执行。

第三,对假释犯的刑罚执行。社区矫正机构对假释犯执行刑罚的内容包括:《刑法》第83条规定的对假释犯假释考验期限的刑罚执行;《刑法》第84条规定的对假释犯假释考验期间应当履行的刑罚义务的刑罚执行;《刑法》第85条规定的对假释犯假释考验期满的公开宣告程序的刑罚执行;《刑法》第86条规定的对假释犯假释撤销条件及其法律后果的刑罚执行。

第四，对暂予监外执行犯的刑罚执行。社区矫正机构对暂予监外执行犯执行刑罚的内容包括：《刑事诉讼法》第257条规定的终止暂予监外执行条件的刑罚执行，终止暂予监外执行程序的刑罚执行，以及违法暂予监外执行法律后果的刑罚执行。

（2）依法加强监督管理。监督管理是社区矫正的工作任务之一，是指社区矫正机构及其工作人员依照法律、法规及其他相关规范，运用科学的手段和方法对社区矫正人员的行为、状态等进行监视、督促和安排组织等一系列活动的总和，是保证社区矫正人员依法履行服刑义务，防范其重新违法犯罪的重要手段。[①] 依据我国《社区矫正法》第3章的相关规定，实施社区矫正监督管理主要包括以下内容：

第一，加强日常监督管理。依据《社区矫正法》及相关法律法规的规定，社区矫正机构应对社区矫正对象实行严格的日常监督管理。即对社区矫正对象实行严格的接收报到制度、定期情况报告制度、请假销假制度、迁居会客走访制度、保外就医制度等。通过加强日常监督管理，适度限制社区矫正对象的矫正活动，规范社区矫正对象的矫正生活，以体现社区矫正惩罚功能的常态性。

第二，加强分类监督管理。依据《社区矫正法》及相关法律法规的规定，社区矫正机构应对社区矫正对象实行规范的分类监督管理。即根据裁判内容和社区矫正对象的性别、年龄、心理特点、健康状况、犯罪原因、犯罪类型、犯罪情节、悔罪表现等情况，对社区矫正对象中的管制犯、缓刑犯、假释犯、暂予监外执行犯实行分类管理制度，增强社区矫正监督管理的针对性，以体现社区矫正惩罚功能的科学性。

第三，加强电子信息监督管理。依据《社区矫正法》及相关法律法规的规定，社区矫正机构应对社区矫正对象实行科学的电子监控管理。即对符合特定条件的社区矫正对象，通过使用电子定位装置加强监督管理，以期获取社区矫正对象的矫正活动信息，有效防控社区矫正对象的脱管漏管和违法违规现象，提升社区矫正监督管理能力和管理效率，以体现社区矫正惩罚功能的实效性。

第四，加强应急处置监督管理。依据《社区矫正法》及相关法律法规的规

① 参见高贞主编：《社区矫正执行体系研究》，法律出版社2017年版，第145－146页。

定，社区矫正机构应对社区矫正对象实行及时有效的应急处置监督管理。即对社区矫正对象认真进行人身危险性的科学评估，及时准确掌握社区矫正安全风险状况。高度重视社区矫正对象可能发生的违法违规、群体事件、重新犯罪以及非正常死亡等安全风险，建立健全应对突发事件的应急处置机制，确保防范有效和处置有力，以体现社区矫正惩罚功能的稳定性。

第五，加强刑事禁止监督管理。依据《社区矫正法》及相关法律法规的规定，社区矫正机构应对社区矫正对象实行刑事禁止监督管理。即严格检查监督社区矫正对象执行人民法院禁止令和遵守各项法律法规规章制度情况，督促社区矫正对象严格履行法定的各项刑罚义务，规范社区矫正对象的矫正生活和矫正行为，强化社区矫正惩罚功能的实施力度，以体现社区矫正惩罚功能的严肃性。

第六，加强考核奖惩监督管理。依据《社区矫正法》及相关法律法规的规定，社区矫正机构应对社区矫正对象实行常态的考核奖惩监督管理。即通过依法实施考核奖惩制度，充分体现社区矫正的刑罚政策和刑罚公正；通过行政奖励和司法奖励的方法与程序，充分调动和激励社区矫正对象的矫正积极性；通过惩罚不良矫正表现，惩戒和打击违法违规行为和重新犯罪行为，体现社区矫正惩罚功能的公正性。

2. 加强教育矫正和注重帮困扶助

社区矫正作为国家刑事法律确立的非监禁刑罚执行制度，其既定的刑罚目的，要求其必须加强教育矫正和注重帮困扶助，以此作为实施社区矫正惩罚功能的基本任务。并依据我国《社区矫正法》第五章的相关规定，加强教育帮扶和注重矫正质量，以此作为社区矫正机构依法履行社区矫正惩罚功能的重要职责，其主要内容包括：

（1）加强教育矫正。社区矫正对象教育矫正是指社区矫正机构转变社区矫正对象的不良心理和行为恶习，促进其再社会化的系统性影响活动。① 社区矫正教育矫正活动，具有矫正对象特定性、矫正方式灵活性、矫正主体广泛性、矫正环境开放性和矫正内容多样性的刑罚特征。我国社区矫正认真学习借鉴监

① 参见吴宗宪主编：《社区矫正导论》，中国人民大学出版社2016年版，第298页。

狱矫正长期积累的教育矫正工作成功经验,并根据国家不同时期政治经济和社会发展的需求,不断丰富和调整教育矫正的内容,从而逐步形成了一个有利于全面推进社区矫正工作需要的教育矫正内容体系。这个教育矫正内容体系,从基本结构上来讲,主要包括以下三个阶段的不同内容:

第一,入矫教育阶段的教育矫正内容。入矫教育,是指社区矫正机构对刚投入社区矫正的社区矫正对象进行的阶段性和规范性的前期专项教育,其意义在于,帮助社区矫正对象加快转变角色和适应环境,以一个积极的状态投入社区矫正生活。这个阶段的教育矫正内容主要包括:一是通过开展认罪悔罪教育,促使社区矫正对象承认犯罪事实,认清犯罪危害,服从法院判决,为接受社区矫正打下良好思想基础;二是通过开展权利义务教育,促使社区矫正对象明确罪犯身份,明确罪犯应当履行的刑罚义务和具有的刑罚权利,依法明确在社区矫正期间的角色定位;三是通过开展矫正常识教育,促使社区矫正对象了解掌握社区矫正管理规定,了解掌握社区矫正服刑程序,依法参与社区矫正活动和规范社区矫正行为。

第二,常规教育阶段的教育矫正内容。常规教育是指介于入矫教育阶段和解矫教育阶段之间的主体教育过程,其意义在于,帮助社区矫正对象改变不良心理和行为恶习,培养健康人格和道德修养,增强法制观念和守法意识,将其改造成为有益于社会的合格公民。这个阶段的教育矫正内容主要包括:一是开展思想道德教育,通过进行世界观、人生观和价值观教育,进行道德规范和道德修养教育,帮助社区矫正对象端正人生态度和价值取向,培养正确的道德意识和良好的道德品行;二是开展法律常识教育,通过进行以学法、知法、守法、用法为主题的法律知识和法律观念教育,帮助社区矫正对象树立守法意识和成为守法公民;三是开展形势政策教育,通过开展政治形势、经济形势、社会发展形势教育,开展与社区矫正相关的刑罚政策教育,帮助社区矫正对象关心国家发展和增强爱国意识,了解国家刑罚政策和增强融入社会回归社会的矫正信心;四是开展文化技能教育,通过协调相关地方教育部门开展义务教育和成人教育,通过协调相关地方劳动部门开展职业教育和技能培训,帮助社区矫正对象提高文化知识水平和职业技术水平,以增强其回归社会的劳动技能和生存能力。

第三，解矫教育阶段的教育矫正内容。解矫教育，是指社区矫正机构对即将矫正期满的社区矫正对象进行的阶段性和规范性的后期专项教育，其意义在于，帮助社区矫正对象在自我总结和自我鉴定的基础上，做好回归社会的各项思想准备。这个阶段的教育矫正内容主要包括：一是开展期满矫正教育，通过组织进行自我总结和自我鉴定，引导社区矫正对象客观评估所取得的进步和所存在的问题，进一步巩固对社区矫正对象的教育矫正效果；二是开展期满回归教育，通过开展形势政策教育和社会生存方式教育，引导社区矫正对象适时做好社会自由公民的合法身份转换，增强其回归社会和重新生活的信心与能力。

（2）注重帮困扶助。帮困扶助是社区矫正的重要任务和具体内容之一，将帮困扶助常规化和制度化，是社区矫正工作的重要创新，是刑罚执行工作的重大变革，是促使社区矫正对象安心接受矫正和顺利回归社会的重要保障。[①] 我国在开展社区矫正帮困扶助工作过程中，主要采取以下方法和措施：

第一，对社区矫正对象进行生存型帮困扶助。其具体内容包括：一是实施临时救助，通过为社区矫正对象提供临时救助，帮助其渡过生活难关和树立重新生活信心，防范其因生活困难可能发生的重新犯罪现象；二是实施社会保障，通过为社区矫正对象提供最低生活保障和纳入社会保障体系，帮助其维持家庭基本生活所需和消除矫正生活的后顾之忧；三是实施医疗救助，通过为社区矫正对象或其家庭成员解除医疗费用困境，更好地体现国家司法宽容和刑罚人道精神。

第二，对社区矫正对象进行支持型帮困扶助。其具体内容包括：一是给予法律帮助，通过为社区矫正对象提供相关法律知识和解决相关法律问题的法律帮助，既引导其增强法律观念和树立法律意识，在社会生活中成为守法公民，又帮助其依法解决面临的法律问题，避免因有法不依而导致的违法犯罪现象；二是给予心理帮助，通过为社区矫正对象提供解决心理问题和消除心理障碍的心理帮助，使其以健康心理更好地适应回归社会的新生活新环境。

第三，对社区矫正对象进行发展型帮助帮扶。其具体内容包括：一是提供就学帮助，通过为社区矫正对象提供未成年人义务教育和成年人继续教育的就

① 参见吴宗宪主编：《社区矫正导论》，中国人民大学出版社 2016 年版，第 321 页。

学帮助，提高其文化水平和文化素养，更好地适应社会化知识化的现实要求；二是提供就业帮助，通过为社区矫正对象提供就业指导、职业培训、资金支持、设置就业基地和鼓励自主创业的就业帮助，为其回归社会和重新生活创造必要条件。

（五）社区矫正惩罚功能的实施原则

1. 坚持解放思想和改革创新的原则

社区矫正作为当今世界法治社会刑罚现代化的重要标志，作为我国借鉴引进的一项新型刑罚执行制度，其本身就是解放思想和改革创新的重要成果。《中共中央关于全面深化改革若干重大问题的决定》，为我国新时期社区矫正制度的改革创新，赋予了新的时代内涵和新的时代要求。为此，实施社区矫正惩罚功能，首先要坚持解放思想和改革创新的原则，努力实现借鉴国外经验与突出中国特色相结合。按照这一原则要求，主要是做到两个坚持：

（1）坚持社区矫正现代化的国际思维。当今世界法治社会刑罚现代化和刑罚国际化，已经成为刑罚文明进步不可逆转的发展趋势。实施社区矫正惩罚功能，必须发扬解放思想和实事求是的精神，大胆吸取和科学借鉴国外社区矫正的先进理念和成功经验，敢于破除传统刑罚理念和传统刑罚体制的束缚，努力顺应和不断融入现代刑罚文明进步的时代潮流，推进社区矫正惩罚功能的现代化。因为，如何树立社区矫正现代化的国际思维，关键是要着力推进社区矫正惩罚功能的国际化。从国家间的法律制度来看，现代化的结果是随着社会经济文化的不断发展、交往的日益频繁，历史上所形成的不同国家、不同民族以及不同地域之间的壁垒开始被打破，由此导致了法律化的历史个性逐渐减弱。在法律文化的交流与传播过程中，不同民族或国家的法律制度之间逐渐沟通、渗透、吸收，从而逐渐形成一个协调发展、趋于接近的法律格局。[①] 从这个意义上来讲，我国社区矫正惩罚功能，只有坚持改革开放引领下的刑罚国际化思维，只有坚持与国际惯例接轨的刑罚国际化途径，才能更好地融入当今世界社区矫正现

① 参见田宏杰：《本土化还是国际化：中国刑法现代化的道路选择》，载《禁令法律评论》2001 年春季卷。

代化的历史潮流,加快我国社区矫正现代化的发展进程。也只有用创新的思维和改革的办法,来解决实施社区矫正惩罚功能方面存在的困难和问题,才能不断实现社区矫正的新发展,取得社区矫正的新成就。

(2)坚持社区矫正现代化的中国特色。社区矫正作为当代法治社会发展的历史产物,由于它依存于不同国家的政治经济和社会生活,只有与国情社情相适应相协调,才能在社会发展中实现其社会功能和确立其社会地位。如何坚持社区矫正现代化的中国特色,关键是要推进社区矫正惩罚功能的本土化。即立足我国基本国情,做到既要大胆借鉴国外的先进理念和成功经验,又不能照搬照抄国外的制度模式和原则方法,而必须坚持从实际出发,充分考虑社会民众对社区矫正工作的认同感,充分考虑社会资源对社区矫正工作的承受力,围绕与中国的经济社会发展水平相适应这个主题,积极探索和充实完善中国特色社区矫正制度,以确立实施社区矫正惩罚功能的正确方向。具体而言,就是要基于构建社区矫正的中国特色,以实事求是的原则精神,对我国社区矫正惩罚功能的法律设置和法律实施方式,进行客观具体的科学选择。主要包括:一是在客观评估发展现状方面,既要客观评估我国社区矫正取得的发展成效,充分肯定实施社区矫正惩罚功能的法律效果和社会效果;又要客观检视我国社区矫正存在的诸多问题,具体反思社区矫正惩罚功能存在的法律缺陷和制度弊端,以实事求是的态度,形成加快社区矫正本土化的紧迫感和时代感。二是在客观规划发展取向方面,既要客观考量国外社区矫正的先进性合理性,努力将我国社区矫正惩罚功能融入刑罚现代化的时代潮流;又要客观考量我国社区矫正惩罚功能的制度基础和发展取向,以实事求是的态度,确立实现社区矫正本土化的改革发展方向。

2. 坚持依法规范和严格执法的原则

社区矫正作为国家刑罚体系中的一项重要刑罚执行制度,作为国家刑事法律体系确立的一项重要刑罚执行活动,其本身所固有的刑罚本质和刑罚目的,贯穿了依法规范和严格执法的刑罚原则。尤其是《中共中央关于全面推进依法治国若干重大问题的决定》,为新时期社区矫正制度的法治化规范化建设,提出了新任务、新要求。为此,实施社区矫正惩罚功能,务必要坚持依法规范和严格执法的刑罚原则，严格按照《刑法》和《刑事诉讼法》的规定开展工作，严格遵守和执行法定条件与法定程序，充分体现刑罚执行的严肃性、统一性和权威性。按照这一原则要求，主要是推进两项建设：

（1）推进社区矫正惩罚功能的法治化建设。在当今世界法治社会的刑罚领域，社区矫正制度本身，既是现代法治社会刑罚发展的必然产物，亦是现代法治社会刑罚发展的必然要求。我国社区矫正与国外社区矫正相比较，之所以起步较晚、基础较弱、规模较小、发展较慢，在某种意义上反映了刑罚法治理念和刑罚法治实践存在的某种差距。由此可见，大力推进社区矫正的法治化建设，已经直接关系到社区矫正惩罚功能的执法水平，直接影响到社区矫正惩罚功能的执法形象。我国学者连春亮曾就此指出：《社区矫正法》和《中华人民共和国社区矫正法实施办法》（以下简称《社区矫正法实施办法》）颁布实施之后，社区矫正工作进入了法治化阶段。社区在实际工作中产生了重刑监管与教育帮扶的矛盾，社会力量依赖与社会发育不良的矛盾，矫正的需求广泛性与矫正项目匮乏性的矛盾，智慧矫正与人文教育的矛盾，制度"内容化效应"与社区矫正创新的矛盾。[①] 如何化解这些矛盾，关键就是要推进社区矫正惩罚功能的法治化建设，努力实现社区矫正惩罚功能的公平正义。即在我国社区矫正惩罚功能的法律设置和法律实施过程中，坚持依法规范和严格执法的原则，创新法治化的立法思维，强调法治化的执法原则，较好地实现刑罚裁量和刑罚执行的公平与正义。主要体现在：一是推进社区矫正惩罚功能管理体制的法治化。即按照刑罚法治化的要求，来构建刑罚裁量体制和刑罚执行体制。在社区矫正的刑罚裁量体制法治化方面，探索和建立与行政区划适当分离的司法管辖制度，保证国家法律的统一正确实施；在社区矫正的刑罚执行体制法治化方面，推动实行审判权和执行权相分离的管理体制改革，完善刑罚执行制度，统一刑罚执行体制。二是推进社区矫正惩罚功能运行机制的法治化。即按照刑罚法治化的要求，来完善刑罚裁量运行机制和刑罚执行运行机制。在社区矫正的刑罚裁量运行机制法治化方面，较好地贯彻罪刑相适应原则、刑责相均衡原则、刑罚个别化原则以及依照刑罚政策合理量刑原则，切实转变重实体轻程序、重惩罚犯罪轻预防

① 参见连春亮：《社区矫正工作面临的现实矛盾与破解路径》，载《天津法学》2021 年第 2 期。

犯罪的传统审判思维和传统审判方式；在社区矫正的刑罚执行运行机制法治化方面，较好地贯彻刑罚人道化原则、刑罚轻缓化原则、刑罚社会化原则、刑罚个别化原则和刑法效益化原则。

(2)推进社区矫正惩罚功能的规范化建设。在社区矫正刑罚实践中，推进社区矫正惩罚功能的规范化建设，其现实意义至少体现在以下两方面：一是有助于实现刑罚公正。社区矫正的刑罚目的，是要通过严格执行法院的刑事判决，对罪犯实施刑罚惩罚、管理监督和教育矫正，以打击刑事犯罪和落实刑事责任，进而实现国家刑罚公平和社会刑罚正义。而推进社区矫正惩罚功能的规范化建设，将有助于约束国家刑罚权能和规范国家刑罚程序，有助于明确罪犯刑罚义务和规范罪犯刑罚行为。通过规范国家的社区矫正管理活动和规范罪犯的社区矫正生活行为，更好地实现社区矫正惩罚功能的公平与正义。二是有助于实现刑罚人道。社区矫正的刑罚政策，是要通过认真贯彻刑罚人道主义精神，切实把罪犯当人看待，尊重罪犯人格尊严，维护罪犯合法权益，改善罪犯矫正生活，为罪犯融入社会和回归社会提供一个良好的矫正环境。而推进社区矫正惩罚功能的规范化建设，将有助于促进国家刑罚政策的轻缓化和推进国家刑罚程序的人道化，有助于规范社区矫正管理行为和树立社区矫正管理形象，有助于维护罪犯合法权益和改善罪犯矫正生活，更好地实现社区矫正惩罚功能的人道主义效果。

如何推进我国社区矫正惩罚功能的规范化建设，关键是要在社区矫正惩罚功能的法律设置和法律实施过程中，坚持依法规范和严格执法的原则。首先，要规范执行程序。通过完善社区矫正制度和规范社区矫正程序，在实施社区矫正惩罚功能的过程中，确保刑罚惩罚的依法实施，提高教育改造的矫正质量，实现社区矫正的秩序稳定。其次，要规范执法责任。通过规范执法主体的执法责任，在实施社区矫正惩罚功能的过程中，强化执法主体的执法意识，规范执法主体的执法行为，提升执法主体的执法能力，将社区矫正惩罚功能的实施工作更好地落到实处。最后，要规范执法监督。通过规范执法监督管理体制和完善执法监督运行机制，推动刑罚执行程序的公开公平公正，严格执法过错责任追究，及时惩处执法腐败现象，大力弘扬廉洁执法正能量，保障社区矫正惩罚功能的依法有序实施。

3. 坚持统筹协调和科学整合的原则

社区矫正作为关系国家安全和社会稳定的一个重要刑罚基础，作为涉及国家政治经济和社会发展的一项社会系统工程，其所具有的刑罚目的和担负的刑罚任务的艰巨性，确立了在社区矫正惩罚功能的刑罚实践中，坚持统筹协调和科学整合原则的必要性。尤其是两院两部《关于全面推进社区矫正工作的意见》提出，要把社区矫正工作纳入经济社会发展总体规划，这为新时期社区矫正制度的改革发展，规划了新的实现路径。为此，实施社区矫正惩罚功能，确有必要坚持统筹协调和科学整合的工作原则。主要是做到两个努力实现：

（1）努力实现社区矫正刑罚决策的科学化。在社区矫正刑罚实践中，努力实现刑罚决策科学化的核心意涵，是要创新刑罚决策思维，改进刑罚决策方式，提升刑罚决策效果，使社区矫正惩罚功能的法律设置和法律实施，更好地迎合现代刑罚的发展趋势。由于努力实现社区矫正刑罚决策的科学化，关系到我国社区矫正制度的科学发展，关系到我国社区矫正能力的科学提升，关系到我国社区矫正惩罚功能的科学实施，故而必然成为统筹协调和科学整合社区矫正工作的重要原则，必然成为全面推进社区矫正工作的实现路径。如何实现社区矫正刑罚决策的科学化，关键是要坚持实事求是和遵循刑罚规律，即在组织实施和指导管理社区矫正工作的过程中，大力推行积极稳妥的科学决策程序和科学决策方式。尤其基于社区矫正作为国家刑罚执行制度本身所具有的政治严肃性和法律敏感性，进行社区矫正制度发展的科学决策，进行社区矫正惩罚功能实施的科学决策，务必要做到积极稳妥和注重实效。一是科学决策社区矫正发展规模。依据国家有关全面推进社区矫正工作的部署和要求，充分考虑国家刑罚体系中监禁刑罚与非监禁刑罚的合理结构，充分考虑社区矫正的社会认同感和社区矫正的社会需求度，理性选择社区矫正惩罚功能的适用范围，理性选择社区矫正惩罚功能的适用量度，以科学的决策来规范社区矫正惩罚功能的法律设置和法律实施。二是科学决策社区矫正发展效益。根据国家全面深化司法改革的部署和要求，应当充分考虑社区矫正惩罚功能法律设置的合理性，充分考虑社区矫正惩罚功能法律实施的正当性，以科学的决策来提升社区矫正惩罚功能的法律效果和社会效果。

(2)努力实现社区矫正刑罚实施的系统化。社区矫正工作是一个复杂的系统工程,涉及多个部门,在现行法律框架内,哪一个部门、哪一个单位都不可能独立完成,需要公、检、法、司等各部门的密切配合和协作,需要社会各方面的大力支持,这是社区矫正工作顺利进行的关键。[①] 换言之,社区矫正作为行刑社会化的现代刑罚执行方式,为了实施社区矫正惩罚功能,尤其需要依托社会参与的社会意识,需要动员社会参与的社会力量,需要整合社会参与的社会资源。这就要求我们在全面推进社区矫正工作的发展进程中,切实坚持统筹协调和科学整合的工作原则,将社区矫正建构成一个科学的、有机的、高效的社会系统工程,不断凝聚社区矫正的系统意识,不断增强社区矫正的系统能量,不断提升社区矫正的系统效率,努力实现社区矫正刑罚实施的系统化。如何实现社区矫正刑罚实施的系统化,关键在于组织实施和指导管理社区矫正惩罚功能的过程中,进一步坚持统筹协调和科学整合的原则。一是推进协调配合体制机制的系统化。要认真贯彻中央既定的社区矫正工作领导体制,紧紧依靠各级党委政府的领导和重视,争取将社区矫正的各项建设,纳入国家政治经济和社会发展的总体规划和重要内容。特别是要加强同公、检、法机关在社区矫正刑罚执行方面的衔接和配合,努力实现社区矫正协调配合体制机制的系统化,以形成实施社区矫正惩罚功能的系统合力。二是实现专群结合体制机制的系统化。引导政府向社会力量购买社区矫正社会工作服务;鼓励社会组织参与社区矫正工作;通过努力实现社区矫正专群结合体制机制的系统化,以整合社区矫正的社会资源,增强实施社区矫正惩罚功能的社会基础。

二、我国社区矫正惩罚功能正当性的现状评估

我国社区矫正惩罚功能,起步于社区矫正全面试点阶段,形成于社区矫正全面推进阶段,发展于社区矫正立法阶段,在社区矫正自启动试点至今的20年时间里,虽然起步较晚和时间较短,但发展较快且效果较好,对于促进社区矫正制度的改革发展,对于推动现代刑罚体系的文明进步,产生了积极影响。

---

① 参见姜祖桢主编:《社区矫正理论与实务》,法律出版社2010年版,第27页。

(一)社区矫正惩罚功能的发展过程

1. 社区矫正萌芽阶段的惩罚功能

我国社区矫正虽然创立较晚,但其历史背景却源远流长,早在封建统治时期就曾经产生了社区矫正实践的萌芽。例如,清王朝于 1911 年制定的《大清新刑律》,首次从西方国家引进缓刑和假释制度,虽然《大清新刑律》很快随着清王朝被推翻而被废止,但毕竟显现了中国早期社区矫正的制度萌芽。又如,在国民党统治时期,国民党当局在刑事立法上,不断吸收西方资本主义国家的罪刑法定理念和刑罚人道理念,并大量借鉴和移植日本的近代刑法制度,于 1913 年颁布《中华民国监狱规则》《假释管理规则》《出狱人保护事业奖励规则》,于 1914 年颁布《重病犯保外就医治疗办法》等文件。虽然这些文件并没有具体体现当时西方国家的社区矫正理念,但在一定意义上显现了中国近代社区矫正的制度萌芽。

中华人民共和国成立后相当长的一段时期内,我国受当时政治经济和社会发展水平的制约,虽然没有确立现代意义上的社区矫正制度,但也曾存在类似欧美国家社区性刑罚制度形成之前的某些社区监督实践活动。正如有学者所指出:"我国在 1979 年之前,虽然没有现代意义上的社区矫正实践,但却有比较丰富的社区监督方案,这些社区监督方案往往带有强烈的政治性色彩,因而一度受到广泛的诟病。但如果剥离这些政治性色彩,这些社区监督方案反而有可能成为我国现代行刑实践中社会内处遇的重要发端。"①所谓社区监督方案,主要分散存在于当时发布的一些相关法律法规之中。例如,最高人民法院于 1951 年对上海市人民法院作出的《关于保外执行中的徒刑犯应禁止行使政治权利及关于汉奸财产或公产效力问题的解答》中含有"保外执行"的社区监督实践;原中央人民政府司法部于 1950 年对原察哈尔省人民法院作出的《关于假释、缓刑、褫夺公权等问题的解释》中含有假释、缓刑和褫夺公权的社区监督实践;中央人民政府于 1952 年制定的《中华人民共和国惩治贪污条例》、原政务院于 1952 年批准公布的《管制反革命分子暂行办法》,将管制确定为一个刑种,即含

① 王平主编:《社区矫正制度研究》,中国政法大学出版社 2014 年版,第 42 页。

有管制的社区监督实践;原政务院于 1954 年公布的《劳动改造条例》,将假释明确为一种刑罚执行制度,即含有假释的社区监督,等等。我国改革开放之前的这个历史阶段,在国家民主法制建设刚刚起步的情况下,所陆续形成的一些社区监督实践活动,虽然并不具有现代意义上的社区矫正制度形态,尚未形成现代刑罚体系中的社区矫正制度模式,但在刑罚实践中所蕴含的某些社区矫正惩罚功能,已经开始呈现现代刑罚意义上的社区矫正制度萌芽。在这个社区矫正萌芽阶段,社区监督实践中的惩罚功能,带有强烈的政治色彩,具有明显的专政意识,突出体现了报应主义惩罚观的基本特征,与当今世界现代意义上社区矫正惩罚功能有着较大的区别。

2. 社区矫正酝酿阶段的惩罚功能

我国社区矫正伴随着国家改革开放和民主法制的历史进程,主要酝酿于《刑法》和《刑事诉讼法》正式颁布后的一系列法律设置和法律实践之中。从大体上来讲,我国 1979 年第一部《刑法》的颁布和实施,标志着社区矫正开始进入酝酿阶段。主要表现在:一是管制刑被依法纳入刑罚体系。1979 年《刑法》第 28 条规定的刑罚主刑种类中包含管制刑,这是国家刑法典首次确立管制在刑罚体系之中的主刑地位。二是缓刑被依法纳入刑罚体系。1979 年《刑法》第 67 条规定宣告缓刑的适用对象和条件,这是国家刑法典首次将缓刑确立为非监禁刑罚执行制度。三是假释被依法纳入刑罚体系。1979 年《刑法》第 73 条规定假释的适用对象和适用条件,这是国家刑法典首次将假释确立为非监禁刑罚执行制度。随着我国改革开放和民主法制的深入发展,尤其是随着《刑法》和《刑事诉讼法》的颁布和实施,我国当时虽然在国家刑事立法层面上尚未确立社区矫正制度,但在法律意义上的社区矫正刑罚对象已经基本确立,且社区矫正刑罚要素已经基本构成,为酝酿产生社区矫正制度奠定了刑罚基础。

我国社区矫正不仅酝酿于国家刑事立法层面,而且更为具体地酝酿于国家刑罚执行层面。这主要体现于,国家自 1979 年第一部《刑法》和《刑事诉讼法》颁布之后,至 2003 年国家启动社区矫正工作试点之前,我国政法机关已就规范完善非监禁刑罚执行制度,而着手制定相应规定和部署相应工作。例如,1979 年公安部发布的《关于管制、拘役、缓刑、假释、监外执行、监视居住的具体执行办法的通知》明确规定公安机关为管制、拘役、缓刑、假释、监外执行、监视居住的刑罚执行主体。又如,1989 年两院两部印发的《关于依法加强对管制、剥夺政治权利、缓刑、假释和暂予监外执行罪犯监督考察工作的通知》[①],进一步明确和规范了法院、检察院、公安机关、监狱机关对有关刑罚执行的程序衔接。

我国在 1979 年至 2002 年长达 20 余年的社区矫正酝酿阶段,学习借鉴引进了国外的先进刑罚理念和成功刑罚实践,为推进非监禁刑罚的现代化法治化进行了积极探索。虽然由于当时受国家政治经济和社会发展水平的制约,受传统刑罚理念和传统刑罚体制的掣肘,未能具体确立现代意义上的社区矫正制度,但酝酿阶段的一系列制度性探索及其阶段性成果,为我国后来创建社区矫正制度产生了重要的影响和奠定了重要的基础。在这个社区矫正酝酿阶段,非监禁刑罚实践中的惩罚功能,虽然已经开始实现由专政工具本质属性向刑罚工具本质属性的转变,但受传统重刑主义刑罚观的影响,其惩罚功能主要显现了惩罚犯罪和打击犯罪的报应刑特征,与现代社区矫正制度的刑罚轻缓化、刑罚人道化特征,有着刑罚方式和刑罚量度上的相应区别。

3. 社区矫正试点阶段的惩罚功能

在全国逐步推开社区矫正试点工作,这是我国正式启动社区矫正制度建设的重要阶段。它既是国外现代社区矫正制度与中国国情社情相结合的重要探索,也是我国非监禁刑罚现代化、法治化的重要标志,在我国社区矫正制度发展史上,具有十分重要的里程碑意义。社区矫正试点工作,自 2003 年 7 月起至 2014 年 7 月止,在长达 11 年的试点期间,社区矫正惩罚功能先后历经了逐步推进的两个阶段。

(1)社区矫正试点工作的启动阶段。2003 年 7 月,两院两部联合印发《关于开展社区矫正试点工作的通知》[②],明确社区矫正试点工作的重要意义和主要任务,司法部于 2004 年 5 月印发《司法行政机关社区矫正工作暂行办法》[③],对司法行政机关开展社区矫正试点工作的原则、任务、机构、人员、职责以及工作流

---

① 该文件现已失效。

② 该文件现已失效。后文不再赘述。

③ 该文件现已失效。

程等做了具体规定。首批开展社区矫正试点工作的6省(直辖市),其实施社区矫正惩罚功能的主要做法包括:一是坚持依法监督管理和确保刑罚有效实施;二是坚持以个案矫正为主和实施有针对性教育;三是坚持组织社区矫正对象参加多种形式的社区服务;四是坚持多方面多形式的帮困扶助工作;五是坚持充分发挥社区资源和社会力量的优势;六是坚持切实保障社区矫正对象的合法权益;七是坚持日常考核与实施奖惩相结合。由于以上6省(直辖市)试点单位的不懈努力,我国首批社区矫正试点工作积累了初步经验和取得了初步效果,为实施社区矫正惩罚功能进行了有益的探索。

(2)社区矫正试点工作的扩展阶段。2005年1月,两院两部联合印发《关于扩大社区矫正试点范围的通知》①,确定在首批社区矫正试点省(直辖市)的基础上,将第二批社区矫正试点范围扩大到河北等12省(自治区、直辖市)。我国在扩展社区矫正试点期间,进入第二批试点的12个省(自治区、直辖市),充分借鉴并不断发展首批试点的6省(直辖市)的工作经验,在实施社区矫正惩罚功能方面,逐步建立健全社区矫正领导机构和工作机制,加强公、检、法、司各部门的协调配合;逐步抓好社区矫正建章立制工作,保障社区矫正试点工作有章可循和规范运行;逐步加强社区矫正机构队伍建设,不断增强社区矫正管理能力和管理效率;逐步加强对社区矫正对象的教育矫正,不断推进社区矫正程序的严密性和准确性,社区矫正方法的科学性和有效性,为推进社区矫正惩罚功能积累了丰富的经验。

我国在自2003年7月至2014年7月的社区矫正试点阶段,大力开展具有中国特色社区矫正制度的理念创新和实践探索,尤其在构建社区矫正领导体制和工作机制、规范社区矫正管理程序和管理方法、确立社区矫正工作原则和工作标准等方面,进行了卓有成效的实践探索,从而不断丰富和发展了社区矫正试点工作的经验与效果,为在全国全面推进社区矫正工作提供了理论基础和奠定了实践基础。在社区矫正试点阶段,社区矫正惩罚功能的法律实施,开始发生由传统重刑主义惩罚观向现代轻刑主义惩罚观的理念转变,开始展现社区矫正刑罚政策轻缓化的文明与进步。但与此同时,在传统社会习惯思维方式的惯

① 该文件现已失效。

性震荡的负面影响下，却在某些领域和某种程度上，产生了彻底否定重刑主义、片面追求轻刑主义的刑罚单极化的理念倾向。[①] 这种倾向给社区矫正惩罚功能的法律设置和法律实施带来了一定的负面影响。

4. 社区矫正推进阶段的惩罚功能

在我国全面推进社区矫正工作，是贯彻实施全面推进依法治国和全面深化司法改革的重要举措，是深化和拓展社区矫正试点工作经验成果的重要步骤，是依法确立和依法实施中国特色社区矫正制度的重要标志。在社区矫正试点工作取得初步成果的基础上，国家高层设计和高层决策机关，根据循序渐进、稳步发展的原则，决定在全国全面推进社区矫正建设。并将其具体划分为全面试行和全面推进的两个工作阶段。

(1)社区矫正全面试行阶段。2009 年 9 月，两院两部印发《关于在全国试行社区矫正工作的意见》，其中对全面试行社区矫正工作的部署和要求主要包括：一是确立全面试行社区矫正工作的基本原则。即认真贯彻中央关于司法体制工作机制改革的决策部署，确保社区矫正工作的正确方向；坚持从我国国情出发，坚持社区矫正工作的非监禁刑罚执行性质，不断完善中国特色刑罚执行制度；坚持与时俱进、改革创新，努力探索社区矫正工作方法，不断提高社区矫正工作水平。[②] 二是确立全面试行社区矫正工作的基本任务。即进一步加强社区矫正工作制度化、规范化、法治化建设，建立和完善社区矫正法律制度，提高做好社区矫正工作的能力和水平；进一步健全社区矫正工作领导体制和工作机制，为开展社区矫正工作提供组织保障和制度保障。三是确立全面试行社区矫正工作的基本制度。即 2011 年 2 月召开的十一届全国人大常委会第十九次会议审议通过的《中华人民共和国刑法修正案(八)》(以下简称《刑法修正案(八)》)，2012 年 1 月两院两部颁布实施的《社区矫正实施办法》[③]，2012 年 3 月

---

① 参见刘政：《社区矫正惩罚功能正当性的法理研判和理性回归》，载《南海法学》2019 年第 1 期。

② 参见郝赤勇：《积极探索　努力实践　建立完善社区矫正法律制度　推动社区矫正工作制度化规范化建设》，载《中国司法》2009 年第 11 期。

③ 《社区矫正实施办法》已被 2020 年 6 月 18 日修订发布的《社区矫正法实施办法》代替。后文不再赘述。

召开的第十一届全国人民代表大会第五次会议表决通过的《全国人民代表大会关于修改〈中华人民共和国刑事诉讼法〉的决定》，分别作出社区矫正相关的法律规定，标志着法律意义上的社区矫正制度的初步确立，为依法实施社区矫正惩罚功能提供了法律依据，这可以说是我国社区矫正全面试行阶段所取得的一个具有里程碑意义的重大法律成果。

（2）社区矫正全面推进阶段。2014 年 8 月，两院两部印发《关于全面推进社区矫正工作的意见》，在充分肯定社区矫正试行工作法律效果与社会效果的基础上，突出强调了在我国全面推进社区矫正工作的重要性和必要性。与此同时，两院两部还及时联合召开全国社区矫正工作会议，对全面推进社区矫正工作进行了全面动员和具体部署；2014 年 10 月，两院两部会同前国家卫生计生委员会联合印发《暂予监外执行规定》，进一步规范了暂予监外执行的法律适用和法律程序，为社区矫正机构对暂予监外执行犯的监督管理提供了法律依据；2014 年 11 月，司法部、中央综治办、教育部、民政部、财政部、人力资源和社会保障部联合印发《关于组织社会力量参与社区矫正工作的意见》，为动员社会力量、整合社会资源、推进社区矫正工作采取了有力措施；2015 年 7 月，两院两部联合召开全国社区矫正教育管理工作会议，认真总结全面推进社区矫正工作的进展情况，具体部署新时期的社区矫正教育管理工作；2016 年 8 月，两院两部联合印发《关于进一步加强社区矫正工作衔接配合管理的意见》，进一步建立健全了公、检、法、司机关在社区矫正工作中的配合制约机制。在实施社区矫正惩罚功能方面，进行了深入的实践探索。

我国自 2014 年 8 月全面推进社区矫正工作以来，在国家刑事法律初步确立社区矫正法律制度和法律地位的基础上，在各级党委政府的关心重视和相关部门的配合支持下，大力推进社区矫正的制度建设、体制建设和机制建设，将社区矫正进一步纳入了法治化制度化的发展轨道，进一步加快了社区矫正现代化文明化的发展进程，在社区矫正法律设置和法律实施的各个方面，实现了阶段性的重大突破和实质性的重大进展，使整个社区矫正制度越来越显现出应有的规范性和合理性。其中，社区矫正惩罚功能的法律设置和法律实施，不断规范不断完善，社会各界在社区矫正试点期间对惩罚功能缺失现象所产生的社会质疑,已经转变成为对惩罚功能正当性的理论研究和实践探索。随着全面推进社区矫正工作的历史进程,社区矫正惩罚功能正在逐步体现其应有的刑罚本质和刑罚目的,成为支撑我国社区矫正公平正义的刑罚基础。

5. 社区矫正法治阶段的惩罚功能

在我国全面推进社区矫正工作的基础上,随着《社区矫正法》的颁布和实施,社区矫正开始进入了依法规范、依法运行和依法保障的法治建设新阶段。为了加快推进社区矫正法治进程,根据中央的部署和要求,司法部自 2015 年以来,借鉴国外社区矫正立法的有益经验,结合我国社区矫正试点的实际情况,针对当时社区矫正建设存在的突出问题,坚持一手抓社区矫正基础建设,一手抓社区矫正法制建设,不断加快《社区矫正法》的立法调研和立法进程,使社区矫正立法工作很快列入了国家立法机关的立法规划重要内容。2019 年 6 月,十三届全国人大常委会第十一次会议,首次审议《社区矫正法(草案)》;2019 年 10 月,十三届全国人大常委会第十四次会议,第二次审议《社区矫正法(草案)》;2019 年 12 月 28 日,十三届全国人大常委会第十五次会议,第三次审议并通过《社区矫正法(草案)》;2019 年 12 月 29 日,国家主席习近平签署第四十号主席令,公布《社区矫正法》,该法自 2020 年 7 月 1 日起施行。在此基础上,两院两部为了贯彻实施《社区矫正法》,于 2020 年 7 月颁布实施《社区矫正法实施办法》,以此作为《社区矫正法》的主要配套法规。

《社区矫正法》和《社区矫正法实施办法》的颁布和实施,标志着我国社区矫正制度建设,开始进入了深化依法治国实践的法治新时代。如果说,《刑法修正案(八)》与 2012 年《全国人民代表大会关于修改〈中华人民共和国刑事诉讼法〉的决定》的颁布和实施,在刑罚执行体系中首次确立社区矫正法律制度,在刑事法律体系中首次确立社区矫正法律地位,是我国社区矫正制度法律设置方面的第一个重要里程碑;那么可以说,《社区矫正法》和两院两部《社区矫正法实施办法》的颁布与实施,将社区矫正试点工作的刑罚实践和刑罚成果以法律形式固定下来,将两院两部有关社区矫正的一系列规章制度上升到国家法律的高度,将社区矫正刑罚执行活动进一步纳入法治的轨道,无疑是我国深化社区矫正改革发展方面的又一个重要里程碑。总体而言,《社区矫正法》和两院两部《社区矫正法实施办法》的颁布与实施，较之于两院两部原规章制度设置的社区矫正惩罚功能有了较大进展，对于推进社区矫正的现代化、法治化、文明化建设具有重大意义。

(1)依法确立了社区矫正的刑罚本质和刑罚目的。《社区矫正法》第1条明确规定："为了推进和规范社区矫正工作，保障刑事判决、刑事裁定和暂予监外执行决定的正确执行，提高教育矫正质量，促进社区矫正对象顺利融入社会，预防和减少犯罪，根据宪法，制定本法。"这一立法宗旨较之于两院两部原规章制度，其所设置的社区矫正刑罚本质和刑罚目的，虽然尚未在形式上明确界定社区矫正的制度概念和制度属性，但毕竟在国家立法意图和国家立法目的实质上，明确了社区矫正作为国家非监禁刑罚执行制度固有的刑罚本质，明确了社区矫正应有的刑罚执行与教育矫正相结合、惩罚犯罪与预防犯罪相融合的刑罚目的，在此基础上，依法确立了社区矫正在国家刑罚执行体系中的法律地位和社区矫正刑罚执行制度的价值取向。这有利于整体防范社区矫正刑罚本质偏离问题，较好地坚持社区矫正刑罚本质和实现社区矫正刑罚目的。

(2)依法确立了社区矫正的刑罚体制和刑罚机制。《社区矫正法》第8条明确规定："国务院司法行政部门主管全国的社区矫正工作。县级以上地方人民政府司法行政部门主管本行政区域内的社区矫正工作。人民法院、人民检察院、公安机关和其他有关部门依照各自职责，依法做好社区矫正工作。人民检察院依法对社区矫正工作实行法律监督。地方人民政府根据需要设立社区矫正委员会，负责统筹协调和指导本行政区域内的社区矫正工作。"这一法律规定较之于两院两部原规章制度，其所设置的社区矫正体制机制，虽然尚未完全赋予司法行政部门独立自主的社区矫正刑罚执行权能，且尚未完全统一社区矫正刑罚执行体制，但毕竟初步明确了由原公、检、法、司共同管理向由司法行政部门主管的体制转变，初步明确了由原公、检、法、司联席会议制度向政府社区矫正委员会制度的机制转变，同时，初步明确了由原公、检、法、司相互配合相互制约向由公、检、法、司依法各自履职的职责转变。在此基础上，依法构建了相对合理的社区矫正刑罚体制框架，依法确立了相对有效的社区矫正机制结构，这有利于总体理顺社区矫正管理重叠和职责交叉问题，更好地为社区矫正提供体制性和机制性的法律保障。

(3)依法确立了社区矫正的刑罚程序和刑罚内容。《社区矫正法》第3章明确规定了社区矫正决定与接收的程序与内容;第4章明确规定了社区矫正监督管理的程序与内容;第5章明确规定了社区矫正教育帮扶的程序与内容;第6章明确规定了社区矫正解除和终止的程序与内容;第7章明确规定了未成年人社区矫正特别规定的程序与内容;第8章明确规定了社区矫正法律责任的程序与内容。这些规范社区矫正刑罚程序和刑罚内容的系列法律规定,较之于两院两部原规章制度设置的社区矫正程序和内容,虽然尚未具体细化社区矫正的刑罚程序,尚未具体明确社区矫正的刑罚标准,尚未具体充实社区矫正的刑罚方法,但毕竟从社区矫正规范化和法治化建设的发展取向上,将两院两部《社区矫正实施办法》上升到了国家法律的高度。依法赋予了社区矫正刑罚程序和刑罚内容的法律依据与法律效力,依法规范了社区矫正刑罚程序和刑罚内容的法律行为与法律秩序。这有利于总体改变社区矫正管理不佳和效率低下问题,更好地提升社区矫正的执法效益和执法水平。

《社区矫正法》与两院两部《社区矫正法实施办法》的颁布和实施,在全面推进我国社区矫正法治化建设的同时,必然为社区矫正惩罚功能正当性的法理重塑和法律重构,提供必要的法律依据和法律动能,这主要体现在:《社区矫正法》设置的相关刑罚惩罚内容和刑罚惩罚手段,较之于两院两部原规章制度设置的社区矫正惩罚功能,有了进一步的充实和加强。例如,《社区矫正法》第29条规定,对社区矫正对象可以使用电子定位装置,这充实加强了对社区矫正对象的监督管理力度;《社区矫正法》第33条规定,对社区矫正对象可以提请减刑,这充实加强了对社区矫正对象的刑罚执行力度;《社区矫正法》第47条规定,对社区矫正对象在提请撤销缓刑或撤销假释的同时,可以行使逮捕提请权,这充实加强了对社区矫正对象的刑罚防控力度;《社区矫正法》第59条规定,对社区矫正对象可以撤销缓刑、假释或者暂予监外执行而采用收监执行措施,这充实加强了对社区矫正对象的刑罚威慑力度;《社区矫正法》第60条规定,对社区矫正对象违法违规行为,可以依法追究刑事责任或依法给予治安管理处罚,这充实加强了对社区矫正对象的刑罚惩戒力度。总体而言,随着《社区矫正法》的颁布和实施，社区矫正惩罚功能的泛溢现象将得到有效控制，社区矫正惩罚功能的缺失现象将得到有效修补，社区矫正惩罚功能的正当性将得到充分的彰显。

（二）社区矫正惩罚功能的发展现状

1. 社区矫正基础建设得到全面发展

社区矫正基础建设的前提条件是社区矫正制度建设。自我国全面启动社区矫正试点至全面推进社区矫正工作以来，在我国《刑法》和《刑事诉讼法》确立社区矫正制度法律地位的基础上，两院两部及相关部门，先后制定了一系列社区矫正管理工作规章制度，这为加强社区矫正基础建设和全面推进社区矫正工作发展，提供了制度依据和制度保障。依据相关社区矫正规章制度，在各级党委政府的重视和领导下，在各级相关部门的支持和配合下，司法行政机关历经10余年的不懈努力，使社区矫正基础建设取得了重大发展，为全面推进社区矫正工作奠定了较好的基础。主要体现在：

（1）社区矫正机构建设已经形成体系。社区矫正作为国家刑罚体系中的一项重要刑罚执行制度，它所具有的刑罚本质属性，要求社区矫正工作的组织实施，必须由具有国家刑罚权能的专门机关来执行。为了切实加强社区矫正工作的组织建设，自2009年9月两院两部印发《关于在全国试行社区矫正工作的意见》以来，全国各地实质性地加快推进社区矫正机构建设步伐。截至2017年年底，全国共有31个省（自治区、直辖市）和新疆生产建设兵团的司法厅（局），经所在地编制部门批准，普遍设立了社区矫正局（处、总队）。全国共有347个地（市、州）司法局单独设立社区矫正局（处、支队）、2885个县（市、区）司法局单独设立社区矫正局（科、股、大队），分别占全国各地（市、州）和县（市、区）建制数（含新疆生产建设兵团的师、团场）的99%和98%。[①] 在此基础上，自2018年全面推进社区矫正工作以来，全国各地进一步建立健全社区矫正机构，已经基本构成适应社区矫正工作需要的社区矫正管理体系，为实施社区矫正惩罚功能提供了组织保障。

① 参见司法部社区矫正管理局编：《2012～2017年全国社区矫正工作统计分析报告》，法律出版社2018年版，第8页。

(2)社区矫正队伍建设已经形成体系。社区矫正作为行刑社会化的现代刑罚执行制度,它所具有的刑罚执行方式的特殊性,要求社区矫正工作的组织实施,必须着力于构建一支由专职管理者、社会工作者、社会志愿者组成的三位一体和专群结合的社区矫正队伍体系。我国自2003年启动社区矫正试点工作,特别是2009年推动社区矫正试行工作以来,司法部和各地积极采取措施,大力加强社区矫正队伍建设,取得了积极的成效。一是加强专职国家工作人员队伍建设。截至2017年年底,全国各省、市、县三级社区矫正机构的专职社区矫正国家工作人员总数已达到12610人,占同期在册社区服刑人员配比率的1.8%。其中,高于平均配比率的有16个省(自治区、直辖市),西藏自治区配比率最高为8.3%,山东省配比率最低为1.2%。[①] 二是壮大社会工作者和社会志愿者队伍。各地采取政府购买公益岗位、聘用社会工作者、招聘社会志愿者等方式,积极争取包括专家、学者、离退休人员、高等院校师生在内的社会力量参与到社区矫正工作中来。截至2017年年底,全国各地专职社区矫正社会工作者总数已达到54180人,占同期在册社区服刑人员配比率的7.8%,其中,北京市的专职社区矫正社会工作者配比率高达26.3%;全国各地社区矫正社会志愿者总数已达到659352人,占同期社区服刑人员配比率的95.1%,其中,北京市的社区矫正社会志愿者配比率高达240%,但西藏自治区的社区矫正社会志愿者配比率为全国最低,仅1%。[②] 在此基础上,自2018年全面推进社区矫正工作以来,全国各地进一步加强社区矫正队伍体系建设,队伍规模不断扩大,队伍素质不断提升,正在加快适应社区矫正不断发展的需要,为实施社区矫正惩罚功能提供能力保障。

(3)社区矫正场所建设已经形成体系。社区矫正作为对社区矫正对象实施监督管理和教育矫正的服务平台,其服务场所、服务设施和服务能力建设,直接关系到社区矫正工作任务的完成和社区矫正工作目标的实现。我国自2003年启动社区矫正试点工作,特别是2009年推动社区矫正试行工作以来,全国社区

---

① 参见司法部社区矫正管理局编:《2012~2017年全国社区矫正工作统计分析报告》,法律出版社2018年版,第10-11页。

② 参见司法部社区矫正管理局编:《2012~2017年全国社区矫正工作统计分析报告》,法律出版社2018年版,第17-18页。

矫正系统采取各种方式，不断推进社区矫正场所设施体系建设。截至2017年年底，全国已经建立社区矫正中心2283个（建设率为80%），其中，上海、北京等14个省（自治区、直辖市）的社区矫正中心建设率高达100%，实现了社区矫正中心机构的全覆盖。[①] 这集中反映了社区矫正场所建设的发展成果。随着2018年以来社区矫正场所建设的持续推进，社区矫正的收容规模和矫正能力还在不断增长，为实施社区矫正惩罚功能提供了物质保障。

2. 社区矫正刑罚价值得到充分体现

我国社区矫正随着基础建设的不断发展，随着矫正能力的不断增强，社区矫正在国家政治经济和社会发展中的刑罚价值逐步得到实现，社区矫正在维护国家安全和社会稳定中的刑罚效益逐步得到提升，社区矫正在促进刑罚公平正义和刑罚文明进步中的刑罚功能逐步得到增强。

（1）在惩罚犯罪和预防犯罪方面的刑罚价值。社区矫正的刑罚本质、刑罚目的和刑罚功能，要求社区矫正通过监督管理和教育矫正，不断提高刑罚执行水平和教育改造质量，在实施社区矫正惩罚功能的过程中，更好地实现惩罚犯罪和预防犯罪，维护国家安全和维护社会稳定的刑罚价值。围绕实现这一刑罚价值，自全面启动社区矫正试点尤其是全面推进社区矫正工作以来，全国各级社区矫正机构，坚持社区矫正工作指导思想，落实社区矫正工作基本任务，积极探索监督管理和教育矫正的新思维新方法，做了大量工作，取得了明显效果。主要体现在以下几方面：

第一，在实施刑罚执行方面。据统计，自2003年启动社区矫正试点起，截至2017年年底，全国各地社区矫正机构累计接收社区服刑人员3709399人，累计解除矫正3015724人，2017年在册社区服刑人员693675人，其中，当年新接收社区服刑人员524163人，当年解除矫正521346人。[②] 以上数据表明，全国社区矫正机构在非监禁刑罚执行活动中，担负了非常繁重的刑罚执行任务，发挥了不可替代的刑罚执行功能作用。

---

① 参见司法部社区矫正管理局编：《2012～2017年全国社区矫正工作统计分析报告》，法律出版社2018年版，第19－35页。

② 参见司法部社区矫正管理局编：《2012～2017年全国社区矫正工作统计分析报告》，法律出版社2018年版，第22页。

第二，在落实监督管理方面。据统计，仅 2017 年度，全国各地县级司法行政机关，接受相关法院、检察院、公安机关、监狱机关的委托，对当年新接收的社区服刑人员进行调查评估 306340 人（调查评估率为 58.4%），其中，宁夏回族自治区调查评估率高达 98.4%；全国社区矫正机构对违反监督管理规定的社区服刑人员，共作出警告处罚 50728 人次（占当年列管社区服刑人员数的 4.2%）；作出收监执行决定（含撤销缓刑、假释、暂予监外执行）7526 人（占当年列管社区服刑人员数的 0.62%）。[①] 以上数据表明，全国社区矫正机构在对社区服刑人员实施监督管理过程中，较好地实施了社区矫正惩罚功能。

第三，在开展教育矫正方面。据统计，截至 2017 年年底，全国社区矫正机构共为社区服刑人员确定社区矫正小组 667053 个（占当年社区服刑人员在册数配比率的 97.6%），其中，北京、内蒙古、甘肃等 21 个省（自治区、直辖市）的社区矫正小组配比率高达 100%；仅 2017 年度，全国社区矫正机构采取社区服务、集中教育、个别谈话、心理辅导等方式，对社区服刑人员施以教育矫正共 20912576 人次（人均年接受教育矫正 17.2 次）。全国社区服刑人员再犯罪者仅为 1046 人（重新犯罪率已降至 0.086%）。[②] 以上数据表明，全国社区矫正机构对社区服刑人员的教育矫正活动，已经得到了较好的开展，并已取得了积极的效果，这集中体现在重新犯罪的防范效果上。

第四，在推动帮困扶助方面。据统计，仅 2017 年度，全国社区矫正机构通过落实低保、落实承包田、组织开展技能培训、指导就业或就学等多种途径，为社区服刑人员提供社会适应性帮扶活动，年度组织帮扶总人数达到 703485 人次（社区服刑人员年人均接受帮扶 0.6 次），其中，海南、山东、福建等 9 省社会适应性帮扶人员人数高于全国的平均值。[③] 以上数据表明，全国社区矫正机构通过开展各种形式的帮困扶助活动，为帮助社区服刑人员尽快适应社会和尽早回

---

① 参见司法部社区矫正管理局编：《2012～2017 年全国社区矫正工作统计分析报告》，法律出版社 2018 年版，第 22－30 页。

② 参见司法部社区矫正管理局编：《2012～2017 年全国社区矫正工作统计分析报告》，法律出版社 2018 年版，第 34－79 页。

③ 参见司法部社区矫正管理局编：《2012～2017 年全国社区矫正工作统计分析报告》，法律出版社 2018 年版，第 38－40 页。

归社会,做了大量卓有成效的工作。

(2)在刑罚宽容和刑罚人道方面的刑罚价值。“当今社会,刑罚体系从以监禁刑为中心,转变为普遍适用非监禁刑,建立以社区矫正为中心的刑罚体系,所体现的刑事政策的价值取向,是对于矫正对象给予人道主义的处遇。刑事司法领域的行刑过程中的人道价值基本理念,就是把矫正对象都当作正常人来看待,尊重矫正对象作为人的基本权利。”①围绕实现这一刑罚价值,自全面启动社区矫正试点尤其是全面推进社区矫正工作以来,全国各级社区矫正机构,认真贯彻落实社区矫正指导思想、工作原则和基本任务,在对社区矫正对象的刑罚执行监督管理、教育矫正和帮困扶助工作的过程中,通过不断改进刑罚执行方法,改善刑罚执行条件,规范刑罚执行活动,较好地实现了刑罚宽容和刑罚人道的刑罚价值,从而使社区矫正制度不断得到了社会的认可和社会的参与,进而成为我国现代社会文明进步的重要标志。例如,在对社区矫正对象的教育矫正和帮困扶助方面,通过多种形式、多种内容、多种层次的教育矫正和帮困扶助,既为社区矫正对象融入社会和回归社会创造了条件,又使社区矫正对象直接体验到刑罚的宽容和刑罚的人道。刑罚宽容和刑罚人道方面的刑罚价值的体现,不仅树立了社区矫正的良好社会形象,更为实现社区矫正惩罚功能正当性,提供了理论支撑和实践依据。

(3)在行刑资源和行刑效益方面的刑罚价值。社区矫正作为行刑社会化的非监禁刑罚执行方式,其之所以能够成为国际社会普遍奉行的刑罚发展趋势,基本原因来自社区矫正特有的刑罚经济性原则,比较优势则表现为非监禁刑较之于监禁刑,在节省行刑资源和提升行刑效益方面的刑罚价值。围绕实现这一刑罚价值,自全面启动社区矫正试点尤其是全面推进社区矫正工作以来,全国各级社区矫正机构,认真贯彻刑罚经济性原则,着力于节省国家行刑投入和行刑成本,取得了监管改造罪犯和维护社会稳定的良好刑罚效益。主要体现在:

第一,大幅减少了行刑场所建设成本。社区矫正将刑罚场所设置在社区,既在较大幅度上减轻了监狱关押的场所压力,同时在较大幅度上减少了国家监

① 姜祖桢主编:《社区矫正理论与实务》,法律出版社2010年版,第31页。

狱建设投入。如果以2017年年底全国社区矫正对象在册数693675人为基数，来评估行刑场所建设成本，在监狱矫正行刑机构化的条件下，按中型监狱2000人的关押规模计算，全国需新建监狱346个；如果按每个监狱建设投资规模2亿元来计算，则国家共需要新增关押场所建设资金一次性投入约700亿元；而在社区矫正行刑社会化的条件下，由于对社区矫正对象不需要集中关押，其社区矫正场所均为就地取材，除添置监督管理和教育矫正必要的业务设施外，不存在新建和扩建行刑场所问题，这就为国家节省了大量的刑罚资源投入。

第二，大幅减少了行刑工作管理成本。社区矫正行刑方式的社会化，有利于整合和利用监督管理与教育矫正的社会资源，从而大幅降低国家财政对社区矫正日常管理工作的经费投入。在这方面，“有学者对上海4974名社区矫正对象（截至2006年10月的统计数据），采用不同行刑方式的成本进行比较，经过计算得出结论：把这4974名犯罪人关押在监狱中的每年总投入为8780万元，平均每人17651.79元；而对这4974名犯罪人采用社区矫正的每年总投入为823.41万元，平均每人1655.43元，即关押所需费用是社区矫正费用的10.66倍。”[①]如果参考以上调研资料，以2017年全国社区矫正对象在册数693675人为基数，来评估日常行刑工作管理成本：在监狱矫正行刑机构化的条件下，全年的行刑工作管理经费投入约需122.49亿元；而在社区矫正行刑社会化的条件下，全年的行刑工作管理经费投入约需11.48亿元；两者相比较，社区矫正行刑工作年度日常管理成本，仅为监狱矫正行刑工作年度日常管理成本的9.3%。

第三，大幅减少了行刑工作人力成本。国家通过各种渠道和采取各种形式，充分动员和组织社会力量参与社区矫正，着力于组建专职工作者、社会工作者、社会志愿者三位一体的社区矫正队伍体系，这在较大程度上减少了国家的人力资源投入规模。据新华网2012年4月25日电披露：“记者25日从十一届全国人大常委会第二十六次会议上获悉，目前全国共有监狱681所，在职监狱人民警察30万人，押犯164万人。”[②]这一信息表明，2012年全国监狱系统警力配

① 孙辉：《罪犯的监狱矫正与社区矫正模式比较——以上海市为例》，载《南京师大学报（社会科学版）》2007年第4期。

② 《全国共有监狱681所押犯164万人》，载《东南商报》2012年4月26日，第A15版。

备的平均警囚比为 18.29%。如果依据这个警囚比，以全国 2017 年社区矫正对象在册数 693675 人为基数，来评估行刑工作人力成本，在监狱矫正行刑机构化的条件下，需增加配备人民警察 12.75 万人，将全国监狱警力规模扩张到 42.75 万人；而在社区矫正行刑社会化的条件下，由于社区矫正日常执行工作主要依托乡镇(街道)司法所公职人员兼职，这就使社区矫正的行刑工作人力成本，远低于监狱矫正的行刑工作人力成本。

三、我国社区矫正惩罚功能正当性的问题检视

我国自全面启动社区矫正试点尤其是全面推进社区矫正工作以来，虽然在社区矫正法律设置方面取得了较大进展，在社区矫正法律实施方面取得了较好效果，但受各种法律性和制度性因素的束缚与影响，社区矫正还存在某些法律缺陷和制度弊端，其中一个牵动全局的突出问题，就是由于社区矫正的刑罚本质偏离，已经导致有些地方存在传统重刑主义影响下的惩罚功能泛滥现象，更多的地方则发生了盲目轻刑主义影响下的惩罚功能缺失现象。[①] 尤其是社区矫正惩罚功能的缺失现象，正在某些方面异化社会民众对社区矫正公平正义的社会信念，引发社会各界对社区矫正功能作用的社会质疑，并在一定程度上制约着社区矫正制度的改革发展进程。我国学者刘强将这些社会质疑归纳概括为：社区的刑罚执行是否应该对罪犯具有惩罚功能？如果有惩罚功能，为什么社区矫正试点和试行期间所有的两高两部相关文件和社区矫正法均没有提及“惩罚”一词？我国对社区服刑人员的管理如此宽缓，是否能体现出刑事执法中的公平正义？是否能满足犯罪被害人情感上的依法惩罚罪犯的需求？通过社区刑罚的执行是否能对罪犯和社会产生一定的威慑作用？对社区服刑人员的教育矫正是否真正有效？是否需要通过修改《刑法》以适当增加罪犯的刑罚负担？是否可以像发达国家那样把更多的罪犯放在社区服刑？如何使社区矫正在国家的犯罪预防体系和犯罪刑罚控制领域更好地发挥作用？[②] 这一系列的社会质

---

① 参见刘政：《论社会安全刑罚基础与社区矫正刑罚功能》，载《江海学刊》2019 年第 3 期。

② 参见刘强：《我国社区矫正顶层设计中存在的主要问题及解决对策》，载《辽宁师范大学学报(社会科学版)》2022 年第 2 期。

疑，揭示了我国现行社区矫正的不足，为我们深入检视社区矫正惩罚功能存在的问题，重点是剖析社区矫正惩罚功能缺失现象及其负面影响，提示了深化社区矫正惩罚功能正当性研究的问题导向。

（一）社区矫正惩罚功能缺失的主要表现

1. 社区矫正刑罚惩罚权能的缺失

社区矫正惩罚功能源自社区矫正法律设置中的惩罚权能，惩罚权能配置的合理性，在一定程度上决定着惩罚功能的正当性。我国社区矫正惩罚功能缺失问题，首先表现为社区矫正的刑罚惩罚权能缺失。《刑法》、《刑事诉讼法》、《社区矫正法》以及两院两部《社区矫正法实施办法》虽然在法律设置上，确立了社区矫正的刑罚执行地位，但却未在权能配置上明确社区矫正的刑罚惩罚权能。具体表现为：在实施社区矫正惩罚功能过程中，法院行使对管制、缓刑、假释、暂予监外执行、刑事禁止令的判决权、宣告权、裁定权、撤销权；公安机关行使对违反刑事禁止令和监督管理规定的治安管理处罚权，以及对剥夺政治权利的刑罚执行主导权；监狱矫正机关行使对部分暂予监外执行的决定权和收监权；而司法行政机关虽然担负着指导管理和组织实施社区矫正的主体职责，但却仅能通过所属社区矫正机构，行使对社区矫正对象的监督管理权和教育矫正权。[①] 从我国当前刑罚执行权能法律设置的结构和内容上来讲，社区矫正的监督管理和教育矫正过程，更多地表现为形式上的刑罚执行权能，而并非实质上的刑罚执行权能。只有人民法院、公安机关和监狱机关现行的实质性刑罚执行权能，才能真正主导社区矫正惩罚功能的法律实施和法律效果。我国刑事立法体系中的社区矫正刑罚执行权能配置畸轻畸重的不合理状况，必然导致多头管理和相互掣肘的社区矫正管理体制，必然导致职权分离和效率低下的社区矫正运行机制，最终则必然带来社区矫正惩罚功能缺失的刑罚结果。

2. 社区矫正刑罚惩罚条件的缺失

社区矫正惩罚功能依据于社区矫正法律设置中的刑罚惩罚条件，刑罚惩罚

---

① 参见刘政：《社区矫正惩罚功能正当性的法理研判和理性回归》，载《南海法学》2019 年第 1 期。

条件设置的适度性，在一定程度上影响着惩罚功能实施的必定性。我国社区矫正惩罚功能缺失问题，具体表现为社区矫正的刑罚惩罚条件缺失。而社区矫正刑罚惩罚条件缺失的根本问题，在于社区矫正惩罚功能法律设置过程中，所暴露的现代刑罚方式与现代刑罚需求之间的脱节，从而导致社区矫正中的惩罚义务条件的严重不足。正如吴宗宪教授所指出："中国实行社区矫正的五种具体形式中，有四种形式（管制、缓刑、假释、剥夺政治权利）都存在着惩罚性不足的问题。由于刑法中现有的立法规定是以过去计划经济时代的社会情况为基础的，因而在社会生活发生了巨大变化之后的今天，过去那些具有一定惩罚性的义务、条件、措施等，已经不再具有惩罚性，或者惩罚性极其轻微，不足以体现出刑罚作为社会生活最严厉的处罚措施的特征。"①当前，我国社区矫正刑罚惩罚条件缺失的主要表现，是由于在社区矫正惩罚功能法律设置过程中，所产生的必要性义务条件不足和裁量性义务条件缺失方面的法律缺陷，从而引发了在社区矫正惩罚功能法律实施过程中，所形成的监督考察多样性和管理措施强制性方面的法律弊端。例如，在裁量性义务条件缺失方面，我国刑事立法尚未就人民法院在刑罚裁量程序中，如何根据犯罪情节轻重和罪犯人身危险性程度，区分个体情况，分别裁定社区矫正对象必须履行一种或几种义务条件而作出法律规定。也可以说，裁量性义务条件的法律设置尚处于空白状态。又如，在必要性义务条件不足方面，我国刑事立法尚未将社区服务和公益劳动，纳入社区矫正对象必须履行的必要性义务条件范围，这无疑是社区矫正惩罚条件法律设置方面的一个重大缺陷。必要性义务条件不足和裁量性义务条件缺失，必然影响到社区矫正本质属性的刑罚惩罚性，影响到社区矫正惩罚功能的法律效果和社会效果。

3. 社区矫正刑罚惩罚方式的缺失

社区矫正惩罚功能依存于社区矫正法律实施中的刑罚惩罚方式，刑罚惩罚方式实施的严谨性，在相当程度上影响着惩罚功能实施的效益性。我国社区矫正惩罚功能缺失问题，更多地表现为社区矫正的惩罚方式缺失。这主要是由于社会各界以及社会民众，对社区矫正刑罚本质尚未形成社会共识，加上部分社

---

① 陈会香：《宽严相济刑事政策下社区矫正的立法完善》，广东财经大学 2015 年硕士学位论文。

区矫正机构对自身的业务指导思想存在模糊认识，有的过于重视教育矫正而轻视监督管理，有的过于追求帮困扶助而疏于社会防卫，因而导致社区矫正惩罚方式的错位和缺失。例如，在影响矫正生活的惩罚方式方面，针对社区矫正对象规定的日常报告制度，部分社区矫正机构往往在执行过程中，时紧时松甚至敷衍塞责，未能体现其影响社区矫正对象矫正生活的惩罚特征。① 又如，在端正矫正态度的惩罚方式方面，针对社区矫正对象规定的社区服务制度，部分社区矫正机构往往在执行过程中，难以落实甚至于形同虚设，未能实现其端正社区矫正对象态度的惩罚内容。再如，在约束矫正行为的惩罚方式方面，由于针对社区矫正对象规定的监督管理制度，部分社区矫正机构往往在执行过程中，疏于监管甚至于放任自流，未能实现其约束社区矫正对象矫正行为的惩罚效果。我国社区矫正惩罚方式的缺失现象，必然在诸多方面影响到社区矫正惩罚功能的法律效果和社会效果，必然在诸多领域影响到社区矫正惩罚功能的社会评价和社会信念。

4. 社区矫正刑罚惩罚标准的缺失

社区矫正惩罚功能规制于社区矫正法律实施中的刑罚惩罚标准，刑罚惩罚标准确立的科学性，在相当程度上影响着惩罚功能实施的规范性。我国社区矫正惩罚功能缺失问题，同时表现为社区矫正的惩罚标准缺失。社区矫正标准化是指通过运用标准化原理和方法，对社区矫正工作中存在的问题，制定实施共同和重复使用的标准体系，以获得最佳秩序和社会效益的非监禁刑罚执行活动。当前，社区矫正进入全面推进阶段，工作职责不明确、工作流程不规范、工作标准不统一的问题日益突出，导致执法不规范，执法不严甚至不会执法，不敢执法的现象时有发生，影响了刑罚执行的严肃性和权威性。② 例如，由于我国尚未确立统一的社区矫正刑罚执行标准，往往导致各地社区矫正机构，在刑罚执行方式和刑罚执行程序上各行其是，尤其是在一些较强惩罚事项缺乏持续性法律保障的情况下，刑罚执行标准的不明确和刑罚执行程序的不规范，直接影响

① 参见刘政：《社区矫正惩罚功能正当性的法理研判和理性回归》，载《南海法学》2019 年第 1 期。

② 参见马灵喜：《社区矫正标准化研究》，载《中国司法》2016 年第 12 期。

到社区矫正惩罚功能的公平与正义。又如,由于我国尚未确立统一的社区矫正监督管理标准,往往导致各地社区矫正机构,在监督管理方式和监督管理程序上各行其是。有的盲目借鉴监狱矫正的监督管理方法,违背社区矫正行刑社会化的本质特征;而有的随意宽泛社区矫正的监督管理方法,违背社区矫正刑罚惩罚的本质特征。社区矫正监督管理标准的缺失,既影响到社区矫正的纵向管理,使上级机关无法分别指导和统一监督;又影响到社区矫正的横向发展,使社区矫正机构之间无法客观比较和相互交流,并在社区矫正监督管理的方方面面,直接影响到社区矫正惩罚功能的有效实施。

(二)社区矫正惩罚功能缺失的负面影响

1. 对坚持社区矫正刑罚本质的负面影响

组织实施社区矫正惩罚功能,必须坚持社区矫正的刑罚本质。因为性质是事物本身区别于其他事物时特有的属性。任何一个事物都具有多种属性,其中只有一个本质属性,其余都是非本质属性,本质属性是排他的。社区矫正也是如此,它的性质只有一个,即社区矫正的性质是一种非监禁刑罚执行制度。其他的一些属性,诸如行刑方式、刑事政策、处遇措施、社会活动等都只是社区矫正的非本质属性。① 换言之,社区矫正的本质属性是非监禁刑罚执行制度,而非监禁刑罚执行制度的本质属性则是刑罚惩罚性。正如马克昌教授所指出:"在我们看来,从我国的情况出发,宜认为刑罚的本质是对犯罪的惩罚性,亦即刑罚是对犯罪的惩罚。从刑罚本身说,这是任何刑种所具有的属性;以与其他强制方法的关系说,这是刑罚区别于其他强制方法的特性。"②从这个意义上来讲,社区矫正必须在刑罚实践中坚持这个刑罚本质,如果放弃了或异化了这个刑罚本质,社区矫正将会因失去其惩罚犯罪的刑罚本质属性,而不成其为国家刑罚执行制度。

社区矫正刑罚本质与社区矫正惩罚功能的内在联系充分表明:社区矫正固有的刑罚本质,确定社区矫正应有的惩罚功能;而社区矫正惩罚功能的实施结

① 参见姜祖桢主编:《社区矫正理论与实务》,法律出版社2010年版,第17页。

② 马克昌主编:《刑罚通论》,武汉大学出版社1999年版,第39页。

果，则体现社区矫正刑罚本质的价值取向。在社区矫正刑罚实践中，根据社区矫正的刑罚本质，社区矫正机构必须依据国家的刑事法律和法院的刑事判决，对社区矫正对象执行非监禁刑罚惩罚；同时应当通过法定的监督管理和教育矫正程序，对社区矫正对象实施行刑社会化条件下的刑罚惩罚。而当前我国现行社区矫正在某种程度上存在的惩罚权能、惩罚条件、惩罚方式、惩罚标准缺失现象，必然影响到社区矫正惩罚功能的实施结果，同时影响到社区矫正公平正义的社会形象，并从整体上动摇社区矫正的刑罚本质，偏离社区矫正刑罚本质应有的价值取向。[①]

2. 对实现社区矫正刑罚目的的负面影响

组织实施社区矫正惩罚功能，必须围绕社区矫正刑罚目的。因为社区矫正活动与其他社会实践活动一样，都是在一定目的的支配下展开的，社区矫正刑罚目的就是整个社区矫正工作目的性的表现。社区矫正目的是社区矫正工作的起点和归宿，具有一定的理想性，从理论上看，一切社区矫正活动都应该围绕着社区矫正的目的而进行。[②] 在社区矫正刑罚实践中，社区矫正作为国家刑事法律确立的非监禁刑罚执行制度，其社区矫正目的依据于国家刑罚目的，而国家刑罚目的确定社区矫正刑罚任务，刑罚任务的核心，则在于惩罚犯罪和预防犯罪的刑罚价值。正如有学者所指出："刑罚惩罚犯罪之目的和预防犯罪之目的的共同价值取向，最终可归结为公正与功利两大价值样式，兼顾公正与功利是刑罚追求的目标。惩罚犯罪与预防犯罪均应当界定为我国刑罚目的，两者具有递进深入的关系。其中，惩罚犯罪的刑罚目的，是实现预防犯罪的必要条件。"[③]从这个意义上来讲，国家刑罚目的与社区矫正目的的一体化，确立了社区矫正在惩罚犯罪与预防犯罪相结合上的刑罚价值追求目标。

社区矫正刑罚目的与社区矫正惩罚功能的内在联系充分表明：社区矫正刑

---

① 参见刘政：《社区矫正惩罚功能正当性的法理研判和理性回归》，载《南海法学》2019 年第 1 期。

② 参见王治荃：《穿梭于理论与实务之间——〈社区矫正学教程〉的内涵解读》，载《安徽警官职业学院学报》2014 年第 3 期。

③ 韩铁：《西方国家的刑罚目的观及其对我国刑罚目的的界定的启示——兼论惩罚犯罪应界定为我国刑罚目的》，载《安徽大学法律评论》2001 年第 1 期。

罚目的的法律设置，必须以社区矫正惩罚功能的合理性为依据，并规制社区矫正惩罚功能的发展方向；而社区矫正惩罚功能的法律实施，必须体现社区矫正刑罚目的的价值目标，并成为实现社区矫正刑罚目的的必要途径。[①] 围绕社区矫正刑罚目的，社区矫正机构对社区矫正对象实施监督管理和教育矫正活动，应始终贯穿惩罚犯罪和预防犯罪的刑罚价值取向，通过实施社区矫正惩罚功能，着力于提高教育矫正质量和维护监督管理秩序。但我国现行社区矫正在某种程度上存在的惩罚权能、惩罚条件、惩罚方式、惩罚标准缺失现象，必然会弱化社区矫正惩罚功能的威慑效应，降低社区矫正惩罚功能的强制效益，从而使惩罚犯罪目的缺失必要的惩罚内容和惩罚手段，同时使预防犯罪目的也缺失必要的刑罚前提和刑罚保障，最终偏离社区矫正刑罚目的应有的价值取向。

3. 对强化社区矫正刑罚功能的负面影响

组织实施社区矫正惩罚功能，必须强化社区矫正刑罚功能。在现代刑罚实践中，刑罚功能通常表现为，以刑罚特定的多种功能有机整合而形成的刑罚功能体系。这个刑罚功能体系的主要特征包括：一是刑罚功能整体性与刑罚功能层次性相结合。即刑罚功能体系由特定的刑罚功能所整合，其体系在横向结构上，具有各刑罚功能之间相互联系和相互影响的整体效应；同时，刑罚功能体系由不同的刑罚功能所排序，在体系的纵向结构上，具有各刑罚功能之间的轻重之别和主次之分的个体效应。二是刑罚功能动态性与刑罚功能稳定性相结合。即刑罚功能体系应当注重其绝对动态性，随着其赖以存在的现实条件和现实需要的变化而变化，为适应社会形态和社会制度的发展而发展，在此基础上适时对刑罚功能体系进行动态性和结构性的调整；同时，又要注重刑罚功能体系的相对稳定性，在稳定发展过程中强化刑罚功能体系的长效机制。因为，“刑罚的功能从微观到宏观，从具体组成部分到整体结构都有着其同一性、差异性甚至对立性，同一性是刑罚功能体系内在的生命，构成其有机运转的前提，差异性和对立性则潜在着破坏刑罚功能系统的有机性的危险，若要发挥刑罚的总体效果，就必须在兼顾刑罚诸功能的前提下，明确并遵循它们固有的主次关系，并据

---

① 参见刘政：《社区矫正惩罚功能正当性的法理研判和理性回归》，载《南海法学》2019 年第 1 期。

此解决它们之间的矛盾，从而保证整个刑罚功能系统的稳定，使之协调一致地有机运转”。①

社区矫正刑罚功能与社区矫正惩罚功能的内在联系充分表明：社区矫正刑罚功能体系作为国家刑罚功能体系的重要构成，它以国家刑罚功能为主导，并在社区矫正法律实践中体现国家刑罚功能的根本要求；而社区矫正惩罚功能作为社区矫正刑罚功能体系的重要构成，它以社区矫正刑罚功能为主导，在优化社区矫正刑罚功能体系结构方面具有重要作用。② 我国现行社区矫正的刑罚功能体系，由惩罚功能、教育功能、控制功能、塑造功能、帮扶功能等刑罚功能所构成。从社区矫正刑罚功能体系的整体性和层次性上来讲，“社区矫正作为刑罚执行的过程，首先体现为对罪犯的惩罚，就是将确定的刑罚义务落实到犯罪人身上”。③ 但我国现行社区矫正在某种程度上存在的惩罚功能、惩罚条件、惩罚方式、惩罚标准缺失现象，必然削弱惩罚功能在社区矫正刑罚功能体系中的法律地位，必然错乱惩罚功能在社区矫正刑罚功能体系结构中的整体性和层次性，最终偏离社区矫正刑罚功能应有的价值取向。

四、我国社区矫正惩罚功能正当性的原因辨析

我国社区矫正之所以存在惩罚功能缺失现象，其原因是多方面的和综合性的。其中，既有传统刑罚理念的影响原因，又有传统刑罚体制的束缚原因；既有国家不同时期刑罚目的价值取向的静态原因，又有国家不同时期刑罚政策适时调整的动态原因；既有社区矫正法律设置相对滞后的法律原因，又有社区矫正法律实施效益不足的制度原因。但从根本的和宏观的原因来辨析，基于国家政治经济和社会发展的总体要求，我国当前所产生的社区矫正惩罚功能缺失现象，无疑与社区矫正法律移植的本土化效果和社区矫正法律设置的社会化程度，有着更为密切和更为重要的联系。

---

① 李泽龙：《论刑法的机能》，载《法律科学(西北政法学院学报)》1995 年第 1 期。

② 参见刘政：《社区矫正惩罚功能正当性的法理研判和理性回归》，载《南海法学》2019 年第 1 期。

③ 高莹主编：《社区矫正工作手册》，法律出版社 2015 年版，第 5 页。

(一)社区矫正在法律移植过程中的法律遗弃原因

1. 社区矫正与法律移植相关的法理意涵

我国社区矫正作为从国外借鉴引进的一项现代非监禁刑罚执行制度,其移植目的和移植过程集中显现了当今世界现代法治社会科学发展和文明进步的基本意涵。这个基本意涵主要包括:为什么要进行法律移植和怎么样进行法律移植两个方面,且该基本意涵直接关系到社区矫正法律移植的法律价值取向和社会价值取向。

(1)社区矫正法律移植的必然性和必要性。“法律移植(legal transplant)是西方比较法中经常使用的一个词,其含义一般是:特定国家(或地区)的某种法律规则或制度移植到其他国家(或地区)。”[①]在当今世界近现代法制发展史上,法律移植一直扮演着重要角色和发挥着重要作用,充分表明了其所存在的必然性和必要性。为此,国内外法学界绝大多数学者认为法律移植不仅是必需的,而且也是可能的,无论在古代、中世纪和近代,法律移植的事例都大量存在。即使在当代世界法律发展中,法律移植也是一个普遍的现象和基本的发展趋势。法律移植是法律发展的规律之一,是世界法律发展的一个基本历史现象。[②] 关于法律移植在现代法律实践中的必然性和必要性,张文显教授将其概括为四个方面:①社会发展和法律发展的不平衡性决定了法律移植的必然性;②市场经济的客观规律和根本特征决定了法律移植的必要性;③法律移植是对外开放的应有内容;④法律移植是法治现代化的必然需要。[③]

法律移植的必然性和必要性,在我国法制建设尤其是刑事法律领域得到了充分体现。回顾中华人民共和国成立以来的社会主义法制建设发展史,除去“文化大革命”10 年动乱时期外,我国刑事法律领域实际上从未停止过法律移植的历史步伐,刑事法律体系发展中已经充分体现了法律移植的历史成果。“总的来说,根据移植对象的不同,我国的行刑法律移植可以大致分成两个阶段,即

① 吴一鸣:《两大法系中的不方便法院原则及在中国的合理借鉴》,载《西南政法大学学报》2008 年第 2 期。

② 参见何勤华:《法的移植与法的本土化》,载《中国法学》2002 年第 3 期。

③ 参见张文显:《继承 · 移植 · 改革:法律发展的必由之路》,载《社会科学战线》1995 年第 2 期。

移植苏联法阶段和移植以美国为代表的西方国家法阶段。在中华人民共和国成立以后至20世纪80年代,我国处于移植苏联行刑法阶段;在20世纪90年代至今,我国处于移植以美国为代表的西方国家行刑法阶段。"①其中,社区矫正即为渊源于和移植于英美法治国家的现代刑罚执行制度。2003年7月两院两部《关于开展社区矫正试点工作的通知》的发布,标志着我国社区矫正法律移植的正式启动;2012年1月两院两部《社区矫正实施办法》和2011年2月全国人大常委会审议通过的《刑法修正案(八)》和2012年3月全国人大审议通过的《全国人民代表大会关于修改〈中华人民共和国刑事诉讼法〉的决定》,确立了我国社区矫正法律移植的刑罚定位;2014年8月两院两部《关于全面推进社区矫正工作的意见》的发布,体现了我国社区矫正法律移植的初步效果;2019年12月《社区矫正法》的颁布,推进了我国社区矫正法律移植的历史进程。我国社区矫正法律移植的进程,既反映了当今世界刑罚现代化、法治化、轻缓化、人道化和社会化发展趋势,对我国现代刑罚执行制度建设产生深刻影响的必然性;同时体现了我国迎合当今世界现代刑罚的时代潮流,推进国家刑罚执行制度文明进步的必要性。

(2)社区矫正法律移植的本土化和资源化。在我国现代法律实践中,本土化既是推行法律移植的必要途径,亦是实现法律移植的必然要求。与法律移植相伴随的法律本土化表现在以下三个方面:一是一些中国传统的法律理念、制度和原则得以保存下来,被吸收进了新的法律之中;二是一些中国传统的法律获得了改造,与西方的法律理念、制度和原则相互配合,在新的法律中以新的面貌出现;三是用西方的法学观和法治原理来说明、解释和指导当时中国社会的实践,并将这种实践纳入法律规范及其调整的范围之内。②

法律移植在现代法治实践中的本土化和资源化,其核心意涵,是要实现外来法律制度与本土法律资源的相衔接和相协调,并在此基础上将外来法律制度转化为本土法律资源。我国长期法制建设过程中积累的本土法律资源,具有结

① 杨春雷:《中国行刑问题研究》,人民出版社2011年版,第170页。

② 参见何勤华:《法的国际化与本土化——以中国近代移植外国法实践为中心的思考》,载《中国法学》2011年第4期。

构上和内容上的相对性。在刑罚执行领域，这种相对性主要表现在两个方面：一是传统性刑罚执行文化形成的内生性刑罚执行制度。主要包括：中华人民共和国成立后特别是改革开放以来所形成的，具有中国特色的刑罚执行理念和刑罚执行体系。例如中国特有的管制刑制度和剥夺政治权利制度。二是外来刑罚执行理论主导的外来刑罚执行制度。该制度在法律移植过程中，往往嬗变为我国刑罚执行体系组成部分，演化为我国刑罚执行的本土法律资源。例如，我国借鉴引进的缓刑制度、假释制度、社区矫正制度。

法律移植的本土化和资源化，在我国刑罚执行领域尤其是在社区矫正领域，越来越显现出重要性。社区矫正作为一项现代非监禁刑罚执行制度，其行刑法律移植的深层次本质在于，行刑法律移植是一种包括移植特定行刑文化在内的全方位的制度借鉴，是一种外来行刑制度和行刑文化向中国本土行刑资源转化的变迁过程。中国所迫切期望的成熟、理性、法治、人性、文明的行刑制度，既不是通过单纯的法律移植而建构和设计的，也不是依靠制度惯性和社会自然演进而自发自为的，而是制度建构、移植与在中国环境下的发育、成长相结合的产物。行刑法律移植是中国行刑制度发展的重要路径，但是也决计不能忽视对外来行刑制度和行刑文化的中国化，以及为满足中国行刑实践的需要，而在中国特定社会环境中外来行刑制度自身的不断发育和成熟，不断与中国既有的行刑资源相互融合。①

2. 社区矫正在法律移植过程中的法律遗弃原因辨析

我国现行社区矫正之所以存在包括惩罚权能缺失、惩罚条件缺失、惩罚方式缺失、惩罚标准缺失在内的惩罚功能缺失现象，其主要原因来自社区矫正法律移植过程中的“法律遗弃”，具体表现为社区矫正本土化过程中的“水土不服”。这种“法律遗弃”引发的“水土不服”现象，主要反映在社区矫正法律设置和法律实施的诸多方面。

(1)社区矫正惩罚功能缺失的“法律遗弃”缘由。惩罚功能缺失现象所揭示出来的“法律遗弃”缘由，主要表现在社区矫正制度规划、社区矫正法律设置、社区矫正法律实施等三个方面。

---

① 参见杨春雷：《中国行刑问题研究》，吉林大学 2008 年博士学位论文，第 11 页。

第一，在社区矫正制度规划层面。进行社区矫正法律移植，本应坚持国际法治社会普遍奉行的现代社区矫正本质特征，正确把握社区矫正与监狱矫正在惩罚犯罪和预防犯罪方面的刑罚本质同一性，正确区分社区矫正与监狱矫正在监禁刑和非监禁刑方面的刑罚模式差异性。但我国社区矫正惩罚功能的缺失，反映在社区矫正法律移植的制度规划层面，则发生了指导思想上的某种偏误。换言之，就是"制度规划者力图实施一种与监狱矫正截然不同的模式，所以重心便不知不觉地偏向了'矫正'，而忽视了社区矫正作为一项刑罚执行方法所必须具备的'惩罚功能'"。①

第二，在社区矫正法律设置层面。进行社区矫正法律移植，本应借鉴国际法治社会现代社区矫正的先进理念，正确把握社区矫正法律设置的科学性，正确把握社区矫正惩罚功能的合理性。但我国社区矫正惩罚功能的缺失，反映在社区矫正法律移植的法律设置层面，则产生了刑罚执行体系上的法律缺陷。突出表现为，"当前，我国社区矫正强调传统的和合文化，试图营造富有关怀与亲和力的矫正氛围，以致普遍重视各种形式的感化、帮扶与救困，使这一行刑方式的法律效应柔性有余、刚性不足，从而行刑的惩罚性质被边缘化、模糊化"。②

第三，在社区矫正法律实施层面。进行社区矫正法律移植，本应参照国际法治社会现代社区矫正的成功经验，正确地把握社区矫正法律实施的合法性和规范性，正确处置监督管理惩罚性与教育矫正人道性的法律关系。但我国社区矫正惩罚功能的缺失，反映在法律移植的法律实施层面，则表现为刑罚执行效果上的制度弊端。例如，"在实践中，矫正工作偏重强调人性化的一面，而忽视了严肃性的一方，导致社区矫正容易被误解为'感化运动'。这种方向性偏差显然与刑罚执行的本质相悖；一旦社区矫正惩罚功能未充分彰显，其行刑性质便有本末倒置的危险"。③

---

① 宗会霞：《从"矫枉过正"到"刚柔并济"——我国社区矫正理念重塑及实务探索》，载《政治与法律》2014 年第 5 期。

② 严励、张东平：《我国社区矫正模式的省思与完善》，载《南都学坛（南阳师范学院人文社会科学学报）》2013 年第 6 期。

③ 严励、张东平：《我国社区矫正模式的省思与完善》，载《南都学坛（南阳师范学院人文社会科学学报）》2013 年第 6 期。

(2)社区矫正惩罚功能缺失的“水土不服”缘由。惩罚功能缺失所揭示出来的“水土不服”缘由,主要表现为社区矫正法律移植相关的国情社情差异性、法律体系差异性、法律实践差异性等三个方面。

第一,国情社情差异性引发社区矫正法律移植的“水土不服”。社区矫正作为萌生并根植于西方民主法治社会的刑罚执行模式,由于它所依存的政治土壤和社会条件的特定性,在向我国进行法律移植的过程中,难免会遭遇诸多生存环境的不适。因为我国在社会主义民主法治的条件下,“司法是政治的创造物,是政治过程的一个环节,也存在着重要的政治功能”。① 我国司法制度固有的政治性,必然产生对法律移植的敏感性,有时甚至还会产生对法律移植的排异性。尤其是在我国与西方国家的宪政体制与社会制度存在重大差异的情况下,进行社区矫正的法律移植时,由于这种自发的政治敏感性和法律排异性,难免不同限度地影响到外来法律制度与内在法律资源相融合的本土化过程和本土化效果,②由此导致的社区矫正惩罚功能缺失,似可认为是基于不同国情社情条件下,难以完全回避的一个政治性、阶段性的法律现象。

第二,法律体系差异性引发社区矫正法律移植的“水土不服”。英美法系国家与大陆法系国家之间,在刑罚理念、刑罚体系、刑罚方式的诸多方面存在差异性。社区矫正之所以率先发源于、主要发展于英美法系国家,就是基于这些国家率先进行监狱改良而取得的法律效果。我国作为传统的大陆法系国家,对渊源于英美法系国家的社区矫正进行法律移植,实质上可以说是英美法系的外来法律制度与大陆法系的内在法律资源相协调的本土化过程。在这个本土化过程中产生社区矫正惩罚功能缺失现象,似可认为是由于不同法律体系的差异性,给我国社区矫正刑罚目的选择带来的某种程度上的偏差性。

第三,法律实践差异性引发社区矫正法律移植的“水土不服”。法律实践既是检验法律制度的根本标准,也是完善法律制度的必要途径。当今世界现代社区矫正的萌生与发展,就是西方法治国家以监狱改良为主体的法律实践的历史产物;现代社区矫正的巩固与提高,则是西方法治国家以刑事政策调整为主体

① 江必新:《正确认识司法与政治的关系》,载《求是》2009 年第 24 期。

② 参见刘政:《我国社区矫正工作的评估与分析》,载《中国司法》2015 年第 11 期。

的法律实践的历史成果。西方法治社会的社区矫正制度历经百余年的法律实践,遭遇了各种曲折,积累了丰富经验,通过不断完善其刑罚本质、刑罚目的和刑罚功能,方才实现了全面而又稳定的发展。而我国进行社区矫正法律移植过程仅仅10余年时间,在如此短暂的社区矫正法律实践中,必然存在实践基础薄弱和实践经验不足的短板。在这种情况下出现的社区矫正惩罚功能缺失现象,似可理解为是由于不同法律实践的差异性,给我国社区矫正法律移植"本土化"造成的制约效应。

(二)社区矫正在社会转型变革过程中的法律异化原因

1. 社区矫正与社会转型变革相关的社会意涵

我国社区矫正作为行刑社会化的现代刑罚执行方式,其社区矫正制度的产生,取决于国家政治经济和社会发展的现实需要;其社区矫正制度的发展,有赖于社会结构优化和社会基础建设的发育程度。尤其在我国改革开放推动社会结构转型和社会制度变革的新的历史条件下,社区矫正与社会转型变革的内在联系已经越来越紧密,社区矫正对社会转型变革的刑罚功能作用已经越来越明显。

(1)社会转型变革需要社区矫正。我国有学者指出:21世纪中国经济社会发展可能进入加速转型期,中国的发展将攀登新的台阶,由此经济结构和社会结构的变化将进一步加剧,中国现代化进程可能出现跨越式演进的态势。然而,由于各方面因素的作用,在这个转型期,中国也面临着巨大的不确定性,如何保持转型期的经济发展和社会稳定,如何突破在建构现代市场经济和民主政治以及实现社会的全面现代化进程中所遇到的重重障碍,已成为越来越突出的问题。[①] 为了破解社会转型变革期间面临的种种社会矛盾和社会问题,实现国家政治经济和社会文化的持续、健康、稳定发展,其必要途径,是要在全面推进依法治国进程中,切实加强法治社会建设。但是,推进法治社会建设是一项错综复杂的法治项目和社会工程。法治社会建设以国家与社会关系为前提,应当

---

① 参见龙宗智:《转型期的法治与司法政策》,载百名法学家百场报告会组委会办公室编:《法治百家谈——百名法学家纵论中国法治进程》(第1辑),中国长安出版社2007年版,第99页。

进一步明确政府与社会的界限，不断培育和发展社会组织；实现社会组织与社会规范同构，完善和发展社会规章制度体系，为法治社会建设确立制度基础；将法治社会建设纳入法治中国总体框架，坚持三线推进法治，推进党内法治、国家法治和社会法治同步发展。①

在法治社会建设中如何培育和发展社会调控组织，这就需要在我国全面推进社区矫正制度建设。因为，社区矫正作为法治社会建设中不可缺失的刑罚基础，它既具有刑罚本质的报应性，又具有刑罚目的的功利性；既具有惩罚犯罪的强制性，又具有预防犯罪的谦抑性；既具有实施刑罚权能的国家性，又具有参与刑罚活动的社会性。在我国社会转型变革的历史进程中，社区矫正惩罚功能无疑是法治社会建设的必然要求，是社区组织建设的必要选择，对于维护社会和谐稳定和促进社会转型变革，具有不可替代的社会功能作用。

（2）社区矫正顺应社会转型变革。我国社区矫正作为社会转型变革的历史产物，它适应社会转型变革的需要而产生，并顺应社会转型变革的进程而发展。从整体意义上来讲，社区矫正只有顺应社会转型变革的发展趋势，才能确立和实现社区矫正的价值取向；社区矫正只有服务社会转型变革的发展需求，才能形成和保持社区矫正的制度活力。社区矫正如何服从于服务于社会转型变革，主要体现在以下两个方面：

第一，社区矫正在改善国家与社会关系中的基础作用。社区矫正作为法治社会建设不可或缺的社会组织形态和社会刑罚基础，要想"突出社会组织在社会治理中的主体地位和基础性作用，还必须以社会自治为重要价值取向，以政府职能转变为前提，以国家法律为基础保障，以社会组织为基本载体，以社会规范为根本依据，深化社会治理基本内涵，遵循自治—法治—善治逻辑，加快法治社会建设"。② 换言之，社区矫正作为行刑社会化的刑罚执行方式，应当在法治社会建设过程中，充分发挥连接国家刑罚权能与社会参与能力的特定功能和职能优势，更好地整合国家行刑资源和社会行刑资源，为推进法治社会建设奠定刑罚基础。

① 参见肖金明：《推进法治社会理论与实践创新》，载《法学杂谈》2017 年第 8 期。

② 肖金明：《推进法治社会理论与实践创新》，载《法学杂谈》2017 年第 8 期。

第二，社区矫正在保障国家安全和维护社会稳定中的能动效应。法治社会建设的重要任务和基本目标，是要在保障国家安全和维护社会稳定的基础上，努力实现国家政治经济和社会文化的持续、稳定、健康发展。而社区矫正固有的刑罚本质和特定的刑罚功能，在保护国家安全和维护社会稳定方面，要求其充分发挥应有的能动效应。例如，发挥社区矫正刑罚惩罚功能，在维护刑罚公平和实现社会正义方面的能动效应。通过实施社区矫正惩罚功能，依法剥夺犯罪人的相关权益，依法落实犯罪人的刑事责任，依法体现犯罪人的国家否定评价，依法修补犯罪人造成的社会危害，进而树立社会民众对刑罚公平正义的社会意识和社会信念，为法治社会建设创造一种良好的社会氛围和社会环境。又如，发挥社区矫正刑罚防卫功能，在预防社会犯罪和维护社会稳定方面的能动效应。通过实施社区矫正刑罚防卫功能，依法对社区矫正对象进行教育矫正和帮困扶助活动，不断提高教育矫正质量，为社会输送改造合格的守法公民，有效转化和逐步减少社会消极因素，有效塑造和不断改善社会人文基础，为法治社会建设构建一种文明的社会意识和稳定的社会基础。①

2. 社区矫正在社会转型变革过程中的法律异化原因辨析

我国现行社区矫正之所以存在包括惩罚权能缺失、惩罚条件缺失、惩罚方式缺失、惩罚标准缺失在内的惩罚功能缺失现象，另一个重要原因，来自社区矫正在社会转型变革过程中的“法律异化”，表现为社区矫正现代化过程中的“发育不全”。这种“法律异化”引发的“发育不全”现象，主要反映在社区矫正相关的社会观念层面和社会结构层面。

(1)社区矫正在社会意识层面的法律异化。从法治社会建设来看，社区矫正非监禁刑罚执行制度的出现，来自现代社会的权利发展理念，即个体社会权利的重大保证常常是可以通过社会流动性来取得的，这种流动性被理解为地理上的流动性。社会流动性要求刑罚执行的开放性，由此社区刑罚也就成为20世纪后半期国际刑罚执行方式的显著变革之一。② 这种现代社会权利发展理念的发育程度，又往往通过社会流动性，而形成影响社区矫正发展的社会法律意识。

---

① 参见刘政：《论社会安全刑罚基础与社区矫正刑罚功能》，载《江海学刊》2019年第3期。

② 参见贡太雷：《惩戒·法治·人权》，西南政法大学2014年博士学位论文，第7页。

即理性的社会权利发展理念，可以形成正面影响社区矫正的主流社会法律意识，赋予社区矫正发展的正能量；而非理性的社会权利发展理念，难免形成负面影响社区矫正的非主流社会法律意识，产生社区矫正发展的负能量。当前，我国现行社区矫正之所以存在惩罚功能缺失问题，在相当程度上即来自非理性社会权利发展理念所形成的非主流社会法律意识的负面影响。法治社会建设中的社会法律意识，主要表现为重刑主义思想与轻刑主义思想激烈碰撞下的社区矫正刑罚惩罚观。在国际法治社会“轻轻重重”刑罚两极化发展趋势的影响下，我国法学界法律界已经开始借鉴西方法治国家的刑罚改革思想，反思和剖析重刑主义理念的消极因素，探索和伸张轻刑主义理念的积极因素，致力于培育和弘扬有利于社区矫正发展的社会法律意识。① 但在培育和弘扬这个社会法律意识的过程中，难以避免地出现了两种截然不同的刑罚惩罚观的思想倾向，这些极端的思想倾向，不同程度地导致了社区矫正在社会意识层面的法律异化现象。主要表现在：

第一，盲目主张轻刑主义的社区矫正刑罚单极化倾向导致的法律异化。即在社会转型变革过程中，基于对传统重刑主义的逆反心理，部分社会民众在传统社会习惯思维方式的惯性震荡下，在某些领域和某种程度上，产生了彻底否定重刑主义并片面追求轻刑主义的思想倾向。持有这种思想倾向的社会民众，更多地主张弱化社区矫正的刑罚惩罚性而强化社区矫正的刑罚人道性，从而形成了社会意识层面的法律异化现象。尤其在部分社会民众中居于主导地位的轻刑主义刑罚单极化倾向，聚集了对社区矫正惩罚功能的消极社会法律意识，误导了社区矫正惩罚功能的正确价值取向，从而在社会法律意识层面上，加剧了社区矫正惩罚功能的缺失问题。

第二，盲目主张重刑主义的社区矫正刑罚单极化倾向导致的法律异化。即在社会转型变革过程中，基于对传统重刑主义的崇尚心理，也有部分社会民众在传统刑罚理念和传统刑罚体制的深刻影响下，在某些领域和某种程度上，形

① 参见刘政：《我国社区矫正工作的评估与分析》，载《中国司法》2015 年第 11 期。

成了彻底否定轻刑主义和片面追求重刑主义的思想倾向。[①] 持有这种思想倾向的社会民众，更多地主张强化社区矫正的刑罚惩罚性，而弱化社区矫正的刑罚宽缓性，因而形成了社会意识层面的另一种法律异化现象。这种思想倾向虽然与社区矫正惩罚功能缺失现象没有直接的因果关系，但却同样是影响社区矫正惩罚功能的另一种消极的社会法律意识，它可能助长社区矫正惩罚功能的泛滥现象，最终废损社区矫正惩罚功能应有的正当性。

(2)社区矫正在社会结构层面的法律异化。在社会转型过程中，我国社会结构分化和整合过程中形成的两极化社会结构所导致的社会结构紧张，体现为社会结构的耦合度不高，社会运行机制并不稳定，社会控制能力弱化，社会整合能力下降，利益主体多元分化，社会群体、成员之间对社会资源的拥有竞争加剧。[②] 我国社会转型变革过程中产生的这种社会结构紧张状态和社会资源竞争状态，一方面必然加剧社会矛盾和社会犯罪，给国家安全和社会稳定不断带来新情况新问题；另一方面必然制约社区建设和社会发展，给法治社会基础建设不断带来新困境新障碍。这种社会结构层面的欠发育程度，与社区矫正的改革发展有着客观的内在联系。其中，社会矛盾和社会犯罪的发展状况，将直接影响到社区矫正的法律地位和法律形象；社区建设和社会资源的发展状况，将具体关系到社区矫正的法律功能和法律效果。我国现行社区矫正之所以存在惩罚功能缺失问题，在相当程度上即来自社区建设和社会资源的发展滞后的负面影响。主要表现在以下两个方面：

第一，社区建设滞后的负面影响。加强社区基础建设是社区矫正发展的前提条件。社区矫正是一项社会性很强的专门活动，社区建设相对滞后是制约其发展的重要因素。[③] 目前在社会转型变革过程中，由于各种社会因素的制约和影响，我国的社区还很不成熟，甚至可以说，我国社会尚没有形成真正意义上的社区。目前我们还是以乡、镇、街道、居委会这样的行政区划组织来划定社区，这种所谓的社区不过是行政权力在基层的延伸，其行政化色彩非常浓，自治性

---

① 参见刘政：《社区矫正惩罚功能正当性的法理研判和理性回归》，载《南海法学》2019 年第 1 期。

② 参见屈学武主编：《刑法改革的进路》，中国政法大学出版社 2012 年版，第 5 页。

③ 参见陈宝友：《监狱行刑理性论》，法律出版社 2014 年版，第 284 页。

很小甚至根本没有。在这样的区划内，居民既没有参与所谓社区活动的积极性，也没有参与的合理渠道，无法形成文化的认同感和归属感。一个没有共同价值观、彼此关系冷漠的邻里聚合是无法发挥社会的作用的。[①] 故此，由于社区基础建设的滞后性和社区组织发育的不成熟，社区矫正发展失去强有力的组织基础；社区矫正组织基础的弱化，也必然从整体上约束社区矫正惩罚功能的顺利实施。

第二，社会资源匮乏的负面影响。社区矫正在社会结构层面的法律异化，主要来自两个方面的负面影响。一方面，是在社会转型变革过程中产生的社会结构紧张状态，必然导致社会矛盾冲突频发、社会行为失范加剧、社会犯罪现象上升、社会控制能力下降，致使全国各地的社区矫正适用规模不断扩张，社区矫正承担的刑罚执行任务越来越繁重；另一方面，是在社会转型变革过程中产生的社会资源竞争状态，必然导致全国各地经济社会发展的不平衡，进而影响到社会建设各方面资源分配的不平衡。社会结构紧张状态与社会资源竞争状态之间的严重冲突，又必然加剧社会资源需求的饥渴效应和社会资源供给的匮乏效应。我国社区矫正作为一项新兴的非监禁刑罚执行制度，在创建初期对社会资源具有全面的、强烈的需求。而当前全国各地社区矫正之所以出现发展失衡现象，其主要原因就是区域性经济社会发展的差异性，直接影响到社区矫正的社会资源整合和社会资源效应。尤其是社会资源的匮乏，必然不同程度地影响到社区矫正的规模和适用范围，影响到社区矫正的刑罚执行能力和刑罚执行效益，并直接影响到实施社区矫正惩罚功能所必须依托的刑罚基础和社会基础。

① 参见董伟明：《社区矫正中国化的问题思考》，载赵秉志主编：《当代刑罚制度改造研究》，清华大学出版社 2015 年版，第 424 – 425 页。

第三章　坚持社区矫正惩罚功能正当性的现实意义

当前随着全面推进依法治国和全面深化司法改革的历史进程，如何理性评判社区矫正惩罚功能实施现状，如何科学建构社区矫正惩罚功能体制机制，如何整体增强社区矫正惩罚功能执法能力，其根本的实现路径，是要坚持和实现社区矫正惩罚功能的正当性。通过坚持社区矫正惩罚功能正当性的理性法律思维和理性法律选择，进行社区矫正惩罚功能正当性的法理重塑和法律重构，这对于推进社区矫正的改革与发展，对于实现社区矫正的公平与正义，对于提升社区矫正的法律效果与社会效果，都具有十分重要的现实意义。

一、坚持社区矫正惩罚功能正当性的理论意义

在当今世界现代刑罚文明进步的发展进程中，“刑罚理念是刑罚方法、刑罚制度赖以确立的思想基础，刑罚理念指导刑罚的制定、发动、分配和执行”。[①] 刑罚理念对于刑罚实践的思想基础地位和实践引领作用充分表明，针对社区矫正惩罚功能存在的问题，进行社区矫正惩罚功能正当性的法理重塑，不仅有助于引领社区矫正惩罚功能的法律设置和法律实施，而且对于促进我国社区矫正建设的现代化、法治化、文明化和人道化，都具有更为直接和更为重要的理论意义。

---

① 杨红文：《非监禁刑改革的困境与进路》，载《湖南大学学报（社会科学版）》2009 年第 4 期。

(一)促进社区矫正现代化的理论意义

1. 社区矫正现代化的法理意涵

社区矫正现代化,是具有中国特色社会主义现代化事业的重要构成,是迎合当今世界刑罚现代化发展趋势的必然要求,是加快我国刑罚文明进步的发展方向。社区矫正现代化建设,作为刑罚现代化理论引领下的社会实践,由于其关系到社区矫正惩罚功能的正当性,必然体现出其应有的时代性和科学性。故此,重塑社区矫正惩罚功能的正当性,对于促进社区矫正现代化历史进程,具有重要的理论意义。

(1)社区矫正现代化的基本含义。"现代化"一词在英语里是一个动态的名词:modernization,意为 to make modern,即"使成为现代化"之意。"现代化"一词是用来概括人类近期发展进程中社会急剧变动的总的动态的新名词,是一个动态性的概念,它与"现代性"不同,不是指后者所象征的那个静态的文明结构,而是意味着一种连续,一种过程,一个当代世界正在持续着的历史演进。[①] 关于"现代化"的概念定义,国内外学者有着不同角度不同深度的理论阐述。例如,美国学者布莱克认为:"如果要下定义的话,现代化可以定义为:反映着人控制环境亘古未有的增长,伴随着科学革命的发生,从历史上发展而来的各种体制适应迅速变化的各种功能的过程。"[②]又如,美国学者塞缪尔·亨廷顿从社会发展需求的视角认为:"现代化是将人类及这个世界的安全、发展和完善作为人类努力的目标和规范化尺度。现代化并指社会有能力发展起一种制度结构,它能适应不断变化的挑战和需求。"[③]再如,我国学者公丕祥也从社会变革创新的视角认为:现代化是一个变革的概念,是传统生活方式及其体制向现代化生活方式及其体制的历史更新,这将导致整个价值文明体系的巨大创新,现代化包含了人类思想和行为各领域变化的多方面进程。这一进程是一个世界性的发展现象,而不是某些民族、国家所具有的特殊现象,更不是某个社区的个别现象。现

① 参见王平:《刑罚执行现代化:观念、制度与技术》,北京大学出版社 2017 年版,第 3－4 页。

② 徐宗华:《试论中国传统政治文化现代化》,载《学习论坛》2005 年第 11 期。

③ [美]塞缪尔·亨廷顿:《变动社会中的政治秩序》,王冠华等译,上海译文出版社 1988 年版,第 3 页。

代化就是要突破原有社会形态固有的架构，而在社会、经济、政治和文化诸多领域显示出革命性的巨变。[①] 国内外学者以上关于现代化理论基本含义的论述集中表明：社区矫正现代化是社会发展现代化的基本构成，实现社区矫正现代化本身，就是实现社会结构现代化的历史变革和历史进程。

（2）社区矫正现代化的基本内容。基于现代化在现代社会生活中的理论意涵和在现代社会发展中的实践意义，围绕现代化在社会变革创新过程中的动态功能和静态效果，国内外学界长期以来高度重视和积极倡导现代化理论的运用和发展，并在现代化内涵和现代化外延相结合的基础上，对现代化实践的基本内容，进行了深入的研究和探索。例如，美国学者昂格尔曾就此指出，所有经典的社会理论家都是在现代化的观点中思考问题的。他们认为，自己生活于其中的文明是与前代革命性断裂的结果，这种断裂在世界历史上带来了一些真正新鲜的东西。虽然人们可以用根本不同的方式分析现代社会，但是，它的唯一性却是毫无争议的。与这种观念结伴而行的信念则是：现代性的各个方面不可分离地相互联系在一起。[②] 又如，我国学者郝方昉则从中外现代化比较研究的视角出发，在阐述现代化结构和现代化模式时认为，现代化有内源性现代化与外源性现代化两种类型。其中，现代化的先行国家只能是内源性现代化，往往循着“出现问题—寻找出路—解决问题”的进路，实现各个领域的变迁；而现代化的后进国家则往往是外源性现代化，所循的是“拿来出路—解决问题”的进路，往往是外界的压力促使各个领域发生激变。就此而言，西方发达资本主义国家的现代化是内源性现代化，而中国的现代化则是典型的外源性现代化。[③] 国内外学者以上关于现代化基本内容的论述集中表明，社区矫正现代化应当根据内源性现代化和外源性现代化相结合的实践模式，坚持走大胆借鉴引进与突出中国特色相结合的发展道路。

（3）社区矫正现代化的基本要求。社区矫正作为现代非监禁刑罚执行制度，其本身就是社会变革创新和刑罚文明进步的现代化成果；社区矫正作为我

① 参见缪文升：《少数民族法制现代化及其本土资源保护》，载《红河学院学报》2004 年第 3 期。

② 参见［美］R. E. 昂格尔：《现代社会中的法律》，吴玉章、周汉华译，凤凰出版传媒集团、译林出版社 2008 年版，第 134 页。

③ 参见郝方昉：《刑罚现代化研究》，中国政法大学出版社 2011 年版，第 3 页。

国借鉴引进的现代刑罚执行理念和现代刑罚执行实践，其本身就是我国刑罚领域外源性现代化的重要标志；社区矫正现代化作为当今世界社会现代化的重要构成和重要形式，其所固有的现代化基因与现代化功能，既体现了传统刑罚执行体制向现代刑罚执行体制发展演进的历史规律，更表明了现代社会文明价值取向对社区矫正现代化的必然要求。从这个意义上来讲，社会现代化必然引领和激励社区矫正现代化。其基本要求主要包括：

第一，要求社区矫正现代化，始终伴随人类社会现代化的历史进程，顺应当今世界刑罚现代化的历史潮流，体现人类社会文明进步的时代需求和时代特征，在社会现代化进程中，更好地遵循社区矫正现代化的社会规律，更好地发挥社区矫正现代化的社会效应。

第二，要求社区矫正现代化，实现由外源性现代化向内源性现代化的转变，在推进刑罚执行体系由传统监禁刑为主向现代非监禁刑为主的结构性转变的基础上，加快社区矫正理念和社区矫正实践的现代化进程；在追求社区矫正现代化、法治化、文明化、人道化的前提下，更好地实现社区矫正的中国化和本土化，为我国社区矫正的内源性现代化积蓄正能量。

第三，要求社区矫正现代化，形成整体并全面推进。既要推进刑罚执行理念上的现代化，又要推进刑罚执行实践上的现代化，使社区矫正在理论与实践相结合上，形成一个现代化整体；既要推进刑罚执行方式上的现代化，又要推进刑罚执行内容上的现代化，使社区矫正在方式与内容相结合上，形成一个现代化模式；既要推进刑罚执行软件建设的现代化，又要推进刑罚执行硬件建设的现代化，使社区矫正在软件与硬件相结合上，形成一个现代化体系；既要推进刑罚执行目的现代化，又要推进刑罚执行功能现代化，使社区矫正在刑罚目的与刑罚功能相结合上，形成一个现代化制度。

2. 重塑惩罚功能正当性对推进社区矫正现代化的理论意义

社区矫正现代化作为我国刑罚文明进步的一个动态过程和静态效果，它突出体现了现代化进程的渐进性和整体性。全面推进社区矫正现代化，其中一个重要环节，就是要着力于修补社区矫正惩罚功能的法律缺陷和制度弊端，通过重塑社区矫正惩罚功能的正当性，来努力实现社区矫正刑罚功能体系的科学化和现代化。从当今世界现代社区矫正发展过程和发展现状来看，对社会犯罪实施刑罚惩罚，是社区矫正惩罚功能正当性的本质属性，是实现社区矫正现代化的本质要求。忽视社区矫正惩罚功能的正当性，必然给社区矫正现代化建设带来负面影响；而只有重塑社区矫正惩罚功能的正当性，才能形成有利于社区矫正现代化的能动效应，也才能实现对于推进社区矫正现代化应有的理论意义。

(1)要形成社区矫正制度设置层面的能动效应。社区矫正制度的法律设置，既是社区矫正确立的法律前提，也是社区矫正实施的法律依据。没有社区矫正法律设置的科学化，就没有社区矫正法律制度的现代化。西方法治国家之所以能够率先创立社区矫正制度，就是由于其在刑事立法中，率先确立了刑罚现代化的先进理念和价值取向；西方法治国家之所以能够稳定发展社区矫正制度，就是由于其在刑事立法中，适时体现了社会现代化的刑罚目的和刑罚政策。基于社区矫正惩罚功能正当性与社区矫正现代化的内在联系，我国有必要加快社区矫正法律体系的立法进程，借鉴国外社区矫正立法的先进理念和成功经验，在社区矫正法律设置中突出惩罚功能正当性。包括：合理配置社区矫正惩罚权能，科学建构社区矫正惩罚体系，不断完善社区矫正惩罚条件，依法规制社区矫正惩罚机制。只有实现社区矫正惩罚功能法律设置的科学性，才能体现社区矫正惩罚功能的正当性，有效修补社区矫正惩罚功能存在的法律缺陷，为全面推进社区矫正现代化提供能动效应。

(2)要形成社区矫正制度实施层面的能动效应。社区矫正惩罚功能的法律实施，既是社区矫正法律设置的价值目标，也是社区矫正惩罚功能的价值追求。没有社区矫正惩罚功能法律实施的合法性，就不可能实现社区矫正惩罚功能的正当性，更不可能实现社区矫正的现代化。因为社区矫正现代化，关键在于社区矫正刑罚裁量的现代化，最终在于社区矫正刑罚执行的现代化。而影响社区矫正刑罚裁量和社区矫正刑罚执行的一个核心要素，则是要努力实现社区矫正惩罚功能的正当性。主要包括：

第一，在社区矫正刑罚裁量程序中，只有科学借鉴国外现代刑罚裁量理念和刑罚裁量方式，破除传统审判思维和传统审判方式的束缚，推进现代审判体制和现代审判程序的改革，才能为实施社区矫正惩罚功能正当性，提供刑罚裁量制度保障；而只有坚持刑罚裁量程序上的社区矫正惩罚功能正当性，才能有效促进刑罚政策由重刑化向轻刑化、严厉性向宽缓性的转变，以适度的刑罚裁量量度，更好地体现刑罚公平与刑罚正义，进而实现社区矫正刑罚裁量的现代化。

第二，在社区矫正刑罚执行程序中，只有借鉴引进国外先进的刑罚执行理念和成功的刑罚执行经验，消除传统刑罚执行理念和传统刑罚执行体制的掣肘，在合理配置社区矫正惩罚执行权能的前提下，理顺社区矫正管理体制和完善社区矫正运行机制，才能为实现社区矫正惩罚功能正当性，提供刑罚执行制度保障；而只有实现刑罚执行程序上的社区矫正惩罚功能正当性，才能有效促进刑罚方式由封闭型向开放型、由监禁化向非监禁化的转变，以现代的刑罚执行方式，更好地体现刑罚人道与刑罚效益，进而实现社区矫正刑罚执行的现代化。总体而言，只有在刑罚裁量和刑罚执行的程序中，努力实现社区矫正惩罚功能法律实施的合法性，才能体现社区矫正惩罚功能的正当性，有效改变社区矫正惩罚功能存在的制度弊端，为全面推进社区矫正现代化提供能动效应。

（二）促进社区矫正法治化的理论意义

1. 社区矫正法治化的法理意涵

社区矫正法治化是当今世界法治社会建设的时代课题，是全面推进依法治国的历史任务，是实现我国现代刑罚文明进步的必要途径。社区矫正法治化建设，由于关系到社区矫正惩罚功能的正当性，必然体现出法治化建设的必要性和现实性。重塑社区矫正惩罚功能的正当性，对于促进社区矫正法治化发展水平，具有重要的理论意义。

（1）社区矫正法治化的基本含义。“法治”（rule of law）一词源自英国13世纪的《大宪章》。第二次世界大战以后，“法治”在德国、法国等西方国家逐步演化为“法治国”（etat. de. droit）等概念。在现代社会治理和社会发展过程中，关于“法治化”的概念定义，国内外学界有着不同概括而又大同小异的理论阐述。例如，通常被视为近代西方法治理论奠基人的英国学者戴雪，曾在其所著的《英宪精义》一书中，首次全面阐述了法治化的概念。他认为法治有三个指意。第一个指意解作国法的至尊适与武断权力相违反。第二个指意解作人民在法律面前之平等。第三个指意表示一个公式,用之于解证一件法律事实。①

国内外学者有关法治化理论基本含义的阐述主要包括:一是关于法治化的结构性概念定义。英国学者约瑟夫·拉兹(Joseph Raz)指出,法治有广义和狭义之分。广义上的法治指一切人都服从法律并受法律的统治。但是,按照政治法律理论,法治又作狭义解,即表示政府应该由法律来统治并服从法律。② 二是关于法治化的内质性概念定义。我国学者於兴中认为,法治化既是一个政治概念又是一个法律概念:当法治被作为一个政治概念使用时,它常常指的是法律及法律制度在政治制度中的地位,并强调法律在政治和社会制度的排序中至高无上。从政治角度来看,法治意味着限制政治的权力,视法律为最高最终权威,任何政党或社会团体都不能把自己置于法律之上;当政治作为一个法律概念时,它意味着政府应在法律框架内运作,而每个人都在法律约束之下。③ 三是关于法治化的权威性概念定义。联合国秘书长安南曾于2004年8月,在向联合国安理会提交的名为《冲突中和冲突后社会的法治和过渡司法》的报告中,对法治化概念作了如下权威定义:"法治是一个治理原则,在这个原则下所有个人、机构和单位,公有和私有,包括国家本身都对法律负责,该法律公开颁布,平等实施和独立裁决,符合国际人权规范和标准。而且它要求采取措施确保坚持以下原则,即法律至上、法律面前人人平等、对法律负责、适用法律公平、权力分立、参与决策、法律的确定性、避免独断专行以及程序和司法透明等等。"④国内外学者以上关于法治化基本含义的论述集中表明:社区矫正法治化是现代社会法治化的发展要求,实现社区矫正法治化本身,就是实现社会治理法治化的时代要求和时代任务。

(2)社区矫正法治化的基本内容。美国著名哲学家约翰·罗尔斯(John

① 参见[英]戴雪:《英宪精义》,雷宾南译,中国法制出版社2001年版,第224－245页。

② See Joseph Raz, *The Authority of Law*, Oxford University Press, 1983, p. 211－213.

③ 参见於兴中:《法治东西》,法律出版社2015年版,第13页。

④ 孟涛:《法治的测量:世界正义工程法治指数研究》,载《政治与法律》2015年第5期。

Raws)认为,现代社会法治化主要包括以下五个方面内容:[①]一是遵守可能性之要求,法律制度应当遵守“应当意味着可能”之戒律;二是一致性之要求,法律制度应当遵守“相同案件相同对待”的戒律;三是公开性之要求,法律制度应当谨守“法律应公开”之戒律;四是一般性之要求,制定法和其他法律规则在陈述上应当具有一般性,不得针对特定的个人;五是正当程序之要求,法律制度应当为案件的裁决过程提供公平且有序的程序。美国学者约翰·罗尔斯以上关于法治化基本内容的论述集中表明:社区矫正法治化应当遵循可能性、一致性、公开性、一般性的发展规律,突出强调社区矫正法治建设的程序正当性和实体正当性。

(3)社区矫正法治化的基本要求。推进现代社会法治建设,必然要求实现国家刑罚法治化;而推进国家刑罚法治建设,又必然要求实现社区矫正法治化。因为,社区矫正作为法治社会建设不可或缺的刑罚基础,其法律设置取决于法治社会建设的客观需要,法律实施有赖于刑罚法治建设的发展进程。从这个意义上来讲,社会法治化和刑罚法治化,必然规制与推进社区矫正法治化,其基本要求主要包括:一是社区矫正法治化应当充分体现法治国家和法治社会的根本要求。即应当按照社会法治原理和社会法治精神,来重塑体现社区矫正法治化的刑罚执行理念和刑罚执行价值,将社区矫正现代化更好地纳入社会现代化和刑罚现代化的历史范畴,使社区矫正现代化更好地适应社会现代化和刑罚现代化的历史需要;应当按照社会法治原则和社会法治方式,来重构体现社区矫正法治化的现代刑罚执行体制和现代刑罚执行机制,将社区矫正纳入法治化轨道,在社区矫正法律设置和法律实施的法治化过程中,更好地实现社区矫正法治化的法律效果和社会效果。二是社区矫正法治化应当充分体现刑罚公平和社会正义的根本要求。即按照社区矫正固有的刑罚本质,来重构体现社区矫正法治化的刑罚执行政策和刑罚执行功能。通过依法实施惩罚犯罪和预防犯罪的刑罚功能,通过提升社区矫正刑罚质量和刑罚效益,努力实现社区矫正的刑罚公平和社会正义,在全社会更好地树立社区矫正的法治形象和法治权威。

---

① 参见[美]劳伦斯·索伦:《法理词汇:法学院学生的工具箱》,王凌皞译,中国政法大学出版社2010年版,第89页。

2. 重塑惩罚功能正当性对推进社区矫正法治化的理论意义

社区矫正法治化作为我国社会法治化和刑罚法治化的重要构成，它突出体现了国家法治化进程的必要性和紧迫性。切实推进社区矫正法治化，其中一个重要任务，是要针对社区矫正惩罚功能存在的问题，通过重塑社区矫正惩罚功能正当性，来加快实现社区矫正惩罚功能程序的法治化和惩罚功能活动的合法化。因为，惩罚功能正当性是社区矫正法治化的必然要求和重要标志，忽视社区矫正惩罚功能的正当性，难免给社区矫正法治化建设带来消极因素，而只有重塑社区矫正惩罚功能的正当性，才能给社区矫正法治化带来积极因素；惩罚功能存在的问题需要通过社区矫正法治化来化解，而只有推进社区矫正法治化，才能更好地实现社区矫正惩罚功能的正当性，也才能更好地体现推进社区矫正法治化应有的理论意义。

(1)要关注社区矫正法治观念层面的积极因素。“法治观念就是对法治理性精神和文化意识的抽象，是法治的基本倾向或人们对法治的态度、信念，即对法治价值、法律制度、法官等的认识(法治知识)、评价(正义与非正义、合理性与非合理性)、反应(信任或厌恶、认同或抵制)及期望(要求、愿望)等。其核心是法治的实质价值观念和法律权威观念。”①从这个意义上来理解，社区矫正惩罚功能的正当性，就是社区矫正的基本法治观念，即蕴含于社区矫正法治化之中的实质价值观念和法律权威观念。我们重塑社区矫正惩罚功能正当性，推进社区矫正法治化建设，首先就要增强依法实施社区矫正惩罚功能的法治观念。因为，社区矫正惩罚功能作为国家刑罚功能体系的重要构成，其所具有的国家刑罚权能的强制性和权威性表明，增强惩罚功能的法治观念，是实现社区矫正法治化的思想基础和本质要求。它的积极影响主要包括：一是有助于社区矫正刑罚裁量理论的创新。以法治观念来主导社区矫正刑罚裁量理念，将有助于转变重刑主义影响下的传统刑罚裁量思维方式，创新轻刑主义影响下的现代刑罚裁量思维方式，使社区矫正刑罚裁量程序更好地实现惩罚功能的理性思维和理性选择，充分体现社区矫正刑罚裁量理念的法治化。二是有助于社区矫正刑罚执

① 刘春兵：《法律信仰：依法治国的内驱力》，载《郑州大学学报(哲学社会科学版)》2003 年第 5 期。

行理念的创新。以法治观念来引领社区矫正刑罚执行理念，将有助于转变行刑封闭性影响下的传统刑罚执行理念模式，创新行刑开放性影响下的现代刑罚执行理念模式，使社区矫正刑罚执行程序，更好地实行惩罚功能的法治思维和法治选择，充分体现社区矫正刑罚执行理念的法治化。

(2)要关注社区矫正法治设置层面的积极因素。“法治的主旨在于依据一定的价值观来构建社会的基本结构和行为方式(运行机制)，形成以法律制度为主导的有序化模式。因而，从形式的意义上说，法治就是人们对社会的一种制度设计和安排，即对权利、自由、义务、权力、责任等进行合理分配。”①从这个意义上来讲，社区矫正作为国家刑事法律制度体系的重要构成，是国家根据社会法治需求，而进行的一种制度设置和制度安排。而在其中，对社区矫正惩罚功能的制度设置，则又是对社区矫正制度法治化的必然要求。如果发生社区矫正惩罚功能的泛滥，对社区矫正对象过度适用刑罚惩罚，则意味着社区矫正制度的非法治性和非正当性；如果发生社区矫正惩罚功能的缺失，对社区矫正对象欠缺适用刑罚惩罚，同样意味着社区矫正制度的非法治性和非正当性；而只有修补或调适社区矫正惩罚功能的缺失或泛滥现象，对社区矫正对象合理适用与适度适用刑罚惩罚，才能充分体现社区矫正惩罚功能的正当性，进而在法律制度上实现社区矫正的法治化。例如，当前与社区矫正惩罚功能正当性紧密相关的国家刑罚权能的法律设置和法律实施，由于其刑罚权能配置的不合理，导致社区矫正管理体制上的权能分散、多头管理和职责不分，必然制约惩罚功能的顺利实施，导致社区矫正惩罚功能缺失的非正当性，从根本上影响社区矫正制度的法治化进程。由此可见，科学设置和依法实施社区矫正惩罚功能，不仅关系到社区矫正惩罚功能的正当性，更重要的是在法律制度层面上，将对社区矫正制度的法治化，产生积极而又重要的制度性影响。

(3)要关注社区矫正法治秩序层面的积极因素。“法律秩序不是法律规范中所规定的应有的或可能的行为，不是抽象的权利和义务，而是人们对这些应有和可能的具体实现，是权利主体的实际行为，是法对任意性社会关系进行的有保障的适应调整。正是这种与法的作用相关的人们的实际行为——构成法

① 伊士国:《论中国特色社会主义法治体系的基本构成》，载《政法论丛》2015 年第 3 期。

律秩序。”①从这个意义上来讲,社区矫正法治秩序,既是推进社区矫正法治化的必然要求,又是实现社区矫正法治化的必要途径。没有良好的社区矫正法治秩序,就不可能实现社区矫正法治化的法律效益。其中,社区矫正惩罚功能的正当性,直接关系到社区矫正的法治秩序。因为,社区矫正惩罚功能作为社区矫正刑罚体系的重要构成,一旦发生惩罚功能的缺失现象或泛滥现象,必然造成刑罚体系的结构性失衡,破坏社区矫正惩罚功能实施过程和实施内容的法律秩序;而实施惩罚功能的法律秩序失范,不仅将直接影响到社区矫正惩罚功能的运行机制和运行状态,影响到社区矫正惩罚功能的正当性,还将从根本上影响到社区矫正法治化所必需的秩序保障和发展进程。例如,当前社区矫正惩罚功能缺失,由于其偏离了社区矫正固有的刑罚本质,削弱了社区矫正应有的刑罚功能,使刑罚功能体系结构失衡,必然导致刑罚功能实施活动的失序;而刑罚功能实施活动的失序,又必然影响社区矫正法治化的进程。由此可见,改变社区矫正惩罚功能的缺失现象或泛滥现象,克服社区矫正刑罚功能体系中的结构性失序现象,在此基础上实现社区矫正惩罚功能的正当性,这对于全面推进社区矫正法治化,必将产生积极的程序性影响。

(三)促进社区矫正文明化的理论意义

1. 社区矫正文明化的法理意涵

社区矫正文明化作为当今世界现代社会文明建设的重要内容,既是现代社会文明建设的必然产物,亦是现代刑罚文明进步的必然要求。社区矫正文明化建设关系到社区矫正惩罚功能的正当性,因此必然体现出其固有的社会性和法律性。重塑社区矫正惩罚功能正当性,对于促进社区矫正文明化建设的社会效果,具有重要的理论意义。

(1)社区矫正文明化的基本含义。“文明”(civilization)是一个历史范畴。文明是人类社会的历史发展中物质财富和精神财富的综合表现形式,是一种社会进步状态。文明是社会演进到一定时代的产物,取代野蛮时代的文明时代又是不断向前发展的,因而文明具有时代的属性。文明在本质上是一种制度,它

① 夏锦文:《法律效益化的实证标准研究》,载《法制现代化研究》1995 年第 1 期。

又具有制度的属性,文明时代产生的基础,是基于生产力的发展而产生的社会分工和阶级分化,是一个阶级对另一个阶级的剥削。所以,文明在阶级社会中,在某些方面又具有阶级的属性。① 法国学者托克维尔从人类社会生活法则层面,阐述文明化的基本含义,他认为:"在统治人类社会的法则中,有一条最明确清晰的法则:如果人们想保持其文明或希望变得文明的话,那么,他们必须提高并改善处理相互关系的艺术。"②英国学者汤因比从人类社会文明关系层面,阐述文明化的基本含义,他认为:"文明乃是整体,它们的局部彼此相依为命,而且都互相发生牵制作用……这是处于生长过程中文明的特点之一,它们的社会生活的一切方面和一切活动都彼此调和成为一个社会整体,在这个整体里,经济的、政治的和文化的因素都保持着一种非常美好的平衡关系,由这个正在生长中的社会的一种内在的和谐进行调节。"③我国学者虞崇胜则将国内外学界关于文明的概念和理论观点概括为文明化的基本含义,他认为文明是人类理性的发展以及征服自然能力的进步,是个人活动和社会活动的发展与进步,是人类智德的进步,是社会的整体和人类抵御自然和调节人际关系的成果,是一种进步的社会秩序,是都市化的先进文化,是物质和精神的结合,是最广泛的文化实体,它囊括了社会的一切事物。④ 国内外学者以上关于文明化基本含义的论述表明,社区矫正文明化是人类社会历史演进的必然产物和积极成果,它作为一种体现文明本质的社会制度而存在,作为一种促进社会发展的历史动力而运行,在推动现代社会文明进步的进程中,发挥着非常重要的社会功能作用。

(2)社区矫正文明化的基本内容。现代社会文明建设是一个宏大而又复杂的社会系统工程,"从文明的内在要素看,我们是一个多维的、动态的、开放的结构体系,存在诸多矛盾和张力,正是这种矛盾和张力使社会发展具有多种可能和多种选择"。⑤ 其中,社区矫正文明化的结构体系,主要包括物质文明、精神文

---

① 参见靳辉明主编:《中国特色社会主义理论体系研究》,海南出版社 1998 年版,第 484 页。

② [法]阿历克西·德·托克维尔:《论美国的民主》,高牧缩译,南海出版公司 2007 年版,第 288 页。

③ [英]汤因比:《历史研究》(下册),郭小凌译,上海人民出版社 1997 年版,第 463 页。

④ 参见虞崇胜:《政治文明论》,武汉大学出版社 2003 年版,第 47-50 页。

⑤ 武经伟、高萍美:《公民社会的人文发展:中国公民社会的道德文化与政治生态》,上海三联书店 2012 年版,第 269 页。

明两大部分，以及他们之间相互关系和相互作用所产生的矛盾运动与现实效果。其主要内容包括：

第一，文明化建设中的物质文明。“物质文明是指人类改造客观物质世界的进步状态和积极的物质成果，它包括社会生产力的状况、生产条件（包括工具和其他劳动资料）的状况、经济关系的状态与形式、社会物质财富积累的程度、人们物质生活水平等方面。”①在现代社会文明化建设实践中，物质文明虽然仅涉及人类社会的物质领域，仅表现为人类社会的物质成果，但物质文明作为整个社会文明化建设的重要基础，在推进社会文明化建设中发挥着物质保障和物质能动的重要作用。换言之，就社会文明化建设体系的基本结构来讲，物质文明与精神文明之间，具有互为条件和互为作用的内在联系。即物质文明是精神文明的重要前提和重要基础，物质文明为精神文明提供物质保障，并决定着精神文明的发展水平；而精神文明是物质文明的思想引领和精神动力，精神文明为物质文明提供思想保证，并影响着物质文明的发展方向。

第二，文明化建设中的精神文明。“精神文明是指人类认识世界和改造主观精神世界的进步状态和积极成果，它包括思想道德建设和教育科学文化建设两个方面。”②在现代社会文明化建设实践中，精神文明虽然仅涉及人类社会的精神领域，仅表现为对人类社会的精神成果，但精神文明作为整个社会文化建设的重要能量，在推进社会文明化建设中发挥着智力支持和精神动力的重要作用。换言之，就社会文明化建设体系的基本结构来讲，精神文明在物质文明和制度文明之间，起着承上启下的重要作用。尤其是，精神文明在为物质文明提供思想引领和精神动力的同时，还渗透并服务于制度文明，丰富制度文明的精神意涵，确立制度文明的价值理念，引领着制度文明的正确方向。

第三，文明化建设中的制度文明。“制度文明是指人们改造社会、创造适应社会发展要求的各种制度和体制的成果，即人们从事社会生产和生活的各种组织形式、活动方式及其规则的发展和改进，它表现为在经济、政治和文化等各项

① 武经伟、高萍美：《公民社会的人文发展：中国公民社会的道德文化与政治生态》，上海三联书店2012年版，第271页。

② 武经伟、高萍美：《公民社会的人文发展：中国公民社会的道德文化与政治生态》，上海三联书店2012年版，第271页。

事业上制度建设的成就和进步，其核心是民主和法制。”①在现代社会文明化建设实践中，制度文明作为精神文明的基本范畴，作为政治文明的基本形式，已经成为全面推进社会文明化建设的重要规范和重要保障。换言之，制度文明将决定物质文明的生产方式，规范物质文明的经济体制，维护物质文明的利益格局，稳定物质文明的经济秩序；制度文明将决定精神文明的基本性质，确立精神文明的价值取向，保障精神文明的有序发展；制度文明还将促进物质文明与精神文明的制度联结，协调整合物质文明与精神文明的共同发展；同时，物质文明与精神文明也将向制度文明提出社会需求，为制度文明提供社会依据，并检验制度文明的社会效果。由此可见，现代社会文明化建设的关键是制度文明，制度文明的核心是民主与法制，民主与法制的形式是文明型国家，而文明型国家的根本要求是文明秩序。其中，社区矫正制度作为社会文明的重要标志和重要成果，在现代社会文明化建设的历史进程中，能否坚持社区矫正惩罚功能正当性，这对于能否稳定社会物质文明的经济秩序，能否保障社会精神文明的道德水准，都具有制度文明不可替代的制度保障功能作用。

(3)社区矫正文明化的基本要求。在现代社会文明化建设实践中，“为了协调人与人、人与自己、人与社会和人与自然这四种关系，人们需要一个赖以正常生活的基本框架，这个基本框架就是文明秩序。一个社会中的统治与服从和赏善罚恶离不开这个框架；它的资源分配、货物交易、商品生产，乃至结社、教育、人的内在修养、个人信仰等也都以此框架为依归”。② 文明秩序作为现代文明化建设中的一个大范畴大概念，既包括国家文明治理层面上的政治文明秩序、法律文明秩序和经济文明秩序；又包括社会文明治理层面上的道德文明秩序、宗教文明秩序和管理文明秩序。其中，“法律文明秩序是外向型的、权利本位的、重规则的、权威文本至上的文明秩序，它包括以法治理念为主导的权威系统，以权力和法律为中心的概念范畴系统，以司法制度为社会根本制度安排和以个人权利及法律为依归的文明秩序意识”。③ 从这个意义上来讲，社会文明化建设框

① 周向军等:《精神文明发展规律论》，山东大学出版社 2006 年版，第 87 - 88 页。

② 於兴中:《法治东西》，法律出版社 2015 年版，第 34 - 35 页。

③ 於兴中:《法治东西》，法律出版社 2015 年版，第 61 页。

架下的法律文明秩序和道德文明秩序,必然要求全面推进社区矫正文明化建设的历史进程。其基本要求主要包括:

第一,社区矫正文明化必须始终遵循社会文明发展的客观规律。现代社会文明进步是一个循序渐进和积累进化的发展过程。社区矫正文明化建设应当遵循这一发展规律,以科学发展观来统筹和规划社区矫正的法治文明,着力于建设迎合当今世界现代刑罚文明发展趋势的刑罚执行文明秩序。根据这一发展规律的要求,社区矫正文明化建设应贯穿历史唯物主义和辩证唯物主义精神,从两个方面来构建其发展思路:一是继承优良文明传统与扬弃落后文明糟粕相结合。我国社区矫正作为建立在传统刑罚理念和传统刑罚体制基础之上的现代非监禁刑罚执行制度,在各个方面都不可避免地受到传统文化的深刻影响。这就要求社区矫正文明化建设,既要继承优良文明传统,弘扬具有文明正能量的民族文化和民族精神,又要扬弃落后文明糟粕,批判含有文明负能量的陈旧意识和落后观念,在继承优良文明传统和扬弃落后文明糟粕相结合的基础上,来确立社区矫正文明化建设的指导思想。二是借鉴国外文明成果与坚持中国文明特色相结合。我国社区矫正作为从国外借鉴引进的现代非监禁刑罚执行制度,在发展态势和发展内涵上,必然受到当今世界刑罚文明的普遍影响。这就要求社区矫正文明化建设,既要借鉴国外现代刑罚的文明理念和文明模式,迎合国际法治社会刑罚文明化的时代潮流,又要坚持中国刑罚的文明传统和文明优势,突出法治国家刑罚文明化的中国特色。在借鉴国外文明成果与坚持中国文明特色相结合的基础上,来谋划社区矫正文明化建设的发展规划。

第二,社区矫正文明化必须适应社会文明发展的现实需要。在现代社会文明化体系建设的基本架构中,制度文明从根本上决定着物质文明和精神文明。制度文明在现代社会文明化建设中的重要地位和重要功能,充分反映了社会文明对制度文明的必然要求。社区矫正制度作为国家非监禁刑罚执行制度,社区矫正文明作为国家制度文明的重要构成,其文明化建设必须适应社会文明发展的现实需要,必然体现制度文明发展的本质特征。为此,社区矫正文明建设至少应从两个方面,来适应社会文明和制度文明发展的现实需要:一是适应法律文明的要求。即根据国家刑事法律体系和国家刑罚执行体系文明发展的需要,加快社区矫正制度文明发展的进程,以体现国家法律文明的时代特征;同时,以社区矫正制度文明发展的成果,促进国家刑事法律体系和刑罚执行体系的文明发展,最终优化国家法律文明的价值取向。二是适应社会道德文明的要求。即根据社会道德原则和社会道德内容的文明发展需要,创新社区矫正刑罚文明发展的模式,以体现社区矫正道德文明的先进意识;同时,以社区矫正模式文明发展的成果,促进社会道德原则和社会道德内容的文明实施,以深化社会道德文明的科学实践。

2. 重塑惩罚功能正当性对推进社区矫正文明化的理论意义

社区矫正文明化作为我国社会文明化和刑罚文明化的重要构成,其本身就是现代社会文明进步的发展成果,是现代刑罚文明进步的重要标志。其中,重塑社区矫正惩罚功能的正当性,作为社区矫正文明化建设的重要内容,对于创新社区矫正的文明意识、建立社区矫正的文明秩序、树立社区矫正的文明形象,都将产生积极的促进作用。

(1)要关注社区矫正文明意识方面的促进作用。为了推进社区矫正文明化建设,首先就要创新和坚持实施社区矫正的文明意识。其中,社区矫正的惩罚功能,作为衡量与检验社区矫正文明程度的重要标尺和重要内容,尤其要强调重塑惩罚功能正当性的文明意识。这个文明意识应当贯穿社区矫正惩罚功能法律设置和法律实施的各方面与各环节,主要包括社区矫正的文明管理意识和文明执法意识,社区矫正对象的文明守法意识和文明矫正意识。特别是社区矫正机关和社区矫正队伍,都应将重塑惩罚功能正当性的文明意识,渗透到社区矫正监督管理和教育矫正的各领域与各环节,不断创新文明管理意识、文明执法意识、文明矫治意识,以文明意识引领社区矫正文明建设,促进社区矫正文明制度,实施社区矫正文明功能,为全面推进社区矫正文明化建设,奠定良好的思想基础。

(2)要关注社区矫正文明秩序方面的促进作用。现代社会文明化建设的重要目标是建立文明秩序,建立文明秩序的核心内容是实现法律文明秩序和道德文明秩序,而实现法律文明秩序和道德文明秩序的必要途径,是要强化制度文明保障。具体而言,推进社区矫正文明化建设,必须着力于构建社区矫正文明秩序，只有实现社区矫正文明秩序，才能保障社区矫正文明化建设的顺利推进。社区矫正文明秩序，主要包括监督管理文明秩序、教育矫正文明秩序和帮困扶助文明秩序。其中，社区矫正惩罚功能的正当性，直接关系到社区矫正的文明秩序。无论是惩罚功能泛滥还是惩罚功能缺失，都必然影响到社区矫正机构的秩序状态、社区矫正对象的秩序意识、惩罚犯罪和预防犯罪的秩序稳定，最终影响到社区矫正文明秩序的建立和运行。故此，重塑社区矫正惩罚功能的正当性，将为建立良好的社区矫正文明秩序，进而全面推进社区矫正文明化建设，提供重要的制度保障。

(3)要关注社区矫正文明形象方面的促进作用。在现代社会文明化建设体系中，社区矫正作为法律文明的重要内容，作为制度文明的重要标志，已经成为我国刑罚执行领域的现代文明模式，已经初步树立行刑社会化的现代文明形象。社区矫正文明形象的树立，涉及社会各界对社区矫正的文明评价，关系到社会民众对社区矫正的文明信念，并从整体上影响到社区矫正赖以发展的社会文明环境。社区矫正文明形象，主要包括社区矫正机关的文明管理形象、社区矫正队伍的文明执法形象、社会矫正力量的文明参与形象。其中，社区矫正惩罚功能的法律设置和法律实施，是树立社区矫正文明形象的重要内容，是实现社区矫正文明形象的必要途径。从根本上来讲，社区矫正惩罚功能的泛滥或缺失，意味着社区矫正刑罚本质的偏离，以及社区矫正公平正义的遗弃，没有公平正义就没有文明形象。故此，重塑社区矫正惩罚功能正当性，既是树立社区矫正文明形象的必然要求，更是塑造社区矫正文明形象的关键环节。

(四)促进社区矫正人道化的理论意义

1. 社区矫正人道化的法理意涵

社区矫正人道化是当今世界现代刑罚人道化发展的重要标志，是全面推进我国社会主义人权事业发展的必然要求。由于社区矫正人道化建设关系到社区矫正惩罚功能的正当性，其必然成为实现我国刑罚文明进步的价值取向和必要途径。重塑社区矫正惩罚功能的正当性，对于促进社区矫正人道化建设，具有重要的理论意义。

(1)社区矫正人道化的基本含义。所谓人道就是人道主义的道德原则,“人道”一词与人道主义这一概念是紧密联系的。人道主义在古希腊时指一种身心的全面训练,以使有教养、有文化,从而与野蛮人相区别,虽然人道主义的思想蕴涵,在人类历史上源远流长,但其真正成为系统的思想体系,成为普遍的价值观,始于近代西方的文艺复兴和启蒙运动时代。人道主义的实践是“人如何对待人”,人道主义的重心在于“人”,以人为根本目的和最高价值,维护人的尊严,关注人的权利,促进人的幸福。① 在现代刑罚理论体系和现代刑罚实践过程中,社区矫正人道化理论的基本含义,主要体现在两个方面:

第一,刑罚人道精神。人道精神源自刑事古典学派,兴起于刑事实证学派,发展于新社会防卫学派。各刑事理论学派虽然对刑罚人道精神的概念定义,有着不同的理解和不同的阐释,但在尊重犯罪人的人格尊严、维护犯罪人的合法权利这个基本问题上,都有着共同的立场和相同的观念。关于刑罚人道精神的法理意涵,我国学者贾宇从中概括了三重含义:一是尊重和保护犯罪人的人格,即犯罪人首先是人,然后才是犯罪的人,所以犯罪人作为一个公民所享有的基本权利理应得到保护。二是禁止把人当作实现刑罚目的的工具,即犯罪人在刑事司法中是作为伦理道德上独立自主的人格主体而存在的,并非作为手段,如作为惩戒社会公众的先例而受刑罚。三是禁止使用残酷而不人道的,即蔑视人权的刑罚手段,对犯罪人处以刑罚制裁并非将其作为刑罚的客体,而是以积极的态度对其予以教育或矫治,使其复归社会。②

第二,刑罚人道原则。人道原则是调整人际关系(人与他人)的一个重要道德原则。人道原则的核心,应该是人性尊严的观念。无论一个人有什么样的社会功用,他们都有平等的、不可或缺的道德价值。③ 英国学者米尔恩就刑罚人道原则的道德意义指出:“人道原则的意义在于:它以自己否定的一面为基础,确立了每种特殊道德依照合理的理由都应该遵从的一个普遍的、最低限度的道德

① 参见杜雪晶:《轻罪刑事政策的中国图景》,中国法制出版社2013年版,第79页。

② 参见贾宇:《社区矫正导论》,知识产权出版社2010年版,第76页。

③ 参见王立峰:《惩罚的哲理》(第2版),清华大学出版社2013年版,第245-247页。

标准。”[①]从这个意义上来理解，刑罚人道原则与刑罚公正原则有着密切的内在联系，即刑罚人道原则应以刑罚公正原则为前提，刑罚公正原则应以刑罚人道原则为依据；失去刑罚公正的刑罚人道，必将导致对社会犯罪的肆意放纵；而不讲刑罚人道的刑罚公正，必将丧失对刑罚惩罚的伦理道德。我国学者马克昌曾将刑罚执行的人道性原则内容概括为以下五个方面：[②]一是把罪犯当人看待，尊重罪犯的人格尊严，严禁体罚虐待罪犯；二是保障罪犯享有必要的物质生活和医疗保障待遇；三是合理安排劳动时间，保证罪犯劳动负荷的合理化，不搞超体力劳动；四是根据罪犯的不同情况，合理安排相应的劳动，进行不同的劳动管理；五是保障罪犯能够正当行使其法定权利，包括申诉权、控告权、建议权以及个人财产不受侵犯的权利等。我国学者王立峰还将惩罚的人道原则归纳为两方面内容：[③]首先，人道原则的一个重要方面是尊重受害人。受害人应当得到来自侵害人的赔偿，得到来自社会的尊重，而不是可怜的对象。对受害人最大的尊重就是不能因为所谓人道或者同情而减免对侵害人的惩罚。其次，人道原则的另一个重要方面就是要尊重犯罪人。国家对被指控的罪犯必须表现出最大限度的尊重，把它们视为人，而不是看作证明国家权威、威吓其他犯罪的机会。

（2）社区矫正人道化的基本内容。在现代刑罚理念体系中，刑罚人道化的核心理念，是刑罚人道主义思想；而刑罚人道主义思想的核心内容，则体现为现代人本主义刑罚观。在人类社会的不断发展过程中，人道主义思想是人类社会逐渐走向文明的产物，它直接或间接地影响着一个国家的政治文明制度，从而影响着一个国家的法律制度。在刑事法领域，人道主义思想影响着人们对犯罪与刑罚的基本认识，影响着刑罚种类和体系的演进和刑罚制定、裁决和执行的每一个环节。可见，人道主义思想是刑法改革的理论源泉之一，刑法发展的历史也就是刑法不断人道化的历史。[④] 换言之，在当今世界现代刑罚文明进步的历史进程中，产生刑罚方式由同态复仇单纯报复刑向以惩罚人和改善人相结合

---

① ［英］米尔恩：《人的权利与人的多样性》，夏勇等译，中国大百科全书出版社 1995 年版，第 102－106 页。

② 参见马克昌主编：《刑罚通论》，武汉大学出版社 1999 年版，第 506－508 页。

③ 参见王立峰：《惩罚的哲理》（第 2 版），清华大学出版社 2013 年版，第 245－247 页。

④ 参见杜雪晶：《轻罪刑事政策的中国图景》，中国法制出版社 2013 年版，第 73 页。

的目的刑的转变，产生刑罚政策由重刑主义向轻刑主义的转变以及产生刑罚体系由生命刑向监禁刑，进而由监禁刑向非监禁刑的转变，都体现了刑罚人道主义思想的深刻影响。

在现代刑罚实践中，人本主义刑罚观作为刑罚人道主义思想的理论结晶，作为一种体现刑罚现代化和刑罚科学化的理性刑罚观，在指导刑罚人道化活动方面，发挥了重要的理论引领作用。我国学者吴宗宪曾从四个方面，将人本主义刑罚观的基本内容概括为：①一是人本主义刑罚观契合当前时代发展的需要，尊重人权已经成为西方发达国家普世的价值观；二是人本主义刑罚观以犯罪人为中心，以犯罪人的改造作为刑罚活动的出发点；三是人本主义刑罚观把犯罪人放在第一位，尊重犯罪人的基本权利和基本要求的满足；四是人本主义刑罚观并不主张对犯罪人片面的人道、过分的宽容。由此可见，人本主义刑罚观集中体现了刑罚人道主义思想，是结合现代刑罚理念和现代刑罚实践，将刑罚人道主义思想的现代化、科学化和具体化；是结合刑罚法律设置和刑罚法律实施，深入贯彻刑罚人道主义思想的重要刑罚思维和重要刑罚方式。换言之，充分体现刑罚人道主义思想的人本主义刑罚观的基本内涵主要包括：刑罚谦抑化观念、刑罚轻缓化观念、刑罚社会化观念、刑罚效益化观念。这些现代刑罚观念的实质，就是人本主义刑罚观的实践化和具体化，在推进现代刑罚的文明进步方面，起着重要的积极的理论引领作用。

（3）社区矫正人道化的基本要求。在现代法治社会，法治的价值前提是它对基本人权的承认。没有对基本人权的承认和保障，人不成其为人（如奴隶），法也就不会有其他的价值。因为价值存在于而且仅仅存在于主体与客体的关系之中，离开了称其为人的主体，法治就无所谓有无价值了。因此，人权是法治的根本价值追求，是其他价值的原点和标准。② 从这个意义上来讲，刑罚人道化的根本价值取向和价值目标，就是要重塑刑罚人权的形象，提升刑罚人权的效果，推进整个刑罚人权事业的健康发展，这可以说就是实现社区矫正刑罚人道化的基本要求。

① 参见吴宗宪主编：《中国刑罚改革论》，北京师范大学出版社 2011 年版，第 66 – 68 页。

② 参见张晓玲主编：《人权法学》，中共中央党校出版社 2014 年版，第 48 页。

保障人权作为刑罚人道化的价值追求，主要基于人权思想的道德属性和法律属性。现代意义上的人权思想渊源于17世纪欧洲资产阶级反抗封建国家压迫、专制、特权和等级制的运动。《布莱克维尔政治学百科全书》就人权思想的法理意涵指出："人权思想乃是权利思想，而权利是'自然的'，因为它被设想为人们作为人凭借自然能力而拥有的道德权利，而不是凭借他们所能进入任何特殊秩序或他们要遵循其确定的特定的法律制度而拥有的权利。"[①]英国学者米尔恩曾就人权思想的道德属性指出，人权概念就是这样一种概念：存在某些无论被承认与否都在一切时间和场合属于全体人类的权利。人们仅凭其作为人就享有这些权利，而无论其在国籍、宗教、性别、社会身份、职业、财富、财产或其他任何种族、文化或社会特殊方面的差异，因此，人权是一种最低限度的道德标准。[②] 我国学者张文显则就人权思想的法理属性指出：人权与法律有着十分密切的联系。没有法律对人权的确认、宣布和保护，人权要么只能停留于道德权利的应有状态，要么经常面临受侵害的危险而无法救济。人权的法律保护首先表现为国内法的保护，其次表现为国际法的保护。[③] 由此可见，人权源自社会道德并体现于国家法律，人权作为一种社会道德和社会价值追求，它影响着国家法律秩序而不为特定的法律制度所影响，人权思想的这种本质属性，是将人权保障确立为刑罚人道化价值取向的根本依据。

如何实现刑罚人道化的人权保障价值追求，当今国际社会在法律探索和社会实践方面，已经形成社会共识，并进行了不懈努力，主要体现于联合国相关机构和区域性国际组织先后颁布的一系列有关保障人权的国际公约之中。这主要包括：1948年颁布的《世界人权宣言》；1957年颁布的《囚犯待遇最低限度标准规则》；1966年颁布的《公民权利和政治权利公约》；1975年颁布的《酷刑宣言》；1982年颁布的《关于医务人员、特别是医生在保护被监禁和拘留的人不受酷刑和其他残忍、不人道或有损人格的待遇或处罚方面的任务的医疗道德原

① [英]戴维·米勒：《布莱克维尔政治思想百科全书》，邓正来等译，中国政法大学出版社1992年版，第337页。

② 参见[英]米尔恩：《人的权利与人的多样性》，夏勇等译，中国大百科全书出版社1995年版，第199页。

③ 参见张文显：《权利与人权》，法律出版社2011年版，第235页。

则》;1984 年颁布的《联合国宣言》;1984 年颁布的《禁止酷刑和其他残忍、不人道或有辱人格的待遇或处罚公约》;1985 年颁布的《联合国少年司法最低限度标准规则》,等等。其中,《维也纳宣言和行动纲领》曾向世界各国郑重呼吁:“各个国家均应提供一个有效的补救框架,解决人权方面的冤屈或人权遭受侵犯的问题。司法工作,包括执法和检察机关,特别是独立的司法和法律专业部门,完全符合国际人权文书所载的适用标准,是充分和不歧视地实现人权的关键,也是民主和可持续发展进程所不可或缺的。”①

随着国际社会人权运动的发展趋势,我国在中华人民共和国成立后,人权状况发生了根本性变化,改革开放以来,特别是 20 世纪 90 年代以后,党和国家越来越重视人权事业的发展,1991 年国务院新闻办公室发布的《中国的人权状况》白皮书,将人权确立为中国社会主义所要求的崇高目标;2004 年第十届全国人民代表大会第二次会议审议通过的《宪法修正案》,首次将国家尊重和保障人权载入宪法;并先后发布《国家人权行动计划(2009 -2010)》《国家人权行动计划(2012 -2015)》。尤其是党的十八大以来,党和国家将大力推进扶贫脱贫事业与切实尊重保障人权事业紧密结合起来,使之成为我们党治国理政的重要原则,以及国家建设和社会发展的战略目标。

2. 重塑惩罚功能正当性对推进社区矫正人道化的理论意义

社区矫正人道化作为我国社会主义人权事业的重要构成,既是当今世界现代刑罚人道化发展趋势的必然要求,也是实现我国刑罚文明进步的必要条件,其中,重塑社区矫正惩罚功能正当性,关系到社区矫正的人道化形象,影响着社区矫正的人道化效果;同时,加快社区矫正人道化进程,则又将成为检验惩罚功能正当性的重要标准,成为推进惩罚功能正当性的重要目标。

(1)要关注社区矫正刑罚人道的价值意识。在现代刑罚执行实践中,实现社区矫正人道化,首先要确立理性的人本主义思维选择,如社区矫正与刑罚人道化究竟有什么联系,为什么要推进社区矫正人道化,怎么样实现社区矫正人道化,等等。在进行社区矫正人道化建设理性思维的前提下,进一步明确社区

① 《维也纳宣言行动纲领》第 1 条第 27 款,载罗玉中等:《人权与法制》(附录一),北京大学出版社 2001 年版,第 752 页。

矫正人道化的价值取向,进一步增强社区矫正人道化的现代意识、人本意识、发展意识。其中,所谓社区矫正人道化的现代意识,是要求社区矫正更好地顺应当今世界刑罚人道化的时代要求和发展态势,增强改革开放的现代意识和文明进步的人权意识;所谓社区矫正人道化的人本意识,是要求社区矫正更好地坚持刑罚人道化的价值取向,增强人权保障的属性意识和人权保障的本源意识;所谓社区矫正人道化的发展意识,是要求社区矫正更好地融入我国社会主义人权事业的发展大局,增强维护人权的科学意识和保障人权的责任意识。如何树立社区矫正刑罚人道的价值意识,主要应进行两个方面的理性选择。

第一,进行理性思维方式选择。进行社区矫正人道化的理性思维方式选择,关键在于重塑社区矫正惩罚功能正当性的理性思维。因为,惩罚功能的正当性,关联着社区矫正的人道化。社区矫正惩罚功能的缺失,意味着对刑罚本质的偏离、对刑罚惩罚的弱化以及对社会犯罪的放纵,最终则意味着对犯罪受害群体的人权侵犯和社会道德秩序的人道丧失。① 当然,社区矫正惩罚功能的泛溢,也将导致刑罚目的的偏离,导致刑罚惩罚的异化,导致刑罚轻缓政策的倒退,最终则导致对犯罪群体的人权侵犯和刑事法律体系的人道丧失。由此可见,社区矫正惩罚功能正当性,作为社区矫正人道化建设的核心问题,其如何完善惩罚功能和如何实施惩罚功能,必然影响到社区矫正人道化的理性思维和理性评判。

第二,进行理性价值取向选择。进行社区矫正人道化的理性价值取向选择,关键在于重塑社区矫正惩罚功能正当性的核心价值意识。这个核心价值意识,来自社区矫正与监狱矫正之间的刑罚人道比较优势和惩罚功能比较优势。主要表现在:一是社区矫正限制自由的惩罚功能,较之于监狱矫正剥夺自由的惩罚功能,更能体现刑罚惩罚的轻缓性和人道性,更为尊重人权的尊严和人道的价值,更有利于实现刑罚公平和社会正义。二是社区矫正开放的惩罚功能,较之于监狱矫正封闭式的惩罚功能,更能体现刑罚惩罚方式的社会性和人道性,更能体现刑罚惩罚人道原则和刑罚惩罚人道效益,更有利于营造刑罚惩罚

① 参见刘政:《社区矫正惩罚功能正当性的法理研判和理性回归》,载《南海法学》2019 年第 1 期。

社会意识和刑罚惩罚社会环境。从上述比较分析中,我们既要进一步树立社区矫正惩罚功能的核心价值意识,以此确立社区矫正人道化价值取向;又要进一步创新社区矫正惩罚功能的刑罚人道思想,进而加快社区矫正人道化的历史进程,更好地实现社区矫正惩罚功能的正当性。

(2)要关注社区矫正刑罚人道的科学实践。在现代刑罚执行领域,刑罚执行的人性化更加强调的是刑罚执行理性从报复或者报应转向社会赔偿或者补偿,人性化的刑罚执行更加强调的是互惠合作式的社会恢复与追求社会功利的消极和主动的惩戒。[①] 其中,社区矫正刑罚实践中的刑罚政策轻缓化、刑罚场所社会化特别是刑罚模式的非监禁化,充分体现了对犯罪人的人格尊重,凸显了对犯罪人的人权保护,贯穿了对刑罚实践的人道主义精神。从一定意义上来讲,刑罚人道主义精神催生了社区矫正刑罚制度,而社区矫正刑罚实践彰显了刑罚人道主义精神。当前,推进社区矫正的刑罚人道科学实践,重点问题是要立足于社区矫正惩罚功能刑罚实践的正当性。因为,社区矫正与监狱矫正的根本区别,在于惩罚功能实施方式的不同和实施程序的不同;而惩罚功能的实施理性和实施结果,则从根本上影响着社区矫正刑罚人道的社会评判和社会意识。为此,如何推进社区矫正的刑罚人道实践,关键在于实施惩罚功能必须始终贯穿人道主义精神。主要应当切实把握以下几个方面:

第一,把握实施惩罚功能的刑罚人道量度。实施惩罚功能的量度与坚持刑罚人道的幅度,是一对相互衡量并相互作用的矛盾共同体。社区矫正的刑罚实践已经表明,惩罚功能的缺失,必然导致惩罚社会犯罪和追究刑事责任的弱化,是对社会犯罪受害群体权益侵犯的不人道现象;而惩罚功能的泛滥,必然导致惩罚社会犯罪和追究刑事责任的激化,也是对社会犯罪危害群体权益侵犯的不人道现象;只有在社区矫正的刑罚设置和刑罚实施过程中,正确把握惩罚功能的刑罚必要性和刑罚适度性,才能更好地实现社区矫正的刑罚人道主义精神。这就要求在行刑社会化条件下的社区矫正惩罚功能,应当更好地把握非监禁刑的刑罚本质和刑罚功能,不应简单照搬监禁刑罚的传统理念和传统方式,而应

① 参见贡太雷:《惩戒与人权——中国社区矫正制度的法治理论》,法律出版社 2015 年版,第 58 页。

积极创新非监禁刑罚的现代理念和现代方式,将刑罚人道主义思想贯穿到社区矫正惩罚功能的刑罚适度性中去,按照限制自由刑的本质要求,给予社区矫正对象适度的人身自由和适度的监督管理,以充分体现社区矫正惩罚功能的刑罚人道性。

第二,把握实施惩罚功能的刑罚人道原则。刑罚人道化原则下的社区矫正惩罚功能,务必要求在刑罚实践中,切实尊重社区矫正对象的人格尊严和人道价值,确保其刑罚惩罚不超越刑罚范围,不违反法律规定,不发生侮辱虐待;务必要求在刑罚实践中,切实维护社区矫正对象的合法权益,包括维护社区矫正对象的申诉权、控告权、检举权、辩护权和救济权。通过维护社区矫正对象的合法性权益,不断提高惩罚功能的实施质量和实施效率,以保障社区矫正对象基本权利的具体实现,充分体现社区矫正惩罚功能的正当性。

第三,把握实施惩罚功能的刑罚人道保障。在刑罚实践中切实规范社区矫正工作的公权力行使,既要防范国家刑罚惩罚功能的权能配置过度,可能给社区矫正人道化形成的负面影响;又要防范国家刑罚惩罚功能的权能配置缺失,可能给社区矫正人道化产生的制度缺陷,通过实现惩罚功能权能配置的合理性,保障社区矫正人道化的合法性。同时,务必要求在刑罚实践中,切实增强社区矫正执法队伍的人权保障意识,切实增强社区矫正执法队伍的职业保障机制,将执法主体人权保障与执法客体人权保障融为一体,以社区矫正执法主体的职业保障机制,来推进社区矫正执法客体的人权保障机制,进而加快社区矫正的刑罚人道化进程,更好地实现社区矫正惩罚功能的正当性。

二、坚持社区矫正惩罚功能正当性的实践意义

坚持社区矫正惩罚功能的正当性,既是一种现代刑罚执行理念,也是一种现代刑罚执行实践。根据理论与实践相结合的哲学原理,现代刑罚执行实践需要以现代刑罚执行理论来指导,而现代刑罚执行理论又需要以现代刑罚执行实践来验证。因为,在现代刑罚实践中,社区矫正惩罚功能的正当性,来自社会刑罚实践,服务于社会刑罚实践,在国家政治经济和社会生活中,具有重要的刑罚实践意义。

(一)全面推进依法治国的实践意义

1. 依法治国的基本意涵

党的十八届四中全会通过的《中共中央关于全面推进依法治国若干重大问题的决定》,是新时代中国特色社会主义建设进程中,加快法治中国建设的伟大战略部署。该决定的颁布实施,标志着中国共产党作为现代政党的领导执政理念、治国理政韬略和执政治理方式,跃升到了依法治国包括依规治党、依宪执政、依法执政的历史新高度,意味着当代中国的"五位一体"建设和全面深化改革进入一个理性化、法治化和规范化的新阶段,意味着当代中国国家治理体系和治理能力的现代化,迈出了制度更加成熟、体系更加完备、执政更加有力的坚实一步,标志着中国特色社会主义法治建设的依法治国,迎来了全面高速发展和系统协调推进的又一个春天。① 在《中共中央关于全面推进依法治国若干重大问题的决定》的基础上,党的十九大报告进一步强调要"深化依法治国实践",进而为推进新时代的依法治国确立了新命题和新任务。总体而言,依法治国作为现代法治理念和现代法治实践相结合的时代主题,有着极为丰富的基本内涵。

(1)依法治国的战略意义。依法治国,是实现国家治理体系和治理能力现代化的必然要求,事关我们党执政兴国、人民幸福安康、国家长治久安。进行依法治国战略抉择的战略意义主要体现在:一是推进法治中国建设的必然要求。自国家改革开放以来,我们党高度重视并不断推进民主法治建设,法治中国建设经历了一个循序渐进、稳定发展的历史进程。历史发展的维度充分表明,全面推进依法治国战略和深化依法治国实践,既是我们党和国家加强社会主义法治建设的重要传承,又是推进法治中国建设的必然要求,更是实现法治中国建设的必要途径。只有通过依法治国来推进法治中国建设,才能真正顺应当今世界的法治社会发展规律,更好地实现新时代中国特色社会主义的伟大复兴中国梦。二是保障市场经济健康发展的必然要求。面对当今世界呈现的经济一体化发展趋势,任何一个国家都必须将其经济纳入国际大循环,在实行改革开放

① 参见李林:《全面推进依法治国的时代意义》,载《法学研究》2014 年第 6 期。

的背景下，参与国际惯例和国际竞争条件下的市场经济。而要保障市场经济的运行功能，十分重要的一个问题，就是要建立起与国际惯例接轨的市场经济法律秩序，全面推进依法治国和深化依法治国实践，为市场经济的健康发展提供法律保障。三是实现国家治理现代化的必然要求。为了实现国家治理现代化，就要全面推进依法治国战略和深化依法治国实践。只有在全面推进依法治国战略和深化依法治国实践的过程中，才能促进国家治理体系的现代化，形成系统完备、科学规范、运行有效的国家法律制度体系，实现国家治理方式的法律化、制度化、规范化和定型化，以保障国家政治、经济、社会、文化的科学管理和依法运行。

(2)依法治国的总体目标。全面推进依法治国，总目标是建设中国特色社会主义法治体系，建设社会主义法治国家。依法治国战略目标主要包括以下内容：一是完善国家法律体系。即要求加强重点领域立法，建立健全社会主义市场经济法律体系、社会主义民主政治法律体系、惩治和预防腐败法律体系、社会主义先进文化法律体系、社会治理体制创新法律体系、国家总体安全法律体系、生态文明法律体系。二是加快建设法治政府。即要求依法履行政府职能，完善行政组织和行政程序法律制度，依法深化行政执法体制改革，理顺行政强制执行体制；依法制约行政权力，努力形成科学有效的权力运行制约和监督体系，增加监督合力和监督实效。三是保证司法公平正义。即要求确保独立公正行使司法权，优化司法职权配置，深化司法体制改革，推进严格公正司法，加强人权司法保障，加强对刑事诉讼、民事诉讼、行政诉讼的法律监督。四是推进法治社会建设。即要求推进多层次、各领域依法治理，坚持系统治理、依法治理、综合治理、源头治理，提高社会治理法治化水平；要求完善主体化社会治安防控体系，有效防范、化解、管控影响社会安定的问题，保障人民生命财产安全。

(3)依法治国的基本原则。全面推进依法治国战略和深化依法治国实践，必须严格实施依法治国的基本原则。主要包括：一是坚持党的领导原则。即坚持做到"三个统一"和"四个善于"，在党的统一领导下，实施依法治国的决策和推进依法治国的实践。二是坚持人民主体地位原则。即坚持做到法治建设为了人民、依靠人民、造福人民、保护人民，尤其要以保护人民根本利益为出发点和落脚点，保证人民依法享有广泛的权利和自由，承担应尽的义务，更好地维护社会公平正义，促进社会共同富裕。三是坚持法律面前人人平等原则。即坚持做到尊重宪法法律权威，坚持做到有效实施宪法法律，以规范和约束公权力为重点，加大监督力度，坚持有权必有责、用权受监督、违法必追究。四是坚持依法治国与以德治国相结合原则。即坚持做到一手抓法治、一手抓德治，以法治意识体现道德理念，强化法律建设对道德建设的促进作用；以道德精神滋养法治精神，强化道德文化对法治文化的支撑作用，实现法律和道德相辅相成，法治和德治相得益彰。五是坚持从中国实际出发原则。即坚持中国特色的法治理念，进行中国特色的法治实践，从我国基本国情出发，同改革开放不断深化相适应，推进法治理论创新，发展符合中国实际、具有中国特色、体现社会主义发展规律的社会主义法治体系，不断推进法治中国建设的历史进程。

2. 重塑惩罚功能正当性对全面推进依法治国的实践意义

重塑社区矫正惩罚功能正当性，既是全面推进依法治国实践的重要内容，亦是全面和深化依法治国实践的必然要求。因为依法治国的关键在于保证公正司法和提高司法公信力。正如有学者所指出："公正司法是依法治国实践的必要方式和检验尺度。只有确保司法公正，深化依法治国实践才能达到预期效果，依法治国才能赢得人民群众的理解、信赖与支持。"①其中，社区矫正作为现代非监禁刑罚执行制度，其惩罚功能的正当性，关系到司法公正的社会评判，关系到司法公正的社会效果，直接影响到全面推进依法治国战略和深化依法治国实践的历史进程。

（1）完善国家法治体系的实践意义。全面推进依法治国战略和深化依法治国实践的总体目标，是要建设中国特色社会主义法治体系，建设社会主义法治国家。具体而言，国家法治体系的重要构成，包括国家刑事法律体系，国家刑事法律体系的基本构成，包括社区矫正法律体系。而完善国家刑事法律体系，则关系到总体构建社会主义法治体系。其中，完善国家法治体系面临的一个重要问题，就是要重塑社区矫正惩罚功能的正当性。由于社区矫正惩罚功能的正当性，直接关系到社区矫正法律体系的理性思维和理性选择，具体影响到社区矫

① 江必新：《深化依法治国实践刍论》，载《法学杂志》2017 年第 12 期。

正法律体系的法律设置和法律实施。只有强化惩罚功能的正当性，才能有效修补社区矫正法律体系存在的法律缺陷和制度弊端；也只有着力于修补社区矫正法律体系存在的法律缺陷和法律弊端，才能从根本上实现惩罚功能正当性的理性回归。换言之，从现代非监禁刑罚体系的刑罚结构合理性上来讲，完善的社区矫正法律体系，必然包括相应的社区矫正功能体系；而社区矫正功能体系结构中，必然包括体现社区矫正刑罚本质的惩罚功能。失去理性惩罚功能的社区矫正功能体系，将导致社区矫正法律体系偏离应有的刑罚本质和刑罚目的；而偏离刑罚本质和刑罚目的的社区矫正法律体系，将导致国家刑事法律体系失去其应有的正当性。

由此可见，重塑社区矫正惩罚功能的正当性，对于完善国家刑事法律体系，进而建构国家法治体系，全面推进依法治国战略和深化依法治国实践，都具有重要的实践意义。这个实践意义至少包括：一是有助于实现社区矫正法律体系的合法性。通过重塑社区矫正惩罚功能的正当性，修补社区矫正惩罚功能的法律缺陷和制度弊端，将从根本上凸显社区矫正固有的刑罚本质和刑罚目的，使社区矫正惩罚功能的法律设置和法律实施，更好地适应当今世界现代刑罚的发展规律和发展趋势，充分体现我国社区矫正法律体系的合法性。二是有助于实现国家刑事法律体系的合理性。通过重塑社区矫正惩罚功能的正当性，实现社区矫正法律体系的合法性，将从整体上优化国家刑事法律体系的刑罚结构和刑罚功能，消除刑罚权能配置的畸轻畸重和结构失衡，促使国家刑事法律体系的功能衔接和结构平衡，更好地适应中国国情和突出中国特色，充分体现我国刑事法律体系的合理性。三是有助于实现国家法治体系的科学性。通过重塑社区矫正惩罚功能的正当性，实现国家刑事法律体系的合理性，将从整体上增强法治中国建设的刑罚基础和刑罚功能，消除刑罚执行领域的体制不顺和机制不畅，完善国家法治体系和增强国家法治能力，使之更好地顺应国家政治经济和社会文化的发展需求，充分体现我国法治体系的科学性。

（2）增强法治社会基础的实践意义。全面推进依法治国战略和深化依法治国实践的重要基础，是要增强全民法治观念和推进法治社会建设。法治社会建设与法治国家建设有着不可分割的内在联系，在法治国家、法治政府、法治社会一体化建设的依法治国实践中，法治国家建设是法治社会建设的重要引领，法治政府建设是法治社会建设的重要保障，而法治社会建设是法治国家建设和法治政府建设的重要基础。当前，增强法治社会基础建设需要关注的一个重要问题，就是要重塑社区矫正惩罚功能的正当性。因为社会法治建设作为一项社会系统工程，需要有与之相匹配的社会政治基础、社会经济基础、社会法律基础、社会道德基础、社会意识基础、社会资源基础。其中，社会法律基础和社会道德基础的相融合，则形成社会刑罚基础。社区矫正作为行刑社会化的现代刑罚执行制度，它是社会法律形式与社会道德形式相结合的必然结果，在社会秩序的管控层面，发挥着刑罚惩罚与刑罚防卫，惩罚犯罪与预防犯罪的重要社会功能，是社会法治建设不可或缺、不可替代的重要刑罚基础。而重塑社区矫正惩罚功能的正当性，由于在根本上关系到社区矫正刑罚制度的合法性，实质上已经成为法治社会建设中必须增强的社会刑罚基础中必须完善的刑罚功能基础。只有推动社区矫正惩罚功能正当性的理性回归，才能实现社区矫正的现代化和法治化；也只有实现社区矫正的现代化和法治化，才能使之更好地适应法治社会建设的需要，成为体现社会法治建设和保障社会法治建设的社会刑罚基础与社会刑罚力量。

由此可见，重塑社区矫正惩罚功能的正当性，对于增强法治社会基础进而加快法治社会建设，全面推进依法治国战略和深化依法治国实践，都具有重要的实践意义。这个实践意义至少包括：一是有助于促进社会法治意识。通过重塑社区矫正惩罚功能的正当性，可以推进惩罚功能的法律设置和法律实施，消除社区矫正面临的社会质疑和社会误判，更好地显现社区矫正的刑罚公平和社会正义，引领全社会增强社区矫正的法治意识和法治信念，都来积极参与社区矫正和充分帮扶社区矫正，形成有助于法治社会建设的社会思想基础。二是有助于促进社会法治能力。通过重塑社区矫正惩罚功能的正当性，可以推进与现代社区矫正相适应的社会组织建设，改变社区矫正面临的社区建设发展不够充分和社会组织发育不够成熟的现状，进一步增强法治社会自治能力，形成有助于法治社会建设的社会组织基础。三是有助于促进社会法治体制。通过重塑社区矫正惩罚功能的正当性，可以规范体现社区矫正现代化和法治化的管理体制与运行机制,改变社区矫正面临的管理体制不顺和运行机制不畅的问题,在此基础上促进社会法治体制建设,努力构建一个社区矫正管理的新体制、新机制,形成有助于巩固法治社会建设的重要政治基础。

(二)全面深化司法改革的实践意义

1. 深化司法改革的基本意涵

党的十八届三中全会通过的《中共中央关于全面深化改革若干重大问题的决定》,是全面规划我国新一轮改革发展的纲领性文件,是全面确立我国新一轮改革方向和改革目标的战略性部署,是全面深化新时代中国特色社会主义事业改革发展进程的历史性标志。该决定就推进法治中国建设和全面深化司法改革所作出的具体部署,突出了全面深化司法改革的主题,确立了全面深化司法改革的目标,明确了全面深化司法改革的任务,其基本意涵十分深远十分重要。

(1)深化司法改革的指导思想。《中共中央关于全面深化改革若干重大问题的决定》围绕贯彻落实党的十八大关于全面深化改革的部署和要求,从两个方面提出了全面深化改革必须遵循的指导思想,具体包括:一是坚持坚定正确的政治方向。全面深化改革的发展进程,必须始终坚持坚定正确的政治方向。其中,深化社区矫正制度的改革与发展,就是要深入贯彻落实党的十八大和十九大精神,坚持以习近平新时代中国特色社会主义思想为指导,确立全面推进依法治国和全面深化司法改革服务的改革方向,围绕促进刑罚公平和社会正义这个主题,着力于破除社区矫正惩罚功能面临的法律缺陷和制度弊端,致力于实现社区矫正制度的现代化和法治化。当前只有坚持正确的指导思想,把握科学的发展方向,社区矫正制度的改革发展才能在全面深化改革的大局中,不断取得积极的改革成果,充分发挥应有的改革效能。二是坚持中国国情和体现中国特色。全面深化改革的发展路径,首先必须立足中国国情和符合中国实际,围绕政治经济和社会发展的需求,坚定中国特色司法改革发展的决心和信念;同时要求做到深化改革和扩大开放,学习借鉴国外现代司法制度的先进理念和成功经验,加快中国特色司法改革发展的现代化和法治化。其中,深化社区矫正制度的改革与发展,尤其要贯彻落实党的十九大关于新时代中国特色社会主义建设的部署和要求，围绕“深化依法治国实践”这个主题，着力于消除社区矫正法律移植过程中的法律遗弃和“水土不服”的制度偏误，致力于实现社区矫正制度的本土化和文明化，从而有效构建具有中国特色的社区矫正制度，为全面深化司法改革发挥积极作用。

（2）深化司法改革的总体目标。《中共中央关于全面深化改革若干重大问题的决定》围绕党的十八大关于全面深化改革的战略抉择，提出了全面深化司法改革的总体目标。围绕这一总体目标，全面深化司法改革主要包括以下内容：

第一，维护宪法法律权威。维护宪法法律权威的改革目标，既是推进法治中国建设的核心内容，也是全面深化司法改革的必然要求。只有在法治中国建设过程中，健全宪法法律制度和维护宪法法律权威，才能真正体现依法治国的本质属性，才能充分实现依法治国的价值目标；同时，也只有在深化司法改革的进程中，贯彻宪法法律原则和弘扬宪法法律精神，才能彰显深化司法改革的现实意义，确保深化司法改革的社会效果。

第二，依法独立公正行使司法权。确保依法独立公正行使审判权和检察权的改革目标，既是推进法治中国建设的关键内容，又是全面深化司法改革的重大举措。尤其是如何改革司法管理体制和司法管辖制度，这是对长期以来制约审判工作和检察工作制度“瓶颈”的重大突破，是确保司法机关依法独立公正行使司法权的重大举措，它将全面推进审判制度改革和检察制度改革的历史进程，并将直接关系到我国司法体制改革全局的法律效果和社会效果。

第三，健全司法权力运行机制。健全司法权力运行机制的改革目标，将推动司法管理体制改革与司法权力机制改革整合，使司法管理体制改革的成果，有利于促进司法权力机制改革的深入发展；同时又使司法权力机制改革的深入，更好地实现司法体制改革的要求。司法权力运行机制改革的核心价值所在，就是要在优化司法职权配置的前提下，健全司法机关之间和司法活动之中的相互配合与相互制约机制，这将为公正司法和文明司法提供重要的制度性保障。

第四，完善人权司法保障制度。完善人权司法保障制度的改革目标，是推进我国社会主义人权事业发展的重要构成,是全面实现我国司法文明进步的重要途径和重要标志。其中,尤其是废除劳动教养制度的决定和逐步减少适用死刑罪名的承诺,对国际社会的种种司法人权言论,做出了正确的制度性回应,树立了我国维护司法人权的良好国际形象。

(3)深化司法改革的实现路径。《中共中央关于全面深化改革若干重大问题的决定》从根本上规划了深化司法改革的实现路径,从总体上明确了深化司法改革的实现方式。根据这一实现路径和实现方式,全面深化司法改革应当重点把握两个方面:

第一,把握深化司法改革的基本方法。深化司法改革应当切实把握的基本方法主要包括:一是把握系统性要求。在全面深化司法改革的过程中,必须以系统的思维来谋划全局,以系统的方法来统筹全局,客观评析深化司法改革所存在的困难和问题,理性判断深化司法改革所面临的形势和任务,正确选择深化司法改革所必要的实现方法和实现路径。二是把握整体性要求。全面深化司法改革是一个推进现代司法改革发展的整体。整体性与系统性既有区别又有联系,整体性反映全面深化司法改革的内部结构特征,没有整体性就无法体现系统性,没有系统性就无法实现整体性。整体性的基本特征要求我们,在全面深化司法改革的实践中,必须以整体性的思维和方法,作为推动实施司法改革的出发点和落脚点,科学把握司法领域各方面的改革重点和改革难点;理性协调全局与局部、重点与一般、上层与下层、整体与个体之间的各种改革需求;正确处理深化司法改革必然涉及的各种利益诉求,在不断协调矛盾和解决矛盾的过程中,促进全面深化司法改革的同步发展和整体发展。三是把握协同性要求。在全面深化司法改革的过程中,必须以协同性的原则和方法,及时有效地协调各改革领域的改革步骤和改革进程;充分有力地协调各改革部门的改革思维和改革举措,不断整合改革资源和增强改革能力,努力形成一个协同合作、协调发展的司法改革运行秩序,切实保障全面推进、稳步发展的司法改革良好效果。

第二,把握深化司法改革的基本要求。在全面深化司法改革进程中,如何推进司法管理体制改革、司法权能配置改革以及司法运行机制改革,关键在于坚持改革与法治相融合，用法治思维和法治方式引领改革与深化改革。因为，“改革须于法有据，在整个改革过程中，必须高度重视运用法治思维和法治方式，实现法治对改革的引领、推动和保障功能。作为一种思维方式，法治思维要求将法治的精神贯穿于认识、分析、处理问题的整个过程，是一种以法律规范为基准的逻辑化理性思考方式”。[①] 根据深化司法改革的基本要求，全面深化司法改革，必须要有一个更为严谨的法治思维和更为合理的法治方式，以此来实现深化司法改革领域的重大突破，来加快深化司法改革的历史进程。

2. 重塑惩罚功能正当性对全面深化司法改革的实践意义

在当今世界刑罚现代化、法治化、文明化的改革进程中，社区矫正制度改革是全面深化司法改革的重要内容，是实现深化司法改革总体目标的重要任务；社区矫正制度改革又是全面深化司法改革的必然要求，是完善我国现代刑罚执行体系的当务之急。在这其中，作为深化社区矫正改革过程中的一个深层次问题，如何重塑社区矫正惩罚功能的正当性，对于全面深化司法改革具有重要的现实意义。

（1）具有促进司法改革合理性的实践意义。深化司法改革的价值目标，是要强调司法改革内容的合法性和司法改革方式的合理性，使之更好地适应改革外部的现实需要和改革内部的发展规律。在深化司法改革的实践中，无论是改革内容的合法性，还是改革方式的合理性，通常都集中表现为以理性思维和理性选择为核心的改革合理性。正如有学者所指出：刑法的发展是通过改革来实现的，改革则必须理性地进行。只有在对现存刑法制度及其运作中的非理性进行深刻反思的基础上，在与现代法治的发展趋势相适应的刑法理念的支撑下谨慎进行的制度性改造，才能保证刑法向着更加理性的方向发展。[②]

坚持全面深化司法改革的合理性，就要重塑社区矫正惩罚功能的正当性；只有重塑社区矫正惩罚功能的正当性，才能更好地实现深化司法改革的合理性。因为，促进司法改革的合理性，就要坚持司法改革的问题导向，重视重塑社区矫正惩罚功能正当性这个深层次问题，着力于实现社区矫正制度改革的形式

① 张立伟：《什么是法治思维和法治方式》，载《学习时报》2014 年 3 月 31 日。

② 参见张智辉：《刑法改革的价值取向》，载《中国法学》2002 年第 6 期。

合理性和实质合理性。坚持这个改革合理性,就能深化社区矫正改革的理性内容和理性目标,影响深化司法改革的社会价值、社会评判和社会效果。也就是说,我们只有针对社区矫正惩罚功能存在的法律缺陷和制度弊端,坚持以理性的改革思维和理性的改革举措,去推进社区矫正制度改革的理性发展,才能更好地促进深化司法改革的合理性。其实践意义具体表现在以下两个方面:

第一,有利于促进司法改革的形式合理性。促进国家司法改革的形式合理性,关键在于实现国家刑法体系的形式合理性。"所谓形式合理性刑法,指的是刑法的制定和实施都以追求刑法自身的独立性和自主性为价值依归,进而表现出一种自治性的特征。对于刑法而言,自治性要求刑法的创设与适用均必须以罪刑法定原则为中心,国家既不能以政治的要求随意扩大犯罪设定的范围,也不能肆意地发动刑罚权。"①国家刑法作为国家刑罚的法律依据和法律保障,刑法体系的形式合理性,决定着刑罚体制的形式合理性;刑法体制的形式合理性,又推动着司法改革的形式合理性。据此而言,社区矫正惩罚功能的缺失或泛滥现象,某种意义上可以说,就是一种国家刑法自治性的法律遗弃现象。社区矫正惩罚功能方面发生的法律缺陷和制度弊端,反映了社区矫正法律设置的非理性选择,暴露了国家刑事法律体系建构中的非形式合理性。而重塑社区矫正惩罚功能的正当性,将有助于促进社区矫正法律体系特别是刑罚功能体系的理性设置,既避免惩罚功能的随意扩张,又防范惩罚功能的肆意收缩,更好地以惩罚功能的适度性,来实现社区矫正制度设置的形式合理性。在此基础上,进而有助于通过社区矫正制度设置的形式合理性,来促进我国现代非监禁刑罚执行制度设置的形式合理性,并有助于通过建构国家刑事法律体系的形式合理性,充分体现全面深化司法改革的形式合理性。

第二,有助于促进司法改革的实质合理性。深化司法改革的合理性,既要坚持国家刑法体系建构过程中的形式合理性,又要注重国家刑法体系实施过程中的实质合理性。"所谓实质合理性刑法,指的是刑法的制定和实施都以实现某种伦理意义或政治意义上的实质理性为价值依归。因而刑法的正当性根据不在于刑法自身的独立性和自主性,而只能是来源于伦理或政治统治的正当

① 屈学武主编:《刑法改革的进路》,中国政法大学出版社2012年版,第46-47页。

性。换言之,通过对伦理意义或政治意义上的实质理性的追求,刑法在证明伦理或政治统治的正当性的同时,也证明了自己的正当性。"[①]国家刑法作为刑罚设置与刑罚实施的政治标准和伦理规范,决定着刑罚执行制度设置和刑罚执行制度实施的正当性。这种刑罚执行制度实施的正当性,从总体上体现着深化司法改革所应具有的实质合理性。由此可见,社区矫正惩罚功能的缺失或泛滥现象,不仅反映了社区矫正制度设置上的法律缺陷和制度弊端,同时也反映了社区矫正制度实施中的政治偏离和伦理偏误,其实质是暴露了国家刑事法律制度实施中的非实质合理性。而重塑社区矫正惩罚功能的正当性,将有助于促进社区矫正惩罚功能的合理建构和合理实施,纠正惩罚功能实施过程中的刑罚本质偏离和刑罚目的偏误,以惩罚功能应有的法律效果和社会效果,来实现社区矫正制度实施应有的实质合理性;并将有助于通过重塑社区矫正惩罚功能的正当性,实现我国非监禁刑罚执行制度的正当性,促进国家刑事法律体系运行和全面深化司法改革进程的实质合理性。

(2)具有促进司法改革公正性的实践意义。深化司法改革的实现途径,是要追求司法改革程序的公正性和司法改革结果的效益性,使之更好地实现深化司法改革的价值目标和深化司法改革的社会效果。"在全面深化司法改革的历史进程中,以实现社会公平正义为目标,深化司法体制改革,不仅在于公平正义自身的重要性,而且在于公平正义与司法体制改革之间的紧密联系。一方面,公平正义的重要性决定了深化司法体制改革必须以实现社会公平正义为目标。另一方面,公平正义是司法工作的生命线,决定了深化司法体制改革必须以实现社会公平正义为目标。"[②]社会公平正义与深化司法改革的必然联系充分表明,追求社会公平正义,是解决我国改革发展现实矛盾,加快我国改革发展历史进程,实现我国改革发展健康运行的关键问题。由于这个问题直接影响到人民群众对改革开放的社会信念和社会需求,直接影响到全社会在改革发展中的社会和谐和社会稳定,因而,促进社会公平正义,已经被确定为我国改革发展的出

---

① 屈学武主编:《刑法改革的进路》,中国政法大学出版社 2012 年版,第 45 页。

② 朱立恒:《社会主义法治理念视野下的司法体制改革》,法律出版社 2012 年版,第 139 - 140 页。

发点和落脚点,成为全面深化司法改革的价值取向和必然要求。

促进深化司法改革的公正性,就是要重塑社区矫正惩罚功能的正当性。重塑社区矫正惩罚功能正当性的实质,则是为了促进深化司法改革的公正性,更好地实现社会公平和社会正义。换言之,在全面深化司法改革的进程中,重塑惩罚功能正当性本身,是深化社区矫正制度改革的重要内容和重要环节。因为,刑罚惩罚功能与社会公平正义是一个不可分割的整体,惩罚功能的正当性等同于司法制度的公正性,刑罚惩罚功能的缺失或泛滥,将意味着社会公平正义的偏离或异化。重塑社区矫正惩罚功能的正当性,对于促进深化司法改革的公正性,进而实现司法正当性主导下的社会公平和社会正义,具有重要的实践意义。具体表现在以下两个方面:

第一,有助于促进司法改革的形式公正性。在全面深化司法改革的进程中,理想状态的司法公正应当是形式公正和实质公正的统一,是程序正义与实体正义的一致。但是,在现实状态下,很难做到两者的完全统一和一致。就司法结果是否公正而言,不同的人有不同的评判标准,很难产生当事人、法官、社会和国家都认为是公正的审判结果。追求形式公正则是一种具有可操作性的能够评判和实现的公正标准,因此按照通行的观点,司法公正的重点应是形式公正。[①] 从这个意义上来讲,重塑社区矫正惩罚功能的正当性,将有助于针对惩罚功能的法律缺陷和制度弊端,完善惩罚功能的法律设置,促进惩罚功能的社会公平和社会正义,以充分实现社区矫正制度改革的形式公正性。与此同时,亦有助于以社区矫正制度改革的形式公正性,促进深化司法改革的形式公正性,使全面深化司法改革推动下的刑罚体系建设和刑罚体制建设,更好地适应社会公平正义的需要,更好地保障社会公平正义的效果。

第二,有助于促进司法改革的实质公正性。在全面深化司法改革的进程中,司法改革需要与中国人的实质正义心理追求合理衔接……虽然形式合理性、形式法治是现代司法必须具备的基本特质,但是司法改革者必须注意到中国与西方国家正义观的差异,即西方国家更多讲求程序性思维,而中国人更加

① 参见朱淑丽:《中国式民主框架下的法治建设》,学林出版社 2015 年版,第 148－149 页。

偏好实质正义。[①] 尤其是党的十九大提出要深化司法体制综合配套改革，全面落实司法责任制，努力让人民群众在每一个司法案件中感受到公平正义。根据这一原则要求，重塑社区矫正惩罚功能的正当性，将有助于围绕惩罚犯罪和预防犯罪相结合的刑罚目的，促进惩罚功能的法律实施，提升惩罚功能的法律效果和社会效果，实现社区矫正制度改革的实质公正性。并将有助于以社区矫正制度改革的实质公正性为契入点，推进我国现代非监禁刑罚体制的综合配套改革，推进全面落实司法责任制前提下的社会公平正义，更好地实现司法改革形式公正性与司法改革实质正义性的价值融合和效果转化，使社会民众对司法改革实质公正性的期望得到充分实现。

（三）全面实现总体国家安全的实践意义

1. 总体国家安全的基本意涵

总体国家安全观，是习近平新时代中国特色社会主义思想的重要内容，是党的十九大坚持与发展中国特色社会主义的重要方略。习近平同志围绕总体国家安全观发表的一系列重要论述，立意高远，内涵丰富，思想深邃，把我们党对国家安全的认识提升到了新的高度和境界，是指导新时代国家安全工作的强大思想武器，对于新时代坚持总体国家安全观，坚定不移走中国特色国家安全道路，完善国家安全体制机制，加强国家安全能力建设，有效维护国家安全，实现"两个一百年"奋斗目标、实现中华民族伟大复兴的中国梦，具有十分重要的意义。[②]

（1）总体国家安全的价值目标。总体国家安全的基本价值目标是：坚持总体国家安全观，走出一条中国特色的国家安全道路。总体国家安全的这一价值目标，既确立了总体国家安全在发展中国特色社会主义历史进程中的重要地位，更规划了总体国家安全在保障中国特色社会主义发展进程中的重要途径。其价值目标的主要内容包括：

---

① 参见杨建军：《司法改革的理论论争及其启迪》，载《法商研究》2015 年第 2 期。

② 参见陈求发：《坚定不移贯彻落实总体国家安全观　全面履行维护国家安全的职责使命》，载《人民日报》2019 年 4 月 17 日。

第一，坚持以人民安全为宗旨。总体国家安全观强调要以人民安全为宗旨，这是基于人民安全作为国家安全之本的重要地位，充分表明了人民安全是中国特色社会主义国家安全的首要价值目标。尤其在当前，人民群众伴随着社会变革的历史进程和社会发展的文明进步，对社会生活的需求正在日益增长，对社会安全的诉求也必将不断增加。面对社会发展的新形势和新要求，国家总体安全建设只有始终坚持以人民安全为宗旨，才能更多地担负起保障人民安全的历史任务，才能更好地实现保障人民安全的社会效果。①

第二，坚持以政治安全为根本。总体国家安全观强调要以政治安全为根本，这是基于中国特色社会主义国家的政体实质，充分表明了总体国家安全观对新时代中国特色国家安全的科学把握和准确定位，是实现国家总体安全的核心价值目标。在当今世界经济全球化深入发展，政治博弈不断加剧的新形势下，对于任何一个国家来讲，维护国家政治安全都是一个头等重要的问题。尤其在我国建设中国特色社会主义的历史进程中，面对错综复杂的国际安全态势，为了有效防范来自国际社会的政治冲击和政治风险，有力回应国内外敌对势力的政治颠覆和政治破坏，更好地维护党的领导和国家稳定，就必须要坚持以政治安全为根本，保障国家政权安全、制度安全、经济安全和社会安全。

第三，坚持以经济安全为基础。总体国家安全观强调以经济安全为基础，这是基于我国所面临的经济全球化深入发展的国际经济态势，充分表明了我国经济深度融入世界经济的战略抉择，是实现国家总体安全的基础价值目标。只有实现了经济安全，才能为实现国家安全奠定扎实的经济基础和提供必要的物质保障。如果经济安全发生了问题，经济运行不佳或经济秩序不好，必然影响社会民众的切身利益和生活状况，难免导致矛盾加剧和社会动荡，动摇国家安全赖以依托的社会基础；同时也意味着，只有实现了国家安全，才能为实现经济安全产生能动作用和提供政治支持。如果国家安全发生了问题，经济安全将失去政治引领和政治保障，最终动摇经济安全赖以依靠的上层建筑。

第四，坚持以军事、文化、社会安全为保障。总体国家安全观强调以军事、

① 参见刘政：《论社会安全刑罚基础与社区矫正刑罚功能》，载《江海学刊》2019 年第 3 期。

文化、社会安全为保障，这是基于当今世界经济全球化、文化多样化和社会多元化的时代潮流，充分表明了军事安全、文化安全、社会安全，作为实现国家总体安全不可或缺的重要内容和重要手段，在保障国家总体安全方面的重要地位和重要作用。其中，军事安全具有实现国家总体安全的核心保障功能；文化安全是实现国家总体安全的重要保障功能；社会安全具有实现国家总体安全的基础保障功能。

第五，坚持以促进国际安全为依托。总体国家安全观强调以促进国际安全为依托，这是基于国家安全所处的错综复杂的国际环境，充分表明了在不断推进国家改革开放和积极参与国际竞争的条件下，实现国家总体安全所应具有的世界眼光和全球触角。我国的总体国家安全，必须依据于促进国家安全、谋求和平稳定的国际环境，以国际环境的和平稳定，为我国的总体国家安全，提供一个相适应的外部条件。

(2)总体国家安全的基本架构。总体国家安全是一个庞大而又复杂的国家治理系统工程，这个系统工程以国家法治建设为核心，以国家安全体系为框架，以国家安全价值为目标，已经形成了一个符合中国国情和体现中国特色的国家安全基本架构。主要包括两大部分：

第一，总体国家安全体系。国家安全体系是根据国家安全的价值目标和发展规律，按照国家安全各基本要素的关联性、结构性和客观性，科学建构而成的一个国家安全工作整体。如何构建总体国家安全体系，一是在构建国家安全体系方面，必须根据国家安全状况和国家安全需要，细化国家安全的构成要素、影响要素、保障要素，在此基础上设置不同领域、不同内容、不同层次的国家安全子体系，形成一个科学合理的国家安全主体框架；二是在构建国家安全体系方面，必须深化与其紧密相关的国家安全理论研究，将总体国家安全观的基本原理、基本原则、基本任务、基本要求，作为建构国家安全体系的思想引领和方向指引，并具体贯穿到国家安全体系建设的各个方面和各个环节中去。只有这样，国家安全体系才能顺应当今世界国际安全的发展态势和发展规律，承担起国家安全的战略规划和战略任务，真正成为维护国家总体安全的有力手段和有效工具，充分实现维护国家总体安全的法律效果和社会效果。

第二，总体国家安全战略。国家安全战略是根据总体国家安全观确立的国家安全战略思想和国家安全战略规划，以战略的思维、战略的方式、战略的节奏和战略的能量，着重从两个方面对总体国家安全进行的战略选择。一是实现国家安全与国家发展相结合。主要是推进国家安全与国家发展的辩证统一，将国家安全与国家发展的结合作为国家安全发展战略，做到两手抓两手硬，相互依存相互促进，以此来规划和开创国家总体安全建设的新局面。二是实现传统国家安全与非传统国家安全相融合。主要是面对国际关系和国际环境急剧变化与日益复杂的新形势，面对非传统安全威胁逐渐超越传统安全威胁的新情况，将全力应对非传统安全威胁，作为我国总体国家安全必须高度关注的新挑战。尤其要在实施国际安全战略的过程中，将传统国家安全与非传统国家安全融合在一起，充分认识国家总体安全的综合性和整体性，将我国总体国家安全发展战略，真正提升到国际化、现代化、法治化的新高度。

2. 重塑惩罚功能正当性对全面实现总体国家安全的实践意义

重塑社区矫正惩罚功能正当性，是全面实施总体国家安全的刑罚基础，是实施国家安全发展战略的必然要求。因为在我国总体国家安全体系的基本架构中，国家安全建设的重要基础是社会安全建设，社会安全建设的重要基础是社区矫正建设，社区矫正建设的重要基础则是刑罚功能建设，刑罚功能建设作为一项涉及社区矫正制度正当性的关键环节，既关系到社区矫正的刑罚本质和刑罚目的，又影响到社区矫正的刑罚公平和刑罚正义。① 由此可见，重塑社区矫正惩罚功能的正当性，对于推进社会安全体系进而构建国家总体安全体系，对于维护社会安全进而实现国家总体安全，无论是从宏观还是从微观的层面上，无论是在直接还是间接的效果上，都具有重要的实践意义。

（1）具有强化国家安全和社会安全刑罚基础建设的实践意义。根据总体国家安全观的要求，编织全方位立体化的公共安全网络面临的一个突出问题，就是要大力加强国家安全和社会安全的基层基础建设。其中，社区矫正作为行刑社会化的现代非监禁刑罚执行制度，由于其在刑罚执行领域集政府治理、司法管理、社会参与的特定社会功能为一体，具有刑罚开放性、刑罚社会性、刑罚基

① 参见刘政：《论社会安全刑罚基础与社区矫正刑罚功能》，载《江海学刊》2019 年第 3 期。

础性的刑罚功能优势，无疑已经成为国家公共安全网络的重要构成，成为增强国家安全和社会安全刑罚基础建设的必要选择。[①] 故此，增强国家安全和社会安全的刑罚基础建设，就应以重塑社区矫正惩罚功能正当性为契入点，着力于推进社区矫正的思想基础建设和组织基础建设。因为，国家安全的刑罚基础建设与社区矫正的惩罚功能建设，两者之间具有相互依存、相互作用的内在联系。其中，国家安全需求和社会安全需求，决定社区矫正惩罚功能的法律设置和法律实施；而社区矫正惩罚功能的法律效果和社会效果，服务于国家安全建设和社会安全建设。由于社区矫正惩罚功能的正当性，直接关系到社区矫正制度建设的合法性，如果惩罚功能正当性不能实现理性回归，则社区矫正制度合法性将无法得到充分体现，国家安全和社会安全的刑罚基础也将难以巩固。总体而言，重塑社区矫正惩罚功能的正当性，对于增强国家安全和社会安全的刑罚基础，对于推进社会安全建设进而实现国家总体安全战略目标，具有重要的实践意义。具体表现在：

第一，有助于强化国家安全和社会安全的社区组织基础。强化国家安全和社会安全的刑罚基础，关键在于推动刑罚基础建设的重心下移，大力加强公共安全体系中的社区组织建设。其中，基于社区矫正固有的刑罚本质和应有的刑罚功能，国家安全和社会安全的刑罚基础，应然是社区矫正；而社区矫正和惩罚功能的组织基础，则应然是社区建设。当前我国社区矫正惩罚功能缺失或泛滥的重要原因，就来自社会转型变革时期的社会发育不全和社区建设滞后的负面影响。现代社区矫正法律实践已经表明，社区矫正惩罚功能的法律实施，离不开社区基层组织的协同合作，离不开社区民众的积极参与，需要在此基础上，构建一个以社区矫正机构为主体的社区矫正管理体系，营造一个集社会意识、社会力量、社会资源为一体的社区矫正管理基础。从这个意义上来讲，重塑社区矫正惩罚功能的正当性，将有助于推进国家安全和社会安全的重心下沉，有助于提升党委政府对社区矫正建设的重视程度，通过加强与实施惩罚功能相匹配的社区矫正机构和社区帮扶组织建设，进而形成扎实的国家安全和社会安全刑罚基础。

---

① 参见刘政：《论社会安全刑罚基础与社区矫正刑罚功能》，载《江海学刊》2019 年第 3 期。

第二,有助于凝聚国家安全和社会安全的社会意识基础。增强国家安全忧患意识的核心意涵,是要增强国家安全和社会安全的思想基础,凝聚全社会的国家安全意识和社会安全意识。当前我国社区矫正惩罚功能缺失或泛滥的另一原因,是在社会观念层面,由于受传统社会习惯思维方式惯性震荡的负面影响,而在某种程度上所产生的彻底否定重刑主义而片面追求轻刑主义,或热衷于重刑主义而片面否定轻刑主义的刑罚单极化理念倾向。这种社会刑罚意识的异化现象,必然给社会治理形式造成社会误判,同时给社会治理意识带来社会误导,不可避免地分化或弱化国家安全和社会安全的社会思想基础。① 从这个意义上来讲,重塑社区矫正惩罚功能的正当性,将有助于促进国家安全意识和社会安全意识的理性回归,有助于树立刑罚公平正义的社会意识和社会信念,不断凝聚全社会实施社区矫正惩罚功能的正能量,进而形成国家安全和社会安全的理性思想基础。

(2)具有促进国家安全和社会安全刑罚功能建设的实践意义。为了在加强社会公共安全建设和实施社会治安综合治理过程中,坚决惩处和有效防范社会刑事犯罪活动,切实维护和有力保障人民群众生命财产安全,我们应当不断增强和充分发挥国家安全和社会治理的刑罚功能。因为,刑罚功能作为行使国家刑罚权能的社会刑罚活动,它既是人们所期望刑罚产生的社会积极作用,又是刑罚本身所包含的社会价值取向。促进国家安全和社会安全的刑罚基础建设和刑罚功能建设,就应以重塑社区矫正惩罚功能正当性为基础,着力于推进社区矫正刑罚功能体系的现代化和法治化。在现代刑罚体系的基本架构中,"刑罚功能的体系是指由刑罚在特定现实条件中所具有的各种相互联系、相互制约的功能所组成的有机整体。刑罚功能的体系具有整体性、潜在性、条件性、独特性、动态性和稳定性等特征"。② 而作为国家刑罚功能体系重要构成的社区矫正刑罚功能,则是一个集惩罚功能、控制功能、防卫功能、教育功能、塑造功能、康复功能为一体的特定功能有机体。在社区矫正功能体系中,首要功能自然是刑

① 参见刘政:《社区矫正惩罚功能正当性的法理研判和理性回归》,载《南海法学》2019 年第 1 期。

② 胡志军:《刑罚功能新解》,山东大学出版社 2015 年版,前言第 2 页。

罚惩罚功能。社区矫正惩罚功能关系到社区矫正刑罚功能体系的结构稳定性和框架合理性，并直接影响到国家安全和社会安全的刑罚功能效益性。由此可见，重塑社区矫正惩罚功能的正当性，对于增强国家安全和社会安全的刑罚功能，对于维护社会安全稳定进而实现国家总体安全局面，都具有重要的实践意义。具体体现在：

第一，有助于强化国家安全和社会安全的刑罚惩罚功能。国家安全和社会安全的重要目标是保证社会公共安全；实现社会公共安全的重要任务是坚持遏制严重刑事犯罪；而遏制严重刑事犯罪的重要手段是实施刑罚惩罚功能。社区矫正作为现代非监禁刑罚执行制度，作为国家安全和社会安全的刑罚基础，如何发挥其应有的刑罚惩罚功能，非常重要的一个问题，就是要通过重塑社区矫正惩罚功能的正当性，从根本上改变惩罚功能缺失的法律缺陷和制度弊端，从法律设置和法律实施的层面，实现社区矫正惩罚功能正当性的理性回归。重塑社区矫正惩罚功能正当性的过程，实质上就是强化国家安全和社会安全刑罚惩罚功能的过程。它将有助于通过实施社区矫正惩罚功能，依法剥夺犯罪人的相关权益，依法作出对犯罪人的国家否定评价，依法落实犯罪人应当承担的刑事责任，依法修补犯罪人造成的社会创伤。① 以行刑社会化的非监禁刑罚执行方式，有力打击社会刑事犯罪和有效维护社会公平正义；以现代化法治化的社区矫正惩罚功能，为国家安全和社会安全提供坚强有力的刑罚保障。

第二，有助于深化国家安全和社会安全的刑罚防卫功能。国家安全和社会安全的刑罚功能，既包含刑罚惩罚功能，又包含刑罚防卫功能，两者相互依存相互配合，在不同方面发挥着共同的作用。其中，刑罚惩罚功能贯穿于国家刑罚本质，侧重于通过依法惩处社会犯罪，以彰显国家刑罚权威和震慑社会刑事犯罪，充分体现国家刑罚的法律公平和社会正义；刑罚防卫功能贯穿于国家刑罚目的，侧重于通过依法预防社会犯罪，以强化社会道德基础和促进社会秩序管控，充分体现国家刑罚的法律效果和社会功利。社区矫正作为行刑社会化的现代非监禁刑罚执行制度，它所具有的社会性和开放性的刑罚特征，对于深化国

---

① 参见刘政：《社区矫正惩罚功能正当性的法理研判和理性回归》，载《南海法学》2019 年第 1 期。

家安全和社会安全的刑罚防卫功能，具有独特的不可替代的功能作用。重塑社区矫正惩罚功能的正当性，将有助于促进刑罚惩罚功能与刑罚防卫功能的有机结合，有助于预防和减少社会刑事犯罪，有助于实现社会的和谐稳定和长治久安，为国家安全和社会安全提供持续有力的刑罚效能。

第四章　实现社区矫正惩罚功能正当性的法理重塑

社区矫正惩罚功能正当性，是衡量社区矫正刑罚理念的科学标准，是检验社区矫正刑罚实践的客观依据，它从根本上关系到社区矫正刑罚本质和刑罚目的的刑罚价值，从整体上影响着社区矫正刑罚功能和刑罚程序的刑罚效益。[①] 进行社区矫正惩罚功能正当性研究，就要深化社区矫正惩罚功能正当性的法理研判，推进社区矫正惩罚功能正当性的法理重塑，实现社区矫正惩罚功能正当性的理性回归，这是全面推进社区矫正改革发展的历史进程中，亟待研究解决的一个重大理论和重大实践问题。

一、社区矫正惩罚功能正当性的法理意涵

刑罚正当性理论作为现代刑罚理论体系的重要构成，作为现代法哲学领域和法社会学领域密切关注的时代命题，在刑罚正当性根据和刑罚正当性价值等方面，有着丰富的法理意涵和时代意涵。充分认识和科学运用刑罚正当性的法理意涵，是重塑社区矫正惩罚功能正当性的哲理依据和法理工具。

（一）社区矫正惩罚功能正当性的基本意涵

1. 正当性的基本意涵

正当性是社会生活和社会发展中的一个较为复杂的社会概念，国内外学者在不同视域和不同语境下，对正当性的概念定义和正当性的基本意涵，有着不

① 参见刘政：《论社会安全刑罚基础与社区矫正刑罚功能》，载《江海学刊》2019 年第 3 期。

同的理解或不同的阐释。其中,国外学者多从含义上具体阐述正当性的基本含义,而我国学者多从语义上直接阐述正当性的概念定义。

(1)关于正当性的概念定义。德国学者卡尔·施米特在其所著的《合法性与正当性》一书中指出,正当性与合法性这二者被归结为一个共同的正当性概念,而合法性本来恰恰意味着与正当性的对立。我国学者陈征楠从实践哲学的视角认为:“正当性(legitimacy)是实践哲学的基本概念,它大致是指对人类实践活动具有指导力的某种规范的合理效力和价值属性,该种效力或属性通常以此种规范事实上所获得的认同为现实表现。”①我国学者徐靖从理论与实践相结合的视角认为:“正当性乃合理性与合法性结合,既包括理论或道义上的正当,也包括法律或规范上的正当;既内蕴公平、正义等自然法理念,也涵盖政治权威、公民认同等实体法要求。”②我国学者刘杨则从理论层面和经验层面相综合的视角认为,正当性是在经验和理性两个维度上寻求最高的“合法性”。就经验层面,正当性表现为得到社会的普遍认同和尊重;就理性层面,正当性是经过道德论证而取得的合理性。这两方面共同构成了正当性概念的结构:①在理性层面,正当性要求一种客观要素——符合某种规范或客观标准,这可以说是西方古代自然法的核心诉求;②在经验层面,正当性要求一种主观要素——公众主观意志的表达(服从意愿的表达),这是西方近代社会契约论充分表达的正当性观念。③

(2)关于正当性的法理意涵。德国学者马克斯·韦伯作为集中系统阐述正当性的第一人,将正当性的法理意涵概括为合法统治的三种类型。他认为:“合理型统治是建立在统治者的章程所规定的制度和指令的合法性之上的;传统型统治是建立在一般的相信历来适用的传统的神圣性和传统授命实施权威的统治者的合法性之上;魅力型统治是建立在非凡的献身于一个人以及由他所默示和创立的制度的神圣性,或英雄气概、楷模样板之上。”④法学学者夸克从理论研

---

① 陈征楠:《法的正当性问题的道德面向》,中国政法大学出版社 2014 年版,第 22 页。

② 徐靖:《高校校规:司法适用的正当性与适用原则》,载《中国法学》2017 年第 5 期。

③ 参见杨福忠、郭庆珠:《公众意见征询的立法规范与制度选择——〈公众意见征询法〉立法基本问题研究》,载《南阳师范学院学报(社会科学版)》2013 年第 2 期。

④ 周力:《论公共行政价值对合法性的回应》,载《前沿》2008 年第 10 期。

究的视角来阐述正当性的法理意涵，他认为："合法性（正当性）问题，虽然是政治中的核心问题，但却并非为某一学科的排他性特征。哲学、政治学、法学、社会学、政治人类学，也同样将合法性作为优先研究对象。"①美国学者阿尔蒙德从公民与政治的关联性上，来阐释正当性与合法性的法理意涵，他认为："如果某一社会中的公民都愿意遵守当权者制定和实施的法规，而且还不仅仅是因为若不遵守就会受到惩处，而是因为他们确信遵守是应该的，那么，这个政治权威就是合法的。"②美国学者李普赛特从民主政治系统的合法性上，来阐述正当性的主要法理意涵。他认为，合法性是指政治系统使人们产生和坚持现存政治制度是社会的最适宜制度之信仰的能力。当代民主政治系统的合法程度，主要取决于解决造成社会历史性分裂的关键问题的途径。③

2. 刑罚正当性的基本意涵

刑罚正当性是国家政治法律社会正当性的重要构成，是正当性理念与合法性实践的理性融合。其中，国家政治法律社会正当性必然要求实现刑罚正当性，而刑罚正当性则必然促进国家政治法律社会正当性，两者之间具有互为关联互为作用的内在联系。

（1）关于刑罚正当性的核心意涵。英国学者威廉姆·威尔逊在其所著的《刑法理论的核心问题》一书中，在阐述刑罚正当性的核心意涵时指出，刑罚的正当性以应得之惩罚（desert）为核心。这一应得之惩罚的概念及其导致的许多矛盾，不可避免地引出了有关刑事责任的构造问题，而刑事责任构造又反过来暴露了许多其他问题。④ 在此基础上，威廉姆·威尔逊就如何使刑罚成为应得之惩罚，如何实现刑罚的正当性问题，着重从国家刑罚权力的正当性上阐述了刑罚正当性的核心意涵。加拿大学者大卫·戴岑豪斯也在其所著的《合法性与正当性：魏玛时代的施米特、凯尔森与海勒》一书中，在评判海勒的法律秩序正当性和法律理论核心意涵时认为：相比较而言，海勒的观点是对法律之正当性这

---

① 张烁：《政治合法性的法理思考》，载《社会科学研究》2008 年第 4 期。

② 敬海新：《政治合法性与改善民生》，载《行政论坛》2011 年第 4 期。

③ 参见刘杨：《正当性与合法性概念辨析》，载《法制与社会发展》2008 年第 3 期。

④ 参见［英］威廉姆·威尔逊：《刑法理论的核心问题》，谢望原等译，中国人民大学出版社 2015 年版，英文版序第 2 页。

个政治哲学核心问题的直接回应：事实上我们正生活在一个世俗和多元的时代，在此时代若再诉诸超越性的道德标准或诉诸传统都不能再取信于人了。海勒认为解决此问题的方法不仅仅是由国家建立起可供多元集团辩论诸社会问题的制度。在他看来，法律为解决（而不是逃避）政治紧张问题提供了一种制度化机制。合法性制度必须在关于制度本身是否符合法律之理想要求——符合民主主义和政治自由主义，关于自由和平等之公民的理想——这样的实践性政治问题上发挥作用。① 德国学者海勒在结合社会秩序阐述刑罚正当性核心意涵时认为：社会秩序的正当性取决于对权力的诉求和每一种社会与政治统治权力的有效性，这种社会与政治权力创设了某一具体的秩序并实际地掌控了该秩序。每一种持久性的政治权力都应当以一种规则治理式的社会秩序的形式表现出来。②

综上所述，英国学者威廉姆·威尔逊以应得之惩罚为刑罚正当性核心意涵的论述，加拿大学者大卫·戴岑豪斯以制度合法性为刑罚正当性核心意涵的论述，德国学者海勒以政治统治权力规则治理式的社会秩序为刑罚正当性核心意涵的论述，这些论述虽然在形式上反映了刑罚正当性核心意涵的差异性，但在实质上体现了刑罚正当性核心意涵的同一性。其同一性的核心意涵在于，从刑罚责任、刑罚权能和刑罚规则上，都不同程度和不同角度地强调了刑罚正当性与刑罚合法性的紧密联系。

（2）关于刑罚正当性的基本形式。刑罚的正当性归属于法律的正当性或司法的正当性，法律正当性形式或司法正当性形式，一般意义上包含了刑罚正当性形式。因而国内外学者对刑罚正当性的这一基本形式，有着多种角度多种语境的阐述。例如，德国学者马克斯·韦伯对刑罚正当性基本形式所做的经典论述是："现今最流行的正当性形式就是对合法性的信仰。"③加拿大学者大卫·戴岑豪斯在论述法律正当性形式时提出："我们可以对海勒的法律的正当性观点

① 参见［加］大卫·戴岑豪斯：《合法性与正当性：魏玛时代的施米特、凯尔森与海勒》，刘毅译，商务印书馆2015年版，第300页。

② 参见［加］大卫·戴岑豪斯：《合法性与正当性：魏玛时代的施米特、凯尔森与海勒》，刘毅译，商务印书馆2015年版，第213页。

③ ［德］卡尔·施米特：《合法性与正当性》，冯克利等译，上海人民出版社2015年版，第102页。

作这样的理解，即只有当法律的目标是将伦理人格现实化的时候，该法律才可以被认为具有了正当性或权威性。在法律实现该目标的过程中，该目标被具体化于法律之中，法律对于理解何为公民义务的公民来说，就具有道德的意义。”①戴岑豪斯同时认为：“公民们享有评价每一部法律的权利，在他们认可合法性的道德要求——即法律秩序的正当性的同时，他们也做好了遵守法律的准备，除非该法律突破了法律良知所设定的理性界限。”②我国学者王立峰在阐述司法正当性基本形式时提出：“在现代社会司法正当性主要通过‘合法律性’的形式表现出来。近代以后的西方社会，基本上是以法律规则体系作为正当性建立的最重要依据，也就是韦伯所分析的法理型统治类型。在法理型统治中，统治者和被统治者主要是依据程序、制度来达到政治共识。人民服从一个司法权威，要看这个司法权威是如何运行的，即命令如何输出，过程如何，结果如何。”③我国学者刘杨则从正当性与合法性的内在联系来阐述刑罚正当性的基本形式，他认为：在现代社会，正当性主要通过合法性来体现，但这不应使正当性自身丧失立足之地。换言之，合法性虽然是正当性的重要形式，但既不能把合法性混同于正当性，也不能用合法性代替正当性。此种混同或代替的危害在于：离开正当性的合法性就可能成为单纯的政治工具；而离开合法性的正当性也是空中楼阁。④

综上所述，德国学者马克斯·韦伯认为合法性是最流行的正当性形式；加拿大学者大卫·戴岑豪斯认为当法律目标实现伦理人格现实化时才能具有正当性；我国学者王立峰认为司法正当性主要通过“合法律性”来表现；我国学者刘杨认为离开合法性的正当性是空中楼阁。这些论述虽然角度不同或语境不同，但却集中地阐明了刑罚正当性实现或刑罚正当性表现的基本形式——刑罚合法性。在现代刑罚实践中，理论上的刑罚正当性基本形式，界定了实践中的

---

① ［加］大卫·戴岑豪斯：《合法性与正当性：魏玛时代的施米特、凯尔森与海勒》，刘毅译，商务印书馆2015年版，第252页。

② ［加］大卫·戴岑豪斯：《合法性与正当性：魏玛时代的施米特、凯尔森与海勒》，刘毅译，商务印书馆2015年版，第248页。

③ 王立峰：《法治中国》，人民出版社2014年版，第188页。

④ 参见刘杨：《正当性与合法性概念辨析》，载《法制与社会发展》2008年第3期。

刑罚正当性基本形式。具体而言,刑罚正当性的基本形式,主要表现为刑罚设置的合法性、刑罚裁量的合法性、刑罚执行的合法性,并在刑罚执行实践中,具体表现为刑罚执行程序的合法性和刑罚执行结果的合法性。

3. 惩罚功能正当性的基本意涵

社区矫正作为国家刑罚执行制度体系的重要构成,社区矫正惩罚功能作为国家刑罚执行功能体系的重要内容,惩罚功能正当性与社区矫正制度正当性的内在联系充分表明,其惩罚功能正当性的基本意涵,主要蕴含于刑罚本质、刑罚目的、刑罚功能的诸多方面。

(1)惩罚功能正当性与刑罚本质正当性。在现代刑罚实践中,无论是监禁刑还是非监禁刑,任何刑罚执行制度都具有刑罚惩罚的本质属性;任何刑罚执行制度其固有的刑罚本质,都确定了其应有的惩罚功能。刑罚执行制度与刑罚本质属性的关联性,刑罚本质与惩罚功能的关联性,必然形成惩罚功能正当性与刑罚本质正当性的相互依存关系。如果社区矫正偏离了固有的刑罚本质,混淆了刑罚制度与强制措施的法律边际,并按照混淆了的法律边际来确定模糊的惩罚功能,这必然导致社区矫正刑罚本质的非正当性;而如果社区矫正偏离了应有的惩罚功能,偏离了社区矫正固有的刑罚本质,并按照偏离了的惩罚功能来贯彻偏离了的刑罚本质,则必然产生社区矫正惩罚功能的非正当性。由此可见,在社区矫正惩罚功能正当性的基本含义中,社区矫正刑罚本质正当性确定并规制于社区矫正惩罚功能正当性,而社区矫正惩罚功能正当性取决于并体现于社区矫正刑罚本质正当性。①

(2)惩罚功能正当性与刑罚目的正当性。在现代刑罚实践中,报应主义惩罚观的刑罚目的与功利主义惩罚观的刑罚目的,虽然两者之间在刑罚目的实施内容和实施方式上存在差异性,但两者在惩罚犯罪和预防犯罪的价值取向上,却具有相当程度上的同一性。因而无论是监禁刑还是非监禁刑,任何刑罚执行制度的刑罚目的,都必然要求通过实施惩罚功能来实现,同时必然要求依据刑罚目的来规制惩罚功能。刑罚目的与惩罚功能的关联性,则又必然形成刑罚目

① 参见刘政:《社区矫正惩罚功能正当性的法理研判和理性回归》,载《南海法学》2019 年第 1 期。

的正当性与惩罚功能正当性的相互作用关系。如果社区矫正刑罚目的,偏离了正确的社区矫正刑罚方向,无论是产生了重刑罚惩罚而轻刑罚防卫的刑罚倾向,还是产生了重预防犯罪而轻惩罚犯罪的刑罚倾向,都将严重影响到社区矫正刑罚目的的正当性;而如果社区矫正惩罚功能,偏离了正确的社区矫正刑罚目的,无论是产生了惩罚功能泛滥或惩罚功能缺失的刑罚倾向,还是产生了重监督管理而轻教育矫正或重教育矫正而轻监督管理的刑罚倾向,不仅将直接影响到社区矫正惩罚功能正当性,还将不可避免地最终影响到社区矫正刑罚目的的正当性。由此可见,在社区矫正惩罚功能正当性的基本含义中,社区矫正刑罚目的正当性,将从根本上确立社区矫正惩罚功能正当性的价值取向;而社区矫正惩罚功能的正当性,则是社区矫正刑罚目的正当性的实现路径。

(3)惩罚功能正当性与刑罚功能正当性。在现代刑罚实践中,刑罚功能是刑罚制度体系的基本构成,惩罚功能是刑罚功能体系的基本构成,刑罚制度体系与刑罚功能体系之间的这种层级关系,惩罚功能与刑罚功能之间的这种隶属关系,必然形成刑罚功能正当性与惩罚功能正当性的整体融合和结构协调关系。[①] 在这个刑罚功能体系中,社区矫正基于刑罚惩罚的本质属性,惩罚功能通常在社区矫正各项刑罚功能中居于牵动全局的主体地位。如果社区矫正刑罚功能偏离了国家刑罚功能体系的合理架构,无论是过度强化惩罚犯罪功能或是过度弱化惩罚犯罪功能,还是过度强化预防犯罪功能或是过度弱化预防犯罪功能,都将不同限度地破坏国家刑罚功能体系的结构融合和结构平衡,严重影响社区矫正刑罚功能体系的正当性;而如果社区矫正惩罚功能偏离了刑罚功能体系的合理定位,无论是缺失惩罚功能实施的合理量度,还是泛滥惩罚功能实施的合理量度,都将在相当程度上制约刑罚功能体系的法律效果和社会效果,直接影响社区矫正惩罚功能的正当性。由此可见,在社区矫正惩罚功能正当性的基本含义中,没有社区矫正刑罚功能体系的正当性,就没有社区矫正惩罚功能的正当性;而不能实现社区矫正惩罚功能的正当性,也就不可能建构社区矫正刑罚功能体系的正当性。

---

① 参见刘政:《社区矫正惩罚功能正当性的法理研判和理性回归》,载《南海法学》2019 年第 1 期。

(二)社区矫正惩罚功能正当性的理论架构

1. 惩罚功能正当性的横向理论结构

社区矫正惩罚功能正当性作为一个刑罚理论概念体系,其理论体系构成形式,首先表现为惩罚功能正当性的横向理论结构。国内外学者多以宏观的、抽象的论证方法,围绕刑罚制度正当性与刑罚结果正当性的横向理论联系,来进行惩罚功能正当性的理论分析和理论概括。而由于其理论视角的不同和理论方法的不同,对刑罚功能正当性横向理论结构的理论阐述亦有区别。

(1)惩罚功能的形式(程序)正当性与实质(实体)正当性。在现代刑罚实践中,社区矫正惩罚功能正当性,其内部理论构成,主要包括形式正当性与实质正当性、程序正当性与实体正当性。在法理学和法哲学概念上,形式(程序)正当性与实质(实体)正当性两者之间是一个辩证统一体,共同影响着社区矫正惩罚功能的正当性。关于两者之间的相互联系和相互作用,我国学者公丕祥曾在论述能动司法与司法正义的作用关系时指出:"司法的实质正义通过司法的形式正义表现出来,司法的形式正义则必须以司法的实质正义为其存在的根据和前提。"①具体表现在:

第一,关于形式(程序)正当性。社区矫正惩罚功能的形式(程序)正当性,主要通过惩罚功能法律设置和法律规则的"合法律性"表现出来,它为实施惩罚功能提供法律前提和法律依据。形式(程序)正当性理论,源自英美法系国家以经验主义为主导的法哲学思想,以及由此形成的"程序先于权利"的伦理传统。例如,英国学者格兰德在论述法律惩罚正当理由时指出:"我们所说的惩罚现象过于简单,事实上,惩罚是一系列的复杂的相互关系的过程和制度,而不是一个始终如一、保持不变的对象或事件。"②美国学者约翰·罗尔斯则在《正义论》中,依据正义理论将程序正义看作"评价制度正义的最基本,甚至是唯一的标准,因为任何规范所体现的正义不通过一定的程序便无法得以实现,甚至无法对其正

① 公丕祥:《当代中国能动司法的意义分析》,载《江苏社会科学》2000 年第 5 期。

② Robert Adams, *The Abuse of Punishment*, Macmillan Press Ltd., 1988, p. 3 - 25.

义性加以实际的评价”。[①] 由此可见,在社区矫正惩罚功能正当性的内部理论构成上,形式(程序)正当性是实现法律公平和社会正义的重要形式和重要依据;在社区矫正惩罚功能正当性的外部理论形态上,形式(程序)正当性较之于实质(实体)正当性,有着更为权威更为充分的理论评价效果。

第二,关于实质(实体)正当性。社区矫正惩罚功能实质(实体)正当性,主要通过惩罚功能的法律实施和法律结果来实现,它为惩罚功能提供价值标准和实践途径。实质(实体)正当性理论,源自大陆法系国家以理性主义为主导的法哲学理念,以及由此形成的实质(实体)公正优于形式(程序)公正的理论主张。我国曾有学者依据实质(实体)公正优先的理论,在阐述平衡实质(实体)公正与形式(程序)公正的理论方式时认为:首先,司法的实体公正具有优先性,失去实体公正,司法也就没有存在的实际价值,这是程序公正所不能取代的。只有真正实现实质正义,才能更好地维护和实现社会的公平正义,这是践行新型司法理念的应有之义。其次,强调实体公正的优先性,更要注重程序公正的可能性。能动司法在追求实体公正的过程中推行的一系列举措需要程序性的制度保障,具体实践过程中要树立程序观念,对程序进一步完善和优化,因为实体上的判断体现的是一种价值追求,而最终所有问题又会回到程序上。[②] 由此可见,在社区矫正惩罚功能正当性的内部理论构成上,实质(实体)正当性与形式(程序)正当性之间,具有相互依存、相互作用的紧密联系。两者的体制平衡和机制衔接,在实现社区矫正惩罚功能正当性的法律实践中,必然产生积极的法律效果和社会效果。

(2)惩罚功能的法律结果正当性与社会认同正当性。在现代刑罚实践中,社区矫正惩罚功能正当性,其内部理论构成,同时包括法律结果正当性和社会认同正当性。我国学者王立峰提出,司法正当性包括基于法律的正当性与基于社会认同的正当性。一般认为,司法正当性应该建立在合法律性(legality)的基础上,但也追求社会认同。当然,这是一种有限的社会认同。从逻辑上看,司法

① 姚莉:《司法公正要素分析》,载《法学研究》2003 年第 5 期。

② 参见汪振江、王更:《能动司法:程序公正与实体公正的平衡》,载《兰州大学学报(社会科学版)》2011 年第 6 期。

正当不仅是司法机关适应社会需要，保证司法权威的重要手段，而且也是司法机关通过社会推动政治改革，规范其他国家机关的政治行为，保证司法在政治中的权威地位的手段。显然，通过诉诸司法正当，我们可以清楚地看到，司法机关正在追求的是基于社会认同的正当性。[①]

法律结果正当性和社会认同正当性，作为惩罚功能实施结果中的一种横向连接关系，直接体现的是惩罚功能实施的法律结果正当性，具体表现的则是惩罚功能价值的社会认同正当性。其中，法律结果正当性为社会认同正当性提供理性评判依据；而社会认同正当性为法律结果正当性提供理性评判基础。学界之所以将法律结果和社会认同都归结为惩罚功能的实质（实体）正当性，是基于社会民众作为实施惩罚功能的社会基础，对惩罚功能实质（实体）正当性的主观评判，必然影响到实质（实体）正当性的客观效果。因为，“司法公正不仅是对一个纠纷的是非对错的正确评判，而且与社会公平正义密切相连，甚至本身就是社会公平正义的重要内容，不得不顾社会公平正义孤立地看待司法公正：司法是否公正主要由人民群众来评判”。[②] 由此可见，在社区矫正惩罚功能正当性的横向理论结构中，无论是惩罚功能形式（程序）正当性，还是惩罚功能实质（实体）正当性；无论是惩罚功能法律结果正当性，还是惩罚功能社会认同正当性，最终都取决于社会民众对社区矫正惩罚功能正当性，所能产生的刑罚价值和刑罚基础的理性评判。

2. 惩罚功能正当性的纵向理论结构

社区矫正惩罚功能正当性作为一个刑罚理论概念体系，其理论体系构成形式，同时表现为惩罚功能正当性的纵向理论结构。国内外法学界一般以微观的具体的论证方法，围绕刑罚设置、刑罚裁量、刑罚执行的层次性，围绕刑罚本质、刑罚目的、刑罚功能的连接性，来阐述社区矫正惩罚功能正当性的内部理论构成要素的纵向理论联系。

（1）惩罚功能正当性运行机制的纵向理论结构。在现代刑罚实践中，任何

---

① 参见王立峰：《法治中国》，人民出版社2014年版，第188页。

② 胡云腾：《公正司法重在契合人民群众的公平正义观念》，载《法制日报》2013年8月14日，第9版。

一项刑罚制度的法律运行，都必须遵循其运行规律和运行机制，这是体现和保障其刑罚制度正当性的必然要求。其中，社区矫正惩罚功能作为刑罚执行制度的重要构成，同样需要建立和完善其必要的运行机制。从根本意义上来讲，制度运行机制意味着制度确立，制度确立意味着制度程序，制度程序意味着制度效益，这就是社区矫正惩罚功能正当性在纵向结构中的意义所在。我国学者邱兴隆曾在其进行的刑罚功能纵向考察中，将刑罚功能纵向运行机制概括为三项功能：①一是制刑的功能（包括立法一般鉴别功能、立法一般威慑功能）；二是量刑的功能（包括量刑个别鉴别与量刑个别威慑；量刑一般鉴别与量刑一般威慑；补偿与安抚，稳固、强化、促进与鼓励）；三是行刑的功能（包括行刑对犯罪人的功能、行刑对潜在犯罪人的功能、行刑对受害人的功能、行刑对一般守法者的功能、行刑对国家的功能）。邱兴隆上述有关刑罚功能运行机制的纵向考察，实际上揭示了社区矫正惩罚功能正当性机制运行的纵向结构。

在这个纵向结构中，惩罚功能法律设置的正当性，作为惩罚功能正当性的前置条件和首要环节，为刑罚裁量正当性提供法律依据；惩罚功能法律适用的正当性，作为惩罚功能正当性的衔接条件和中间环节，为刑罚执行正当性提供法律基础；而惩罚功能法律执行的正当性，作为惩罚功能正当性的验证条件和终结环节，则为刑罚设置正当性提供法律结果。在这个纵向结构中，惩罚功能的刑罚设置、刑罚裁量和刑罚执行，它们三者之间的相互依存和相互作用，必然形成各环节之间的相互衔接和相互循环；而其各环节之间的优化衔接和良性循环，又必然导致社区矫正惩罚功能正当性，在纵向结构上的运行机制科学性和合理性。

（2）惩罚功能正当性实现路径的纵向理论结构。在现代刑罚实践中，任何一种刑罚制度的价值取向，都必须体现其刑罚本质、刑罚目的和刑罚功能的合法性与效益性，这是坚持和实现刑罚制度正当性的必要途径。其中，社区矫正惩罚功能作为刑罚功能体系的重要构成，同样需要确立其必要的实现路径。我国学者胡志军围绕刑罚功能实现的基本原则和系统结构，从五个方面提出了刑

① 参见邱兴隆：《刑罚理性泛论——刑罚的正当性展开》，中国检察出版社2008年版，第13－18页。

罚功能的实现路径：[1]一是正确认识刑罚的功能（正确认识刑罚功能的概念、类型、内容和体系；正确认识刑罚功能的影响因素、基本原则和系统结构）；二是确立适当的刑罚功能实现目标（以人们所期望并促使刑罚产生的积极的社会作用，作为刑罚功能实现的努力方向）；三是合理利用影响刑罚功能实现的因素（遵循适度性原则，运用系统思维，努力把握其积极影响因素和化解其消极影响因素）；四是全面实现刑罚的功能（全面实现刑罚在特定情况下所具有的各种功能）；五是科学评估刑罚功能的实现（对刑罚功能所转化的刑罚效果进行评价和估测）。

国内外学者虽然对惩罚功能正当性的实现路径，有着不同的设想或不同的规划，但通常都离不开目标的确定、任务的实施、成果的评估等三个主要步骤。从这个意义上来讲，社区矫正惩罚功能正当性的实现路径，作为一个既复杂又具体的系统工程，启动这项工程的工作步骤，实际上表明了其合理的纵向结构。纵向结构的合理性主要包括：首先，具有纵向结构的整体性，从确定目标、实施任务到评估成果，只要围绕主题和明确任务，就能构建实现惩罚功能正当性的有机整体；其次，具有纵向结构的层次性，从确定目标、实施任务到评估成果，只要环环紧扣和步步深入，就能规范实现惩罚功能正当性的运行秩序；最后，具有纵向结构的渐进性，从确定目标、实施任务到评估成果，只要遵循规律和循序渐进，就能形成实现惩罚功能正当性的稳步发展。

二、实现社区矫正惩罚功能正当性的理性回归

针对我国当前社区矫正惩罚功能方面存在的法律缺陷和制度弊端，进行社区矫正惩罚功能正当性的法理重塑，其实质在于对社区矫正惩罚功能正当性的理性思维和理性选择，关键是要以理性的法律思维对现行惩罚功能进行理性的评判，目标是要以理性的法律认证对完善惩罚功能进行理性的选择，在此基础上实现社区矫正惩罚功能正当性的理性回归。

---

① 参见陈征楠：《法正当性问题的道德面向》，中国政法大学出版社2014年版，第42页。

(一)社区矫正惩罚功能正当性的理性思考

1. 理性思维的理论意涵

在现代社会生活和现代社会评判中,“理性(reason)是人们最常使用的概念之一,围绕理性这一概念的讨论,基本指向相差不远,大致都是指人作为一种特殊的存在者所拥有的能力,而且,这种能力是其他物种所不具备的”。① 而由理性概念引申的理性思维,通常是指人们针对社会生活中可能产生的某种行为和某种结果,为寻找正确理由和进行正确决策,所进行的自觉的理性思考和理性判断活动。理性思维源自社会生活、作用于社会生活,并与社会生活中的公平正义有着密切的联系。正如印度学者阿玛蒂亚·森在《正义的理念》一书中所提及:“建立正义理论需要将缘由引入对公正和不公正的探讨中。千百年来,世界各地研究正义问题的学者一直致力于由对不公正感的泛泛而谈,转向对不公正问题的具体而理性的判断,以及对于推动公正方法的分析。全世界范围内,对于公正与不公正问题的理性思考可谓源远流长,其中不乏关于公正缘由的真知灼见。”②

理性思维作为一种科学的思维方式和现代的思维体系,无论是在结构上还是在内容上,都有着丰富的理论意涵。“在近现代思想史中,一般认为,实践意义上的理性与认识意义上的理性相对应,共同构成人类理性的两种功能:认识功能和意志功能。”③其中,由于实践意义上的理性,更多地体现了人类控制自身行为的能力,更好地显现了人类理性的意志功能,故而人们在社会生活中较为注重实践意义上的理性运用。为此,德国学者哈贝马斯试图构建一种实践理性的运用框架,这种框架必须具有足够的包容性,以便能够将不同传统中的各种观点和学说接纳并涵盖。从“理想类型”的意义上,他将人类实践理性的运用分为三种:道德的(moral)、伦理的(ernical)和实用的(pragmatic),三种运用均是为

---

① 陈征楠:《法正当性问题的道德面向》,中国政法大学出版社 2014 年版,第 42 页。
② [印]阿玛蒂亚·森:《正义的理念》,王磊、李航译,中国人民大学出版社 2012 年版,第 4 页。
③ 陈征楠:《法正当性问题的道德面向》,中国政法大学出版社 2014 年版,第 46 页。

了解决"人应该做什么"的问题，分别对应于公正、善与合目的性三种独立的理念。[①] 但在社会生活的具体实践中，在如何对待实践理性的运用框架问题上，人们往往由于多种理论因素和现实因素的影响，而自觉或不自觉地进行实践理性的运用选择。其结果则通常表现为某种运用选择可能是对该实践理性的肯定，而另一种运用选择则可能是对该实践理性的否定。尽管如此，人们在现实生活中，往往还是更多地关注现实因素的影响，较为注重实用主义支配下的实践理性运用。不过，虽然在特定的经验性目的被设定的情况下，实践理性的实用主义运用可能取得相应的能力效果；但在特定的经验性目的发生变化的情况下，实践理性的实用主义运用则可能丧失相应的能力效果。

2. 理性选择的理论依据

由实践意义上的理性与认识意义上的理性所形成的理性思维，在社会实践中进行理性选择时，都应体现其原有的理论渊源，并贯穿其现有的理论依据。这个理论渊源和理论依据，就是理性选择理论。"理性选择理论是作为当代社会科学中关于人类行为的最具普适性、最为详尽的，也最具相对独立性的理论。"[②]根据社会学家芭芭拉·米兹太尔(Barbara Misztal)的观点：理性选择理论因其"动机模型"的高雅和简洁而引人注目，也就是个体行为者所作出的理性选择。对理性选择理论的最佳理解是，它是对先前宏观结构理论和功能主义理论的一种回应，该理论的主要特点是，从社会学视角出发对犯罪原因和犯罪预防提出犯罪思想。同时，理性选择理论开始在政策和政治领域中流行，这是对20世纪70年代中后期在英、美等国家中出现的一系列问题的最简洁有力的回答。[③]

在近现代社会进化思想史和刑罚理念进化史中，理性选择理论作为最具相对独立性的理论，它与古典主义理论有着密切的内在联系。但在现代社会发展过程中，"无论是理性选择理论还是古典主义理论，'理性'都可以从功利的角度

---

① See Jurgen Habermas, *Justification and Application: Remarks on Discourse Ethics*, tr. Ciaran, Cambridge: Polity Press, 1993, p. 2.

② [英]戈登·休斯：《解读犯罪预防——社会控制、风险与后现代》，刘晓梅、刘志松译，中国人民公安大学出版社2009年版，第84页。

③ 参见[英]戈登·休斯：《解读犯罪预防——社会控制、风险与后现代》，刘晓梅、刘志松译，中国人民公安大学出版社2009年版，第83页。

上理解为是对个体经过计算之后对某选项偏爱的满足。这样，理性的构成在于选择最有可能创造出（对于自己而言）最大效益的行动。”①从这个意义上来理解，理性选择理论的倡导和应用，既是社会生活理性思维的实践途径，又是社会实践理性选择的理论依据，更是社会发展实践理性的价值追求。依据理性选择理论的基本原理，对实践意义上的理性或认识意义上的理性进行理性选择，对实践理性中的道德理性、伦理理性或实用理性进行理性选择，进而对国家治理理性和社会治理理性进行理性选择，对法律制度理性和法律实施理性进行理性选择，都将有助于形成理性选择能力和实现理性选择效果，最终体现为促进社会公平正义和社会文明进步的理性选择最佳效益。

3. 惩罚功能正当性的理性思维和理性选择

现代社会实践与现代刑罚实践，作为一个关系社会文明进步的共同体，两者之间居于包容与被包容的共生关系。基于这种特有的共生关系，社会理性思维的内容包括法律思维，社会理性选择的对象包括法律选择，理性思维和理性选择的价值取向，最终指向社会公平与社会正义。在理性思维和理性选择这对社会耦合关系中，理性法律思维是理性法律选择的思想前提，它为实现理性法律选择提供理论依据；而理性法律选择是理性法律思维的实践基础，它为验证理性法律思维提供实践依据。基于两者之间的辩证关系，国内外学者更多地关注法律思维与法律选择相结合、理性向度与实践向度相结合的理论研究和实践探索。关于理性思维和理性选择的社会功能，正如德国古典哲学创始人康德曾在论述思辨理性与实践理性时所指出：“当我们拒绝了思辨理性在那个超感性领域里的活动之后，还需要再做一件事情，也就是进行一项考察，看看理性的实践认识能否为我们提供一些根据，以便我们能够对这个无条件者之超越的理性概念作一些规定，并且通过这种方式，以那些我们仅仅在实践理性的含义上才能拥有的先天认识，使人的理性活动越过经验的界限，从而满足人类所持有的形而上期望。”②在现代社区矫正惩罚功能正当性实践中，这种理性思维和理性

① ［英］戈登·休斯：《解读犯罪预防——社会控制、风险与后现代》，刘晓梅、刘志松译，中国人民公安大学出版社2009年版，第84页。

② Kant, kritik der reinen Vernunft, Hamburg: Verlag vonFelix Meiner, 1956, S. 22 – 23.

选择的作用对象，主要包括刑罚目的和刑罚功能两个方面。

（1）社区矫正刑罚目的的理性思维和理性选择。刑罚制度作为国家法律体系的重要构成，在我国现代刑罚实践中，如何实现其刑罚目的的正当性，尤其需要增强理性的法律思维并进行理性的法律选择。因为，“虽然从历史的角度看，我国刑罚的理念有所增强，但是总的来看，在刑罚工具观念与理性刑罚观念之间，当前我国刑法领域，仍以刑罚工具观念为主导，理性刑罚观念居于次要地位。刑罚仍然被视为实现国家统治和进行社会治理的重要手段，尤其是当社会出现非常情况时，刑罚往往是进行社会控制的首选手段”。[①] 在特定的历史条件下，由于刑罚工具观念往往覆盖理性刑罚观念，这就难免使国家决策机关在确定刑罚目的时，在某些方面可能失去理性的法律思维和理性的法律选择。没有理性的法律思维和理性的法律选择，就不可能实现社会认同的刑罚目的正当性，这是由于“刑罚的正当性与否取决于能否被社会所认同、接受。这种刑罚价值理论获得正当地位后，刑罚的外在法律性、政治性就会转化成内在的道德力量，因为人们对于刑罚的服从便从外在强制于人身的组织压力，转化为人内心的服膺、顺从、赞同和支持。”[②]由此可见，当前在我国社会转型变革的关键历史阶段，只有在确定社区矫正刑罚目的的过程中，不断增强理性的法律思维和进行理性的法律选择，才能不断实现刑罚目的的正当性，更好地协调各种社会关系和化解各种社会矛盾，使刑罚真正成为得到社会认同的、有利于维护社会稳定的重要基石：也只有通过理性的法律思维和进行理性的法律选择，真正实现社区矫正刑罚目的的正当性，才能为社区矫正惩罚功能正当性的理性回归，提供理性的刑罚价值和理性的社会认同。

（2）社区矫正刑罚功能的理性思维和理性选择。社区矫正作为国家刑罚制度的重要构成，在我国刑罚实践中，如何实现其惩罚功能的正当性，同样需要增强理性的法律思维和进行理性的法律选择。因为，社区矫正作为一种刑罚执行方式，其正当性不等同于国家刑罚本身的正当性。制度的理性在于实现权利正

---

① 张娜：《刑法规制科研不端行为之我见》，载《西安电子科技大学学报（社会科学版）》2014 年第 4 期。

② 翟中东：《刑罚问题的社会学思考：方法及运用》，法律出版社 2010 年版，第 164 – 165 页。

义和社会公正，制度的正义必须从社会和制度之间的互动关系中思考，社区矫正的正当理论至少应该得到社会正义分析的三重检验。换言之，社区矫正制度理性的正义性讨论不应该仅仅停留在社区矫正的程序机制中，还应该到社区矫正制度机制的价值、规范和社会功能中去寻找。[①] 由此可见，评判社区矫正惩罚功能的正当性，尤其要依据理性的法律思维和理性的法律选择，从社会制度与刑罚制度、刑罚目的与刑罚功能的互动过程中，去集中考察惩罚功能实施结果的刑罚公平和社会正义。当前我国社区矫正惩罚功能泛滥或缺失现象，实质则反映了法律思维和法律选择上的非理性。因为，惩罚功能泛滥或缺失必然损益社区矫正的公平正义，损益公平正义必然异化社会民众对社区矫正的制度认同和刑罚信念，得不到社会认同的社区矫正刑罚目的必然属于非理性。我们只有坚持理性的法律思维和理性的法律选择，围绕刑罚公平和社会正义这个核心价值，去理性评判和理性协调惩罚功能的法律设置和法律实施，社区矫正惩罚功能的正当性，才有可能成为国家认可和社会认同的社会现实。

（二）社区矫正惩罚功能正当性的理性论证

1. 理性论证是实现惩罚功能正当程序的必要途径

重塑社区矫正惩罚功能正当性的重要途径，是要依据理性法律思维和理性法律选择的基本要求，对现行的惩罚功能状况和未来的惩罚功能趋势，进行法律层面和社会层面的理性论证，从中验证正当性理由，为实现惩罚功能正当性，提供理论依据和实践依据。关于理性论证对于实现社区矫正惩罚功能正当性的理论意义，我国学者陈金钊在阐述论证原理时指出："论证存在于法律活动的一切场景，适用于多种场合，有立法、司法适用与司法决定、法学教育和法学研究。"[②]我国学者王立峰则着重从理论与实践相结合的层面，在阐述理性论证对于惩罚正当性的意义时认为：从理论到实践，惩罚的正当性都需要证明。这种证明需要回答以下四个问题：①在人类思想上，惩罚的正当性可曾被证明过？如果被证明过，惩罚的正当性是什么？是如何证明的？②什么形式的惩罚是正

---

① 参见贡太雷：《惩戒·法治·人权》，西南政法大学 2014 年博士学位论文。

② 陈金钊主编：《法律方法论》，中国政法大学出版社 2007 年版，第 191 页。

当的？这种惩罚是否必然带来痛苦？③谁拥有处罚的权利？是国家还是其他组织或个人？④如果国家拥有惩罚的权利，有权利惩罚谁？如何合理限制国家惩罚的权利？[1] 德国学者罗伯特·阿列克西还从普遍实践论辩性质的角度看法律论辩的必要性，他为此阐述的理由是：基于普遍实践论辩的性质所存在的非确定性(unsicherheit)，从来就不可能彻底被排除。然而，作为法律论证的基础，普遍实践论证则必须(尤其是)借助作为法学的法律论辩之制度化来进行，而且在相当程度上要在提高法律论证之功用力的条件下进行。[2]

理性论证框架下的法律论证的普适性和合理性，充分表明了惩罚功能正当性与法律论证必要性之间的相互依存和相互作用关系。这主要表现在，在社区矫正惩罚功能正当性的法理重塑过程中，必须弄清惩罚功能正当性的实质意涵，弄清惩罚功能正当性的实施现状，弄清惩罚功能正当性的影响因素，弄清惩罚功能正当性的评价标准，弄清惩罚功能正当性的实现路径，弄清惩罚功能正当性的价值取向，弄清楚惩罚功能正当性的发展趋势，弄清惩罚功能正当性的改革举措，等等。弄清楚以上这些问题后，就需要以理性法律思维和理性法律选择为基础，对其进行理性的、客观的、全面的法律论证。只有通过理性而又严谨的法律论证，社区矫正惩罚功能正当性的重塑，才能取得科学的实证依据，才能实现正确的发展路径。而社区矫正惩罚功能正当性的法理重塑，如果忽视了法律论证这个重要程序，或者忽视了法律论证的科学方法和合理应用，则社区矫正惩罚功能正当性将失去其赖以依存的理论依据和实践依据。

2. 理性论证是确立刑罚惩罚正当根据的必然要求

重塑社区矫正惩罚功能正当性的主要内容，是要依据理性法律思维和理性法律选择的基本要求，对犯罪认定条件和刑罚惩罚根据，进行法律设置层面和法律实施层面的理性论证，从中探寻正当性理由，为实现惩罚功能正当性，提供正当犯罪认定根据和正当刑罚惩罚根据。在现代刑罚实践中，根据什么来认定犯罪，根据什么来实施惩罚，是国内外刑法学界高度关注，而又直接关系到惩罚功能正当性的重大理论问题和重大实践问题。德国学者罗尔斯曾在其所著的

---

① 参见王立峰：《惩罚的哲理》(第2版)，清华大学出版社2013年版，第5页。

② 参见魏胜强：《法律论证的相对合理性》，载《法律方法》2005年第1期。

《两种规则概念》一书中提出:"惩罚问题一直是一个令人困惑的道德问题。关于惩罚的困惑不在于人们在惩罚是否具有正当性上持有不同意见……很少有人完全拒绝惩罚……困难在于如何证明惩罚的正当性;道德哲学家们为此进行了各种各样的争论,提出了各种各样的理论,但没有一种理论获得普遍的接受,没有一种理论能够远离嫌恶。"①这些刑罚惩罚的种种困惑,主要缘由在于主张刑罚惩罚正义化的报应主义惩罚观与主张社会利益最大化的功利主义惩罚观的理论分歧,重点表现在犯罪认定条件和刑罚惩罚根据上。我国学者董淑君曾就此指出:犯罪和刑罚作为刑法的两大基石,共同组成了刑法大厦。两者相互依存。犯罪是刑罚的原因,刑罚是犯罪的法律后果。罪和刑之间天然的因果关系决定了,在寻找国家刑罚权根据时,不可能会脱离开罪刑之间的这种天然关系,而纯粹地去谈论刑罚。因此,刑罚的首要根据应该在刑罚关系中,这是毋庸置疑的。②

社区矫正蕴含其中的犯罪认定条件和刑罚惩罚根据之间的因果关系,必然形成确立惩罚功能正当性的法理依据;而确立惩罚功能正当性的法理依据,必然要求进行犯罪认定条件和刑罚惩罚根据的理性论证。因为,犯罪认定条件决定着刑罚惩罚对象的准确性,刑罚惩罚根据又决定着刑罚惩罚程度的合理性,从一定意义上来讲,犯罪认定条件正当性和刑罚惩罚根据正当性,从根本上影响着惩罚功能法律设置和法律实施的正当性。为此,在社区矫正惩罚功能正当性的法理重塑过程中,面对可能影响惩罚功能正当性的诸多因素,我们务必以犯罪认定条件和刑罚惩罚根据为重点,进行深入的和具体的理性论证。③ 通过社区矫正刑罚惩罚正当根据的理性论证,为实现社区矫正惩罚功能正当性,提供现代刑罚理念和现代刑罚实践意义上的科学依据。

(三)社区矫正惩罚功能正当性的论证工具

1. 作为理性论证工具的法律方法理论

重塑社区矫正惩罚功能正当性,必须遵循科学的法律规律,必须运用科学

---

① 王立峰:《评罗尔斯的规则功利主义惩罚思想》,载《国家行政学院学报》2004 年第 2 期。

② 参见董淑君:《刑罚的要义》,中国政法大学 2003 年博士学位论文。

③ 参见刘政:《社区矫正惩罚功能正当性的法理研判和理性回归》,载《南海法学》2019 年第 1 期。

的法律方法。其中,法律方法理论作为研究惩罚功能正当性的理论工具,作为探寻惩罚功能正当性的理论依据,对于推进惩罚功能正当性的法理重塑,无论在法律理念上还是在法律实践上,都具有十分重要的理论引领作用。在现代法律理论体系中,"方法论是对方法的哲学研究,它不应该是对各种具体方法的简单罗列和描绘,而应是侧重解释如何合理有效地使用各种具体认识方法的方法,是'方法的方法'或者说是方法论原则"。[①] 在现代社会生活和法律实践中,法律方法理论的实践形式就是法律方法。具体而言,"法律方法是法律人运用法律的方法,不仅着力于实现既有正确的法律,还致力于正确地发现法律,不仅关注法律的解释,还关注事实的发现,有关法律方法的学说就是法律方法论。"[②] 当今世界法律方法论作为一个法律方法理论体系,其理论体系构成包括大陆法系法律方法论和英美法系法律方法论,基于不同法系的法律方法论,具有不同的法理意涵。

(1)大陆法系的法律方法论。主要由萨维尼的历史主义法学方法论、耶林的目的主义法学方法论、赫克的利益主义法学方法论、拉伦茨的评价法学方法论等基本论述和基本原理所构成。其基本论述和基本原理虽然从不同角度,都集中体现了大陆法系的基本特征,但由于时代的不同、法律问题场景的不同,导致不同论述亦有着不同的特征。例如,萨唯尼的历史主义法学方法论形成于法典法尚未创立之前,他提出的法学方法论思想注重于如何解释罗马法方面;耶林的目的主义法学方法论形成于法典法创设的萌芽时期,他提出的法学方法论注重于反思法律概念的现实意义和探求概念背后的目的性;赫克的利益主义法学方法论形成于民法典实施阶段,他提出的法学方法论注重于如何运用现有法律资源探求法律未规定领域的规范性;拉伦茨的评价法学方法论形成于"二战"之后德国社会关系剧烈变迁时期,他提出的法学方法论注重于主张疏漏古旧的民法典必须面对后工业时代诸多新型社会关系的考验。

(2)英美法系的法律方法论。主要包括:社会法学与法律方法相结合方面的格雷法律方法、霍姆斯法律方法、卡多佐法律方法、庞德法律方法;现实主义

① 单勇:《论犯罪学的研究模式》,载《刑法论丛》2009 年第 3 期。

② 戚洲等:《法律论证与法学方法》,山东人民出版社 2005 年版,第 35 - 36 页。

与法律方法相结合方面的弗兰克法律方法、卢埃林法律方法；直觉主义与法律方法相结合方面的哈奇森法律方法；分析法学与法律方法相结合方面的哈特法律方法、麦考密克法律方法，等等。“在英美法系的法律发展历史中，灿若星辰的法学家中很大部分都是大法官……在法官亦法学家这一状况的影响下，英美法系的法学方法的研究，也呈现出与大陆法系不尽相同的特点：一是法官的审判实践推动了方法论研究的发展……二是在司法哲学上强调实用主义，尤以美国为典型。”①

(3)法律方法理论的应用价值。法律方法理论作为一种思想方法和思维模式，对于社区矫正惩罚功能的法理重塑，具有重要的理论引领价值。一是有助于树立社区矫正惩罚功能正当性的法律思维。惩罚功能正当性的实质，是一种现代刑罚执行理念；重塑惩罚功能正当性的前提，是要树立理性法律思维。法律思维既是法律方法的理论核心，又是法律方法的表现形式。应用法律方法理论的基本原理，树立惩罚功能正当性的法律思维，用特定的思维模式和思维方法，去认知和论证惩罚功能正当性，将从根本上帮助我们创新认知世界和提升认知能力，更好地形成社区矫正惩罚功能正当性的理性基础。二是有助于创新社区矫正惩罚功能正当性的法律方法。惩罚功能正当性本身，就是一种理性的刑罚执行方法；重塑惩罚功能正当性的要求，则是要运用一种科学理性的法律方法。应用法律方法理论的基本原理，创新惩罚功能正当性评估的法律方法，将有助于形成相关法律事实的法律认定，有助于精确相关法律适用的法律解释，有助于促进相关法律缺陷的法律修补，有助于促进相关法律价值的法律评价，有助于推动相关法律续造的法律发展。总之，法律方法理论基本原理的应用价值，不仅适用于社区矫正惩罚功能正当性的法理重塑，对于从根本上创新社区矫正的管理思维、管理模式和管理方法，对于从整体上提升社区矫正的管理能力、管理质量和管理效率，都具有十分重要的理论意义。

2. 作为理性论证工具的法律论证理论

重塑社区矫正惩罚功能正当性，既要从相对宏观的视角注重法律方法理论的应用，又要从相对微观的视角注重法律论证理论的应用。法律方法理论与法

① 沈志先主编：《法律方法论》(第 2 版)，法律出版社 2014 年版，第 47－48 页。

律论证理论作为一个相互融合的现代理论体系，其中，法律方法理论涵盖法律论证理论，为法律论证理论确立基本的法律思维、法律方法和法律价值；而法律论证理论深化法律方法理论，为法律方法理论提供具体的论证形式、论证规则和论证效果。具体而言，在社区矫正惩罚功能的法理重塑过程中，法律方法理论通过提供理性的法律思维，影响着惩罚功能正当性的法理重塑基本方向；而法律论证理论通过提供理性法律程序，影响着惩罚功能正当性的法理重塑基本效果。

（1）法律论证理论的基本原理。法律论证理论源自西方法治国家。1971 年在比利时召开第 5 届国际法哲学——社会哲学协会世界大会之后，法律论证理论相继成为各种国际哲学研讨活动的主题。“在法律论证理论发展的过程中，罗伯特·阿列克西（RobertAlexy）的贡献无疑是独特的，其理论是任何想从事法律论证理论研究的人都无法绕开的高地。有人称，阿列克西曾经而且至今仍然是该理论的主导者。”[①]现代法律论证理论作为一个相对独立的理论体系，其基本原理的理论构成主要包括：

第一，阿列克西的理性论辩理论。阿列克西所阐述的这一理论的基本原理是：论辩理论可能是经验性的、分析性的或规范性的。仅举几例，当它描述和说明一定的言谈者群体与一定的论述运用之间的相互关系，描述和说明论述之影响力，或者描述和说明一定群体优先占支配地位的有关论述有效性的观念时，这个论辩理论就是经验性的。当它研究实际进行的和可能的论辩之逻辑结构时，这个论辩理论就是分析性的。最后，当它提出论辩之合理性（理性）标准并为此进行证立时，这个论辩理论就是规范性的。[②]

第二，哈贝马斯的真理共识论。哈贝马斯所阐述的这一理论的基本原理是：为了把真命题与假命题加以区别，我引证别人的判断，甚至引证我能够接纳与之谈话的一切人的判断（假如我的生命史与人类世界的历史是有同等长度的

---

① 舒国滢：《西方法哲学文库走出“明希豪森困境”（代译序）》，载［德］罗伯特·阿列克西：《法律论证理论——作为法律证立理论的理性论辩理论》，舒国滢译，中国法制出版社 2003 年版，代译序第 4 页。

② 参见［德］罗伯特·阿列克西：《法律论证理论——作为法律证立理论的理性论辩理论》，舒国滢译，中国法制出版社 2003 年版，第 224－225 页。

话,那么在这一点上我反事实地包括我所能遭遇的一切谈话伙伴)。命题真理的条件是其他所有人之潜在的同意。①

第三,埃尔朗根学派的实践商谈理论。埃尔朗根学派所阐述的这一理论的基本原理是:我们所提出的任何主张、要求或规范必须一步一步地来加以证立,以便在需要有某个(根据我们自己独特的理解"属于")新的精神机能(领会或认识机能)来延续现行思考进程的场合,这种机能在每一个独特的步骤中明确地予以要求。通过这些要求,就可以表达出建构方法的纲领。②

第四,沙伊姆·佩雷尔曼的论证理论。沙伊姆·佩雷尔曼所阐述的这一理论的基本原理是:论述的价值是根据其所说服的听众的价值来加以确定的。所以,佩雷尔曼理论作为规范性论证理论,其中心点在于刻画只能通过理性论述来加以说服的听众。佩雷尔曼把这种听众称为"普泛听众"(auditoireuniversel)。普泛听众的认同就是论证之合理性与客观性的标准。③

(2)法律论证理论的应用价值。法律论证理论作为一种法律证立程序和理性论辩方式,对于社区矫正惩罚功能正当性的法理重塑,对于实现社区矫正惩罚功能法律设置与法律实施的正当性效果,都具有重要的理论主导价值。这些理论主导价值至少体现在以下两个方面:

第一,有助于实现惩罚功能正当性命题的理性证立。社区矫正惩罚功能正当性的法理重塑,作为一个关系社区矫正改革发展全局的普遍理性实践论辩命题,有没有必要进行法理重塑,怎么样进行法理重塑,首先在一定程度上取决于惩罚功能正当性命题的真实性。法律论证理论基本原理的运用,将有助于通过技术性、经验性和定义性的证立程序和证立方法,进一步实现惩罚功能正当性命题的理性证立,从而确立社区矫正惩罚功能正当性法理重塑的重要性和必要性,明确社区矫正惩罚功能正当性法理重塑的价值取向。

第二,有助于规范惩罚功能正当性论证的理性程序。社区矫正惩罚功能正

① 参见[德]J. 哈贝马斯:《对交往资质理论的若干准备性评说》,载[德]J. 哈贝马斯、卢曼:《社会理论还是社会科学》,法兰克福 1972 年版,第 124 页。

② 参见[德]P. 洛伦岑、O. 施韦摩尔:《建构性逻辑、伦理学与知识论》。

③ 参见盛泽虎:《司法三段论的困境与重构》,载《东南大学学报(哲学社会科学版)》2013 年第 1 期。

当性的法理重塑，作为一个关系社区矫正刑罚价值取向的具体理性实践论辩过程，如何实现法律论证方法的科学性，如何提升法律论证质量的精确性，如何保证法律论证结果的可靠性，在相当程度上有赖于惩罚功能正当性论证的程序性。法律论证理论基本原理的应用，将有助于在法律论证框架内，实现内部证成与外部证成相结合的法律论证程序化，实现法律论证形式、法律论证规则、法律论证标准的法律论证规范化，从而实现社区矫正惩罚功能正当性论证结果的精确性和可靠性，实现社区矫正惩罚功能正当性法理重塑的现实性和社会性。

三、重塑社区矫正惩罚功能正当性的价值取向

实现我国社区矫正惩罚功能正当性的法理重塑，其目标是要实现社区矫正惩罚功能正当性的理性回归，重心是要确立社区矫正惩罚功能正当性的价值取向。具体而言，惩罚功能正当性作为一个系统的刑罚理念，它由体现正当性的各种刑罚要素所构成；惩罚功能正当性作为一个文明进步的刑罚追求，它由体现正当性的各种刑罚价值所证明。实现惩罚功能正当性的理性回归，必然要求确立惩罚功能正当性的价值取向；确定惩罚功能正当性的价值取向，才能真正实现惩罚功能正当性的理性回归。从这个意义上来讲，重塑社区矫正惩罚功能正当性的价值取向，应当成为实现社区矫正惩罚功能正当性理性回归的法理依据和法理支撑。

（一）重塑社区矫正惩罚功能的刑罚正义性

1. 刑罚正义性的基本意涵

刑罚正义性既是社区矫正惩罚功能正当性的重要价值，又是推进刑罚文明进步的必要途径。在现代社会实践和刑罚实践中，“公平正义是人类进入文明社会以来，为解决各类社会冲突而追求或持有的一种法律理想和法律评价。它是法自身首要的伦理价值，也是人服从法治所追求的目标，其构成了人类对法治的信任基础”。[①] 在现代刑罚理论和刑罚实践中，刑罚正义性有着丰富的法理意涵。

---

① 江必新：《领导干部的法治思维与法治方式》，中国法制出版社 2015 年版，第 10 页。

(1)刑罚正义性的概念定义。正义作为法哲学的一个重要概念,在西方法哲学思想发展史中具有重要的理论地位。关于正义性的概念定义,国内外学者从不同视角有着不同阐释,国外学者少有直接的具体的概括,国内学者则多有中国刑法语境下的表述。例如,德国学者科殷从正义的本质属性上认为:“正义是一种行为原则,按照这种原则,必须以同一种方式来对待同一个基本范畴的所有的人。”①美国学者罗尔斯从正义的价值取向上认为:“正义是社会制度的首要价值,正如真理是思想体系的首要价值一样。一种理论,无论它多么精致和简洁,只要它不真实,就必须加以拒绝或修正;同样,某些法律和制度,不管它们如何有效率和有条理,只要它们不正义,就必须加以改造或废止。”②我国学者李林对正义性给出的概念定义是:所谓正义(justice),主要是对政治、法律、道德等领域中的是非、善恶作出的肯定判断。正义是公正的义理,包括社会正义、政治正义和法律正义等。作为道德范畴的正义,它与“公正”是同义,主要指符合一定社会道德规范的行为;作为法律范畴的正义,有时也表述为“公平正义”,包括法律的形式正义与实质正义,主要指符合法律程序规范和法律实体规范的行为,尤其是司法裁判行为。③ 我国学者陈燎原、王人博对正义性给出的概念定义则是:“正义的一个基本含义,就是每个人都享有某些不可缺少的权利和自由。实现这种正义,是开明、进步的社会制度的重要职责。如果一种社会制度不能做到这一点,那么它就无公正可言。”④我国学者张文显将刑法学界对正义的概念定义归纳为七个方面:①正义意味着各得其分其所,即“给予每个人他应得的部分”;②正义指一种德行;③正义意味着对等的回报;④正义指一种形式上的平等,即给予属于同一范围或阶层的人同样的对待;⑤正义指某种自然的因而也是理想的关系;⑥正义指法治或合法性;⑦正义指一种公民的体制。⑤ 由此可见,张文显归纳的概念定义,较为全面和较为准确地阐释了正义的基本意涵。

(2)刑罚正义性的理论内涵。刑罚正义性的理论渊源,主要源自传统的康

① 陈燚光:《罗尔斯代际正义思想及其意蕴》,载《伦理学研究》2006 年第 5 期。

② [美]约翰·罗尔斯:《正义论》,何怀宏等译,中国社会科学出版社 1988 年版,第 3 页。

③ 参见司春燕:《关于正义的两个基础性问题》,载《理论学刊》2012 年第 11 期。

④ 程燎原、王人博:《权利论》,广西师范大学出版社 2015 年版,第 140 页。

⑤ 参见周旺生:《论作为高层次伦理规范的正义》,载《法学论坛》2003 年第 4 期。

德道义报应惩罚观和黑格尔法律报应惩罚观的基本原理。英国学者艾伦·诺里指出:“刑事正义思想将法律存在理论(存在论)和法律思维理论(认识论)结合在一起,其核心概念是相关的康德哲学理念;能够承担责任的个人主体(康德哲学存在论),以及法律(原则上)是规范的一种理性模式(康德哲学认识论)。二者之所以能够联系起来,是因为刑事正义中的法律推理是关于责任主体的推理。”①英国学者葛德文提出:“刑罚的正义性是建立在这样一个简单的原则上的:一切人都有责任采取能够想到的各种手段来防止有害于社会安宁的罪责,但必须首先根据经验或推理,肯定一切比较温和的办法都不足以应付这种紧急事态。”②由此可见,刑罚正义性依据于报应主义惩罚观的基本原理,形成于法律存在理论与法律思维理论的理念融合,表现于对法律适用任意性和法律权能任意性的制度规范。在这一制度规范过程中,虽然人们往往对刑罚正义性观点产生争议和误判,但通常都会在社会制度所趋向的社会分配平等上,最终聚焦于社会正义性和刑罚正义性。关于刑罚正义性的理论内涵,国内外学者的不同论述主要包括:

第一,关于刑罚正义的本质。德国学者黑格尔依据其法律报应主义惩罚观认为:刑罚是一种正义的惩罚。这种正义性来源于两个方面:①惩罚体现的是犯罪者本人的法,即他知道自己的犯罪行为具有不法的性质,必然会遭到法律的否定,他仍然执意实施这样的行为,这就表明,他的自由意志是在寻求这样的惩罚,惩罚体现了对犯罪者自由意志的尊重。②因为犯罪的本质是对法的侵害,因而犯罪是不法的、无价值的。这种无价值在于它侵害了作为法的法,正是这种不法性质决定了犯罪是一种必须予以铲除的祸害,而刑罚正是对这种不法祸害的否定,因而自身体现的是正义的报应。③

第二,关于刑罚正义的结构。德国学者拉德布鲁赫则依据法哲学基本原则,在对刑罚正义性的理论结构进行分析时认为:从法哲学上看,广义的正义主要由三种法律理念构成,分别是平等、合目的性及法的安定性。平等理念要求

---

① [英]艾伦·诺里:《刑罚、责任与正义:关联批判》,杨丹译,中国人民大学出版社2009年版,第85-86页。

② [英]威廉·葛德文:《政治正义论》(第2卷),何慕李译,商务印书馆1997年版,第563页。

③ 参见杜雪晶:《论安塞尔新社会防卫思想的理论内核》,载《河北法学》2009年8月。

法对于相同的情况作相同的对待，不同的情况作不同的对待，合目的性理念要求法能够促进特定社会中的某种利益、期待或需求，而安定性理念则依赖于法的实证性，要求在立法、行政和司法等法律过程中，法的内容和程序都必须具有一定的明确性、公开性和存续性。[①]

第三，关于刑罚正义的价值。我国学者赫兴旺从刑罚价值与刑罚功能相结合上，在阐述刑罚正义的价值内涵时认为：刑罚的正义价值具有极其丰富的内涵，现代刑罚的诸多重大理论都源于此，因而，能否正确、全面地理解刑罚正义内涵，关系到能否准确、适度地运用刑罚，最大限度地发挥刑罚功能的问题，具有重要的理论与实践意义。他还对刑罚正义价值的具体内涵进行了分析，认为包括以下几个方面：①刑应及于罪，也可以称作有罪应罚；②刑只能及于罪，亦可称作刑止一身，即刑罚只能适用于犯罪之人；③刑罚必须公平、合理，意味着刑罚的设置和适用应当是必要的、平等的、适度的；④禁止重复评价，一罪不得二罚。[②]

综上所述，刑罚正义性有着极为丰富且极为重要的理论内涵。这个理论内涵主要包括：刑罚正义性的来源，刑罚正义性的依据，刑罚正义性的价值，刑罚正义性的原则，等等。刑罚正义性的理论内涵，构成了刑罚正当性的价值取向，并为刑罚正当性提供了理论依据和实践标准。

2. 社区矫正惩罚功能的刑罚正义性法理重塑

推进我国社区矫正惩罚功能正当性的法理重塑，核心在于重塑社区矫正惩罚功能的刑罚正义性。社区矫正作为一项现代非监禁刑罚执行制度，其固有的刑罚本质，必然确立其应有的刑罚功能；其应有的刑罚功能，必然包含其重要的惩罚功能；而其重要的惩罚功能，则是实现其刑罚正义的检验标准和评判标志。[③] 当前社区矫正惩罚功能缺失或泛滥现象，已经成为影响刑罚正义的重点问题，已经成为影响刑罚效益的实质问题，并已在某种程度上给社区矫正的刑罚公平正义带来了社会误判的负面影响。我们之所以要重塑社区矫正惩罚功

---

① 参见[德]古斯塔夫·拉德布鲁赫：《法哲学》，王朴译，法律出版社2005年版，第73－74页。

② 参见赵秉志、陈志军：《刑罚价值理论比较研究》，载《法学评论》2004年第1期。

③ 参见刘政：《社区矫正惩罚功能正当性的法理研判和理性回归》，载《南海法学》2019年第1期。

能的刑罚正义性,其目的首先在于务必弄清楚,惩罚功能缺失或泛滥现象是否符合刑罚正义性的要求,如何修补惩罚功能缺失或泛滥现象,才能真正实现刑罚正义性的基本要求。

(1)重塑社区矫正惩罚功能在惩罚社会犯罪方面的刑罚正义性。在现代社区矫正理论体系中,刑罚功能的核心意涵,是要对社会犯罪实施刑罚惩罚;而刑罚惩罚犯罪的核心意涵,则是要实现刑罚公平和社会正义。这一核心意涵,既是惩罚功能正当性的法理渊源,也是惩罚功能正当性的法理构成,它从根本上确立了社区矫正惩罚功能正当性的法理结构和法理依据。① 其中,报应主义惩罚观的基本原理,为重塑社区矫正惩罚功能在惩罚社会犯罪方面的刑罚正义性,提供了重要的理论支撑。在这里,“我们所称的报应主义观点,其对惩罚正当性的证明在于错误行为应得惩罚。一个做了错误行为的人应该为此承受相应比例的痛苦,这种观点在道德上是恰当的。应该对罪犯根据其罪过、其行为的邪恶程度而给予其惩罚。并决定惩罚的量度”。② 由报应主义惩罚观基本原理形成的刑罚正义性,其以刑罚公平和社会正义为核心要求,突出强调的是刑罚惩罚报应先于刑罚惩罚功利,主张的是刑罚惩罚正义等同于刑罚惩罚道德的刑罚本质特征。

重塑社区矫正惩罚功能在惩罚社会犯罪方面的刑罚正义性,其实质在于突出社区矫正刑罚本质的正当性。这个刑罚本质正当性主要表现在:“首先它是一项刑事执法活动,强调刑事的惩罚性及司法或准司法性质,因此与刑满释放人员和违法青少年的安置帮助工作,人民调解工作以及社区的社会工作存在着本质的区别;其次是对特定罪犯的刑事执行活动,是对特定罪犯的‘监督考察’和‘教育与改造’;再次是在社区中的刑事执行活动,强调要充分组织与利用社会资源对罪犯进行矫正,并提供帮助与服务。”③由此可见,重塑社区矫正惩罚功能在惩罚社会犯罪方面的刑罚正义性,是社区矫正惩罚功能正当性的根本要求。当前我国社区矫正存在的惩罚功能缺失或泛滥现象,将从整体上减损社区

① 参见刘政:《社区矫正惩罚功能正当性的法理研判和理性回归》,载《南海法学》2019 年第 1 期。

② John Rawls, *Two concepts of Rules*, The Philosophical Review, 64:3 – 32 (1955).

③ 刘强:《社区矫正的定位及社区矫正工作者的基本素质要求》,载《法治论丛》2003 年第 2 期。

矫正惩罚功能的正义性,给社区矫正刑罚本质带来非正当性的负面影响。[①] 我们只有通过重塑社区矫正惩罚功能在惩罚社会犯罪方面的正义性,形成社区矫正刑罚公平与社会正义的社会评判和社会意识,才能更好地实现社区矫正惩罚功能的正当性。

(2)重塑社区矫正惩罚功能在预防社会犯罪方面的刑罚正义性。在现代社区矫正的理论体系中,惩罚功能在预防社会犯罪方面的正义性,其理论渊源主要来自功利主义惩罚观的基本原理。有学者提出:"一个惩罚行为之所以是正当的,仅仅是因为比之不行为或者其他行为,这个行为的结果是好的或者更好的。也就是说,一个惩罚行为是正当的,是因为这个行为可以使预期的净利益最大化。功利主义原则主张要着眼于社会总体利益的保护,使惩罚给社会所带来的善的总和,将大于惩罚给社会带来的恶。"[②]功利主义惩罚观主导下的社区矫正惩罚功能在预防社会犯罪方面的刑罚正义性,其以纯粹经济理性的人性观为基础,突出强调的是刑罚惩罚"恶性"应当服从于社会道德"善性",主张的是以刑罚功利取代刑罚权利。

重塑社区矫正惩罚功能在预防社会犯罪方面的刑罚正义性,其目的在于坚持社区矫正刑罚目的的正当性。在现代刑罚实践中,惩罚功能的刑罚正义性,主要源自刑罚目的的正当性。当前我国社区矫正存在的惩罚功能缺失或泛滥现象,其实质是在惩罚性功能弱势或恢复性功能强势,惩罚性功能强势或恢复性功能弱势等两种不同情况下,所形成的社区矫正刑罚目的偏离的非正当性影响。破解这一非正当性负面影响的必要选择,是要重塑社区矫正惩罚功能在预防社会犯罪方面的刑罚正义性。主要包括在坚持社区矫正刑罚目的正当性过程中,着力于提升惩罚功能的法律地位,依法确立惩罚性与恢复性并重的社区矫正刑罚目的,做到既要坚持以惩罚性为主导,防止因倾向恢复性,而影响社区矫正的刑罚公平和社会正义;同时又要坚持以恢复性为基础,防止因倾向惩罚性,而影响刑罚谦抑和刑罚人道。通过努力实现预防社会犯罪方面的刑罚目

① 参见刘政:《社区矫正惩罚功能正当性的法理研判和理性回归》,载《南海法学》2019 年第 1 期。

② 贾雁舒:《读贝卡利亚〈论犯罪与刑罚〉》,载《法制与经济(下旬)》2012 年第 7 期。

的，在惩罚性与恢复性并重的功能平衡和功能整合的条件下，更好地实现社区矫正惩罚功能的正当性。①

（二）重塑社区矫正惩罚功能的刑罚合法性

1. 刑罚合法性的基本意涵

刑罚合法性既是体现社区矫正惩罚功能正当性的重要价值，又是检验社区矫正惩罚功能正当性的重要依据。在现代社会实践和刑罚实践中，刑罚合法性作为实现刑罚正当性的必然要求，决定着刑罚正当性的价值取向。在现代刑罚理论和刑罚实践中，刑罚合法性有着丰富的法理意涵。

（1）刑罚合法性的概念定义。合法性是政治学理论体系中的一个概念。在西方法治国家，"真正将'合法性'问题作为一个政治学理论范畴进行系统研究，使之成为20世纪国家理论与民主理论的焦点概念之一的，首推社会学古典理论三大奠基人之一的马克斯·韦伯（Max Weber）"。② 此后德国学者卡尔·施米特也曾就合法性概念做过以下论述：为了正确理解当今的合法性概念以及从属于它的议会制立法型国家和从战前时代流传下来的法的实证主义这整个难题，需要有在其政治关联中留意当前国内政治状况的那些国家法和宪法上的概念规定。他为此提出：就合法性概念而言，应当历史地并且在概念上注意的是，它是议会制立法型国家所特有的规范主义的一件事务和一个问题。合法性概念接受了由王侯的绝对王权论（vom firstlicnen absolutismus）所创造的处境，即取消任何抵制权（widevst and srecht）和需求无条件服从的"重大权利"（das "grob-eracht"），但是，合法性概念把凭借自己普遍的、事先规定的规范化所创造的合法性的尊严赋予这种权利。③ 卡尔·施米特的以上论述，以合法性与正当性的政治视角，生动地概括了当时西方议会制立法型国家刑法合法性的概念定义。

（2）刑罚合法性的理论内涵。刑罚合法性的理论内涵主要包括：一是刑罚

---

① 参见刘政：《社区矫正惩罚功能正当性的法理研判和理性回归》，载《南海法学》2019年第1期。

② ［德］哈贝马斯：《合法化危机》，刘北成、曹卫东译，上海人民出版社2000年版，第127页。

③ 参见［德］卡尔·施米特：《合法性与正当性》，冯克利等译，上海人民出版社2015年版，第103页。

合法性的原则。加拿大学者戴岑豪斯认为:合法性的原则就是法律秩序的原则。简单来说,就是所有的国家行为都要符合法律的要求。戴岑豪斯在分析凯尔森相关论述时指出:在凯尔森看来,合法性原则——其基础是合宪性原则——就是指立法行为的合法性原则。该原则之所以至关重要,是因为它是稳定性和长久性价值的保证,而长治久安则是法律秩序的意义所在。为了服务于这些价值,宪法必须确保自己的内容免受简单多数之立法程序的侵害。[①] 二是刑罚合法性的标准。我国学者江必新认为:在法治国家,合法性是判断一切事物正确与错误、善与恶、好与坏的基本标准。从法律的角度来看待问题,首先要问是合法还是不合法。合法性标准的本质,就是要依照宪法和法律调整社会关系,把宪法和法律作为社会生活和政府行为的首要规范。[②] 三是刑罚合法性的结构。我国学者刘杨认为:合法性是特定意义上的正当性,正当性是终极意义上的合法性。二者都是必要而不可代替的。合法性是一种未经充分质疑和批判的有条件的正当性;正当性是一种具有彻底批判精神的变级的"合法性"。[③] 上述刑罚合法性理论内涵的论述充分表明,刑罚合法性在整个刑罚过程和刑罚活动中。它不仅对实现刑罚正当性具有十分重要的价值引领和能动功能作用,而且关系到刑罚正当性的理性法律思维和理性法律选择,影响到刑罚正当性的法律效果和社会效果。

2. 社区矫正惩罚功能的刑罚合法性法理重塑

推进我国社区矫正惩罚功能的法理重塑,重心在于重塑社区矫正惩罚功能的刑罚合法性。因为法律实证主义理论意义上的合法性,已经展现一个由正当性有效转换的逻辑关系,即刑罚正当性转换为刑罚合法性,刑罚合法性转换为刑法有效性,刑法有效性最终回转为刑罚正当性。在这个循环转换的关系链条中,刑罚合法性是实现刑罚正当性的重要环节;而在这个循环转换的过程中,刑罚合法性通常表现为两种含义:一种是以法律规范为前提的合法性,另一种是

---

① 参见[加]大卫·戴岑豪斯:《合法性与正当性——魏玛时代的施米特、凯尔森与海勒》,刘毅译,商务印书馆2015年版,第174-178页。

② 参见江必新:《领导干部的法治思维与法治方式》,中国法制出版社2015年版,第50页。

③ 刘杨:《法律正当性观念的转变——以近代西方两大法学派为中心的研究》,北京大学出版社2008年版,第62页。

以法律有效为基础的合法性。这"两种'合法性'的区别关键在于：一则是以人的行为为考察对象的，目的在于衡量、检验、判定某种行为是否符合法律；二则是以某种规范为考察对象的，目的在于判断、识别、确认某类规范是不是有效的法律体系的一部分。后一种意义上的'合法性'与'有效性'是同义词，是法律实证主义要解决的核心问题之一。"①当前，社区矫正惩罚功能缺失或泛滥现象的合法性问题，已经在法学界法律界引起普遍的关注和争论，并在某种程度上正在动摇整个社区矫正制度的合法性基础。我们重塑社区矫正功能的刑罚合法性，关键在于弄清楚，惩罚功能缺失或泛滥现象有无影响刑罚合法性，如何完善惩罚功能才能真正实现刑罚合法性。

（1）重塑社区矫正惩罚功能法律设置的形式合法性。所谓形式合法性，是指法律制度设置合法性所体现出来的正当性。"在亚里士多德法治概念下，法治应当包含两重意义：已经成立的法律获得普遍的服从，大家所服从的法律是制定得良好的法律。"②英国学者哈耶克指出："正义的标准应当通过立法来决定……因为，人们认为，立法相关的意志决定着任何正义的问题，而且同样是因为人们相信，所有能够由立法决策予以决定的事情都必定是一个有关正义的问题。"③美国学者金勇义亦指出："真正的和真实的意义上的'公平'乃是所有法律的精神和灵魂。实在法由它解释，理性法由它产生……制定法之下的公平原则就是同等地对待同类案件，判定法以上公平原则就是根据人的理性和情感作出的公平的判决。"④我国学者王立峰则明确指出："法治中国建设的首要任务是实现形式法治，形式法治的首要任务则是国家治理体系化、制度化……所谓制度化，就是将一种价值体系转换为一种法律、一种实践系统。不仅如此，制度化本身意味着合法性的建构。"⑤以上论述，集中表明了形式合法性在实现国家法治和社会正义中的重要地位与重要作用，直接表明了形式合法性与国家治理法

① 刘杨：《法律正当性观念的转变——以近代西方两大法学派为中心的研究》，北京大学出版社2008年版，第161页。

② 江必新：《领导干部的法治思维与法治方式》，中国法制出版社2015年版，第40页。

③ ［英］弗里德利希·冯·哈耶克：《法律、立法与自由》（第2、3卷），邓石来等译，中国大百科全书出版社2000年版，第49－135页。

④ ［美］金勇义：《中国与西方的法律观念》，陈国平等译，辽宁人民出版社1989年版，第79页。

⑤ 王立峰：《法治中国》，人民出版社2014年版，第11－12页。

治化的紧密联系。同时,基于社区矫正制度与国家刑罚制度的制度性联系,社区矫正法律设置与国家刑事法律体系的结构性联系,以及完善社区矫正惩罚功能与推进国家法治进程的本质性联系,进一步阐明了重塑社区矫正惩罚功能形式合法性的重要性和必要性。

如何重塑社区矫正惩罚功能的形式合法性,其根本途径,是要通过修订《刑法》《刑事诉讼法》《社区矫正法》等相关法律,进一步调整、完善和规范社区矫正惩罚功能的法律设置,着力于构建一个符合刑罚现代化、刑罚法治化和刑罚文明化要求的社区矫正惩罚功能法律体系。重塑社区矫正惩罚功能的形式合法性,应切实做到以下两点:一是要符合国家刑事法律体系的总体框架。按照全面推进依法治国和全面深化司法改革的总体要求,依法确立社区矫正在国家刑罚体系中的法律地位,并依法确立社区矫正惩罚功能在国家刑罚功能体系中的法律地位,在此基础上来规划惩罚功能的法律设置。惩罚功能法律设置既要有所创新、有所突破,立足于解决存在的法律缺陷和制度弊端;又要维护刑事法律体系的总体框架,符合国家法治的总体要求,以此体现社区矫正惩罚功能法律设置过程和内容的"合法律性"。二是要符合社区矫正制度发展的客观规律。顺应当今世界现代刑罚制度的发展趋势,在学习借鉴国外社区矫正先进理念和成功经验的同时,坚持结合中国国情和体现中国特色,遵循实事求是和循序渐进的发展规律,来进行社区矫正惩罚功能的法律设置和制度调整,使之更好地适应我国政治经济和社会发展的需要,在"合社会性"中追求社区矫正惩罚功能的"合法律性"。

(2)重塑社区矫正惩罚功能法律实施的实质合法性。所谓实质合法性,是指法律制度实施合法性所体现出来的正义性。在现代刑罚理论和刑罚实践中,实质合法性作为当代法哲学理论体系中的价值判断理念和价值判断标准,对于衡量与评判社区矫正惩罚功能的正当性,具有十分重要的理论意义和实践意义。美国学者科尔曼曾从法律理论的实用主义方法出发,对法律实用的实质合法性提出了以下论述:"如果法律要求我们做的行为与正当理由要求我们做的有所不同,那么再按照法律对我们的要求行事,就是不理性的。另一方面,如果法律指令要求我们做的和正当理由对我们的要求相同,那么法律理由似乎就有画蛇添足之嫌,因为法律理由此时并未给我们已经有的理由添加任何东西。”①这一论述,阐明了实质合法性与形式合法性的程序联系,阐明了法律制度要求与正当理由要求的因果关系。即惩罚功能法律设置的形式合法性,规制着惩罚功能法律实施的实质合法性;而惩罚功能法律实施的实质合法性,则印证着惩罚功能法律设置的形式合法性。两者之间相互依托、相辅相成,从整体上构成社区矫正惩罚功能的正当性。如何重塑社区矫正惩罚功能的实质合法性,其根本要求,是要认真贯彻实施有法必依、执法必严、违法必究的法治原则,围绕社区矫正刑罚公平正义的价值取向,着力于构建一个符合刑罚正当性和合法性要求的惩罚功能管理体制与惩罚功能运行机制。重塑社区矫正惩罚功能的实质合法性,应注重以下几点:

第一,实现惩罚功能的管理体制合法性。实现惩罚功能实质正当性的重要保障,取决于惩罚功能管理体制的合法性。当前社区矫正惩罚功能管理体制上暴露的多头管理、权能交叉、职责不分的诸多问题,已经在相当程度上影响到惩罚功能刑罚实施的合法性。我们只有在完善惩罚功能管理体制法律设置的前提下,推进惩罚功能管理体制的法律建构,合理配置管理权能和明确划分管理职责,才能从根本上健全管理体制和增强管理能力,以管理体制的合法性,有效实现社区矫正惩罚功能的实质合法性。

第二,实现惩罚功能的运行机制合法性。实现惩罚功能实质正当性的重要途径,有赖于惩罚功能运行机制的合法性。当前社区矫正惩罚功能运行机制方面存在的惩罚措施缺失、惩罚方式缺力和惩罚尺度缺漏等问题,已经从不同方面影响到惩罚功能刑罚实施的实质合法性。实施惩罚功能运行机制的合法性,主要应当体现在两个方面:一方面,是要强调惩罚功能实施程序的合法性。即社区矫正机构对社区矫正对象实施刑罚惩罚,应当严格履行法定的监督管理程序,实行监督管理活动的法治化和规范化,以程序合法性来实现惩罚功能刑罚实施的实质合法性。另一方面,是要强调惩罚功能实施行为的合法性。即社区矫正主体对社区矫正客体实施刑罚惩罚,应当严格规范法定的监督管理行为,

---

① ［美］科尔曼:《原则的实践——为法律理论的实用主义方法辩护》,丁海俊译,法律出版社2006年版,第157－158页。

推进监督管理行为的人道化和文明化，以行为合法性来实现惩罚功能刑罚实施的实质合法性。

（三）重塑社区矫正惩罚功能的刑罚伦理性

1. 刑罚伦理性的基本意涵

刑罚伦理性既是社区矫正惩罚功能正当性的重要价值，又是实现社会文明进步的必然要求。在现代社会实践和刑罚实践中，“刑罚与伦理，都是社会之上层建筑，其相互之间必然存在积极或消极的影响，存在矛盾和斗争。其积极的结果，不外乎在伦理的渗透下，刑法具有一定的伦理属性；在刑罚的引导下，形成新的社会伦理。其消极后果，可能在一定程度上模糊刑罚与伦理的界限，导致刑事司法的某种情绪化，甚至导致社会伦理对某些刑罚规范的敌视。”[①]在现代刑罚理论和刑罚实践中，刑罚伦理性有着丰富的法理意涵。

（1）刑罚伦理性的概念定义。“伦理”一词最早出现于古希腊。古希腊哲学家亚里士多德所著的《尼各马科伦理学》一书是西方国家最早的伦理学专著。考察西方国家伦理学体系的发展演化过程，伦理学伴随着哲学的演化，曾历经古希腊罗马伦理学、中世纪基督教神学伦理学、文艺复兴时期伦理学、近代伦理学、现代伦理学的不同历史阶段。现代伦理学的基本原理告诉我们，在社会发展过程中，伦理与人的社会生活环境和人的社会生活行为有着密切的关系；在社会文明进程中，伦理与社会道德意识和社会道德规范有着密切的联系。关于刑罚伦理性的概念定义，国内外学者基于对伦理原理的不同理解或不同诠释，对其概念有着不同的阐述。其中，我国学者较之于国外学者，对刑罚伦理性概念定义的阐述更为直观、更为通俗。例如，我国学者曾粤兴提出的概念定义为：“刑罚伦理性主要是指刑罚蕴含的政治伦理和一般社会伦理的原则和精神，换言之，刑罚应当体现和满足政治伦理和一般社会伦理的要求，与政治伦理和一般社会伦理保持高度一致的属性。”[②]又如，我国学者周玉华在其主编的《中国司法学》一书中，将刑罚伦理性定义为：“所谓的司法伦理，是在特定的历史和社会

---

① 曾粤兴：《刑罚伦理》，北京大学出版社 2015 年版，第 57 页。

② 曾粤兴：《刑罚伦理》，北京大学出版社 2015 年版，第 58 页。

条件下,与司法职业活动相结合并在活动过程中发展的,道德性的处理各种关系的行为原则及其具体规范。”①

(2)刑罚伦理性的理论内涵。在西方国家法哲学理论体系中,伦理性原理渊源于道德性原理,而道德性原理引领着伦理性原理。在西方国家法哲学理论运用中,伦理性原理与道德性原理,两者之间既有联系又有区别。从这个意义上来看,刑罚伦理性的理论内涵,主要表现在两个方面:

第一,伦理性原理与道德性原理的关系。在刑罚伦理性理论的演化过程中,国内外多数学者主张伦理性原理与道德性原理的等同性,少数学者却坚持伦理性原理与道德性原理的差异性。例如,德国学者黑格尔最早提出将两者区别运用的观点,他在《法哲学原理》一书中认为:“道德与伦理在习惯上几乎是被当作同义词来用,在本书中则具有本质上不同的意义。普通看法有时似乎也把他们区分开来。康德多半喜欢使用道德一词,其实在他的哲学中,各项实践原则完全限于道德这一概念,致使伦理的观点完全不能成立,并且甚至把它公然取消,加以凌辱。所以,尽管从语源学上看来道德和伦理是同义词,仍然不妨把已经成为不同的两个原理作为不同的概念来加以使用。”②

第二,伦理性原理与道德性原理的应用。在刑罚伦理性理论的演化过程中,国内外多数学者基于对伦理性原理与道德性原理等同性的理论主张,因而普遍倾向于伦理性应用与道德性应用的实践模式。例如,加拿大学者戴岑豪斯从刑罚正当性原理的视角认为:“我们可以对海勒的法律的正当性观点做这样的理解,即只有当法律的目标是将伦理人格现实化的时候,该法律才可以被认为具有了正当性或权威性。在法律实现该目标的过程中,该目标被具体化于法律之中,法律对于理解何为公民义务的公民来说,就具有了道德的意义。”③又如,我国学者周玉华从司法伦理学的视角认为:虽然伦理与道德在理论上并不完全一致,存在细微的差别,但是伦理学本身是研究道德的科学,伦理与道德在外延上极大的重合性,使在具体领域考察和实践这一层面上的区分并不明显。

---

① 周玉华主编:《中国司法学》,法律出版社2015年版,第392页。

② [德]黑格尔:《法哲学原理》,范扬、张企泰译,商务印书馆1961年版,第42页。

③ [加]大卫·戴岑豪斯:《合法性与正当性——魏玛时代的施米特、凯尔森与海勒》,刘毅译,商务印书馆2015年版,第177页。

因此,对司法伦理性应当从司法活动的性质和本身的规律出发,用联系的、运动的视角来理解和认识司法伦理的内涵,这样才能在纷繁复杂的不同的司法体制中寻找出司法伦理的表现方式和产生原因,并对其作出科学的评价。[①] 从这个意义上来讲,我们应科学评判刑罚伦理与刑罚道德在刑罚实践中的同一性。由此而形成的刑罚伦理原则,主要来自刑罚道德的基本原则和规范体系;而刑罚道德的基本原则和规范体系,则是刑罚伦理的核心原则和核心价值。

2. 社区矫正惩罚功能的刑罚伦理性法理重塑

推进我国社区矫正惩罚功能正当性的法理重塑,关键在于重塑社区矫正惩罚功能的刑罚伦理性。因为实现惩罚功能的正当性,必然要求实现惩罚功能的伦理性;而实现惩罚功能的伦理性,必然支撑惩罚功能的正当性。尤其是蕴含于社区矫正惩罚功能之中的刑罚伦理和刑罚道德,其所构成的刑罚伦理原则和刑罚伦理价值,作为社区矫正惩罚功能正当性价值取向的重要构成,在相当程度上影响着对惩罚功能正当性的社会评判和社会信念,影响着惩罚功能正当性的法律效果和社会效果。[②] 当前,社区矫正惩罚功能缺失或泛滥现象带来的刑罚伦理原则冲突,形成的刑罚伦理价值争议,已经在相当程度上影响到社区矫正的刑罚伦理社会形象。如何重塑社区矫正惩罚功能的伦理性,主要应当弄清楚的是,惩罚功能缺失或泛滥现象是否符合刑罚伦理性的要求,如何建构惩罚功能才能真正实现惩罚功能的刑罚伦理性。

(1)重塑社区矫正惩罚功能在制度规划层面的刑罚伦理性。社区矫正惩罚功能正当性的价值取向,首先表现为惩罚功能制度设置的刑罚伦理性。在现代社会实践和刑罚实践中,任何制度都要以一定的价值认识、价值判断和价值取舍为前提,都要以一定的伦理精神为底蕴。一定的伦理精神是一定的制度得以产生的观念先导,是某种制度赖以产生的价值理念。每一个时代的制度都主要是当时的时代精神(伦理精神含于其中)的体现;每一制度的具体安排都要受到一定的伦理观念的支配,制度不过是一定伦理观念的实体化和具体化,是结构

① 参见周玉华主编:《中国司法学》,法律出版社2015年版,第390-392页。

② 参见刘政:《社区矫正惩罚功能正当性的法理研判和理性回归》,载《南海法学》2019年第1期。

化、程序化了的伦理精神；制度的变迁或制度的创新，直接源于伦理观念的变化和伦理精神的更新。[①] 从这个意义上来讲，社区矫正惩罚功能的正当性，作为一项体现当今世界刑罚文明进步的法律制度设置和法律制度价值，必然要求其以刑罚现代化和刑罚法治化为价值判断和价值取舍的伦理前提；必然要求其以现代伦理观念和科学伦理精神，作为制度规划和制度创新的伦理基础。

重塑社区矫正惩罚功能的正当性，就要注重惩罚功能制度规划的刑罚伦理性。正如有学者所指出：在理性而不是纯粹权力之逻辑作为主导的规范性语境中，某种法律制度在事实上往往通过以下论证方式中的某一种来展示自身的正当性：该制度是对人类普遍道德原则的体现；该制度有助于特定个体或集体对自我认同和自我理解进行维护，塑造他们想要拥有的品格和生活；该制度是实现某种经验性目标的必要基础或有效途径。[②] 换言之，如果社区矫正惩罚功能的制度规划，不能充分体现当今世界现代刑罚理念和现代刑罚实践的发展规律，不能充分体现中国国情和中国特色的发展要求，不能充分体现社会伦理和社会道德的发展趋向，则将失去惩罚功能正当性应有的法律制度伦理性。如何重塑社区矫正惩罚功能制度规划的伦理性，关键在于坚持惩罚功能伦理中的公正性。惩罚功能公正性作为惩罚功能伦理性的核心要求，作为社会伦理和社会道德的基本原则，从根本上决定着惩罚功能伦理性的价值取向，从整体上影响着惩罚功能伦理性的社会评判。重塑社区矫正惩罚功能制度规划的伦理性，其法律性制度性的伦理内容应主要包括：法律面前人人平等的法治原则，刑罚权利与刑罚义务相结合的人本原则，罪刑法定与刑责相符的惩罚原则，形式公正与实质公正并重的司法原则，惩罚犯罪与预防犯罪并举的功能原则，等等。只有通过惩罚功能制度规划的伦理性，才能更好地实现惩罚功能法律实施的道德性。

（2）重塑社区矫正惩罚功能在制度实施层面的刑罚伦理性。社区矫正惩罚功能正当性的价值取向，具体表现为惩罚功能制度实施的刑罚伦理性。正如有学者所指出，在现代社会实践和刑罚实践中，制度体系是否能够发挥应有的功

① 参见陈宝友：《监狱行刑理性论》，法律出版社 2014 年版，第 243 页。

② 参见陈征楠：《法正当性问题的道德面向》，中国政法大学出版社 2014 年版，第 56 页。

能,不在于制度数量的多少,而在于制度是否能够得到有效的落实。要解决制度的落实问题,除了要有完善的制度体系和可操作性强的配套制度外,一方面需要赋予制度落实更多的刚性内容,通过科学合理的绩效考核体系,将司法伦理建设情况纳入对司法机关和司法人员工作业绩评价体系当中,并占据更为重要的比重。另一方面则需要司法机关在工作当中切实提高对司法伦理建设重要性的认识,认真开展各项教育宣传活动,将司法伦理的要求转化为具体的工作措施,并将其融入司法机关的司法活动当中去。① 由此可见,社区矫正惩罚功能正当性,即使有了充分体现刑罚伦理性的制度规划,但关键还得见诸于制度实施的伦理性。惩罚功能制度规划伦理性与惩罚功能制度实施伦理性,是一个关系到惩罚功能正当性的制度整体。在社区矫正刑罚实践中,只有实现惩罚功能制度规划的伦理性,惩罚功能制度实施伦理性才有制度保障;而只有实现惩罚功能制度实施的伦理性,惩罚功能制度规划伦理性才有制度意义。

重塑社区矫正惩罚功能的正当性,就要强调惩罚功能制度实施的刑罚伦理性。如果社区矫正惩罚功能的制度实施,不能充分体现法治社会的法治要求和法治趋势,不能充分体现惩罚功能的法律效果和社会效果,不能充分体现执法行为的社会伦理和社会道德,惩罚功能的制度实施将无法实现其应有的刑罚伦理性。如何重塑社区矫正惩罚功能制度实施的刑罚伦理性,关键在于落实惩罚功能伦理中的刑罚规范性。因为,刑罚规范性是刑罚伦理性应当遵循的基本原则,是在刑罚实践中检验刑罚伦理的行为准则。刑罚规范性原则的主要内容包括:依法实施刑罚依据方面的刑罚范围、刑罚对象、刑罚量度的规范性原则;依法实施刑罚程序方面的依法独立审判和依法执行刑罚的规范性原则;依法实施刑罚行为方面的有法必依、执法必严、违法必究的规范性原则。其中,社区矫正惩罚功能正当性,必然要求体现惩罚功能伦理性和实现惩罚功能规范性。通过规范社区矫正机构的惩罚功能执法活动和社区矫正队伍的惩罚功能执法行为,以规范的惩罚功能执法活动和执法行为,以伦理的惩罚功能执法意识和执法道德,更好地实现社区矫正惩罚功能的正当性。

① 参见周玉华主编:《中国司法学》,法律出版社 2015 年版,第 421 – 422 页。

(四)重塑社区矫正惩罚功能的刑罚宽容性

1. 刑罚宽容性的基本意涵

刑罚宽容性既是社区矫正惩罚功能正当性的重要价值,又是促进现代社会和谐稳定的基本前提。在现代社会实践和刑罚实践中,“和谐社会的前提就是充分的宽容。宽容是源于圣贤个人的一种美德,它可以化解矛盾,使人相互尊重、和睦相处。今天,它已发展成为一种普遍的道德和法律原则,是全球化和多元化所必需的人类原则之一。具体地讲,只有个人有了宽容地与人相处的态度和精神,只有社会的制度安排可以容纳和保护个人的宽容,才能建立起社会的和谐状态”。[①] 在现代刑罚理论和刑罚实践中,刑罚宽容性有着丰富的法理意涵。

(1)刑罚宽容性的概念定义。英语词汇中的宽容(tolerance)最早源自拉丁语中的忍受或忍耐(tolerare)。英国学者米勒和波格丹诺在其主编的《布莱克维尔政治学百科全书》中,曾对宽容的概念进行了以下界定:“宽容是指一个人虽然具有必要的权力和知识,但是对自己不赞成的行为也不进行阻止、妨碍或干涉的审慎选择。宽容是个人、机构和社会的共同属性……宽容常常是一个事关程度的问题,它要求做出正确的、给不同意见留有余地的判决”。[②] 我国学者张祥明则从认识论和方法论的视角阐述刑罚宽容的概念定义,他认为,宽容是一种以价值多元化为基础的理性化的观察和分析问题的方法。具体来讲,宽容意味着对价值多元化现实主体的承认、尊重和平等看待;意味着对不同价值标准的客观理解;意味着对自己价值观念的执着和恪守。宽容体现的是一种欢迎不同观点而有是非、立场明确而不偏执的精神。[③] 联合国教科文组织发布的《宽容原则宣言》,对宽容概念进一步作出了权威的以下定义:“宽容是对我们这一世界丰富多彩的不同文化、不同的思想表达形式和不同的行为方式的尊重、接纳和欣赏。宽容通过了解、坦诚、交流和思想、良心及信仰自由而得到促进,宽容

---

① 参见陈根发:《宽容的法理》,知识产权出版社2008年版,第226页。

② [英]戴维·米勒、韦农·波格丹诺:《布莱克维尔政治学百科全书》,邓正来等译,中国政法大学出版社2002年版,第820页。

③ 参见张祥明:《宽容:庄子的认识论精神》,载《齐鲁学刊》1998年第6期。

是求同存异。宽容不仅是一种道德上的责任,也是一种政治和法律上的需要。宽容,这一可以促成和平的美德,有助于以和平文化取代战争文化。”①

(2)刑罚宽容性的理论内涵。刑罚宽容思想作为一种受社会崇信的公共美德,其理论基础是宽容理念与刑罚理念相融合而成的宽容法理,其实践基础是现代宪制价值取向主导下的宽容价值和宽容原则。在现代刑罚实践中,刑罚宽容性的理论内涵主要包括:一是刑罚宽容的人道性。我国学者陈正云指出,刑法宽容性最本质的价值内涵在于刑法要具有人道性,刑法宽容性的规范内容体现就是要求刑法的制定和适用尽可能与人性相符合,尽可能地宽缓,表现出立足于人类的良知而维护、追求、弘扬、增进人类的善良、仁爱和博爱的特性与倾向。② 二是刑罚宽容的谦抑性。我国学者陈兴良指出,刑法宽容性与刑法谦抑性是“殊”途“同”归的关系——刑法宽容性主要从刑罚人道性的立场出发,而刑法谦抑性则主要从刑法经济性的立场出发——最终都达到对犯罪人从宽处理的结果。鉴于刑法宽容性与刑法谦抑性的最终结果的一致性,在这种意义上,也可以说谦抑的刑法也是宽容(人道)的刑法,刑法的谦抑性与刑法的宽容性(人道性)之间具有内在同一性。③ 上述刑罚宽容性理论内涵中的刑罚人道性和刑罚谦抑性,尤其是蕴含其中的宽容价值和宽容原则,集中表明了宽容与法律、宽容与社会、宽容与政治、宽容与民主的内在联系。这种天然的内在联系,彰显了刑罚宽容性在社会和谐稳定和社会文明进步中的积极作用。我们在重塑社区矫正惩罚功能正当性过程中,充分运用刑罚宽容性的思想和原理,这对于推进刑罚现代化趋势下的社区矫正制度建设,必将产生重要的现实影响。

2. 社区矫正惩罚功能的刑罚宽容性法理重塑

推进我国社区矫正惩罚功能正当性的法理重塑,应当注重重塑社区矫正惩罚功能的刑罚宽容性。因为,社区矫正作为现代非监禁刑罚执行制度,其本身就是刑罚政策轻缓化的时代产物;刑罚政策轻缓化的理论依据,通常来自刑罚目的的人道化;而刑罚目的人道化的法理意涵,就包括刑罚宽容性价值和刑罚

① 联合国教科文组织:《宽容原则宣言》,1995 年 11 月 16 日。

② 参见陈正云:《刑法的精神》,中国方正出版社 1999 年版,第 200 - 201 页。

③ 参见陈兴良:《刑法的价值构造》(第 2 版),中国人民大学出版社 2016 年版,第 369 页。

宽容性原则。我们只有在社区矫正刑罚实践中，理性坚持刑罚宽容的价值取向，正确贯彻刑罚宽容的基本原则，才能科学掌控惩罚功能缺失或惩罚功能泛溢的边际，有效维护社区矫正惩罚功能的正当性。当前社区矫正惩罚功能缺失现象，偏离了刑罚宽容性的科学内涵和价值取向，刑罚宽容的这种异化现象，已经影响到社会民众对社区矫正刑罚政策轻缓化和刑罚目的人道化的正面评价。重塑社区矫正惩罚功能的刑罚宽容性，主要应弄清楚的是，惩罚功能缺失或泛溢现象是否符合刑罚宽容性的要求，如何实施惩罚功能才能合理体现惩罚功能的刑罚宽容性。

（1）重塑社区矫正惩罚功能法律依据方面的刑罚宽容性。在当今世界刑罚领域，之所以产生刑罚政策由重刑主义向轻刑主义的转变，之所以产生刑罚体系由监禁刑为主向非监禁刑为主的转变，之所以呈现非犯罪化、非刑罚化、非监禁化的发展趋势，这其中，就包含了体现社会伦理和社会道德的刑罚宽容性的法理意涵，就显现了刑罚宽容价值和刑罚宽容原则的能动效应。换言之，是刑罚宽容性推动了现代刑罚制度的文明与进步，现代刑罚制度同时也规制着刑罚宽容价值和刑罚宽容原则。我们只有重塑惩罚功能制度设置方面的刑罚宽容性，才能从制度衡量和制度规范的方面，正确发挥刑罚宽容性在推进刑罚文明进步中的功能作用。社区矫正作为刑罚轻缓化和刑罚人道化的现代非监禁刑罚执行制度，其惩罚功能的制度设置，无疑与刑罚宽容有着密切的联系。例如，行刑场所社会化条件下的社区矫正惩罚功能的严厉程度，明显宽缓于行刑场所封闭化条件下的监狱矫正惩罚功能的严厉程度，这就是刑罚宽容性在刑罚执行制度设置上的重大体现。

在现代刑罚实践中，由于刑罚宽容性通常需要支付相应的成本代价，因而刑罚宽容性往往需要把握相应的幅度界限。适度宽容的惩罚功能制度设置，将有利于刑罚公平和社会正义；而过度宽容的刑罚功能制度设置，则有损于刑罚公平和社会正义。当前，我国社区矫正制度设置中存在的惩罚功能缺失现象，其外部形态是惩罚功能的法律缺陷和制度弊端，其内部实质则是刑罚宽容性的成本超越和界限失控。换言之，无论是惩罚功能缺失，还是惩罚功能泛溢，都是社区矫正惩罚功能制度设置中刑罚宽容性的异化现象。我们重塑惩罚功能制度设置方面的刑罚宽容性，其关键是要在惩罚功能的法律依据上，切实掌控刑罚宽容的成本代价和把握刑罚宽容的幅度界限。只有这样，社区矫正惩罚功能的制度设置和制度实施才能正确体现刑罚宽容性；也只有这样，刑罚宽容性才能理性影响社区矫正惩罚功能的正当性。

（2）重塑社区矫正惩罚功能社会评判方面的刑罚宽容性。在现代社会实践和刑罚实践中，人们基于不同的社会道德意识和社会伦理意识，难免存在刑罚宽容或刑罚严苛的不同价值倾向；人们基于不同的刑罚宽容价值倾向，必然对刑罚宽容过程和刑罚宽容结果，作出不同的社会评判；而人们基于其对刑罚宽容的不同社会评判，最终将在不同内容和不同程度上，直接影响到刑罚宽容理念的创新和刑罚宽容实践的效果。社区矫正作为刑罚社会化和刑罚谦抑化的现代非监禁刑罚执行方式，其惩罚功能的制度实施过程，无疑是刑罚宽容的社会评判过程。当前，我国社会民众对社区矫正惩罚功能，有着两种截然不同的刑罚宽容社会评判价值倾向。一种是相当多的社会民众尤其是刑事犯罪受害群体，认为现行的社区矫正惩罚功能严重缺失，已经影响到刑罚公平和社会正义，这是刑罚宽容性幅度界限失控的必然结果；另一种是相当多的社区矫正对象及其亲属好友，认为现行的社区矫正惩罚功能过于严苛，无法充分体现刑罚人道和刑罚宽容，这是刑罚宽容性成本代价失衡的集中表现。以上两种不同的社会评判价值倾向，分别反映了不同社会群体，对刑罚宽容性的不同利益诉求。我们重塑惩罚功能社会评判方面的刑罚宽容性，关键在于协调不同社会群体的不同利益诉求，以理性的法律思维和理性的法律选择，构建惩罚功能法律实施的刑罚宽容的连接点和平衡点，以便更好地体现社区矫正惩罚功能的正当性。

（五）重塑社区矫正惩罚功能的刑罚必要性

1. 刑罚必要性的基本意涵

刑罚必要性既是社区矫正惩罚功能正当性的重要价值，又是确立刑罚权能和刑罚公正的重要依据。因为，“必要的刑罚是正确的刑罚，也即公正的刑罚。刑法中的公正是遵守目的思想所要求的刑罚标准。如同作为刑罚权的自我限制的法定刑是通过客观主义产生的一样，它同样通过客观主义的完善来保持其最高的完善。目的思想对刑罚权的约束，是受处罚的公正的崇高目标。只有必要的刑罚才是公正的刑罚”。[①] 在现代刑罚理论和现代刑罚实践中，刑罚必要性有着丰富的法理意涵。

（1）刑罚必要性的概念定义。必要性概念最早产生于德国的自由法治国时期。关于刑罚必要性的概念定义，国内外学者多见零散的笼统的表述，而少见完整的明确的阐述。例如，德国学者费尔巴哈以刑罚根据的必要性来阐述刑罚必要性概念，他认为：“刑罚的必要性的根据以及刑罚存在的根据（既包括法律中规定的刑罚，也包括刑罚的运用本身），是维护所有人彼此之间的自由的必要，其途径是消除人们内心的违法动机。”[②]意大利学者贝卡里亚以约束社会犯罪的必定性来阐述刑罚必要性概念，他认为：“对于犯罪最强有力的约束力量不是刑罚的严酷性，而是刑罚的必定性，这种必定性要求司法官谨守职责，法官铁面无私、严肃认真，而这一切只有在宽和法制的条件下才能成为有益的美德。即使刑罚是有节制的，它的确定性也比联系着一线不受处罚希望的可怕刑罚所造成的恐惧更令人印象深刻。”[③]加拿大学者戴岑豪斯以法律价值的确定性来阐述刑罚必要性概念，他认为：“确定性作为一种法律价值会与其他的法律价值发生冲突，最重要的就是实质性正义理念，这是法律的正当性基础。只有当我们认识到法律内部存在这种冲突的可能性，才能够理解在此状况下公民的两难处境，这会更加凸显公民法律义务中道德因素的重要性。”[④]美国学者罗尔斯以社会合作的稳定性来阐述刑罚必要性概念，他认为：惩罚的必要性在于为了社会合作的稳定性。即使在一个组织良好的社会中，尽管人们知道大家享有相同的正义感，并且每个人都要求维持现存的安排，他们可能还是缺乏完全的相互信

① ［德］冯·李斯特：《论犯罪、刑罚与刑事政策》，徐久生译，北京大学出版社 2016 年版，第 27 页。

② ［德］安塞尔姆·里特尔·冯·费尔巴哈：《德国刑法教科书》，徐久生译，中国方正出版社 2010 年版，第 29 页。

③ ［意］切萨雷·贝卡里亚：《论犯罪与刑罚》（始编本），黄风译，北京大学出版社 2014 年版，第 73 页。

④ ［加］大卫·戴岑豪斯：《合法性与正当性——魏玛时代的施米特、凯尔森与海勒》，刘毅译，商务印书馆 2015 年版，第 25 页。

任。[①]

(2)刑罚必要性的理论内涵。刑罚必要性作为刑罚正当性的法理依据,其理论内涵主要包括:一是刑罚设置方面的刑罚必要性。法国学者福柯曾在其所著的《规训与惩罚》一书中提出:“无论是法学理论中提出的‘改革’,还是各种方案中规划的‘改革’,都是这种策略在政治上或哲学上的体现,其首要目标是:使对非法活动的惩罚和镇压,变成一种有规则的功能,与社会同步发展;不是要惩罚得更少些,而是要惩罚得更有效些;或许应减轻惩罚的严酷性,但目的在于使惩罚更具有普遍性和必要性;使惩罚权力更深地嵌入社会本身。”[②]二是刑罚实施方面的刑罚必要性。英国学者洛克曾在其所著的《政府论》一书中指出:“法律不是为了法律自身而被制定的,而是通过法律的执行成为社会的约束,使国家的各部分各得其所,各尽其应尽的职能;当这完全停止的时候,政府也显然搁浅了,人民就变成了没有秩序或联系的杂乱群体……如果法律不能被执行,那就等于没有法律;而一个没有法律的政府,我认为是一种政治上的不可思议的事情,非人类的能力所能想象,而且是与人类社会格格不入的。”[③]三是刑罚功能方面的刑罚必要性。我国学者王立峰曾在其所著的《惩罚的哲理》一书中指出:“从共同体的角度说,惩罚的必要性在于,惩罚可以保障安全,维护社会成员之间的信任;从受害人的角度说,惩罚的必要性主要在于表达、发泄因为遭受非法伤害而引起的愤恨情感,这种愤恨情感也是社会共同体维系社会共同价值所需要的;从侵害人的角度说,惩罚是一种教育,是自己改过自新、重新做人的机会。”[④]有关刑罚必要性的上述理论内涵集中表明,刑罚必要性既是刑罚设置的先决条件,又是刑罚实施的重要依据;刑罚必要性既是刑罚原则的根本要求,又是刑罚功能的理性选择。从刑罚必要性的价值取向上来讲,客观化后的刑罚必要性,直接关系到刑罚正当性的刑罚效果,总体影响着刑罚正当性的社会评判。

---

① 参见王立峰:《惩罚的哲理》(第2版),清华大学出版社2013年版,第103页。

② [法]米歇尔·福柯:《规训与惩罚》,刘北成、杨远婴译,生活·读书·新知三联书店2012年版,第91页。

③ [英]约翰·洛克:《政府论》(下篇),叶良芳等译,商务印书馆1997年版,第132页。

④ 王立峰:《惩罚的哲理》(第2版),清华大学出版社2013年版,第120页。

2. 社区矫正惩罚功能的刑罚必要性法理重塑

推进我国社区矫正惩罚功能正当性的法理重塑，应当注重重塑社区矫正惩罚功能的刑罚必要性。因为，社区矫正作为新型的现代非监禁刑罚执行制度，在改革发展进程中，难免存在这样或那样的一些法律缺陷和制度弊端，难免产生这样或那样的一些社会质疑和社会误判。尤其是因刑罚本质偏离引发的惩罚功能缺失问题，已经在相当程度上，给社区矫正惩罚功能的正当性带来了负面影响。当前，有没有必要强调和凸显社区矫正的刑罚本质，有没有必要强化和发挥社区矫正的惩罚功能，有没有必要推进和完善社区矫正的改革与发展，以及在此前提下，如何修补社区矫正惩罚功能的法律缺陷和制度弊端，如何树立社区矫正惩罚功能的社会意识和社会信念，关键是要通过重塑惩罚功能的法律必要性和社会必要性，为实现社区矫正惩罚功能的正当性，提供必要的法律依据和法律保障。①

(1)重塑社区矫正惩罚功能的法律需求必要性。在当今世界国家治理和社会治理的逻辑过程中，刑罚惩罚是道德秩序的必要构成，道德秩序是道德权威的必要形式，道德权威是道德规制的必要体现，而道德规制实质上就是国家治理的法律需求必要性。由此可见，刑罚必要性的形式要件，主要表现为国家治理的法律制度；刑罚必要性的实质要件，主要依据于国家治理的法律需求。我们重塑刑罚必要性，应首先着眼于重塑法律需求必要性。其中，如何重塑社区矫正惩罚功能的法律需求必要性，这就需要我们以坚持惩罚功能的正义性和合法性为前提，集中解决好以下两个方面的问题。

第一，明确社区矫正惩罚功能思维方式的法律必要性。现代社区矫正刑罚执行制度的先进性和科学性，来自社区矫正刑罚功能体系的合理性和效益性。其中，惩罚功能作为刑罚功能体系的重要构成，惩罚功能的缺失或泛滥现象，必然有损刑罚功能体系的结构完整，必然影响刑罚功能体系的整体运行。基于这一思维逻辑，我们应当立足于推进社区矫正现代化、法治化、文明化进程，首先在社区矫正惩罚功能的思维方式上，切实明确完善惩罚功能的重要性和必要

① 参见刘政：《社区矫正惩罚功能正当性的法理研判和理性回归》，载《南海法学》2019 年第 1 期。

性，进而增强完善惩罚功能的紧迫感和责任感。

第二，明确社区矫正惩罚功能实践方式的法律必要性。现代社区矫正制度作为国家刑事法律体系的重要构成，其惩罚功能法律设置的合法性，首先取决于国家刑事法律体系的必要性；其惩罚功能法律设置的合理性，同时影响着国家刑事法律体系的完整性。其中，社区矫正惩罚功能缺失或泛滥现象，无疑是国家刑事法律体系中的一个法律缺陷和制度弊端。基于这一刑罚实践，我们应当着眼于社区矫正制度与国家刑事法律体系相互依存和相互作用的内在联系，根据国家刑事法律体系的发展需求，在社区矫正惩罚功能的实践方式上，确立完善社区矫正惩罚功能法律设置的法律必要性，并针对社区矫正惩罚功能的缺失或泛滥现象，确立修补法律缺陷和制度弊端的法律必要性。

（2）重塑社区矫正惩罚功能的社会需求必要性。在现代社会实践和刑罚实践中，刑罚惩罚存在社会必要性，这种必要性在于保障安全，谴责违法犯罪行为，发泄愤恨情感，对侵害人进行道德教化，所有这些，都是为了加强社会凝聚力，这种社会凝聚力的核心在于集体良知。无论是报应主义还是功利主义都没有回答惩罚的社会必要性问题，不了解惩罚的社会必要性，惩罚的正当性也就无从谈起。虽然惩罚是社会所需要的，但问题是，社会需要什么样的惩罚，惩罚的道德依据何在。① 这就要求我们结合社会实践和刑罚实践，深入研究刑罚惩罚的社会功能和社会需求；尤其要求我们遵循社会发展规律和刑罚发展规律，充分明确刑罚惩罚的社会价值和社会趋向。其中，如何重塑社区矫正惩罚功能的社会必要性，需要我们围绕社会发展和社会稳定这个主题，着力解决好以下两个方面的问题：

第一，满足社会安全稳定的社会必要性。当前我国正处于社会转型变革的重要历史阶段，由于这个历史阶段面临着社会利益格局的调整，各种利益阶层和利益群体之间的利益纷争，必然引发诸多的社会矛盾和社会冲突，从而导致各种形式的社会犯罪不断演化并不断加剧，在不同领域和不同程度上直接威胁到社会的安全稳定。为了有效化解社会矛盾、控制社会犯罪、维护社会安全稳定，国家必然要加强刑罚权能和刑罚能力，不断加大惩罚社会犯罪和预防社会

---

① 参见王立峰：《惩罚的哲理》（第2版），清华大学出版社2013年版，第142页。

犯罪的刑罚力度,这就越来越显现出了实现社会安全稳定的社会必要性。从这个意义上来讲,社区矫正作为国家惩罚社会犯罪和预防社会犯罪的重要刑罚执行制度,尤其要从满足社会安全稳定的社会必要性出发,理性考量惩罚功能缺失或泛滥的社会影响,理性应对惩罚功能缺失或泛滥的社会质疑,通过修补社区矫正惩罚功能的法律缺陷和制度弊端,来实现社区矫正惩罚功能的正当性。

第二,满足社会和谐融合的社会必要性。影响社会和谐融合方面的一个重要因素,是由于社会犯罪必然导致的社会情感冲突和社会信任危机。为了防范社会成员之间因社会犯罪危害引发个人复仇行为,形成全社会对社会犯罪的道德谴责,加强对其他社会成员的道德警示,促进全体社会成员对社会和谐的信任感和责任感,我们应注重发挥社区矫正的社会功能作用,通过刑罚惩罚来警示社会,通过道德教育来教化社会,通过情感调解来和谐社会,最终以满足社会和谐融合的社会必要性,更好地实现社区矫正惩罚功能的正当性。

(六)重塑社区矫正惩罚功能的刑罚适度性

1.刑罚适度性的基本意涵

刑罚适度性既是社区矫正惩罚功能正当性的重要价值,又是确立刑罚目的和刑罚功能的重要尺度。因为,“刑罚功能的实现需要遵循适度性原则,适度性原则体现了‘不偏不倚’‘无过不及’的中庸思想,要求在特定的情况下,适度地实现刑罚的功能,既要克服刑罚功能实现的障碍,避免刑罚功能的无法实现和过低实现,也不能追求其最大限度的实现……正确认识刑罚的功能,确立适当的刑罚功能实现的目标,合理利用刑罚功能实现的影响因素,科学评估刑罚功能的实现,是全面、合理实现刑罚功能的有效途径”。[①] 在现代刑罚理论和刑罚实践中,刑罚适度性有着丰富的法理意涵。

(1)刑罚适度性的概念定义。适度性概念发源于德国的比例原则。1973年,德国学者埃贝哈德·格拉比茨(Eberhara Grabeitz)在《联邦宪法法院中的比例原则》一文中提出,广义的比例原则包括适当性原则(Greeignetheit)、必要性

---

① 胡志军:《刑罚功能新解》,山东大学出版社2015年版,前言第3页。

原则(Erforderlichkeil)、狭义比例原则(Verhaltnisma Bigkeitimengeren Sinne)。[①]我国学者刘权则认为:适当性原则,又称为妥当性原则,它是指公权力行为的手段必须具有适当性,能够促进所追求的目的的实现。[②] 上述关于刑罚适度性的概念定义表明,刑罚适度性在某种意义上等同于刑罚妥当性,两者之间在理论上既有联系又有区别。其中,刑罚适度性通常指向国家刑罚权能,作为追求刑罚目的的刑罚手段;而刑罚妥当性通常指向社会刑罚要求,作为实现刑罚目的的刑罚依据。

(2)刑罚适度性的理论内涵。刑罚适度性作为刑罚正当性的理性手段,在刑罚目的思想、刑罚惩罚尺度、刑罚惩罚等级、刑罚惩罚界限、刑罚惩罚结果的诸多方面,有着极为丰富的理论内涵。其理论内涵主要包括:

第一,刑罚目的思想上的刑罚适度性。德国学者李斯特曾就此提出:从我们的观点出发,只可以从目的思想中推导出适度的刑罚(内容和范围,刑罚种类和刑度),已经不需要进一步的理由了。李斯特进而指出:目的思想要求手段与目的相适应,而且在其使用中做到尽可能节制。这一要求尤其适用于刑罚,因为刑罚是个"双刃剑":它通过法益破坏达到法益保护。过度适用刑罚,从身体上、道义上和经济上消灭一个公民,如果不是法秩序的不容拒绝的要求,那就是对目的思想的严重的作孽。[③]

第二,刑罚惩罚尺度上的刑罚适度性。挪威学者马蒂森在其翻译的瑞典白皮书(SOU1986)第 1 册中,曾就此进行了以下概述:我们得到的结论是,在为各种犯罪制定惩罚尺度时,我们不应该着重于对一般预防或是个人预防的考量。我们认为,罪行的惩罚尺度应该基于该罪行的严重程度和人们对该罪行的憎恶程度而定。因此,我们认为在决定惩罚尺度时,以罪犯所犯的罪行来衡量其应得到的惩罚是很合理的出发点。在决定各种罪行的惩罚尺度时,我们必须依据

---

① Eberhard Grabitz, Der Grundsatz der Verhältnismässigkeit in der Rechtsprechung des Bundesverfassungsgerichts,1973,S.970.

② 参见刘权:《论必要性原则的客观化》,载《中国法学》2016 年第 5 期。

③ 参见[德]冯·李斯特:《论犯罪、刑罚与刑事政策》,徐久生译,北京大学出版社 2016 年版,第 20－27 页。

一种对于正义所作的推理。[①]

第三,刑罚惩罚等级上的刑罚适度性。德国学者梅尔曾在其所著的《德国观念论与惩罚的概念》一书中指出:早期现代思想家诉求于对刑罚的量进行更细致的划分,使之与犯罪的严重性相适应。存在一种惩罚犯罪的比例排序,在那里每一种犯罪的严重性,都被限制在相应的惩罚等级内。基于这种惩罚等级,对较轻的犯罪实施的惩罚,总是比对较重的犯罪的惩罚温和。设置惩罚等级的目的在于威慑潜在的罪犯,使其不敢犯更严重的犯罪,也在于威慑正在犯罪的犯罪分子,使其不敢实施进一步的犯罪。[②]

第四,刑罚惩罚界限上的刑罚适度性。有学者曾就此指出:在任何一个犯罪发生之后,其客观危害程度以及罪责程度都是可以确定的。而报应目的则要求根据危害程度和罪责程度施加与之相适应的刑罚分量,这就在客观上为判处刑罚与量刑提供了比较可靠的标准和幅度,从而为刑罚的具体适用划定了界限。正是报应目的所能提供的"限度原则",为国家的刑罚威力规定了一个界限,在这个范围内,它能确保刑罚只施加于实施犯罪行为的人,并保证刑罚分量必须与犯罪行为的危害与罪责程度相适应,由此避免了惩罚无辜以及罪刑失当。[③]

2. 社区矫正惩罚功能的刑罚适度性法理重塑

推进我国社区矫正惩罚功能正当性的法理重塑,应当注重重塑社区矫正惩罚功能的刑罚适度性。因为,社区矫正作为刑罚政策轻缓化和刑罚方式社会化的新型非监禁刑罚执行制度,由于其实施刑罚惩罚的量度,直接关系到刑罚惩罚的效果,故而强调其实施惩罚功能的适度性,已经成为实现惩罚功能正当性必须遵循的重要原则。当前我国社区矫正因惩罚功能缺失或泛滥现象,而引发的社区矫正惩罚功能正当性的社会质疑,从一定意义上来讲,可以说就是由于忽视或违背惩罚功能适度性原则而导致的消极结果。基于社区矫正固有的刑

---

① 参见[挪威]托马斯·马蒂森:《受审判的监狱》,胡菀如译,北京大学出版社2014年版,第98页。

② 参见[德]梅尔:《德国观念论与惩罚的概念》,邱帅萍译,知识产权出版社2017年版,第22页。

③ See Herbert L. Packer, *The Limits of the Criminal Sanction*, Stanford, 1968, p. 67-68.

罚本质和应有的惩罚功能,以及社区矫正确立的刑罚目的和现有的惩罚政策,我们有必要在反思惩罚功能缺失或泛滥问题的基础上,重塑惩罚功能的刑罚适度性理念,贯彻惩罚功能的刑罚适度性原则,以实现社区矫正惩罚功能正当性的理性回归。

(1)重塑社区矫正惩罚功能适用对象的刑罚适度性。在现代社区矫正刑罚实践中,惩罚功能均要通过其作用对象来实现。而在实施社区矫正刑罚目的的过程中,就其一般惩罚目的和一般预防目的而言,惩罚功能的作用对象,通常泛指所有潜在犯罪的社会成员群体;就其特殊惩罚目的和特殊预防目的而言,惩罚功能的作用对象,则通常特指已实施犯罪的社会成员个人。当前,社区矫正惩罚功能缺失或泛滥问题的实质,可以说就是社区矫正刑罚目的实施过程中,惩罚功能作用对象的刑罚适度性原则的偏离和异化。如何重塑社区矫正惩罚功能适用对象的刑罚适度性,主要应把握两个环节:一是把握惩罚功能适用对象在刑罚裁量环节的刑罚适度性。即刑罚裁量机关对偶犯、初犯、过失犯等轻微犯罪的刑罚对象,拟尽可能多地适用社区矫正相关刑罚;对惯犯、累犯、故意犯等严重犯罪的刑罚对象,则应尽可能少地适用社区矫正相关刑罚,以此体现社区矫正惩罚功能适用对象的正当性。二是把握惩罚功能适用对象在刑罚执行环节的刑罚适度性。即刑罚执行机关应严格区分监禁刑罚与非监禁刑罚的惩罚功能界限,合理设定社区矫正惩罚功能的严厉程度,既做到对社区矫正对象的严格监督管理,又体现对社区矫正对象的刑罚轻缓和刑罚人道,通过坚持惩罚功能适用对象的刑罚适度性,更好地实现社区矫正惩罚功能的正当性。

(2)重塑社区矫正惩罚功能适用内容的刑罚适度性。在现代社区矫正刑罚实践中,惩罚功能均要依据其适用内容来实施。而在实施社区矫正刑罚目的的过程中,就其一般惩罚目的和一般预防目的而言,惩罚功能的适用内容,应当确保刑罚惩罚量度的最低要求;就其特殊惩罚目的和特殊预防目的而言,惩罚功能的适用内容,则应当发挥刑罚惩罚量度的调节效能。当前,社区矫正惩罚功能缺失或泛滥问题,其主要表现为惩罚功能法律设置方面的法律缺陷、惩罚功能法律实施方面的制度弊端,究其实质则是惩罚功能适用内容方面刑罚适度性的严重失调。如何重塑惩罚功能适用内容的刑罚适度性,主要应注重两个方面:一是关注惩罚功能适用内容在法律设置中的刑罚适度性。即既要着力于修补社区矫正惩罚功能缺失的法律缺陷和制度弊端,又要着力于预防社区矫正惩罚功能泛溢的法律扩张和制度偏离,依法确立社区矫正的刑罚目的,依法完善社区矫正的惩罚功能,依法规范社区矫正的执法范围,从法律设置上改变惩罚性功能不足和恢复性功能有余的制度倾向,以惩罚功能适用内容的适度性,来实现社区矫正惩罚功能法律制度的正当性。二是关注惩罚功能适用内容在法律实施中的刑罚适度性。即着力于完善社区矫正惩罚功能的管理体制和运行机制,依法配置执法权能,依法规范执法程序,依法整合执法资源,从体制机制上改变管理质量不高和管理效率低下的管理倾向,以社区矫正惩罚功能法律实施的适度性,来提升社区矫正惩罚功能应有的法律效果和社会效果。

(3)重塑社区矫正惩罚功能适用条件的刑罚适度性。在现代社区矫正刑罚实践中,惩罚功能均要依托其适用条件来展开。社区矫正作为行刑社会化的刑罚执行方式,由于其存在于开放的社会环境之中,运行于现实的社会生活之中,特定的社会条件必然对其产生重大的社会影响。这个特定社会条件包括不同时期的政治环境、经济环境和文化环境的不同发展状况,包括不同社会意识和不同社会结构对社区矫正的不同发展需求。为此,重塑社区矫正惩罚功能的适度性,很重要的一个方面,就是要适应社会环境,营造社会环境,改善社会环境,服务社会环境。主要应当考虑两个方面:一是充分利用社会条件必然产生的积极因素。即充分利用社会矫正环境,充分动员社会矫正力量,充分整合社会矫正资源,以适度的规模和适度的方式,投入社区矫正惩罚功能的刑罚实践,努力营造有助于实施惩罚功能的社会氛围和社会条件,有效弥补惩罚功能基础薄弱和资源匮乏的刑罚困境,以良好的社会条件和能动的社会因素,来实现社区矫正惩罚功能的正当性。二是不断排除社会条件可能存在的消极因素。即适度控制行刑社会化条件下的社区安全消极因素,适度化解犯罪人与被害人之间的情感冲突消极因素,适度转化社会转型变革过程中的利益矛盾消极因素,从社会意识和刑罚意识上,适度改变盲目奉行重刑主义或片面追求轻刑主义的意识倾向,以理性的社会意志和刑罚价值,来促进社区矫正惩罚功能的正当性。

第五章　推动社区矫正惩罚功能正当性的法律重构

实现社区矫正惩罚功能正当性，前提是要进行惩罚功能正当性的法理重塑，关键则是要推动惩罚功能正当性的法律重构。如何推动社区矫正惩罚功能正当性的法律重构，主要是必须深入贯彻落实习近平新时代中国特色社会主义思想，紧紧围绕党和国家关于全面推进依法治国和全面深化司法改革的部署与要求，在学习借鉴国外先进刑罚理念和成功刑罚实践的基础上，通过完善社区矫正法律体系，健全社区矫正管理体制，规范社区矫正运行机制，着力于构建具有中国特色的社区矫正制度，为实现社区矫正惩罚功能正当性，提供必要的法律保障、体制保障和机制保障。

一、重构社区矫正惩罚功能正当性的法律体系

社区矫正法律体系，是指规范社区矫正工作的所有法律、法规、规章、制度、规定等所构成的集合体，是社区矫正工作的基本依据、操作规范、行动指南，是社区矫正规范化、法治化的前提，是使社区矫正工作有法可依、有法必依、执法必严、违法必究的法治基本要求的前提和基础。社区矫正作为刑罚执行制度，必须有法律上的依据，必须有完整的法律制度体系。[①] 其中，社区矫正惩罚功能，作为社区矫正制度的重要构成，它源自社区矫正法律体系，依据于社区矫正法律体系。当前我国存在的社区矫正惩罚功能缺失或泛滥现象，集中表现出来的虽是刑罚本质偏离和刑罚目的偏误，但其根本症结，还是在于社区矫正法律

---

① 参见高贞主编：《社区矫正执行体系研究》，法律出版社 2017 年版，第 29 页。

体系方面的法律缺陷和制度弊端。重塑社区矫正惩罚功能的正当性，其重要前提就是要完善社区矫正法律体系。只有努力完善社区矫正法律体系，才能有效修补惩罚功能的法律缺陷，才能依法消除惩罚功能的制度弊端，从而在法律设置层面上实现社区矫正惩罚功能的正当性；也只有努力实现社区矫正惩罚功能的正当性，才能更好地完善社区矫正法律体系，更好地适应全面推进依法治国和全面深化司法改革的发展趋势，为依法实施社区矫正惩罚功能，提供有力的法律依据和法律保障。

我国《社区矫正法》和两院两部《社区矫正法实施办法》的颁布与实施，是社区矫正法律体系建设的重大成果，标志着社区矫正法律体系建设的重大进步。它作为社区矫正法律体系建设的主体形式，作为社区矫正法律体系建设的新起点新动力，显然将对推进新时期的社区矫正法律体系建设，产生积极的影响和奠定重要的基础。但《社区矫正法》和两院两部《社区矫正法实施办法》的颁布与实施，并不意味着社区矫正法律体系建设目标的全面实现，充其量是社区矫正法律体系建设开始进入了一个新领域新阶段。尤其是在实现社区矫正惩罚功能正当性的理性回归方面，《社区矫正法》和两院两部《社区矫正法实施办法》的立法质量和立法效果，将面临着新形势新任务要求下的实践检验和不断完善。如何完善我国社区矫正法律体系建设，这就要求国家在高层设计层面，根据社区矫正现代化、法治化、文明化的时代发展要求，更好地确立指导思想、进行决策规划、选择有效路径和坚持价值取向。

（一）确立社区矫正法律体系建设的指导思想

1. 社区矫正法律体系建设的时代意涵

中国特色社会主义法律体系，被赋予了在法治中国建设意义上的崭新时代意涵。正如有学者所指出：当代中国语境下的法律体系，已经不是学理概念的法律体系，它成为中国社会的政治发展的目标，被赋予了丰富的社会政治意义。第一，法律体系被看作制度的载体，法律体系的完备程度是现代国家的一项重要制度指标。第二，法律体系被看作社会政治价值观的载体，法律是社会公平与正义的结构化体现，也体现着社会公平与正义的制度化安排。第三，法律体系被赋予保障法律规范和谐统一的功能,法律体系的内部结构要求保证法的原则、目的与价值的一致性,法律规范的一致性。第四,法律体系被看作法律平衡发展的指标,从各个法律部门发展的不平衡看制度和现实的不平衡,可以有针对性地加强立法,适应社会全面进步的需求。①

社区矫正法律体系,作为中国特色社会主义法律体系的重要构成,在我国全面推进依法治国和全面深化司法改革的历史进程中,同样被赋予了不同于传统法律体系的新型时代意涵。这个新型时代意涵集中表现在:一是社区矫正法律体系,应当更好地适应全面推进依法治国的现实需要,更好地符合全面深化司法改革的发展规律,更好地体现中国特色社会主义法律体系的本质特征。二是社区矫正法律体系,应当充分体现刑罚本质和刑罚目的的正当性,有利于规范社区矫正程序和社区矫正行为,不断提升社区矫正的刑罚质量和刑罚效率。三是社区矫正法律体系,应当充分显现刑罚设置和刑罚实施的正当性,理性促进刑罚公平和刑罚正义。在此基础上,以社区矫正惩罚功能的正当性,来实现社区矫正法律体系的合理性;以社区矫正法律体系的合理性,来实现国家刑事司法法律体系的科学性。

2. 社区矫正法律体系建设的指导思想

《中共中央关于全面推进依法治国若干重大问题的决定》所确立的国家法律体系建设指导思想,它为新时期的社区矫正法律体系建设,确立了发展方向,明确了发展内容,提出了发展原则,规范了发展程序,从总体上引领着社区矫正法律体系建设的指导思想。坚持这个指导思想的核心意涵,是要紧紧围绕全面推进依法治国和全面深化司法改革,在坚持改革开放和顺应时代潮流的基础上,立足中国国情和突出中国特色,以问题为导向来完善社区矫正法律体系建设。

(1)坚持以深化依法治国实践为指导思想。党的十九大报告要求深化依法治国实践,这为完善国家刑事司法法律体系和社区矫正法律体系建设,提供了重要历史机遇,确立了重要指导思想。在全面推进依法治国的历史进程中,深化依法治国实践与完善国家刑事司法法律体系,是一个整体的两个方面。其

① 参见信春鹰:《中国特色社会主义法律体系及其重大意义》,载《法学研究》2014 年第 6 期。

中,完善国家刑事司法法律体系,是深化依法治国实践的重要前提和必然要求;而深化依法治国实践,是完善国家刑事司法法律体系的政治引领和必要途径。只有坚持以深化依法治国实践为指导思想,完善国家刑事司法法律体系建设,才能保持正确方向和形成能动效应,才能真正体现依法治国的法律效果和社会效果。社区矫正制度作为国家刑事司法法律体系的重要构成,完善社区矫正法律体系建设,尤其需要坚持以深化依法治国实践为指导思想。如果偏离了这个指导思想,社区矫正法律体系将无法体现深化依法治国的本质要求,社区矫正惩罚功能将无法实现正当性的理性选择,深化依法治国实践也将失去社区矫正法律体系建设这个刑罚基础。

(2)坚持以立足中国国情和突出中国特色为指导思想。党的十八届四中全会《中共中央关于全面推进依法治国若干重大问题的决定》强调依法治国必须坚持从中国实际出发,党的十九大报告要求坚定不移走中国特色社会主义法治道路,这是完善国家刑事司法法律体系和社区矫正法律体系建设的又一重要指导思想。所谓中国特色社会主义法律体系,其本质是要适应中国国情和突出中国特色,这是完善国家刑事司法法律体系和社区矫正法律体系的政治前提和社会基础;其核心就是要坚持共产党的领导,坚持社会主义的改革发展方向。当然,强调立足中国国情和突出中国特色,并不意味着排斥学习借鉴国外的先进理念和成功实践。根据这一指导思想,完善社区矫正法律体系建设,既要坚持改革开放的原则,顺应当今世界社区矫正现代化法治化的发展趋势;更要立足于中国国情和突出中国特色,适应全面推进依法治国和全面深化司法改革的总体目标。

(3)坚持以问题导向为指导思想。习近平总书记指出:“问题是工作的导向,也是改革的突破口。要紧紧抓住影响司法公正、制约司法能力的重大问题和关键问题,增强改革的针对性和实效性。”两院两部《关于全面推进社区矫正工作的意见》也明确要求:“积极推进社区矫正立法,努力从法律层面解决有关重大问题,为社区矫正工作长远发展提供法律保障。”这就为完善国家刑事司法法律体系和社区矫正法律体系建设,确立了又一重要的指导思想。社区矫正法律体系建设,之所以要求以问题为导向,是基于我国社区矫正在当前的法律设置和法律实施过程中，在惩罚功能正当性方面存在的法律缺陷和制度弊端，已经在某种程度上影响到社区矫正法律体系建设的历史进程。遵循以问题为导向的指导思想，将有助于在社区矫正法律体系建设中，更好地坚持实事求是的基本原则，更好地解决法律层面的重大问题，更好地把握社区矫正的价值取向。尤其是针对社区矫正惩罚功能缺失或泛滥这个突出问题，我们只有坚持以问题为导向，通过法律层面着力于修补法律缺陷和制度弊端，才能有效实现在刑罚公平正义前提下的社区矫正惩罚功能正当性，推进社区矫正法律体系建设的现代化、法治化、文明化，为社区矫正的长远发展提供正当的、理性的法律依据和法律保障。

（二）进行社区矫正法律体系建设的决策规划

1. 社区矫正法律体系建设的决策依据

完善社区矫正法律体系建设，首先要从国家法治建设顶层设计的高度，进行科学的合理的立法决策。习近平总书记曾明确要求："坚持顶层设计和法治实践相结合，提升法治促进国家治理体系和治理能力现代化的效能。"其中"立法决策是指有权立法的主体，依据客观需要和利益得失的判断，以及对满足这种需要与利益所必须而且可能采取的策略与手段的权衡，而在立法方面作出是否采取立法的手段和选择立法的方略与模式的决定。这种决策直接依靠主体的立法意识的成熟程度和拥有的知识与经验。"[①]具体而言，进行社区矫正法律体系建设的立法决策，其决策依据主要应把握刑罚理论依据和刑罚实践依据这两个方面。

（1）把握社区矫正刑罚本质、刑罚目的和刑罚政策方面的刑罚理论依据。进行社区矫正法律体系建设的立法决策，首先要在坚持社区矫正刑罚本质、实施社区矫正刑罚目的、贯彻社区矫正刑罚政策的理论层面，把握其应有的刑罚理论依据。其中，社区矫正固有的刑罚本质，要求通过完善社区矫正法律体系，实现社区矫正惩罚功能在刑罚公平和刑罚正义方面的刑罚价值正当性；社区矫正应有的刑罚目的，要求通过完善社区矫正法律体系，促进社区矫正惩罚功能

① 张善恭：《行为法学》，上海人民出版社2015年版，第280页。

在惩罚犯罪和预防犯罪方面的刑罚效果正当性；社区矫正具有的刑罚政策，要求通过完善社区矫正法律体系，推动社区矫正惩罚功能在刑罚人道和刑罚量度方面的刑罚程序正当性。综上所述，坚持刑罚本质、刑罚目的和刑罚政策，既是完善社区矫正法律体系的必然要求，亦是完善社区矫正法律体系的理论依据。之所以选择将其确立为完善社区矫正法律体系的刑罚理论依据，是由于社区矫正惩罚功能现存的法律缺陷和制度弊端，均与社区矫正刑罚本质、刑罚目的和刑罚政策有着密切的内在联系。这种内在联系必然要求转换为决策依据，从刑罚理论上回应完善社区矫正法律体系建设的必要性，从刑罚内涵上满足重塑社区矫正惩罚功能的正当性。

（2）把握社区矫正试点过程、试点经验和试点成果方面的刑罚实践依据。进行社区矫正法律体系建设的立法决策，就要在社区矫正试点过程、试点经验和试点效果的实践层面，确立其应有的刑罚实践依据。其中，社区矫正试点过程，对借鉴引进国外现代社区矫正制度进行大胆尝试，对构建中国特色社区矫正制度开展积极探索，为完善社区矫正法律体系提供了形式性依据；社区矫正的试点经验，对国外现代社区矫正的先进理念和成功实践进行比较研究，对我国社区矫正的法律缺陷和制度弊端进行理性分析，为完善社区矫正法律体系提供了实质性依据；社区矫正的试点效果，对社区矫正的法律效果和社会效果进行客观评估，对社区矫正的社会意识和社会信念进行科学评析，为完善社区矫正法律体系提供了决策性依据。我国自启动社区矫正试点以来，通过修改《刑法》，正式确立社区矫正刑罚制度和社区矫正法律地位；通过修改《刑事诉讼法》，明确规定社区矫正的法律程序和法律规范；在社区矫正试点的过程中，两院两部先后颁布了一系列规范性文件，特别是后来颁布实施的《社区矫正法》和两院两部《社区矫正法实施办法》，将我国启动社区矫正试点以来的实践经验和实践成果固定下来，并上升到国家刑事法律的高度，从整体上推进了社区矫正的立法进程。以上这些，既为完善社区矫正法律体系建设提供了法律依据，更为完善社区矫正法律体系建设奠定了法律基础。

2. 社区矫正法律体系建设的规划构想

社区矫正法律体系建设的立法决策与立法规划是一个程序性整体。从一定意义上来讲,立法决策指引立法规划的方向,确定立法规划的内容;而立法规划贯穿立法决策的精神,体现立法决策的要求。社区矫正法律体系建设的立法规划,作为完善社区矫正法律体系建设的指导方针和主导原则,作为推进社区矫正法律体系建设的重要前提和重要依据,将从整体上规划着如何完善社区矫正法律体系建设的实现途径。

(1)社区矫正法律体系建设的基本构想。根据《立法法》的规定,我国社区矫正法律体系应当由以下法律法规规章构成:一是由全国人民代表大会通过的基本法律和全国人大常委会通过的专门法律;二是由国务院制定的国家行政法规;三是由最高人民法院和最高人民检察院颁布的司法解释;四是由国务院所属部门制定的部门行政规章;五是由省(自治区、直辖市)人大及其常委会制定的地方性法规;六是由省(自治区、直辖市)人民政府制定的地方政府规章。完善社区矫正法律体系建设,作为一项多层次多领域的法律系统工程,由于其涉及依法治国的大局和法治社会的需求,关系到传统法律体系的调整和现代法律体系的创设,必然要求进行全方位全程序的立法投入和立法努力。这个基本构想主要包括两个方面:

第一,着力于完善社区矫正的法律形式。社区矫正法律体系的基本形态是法律形式。完善社区矫正法律形式,是社区矫正法律体系建设急需研究解决的重要问题。我国自启动社区矫正试点工作以来的十余年时间里,社区矫正在管理体制和运行机制等方面,之所以存在制约改革发展的诸多困难和问题,根本原因在于社区矫正立法滞后,关键问题在于法律形式缺失。这具体表现在,《刑法》和《刑事诉讼法》虽已原则确立社区矫正制度,但对社区矫正刑罚本质、刑罚目的和刑罚功能,尚无具体明确的法律设置,具有明显的法律形式上的法律缺陷。而维持社区矫正运行程序的一系列规章制度,由于尚未转换成法律形式,并不具有法律形式层面上的法律效力。为了深化社区矫正制度的改革与发展,有必要从完善社区矫正法律形式入手,来推进社区矫正法律体系建设。如何完善社区矫正法律形式,一是要修订和完善《刑法》和《刑事诉讼法》,以此作为社区矫正法律体系的核心法律形式;二是要修订和完善《社区矫正法》和两院两部《社区矫正法实施办法》,以此作为社区矫正法律体系的主体法律形式;三是要创设和规范两院的司法解释，以此作为社区矫正法律体系的辅助法律形式；四是要充实和细化社区矫正的部门行政规章和地方法规规章，以此作为社区矫正法律体系的基础法律形式。我国颁布实施的《社区矫正法》，虽在国家部门法的层面上，确立了社区矫正的主体法律形式；但在社区矫正法律体系的整体上，离社区矫正法律形式的主体任务仍相去甚远，还有大量的法律体系建设工作，需要去推进，去完善。只有通过完善社区矫正法律体系的法律形式，才能为社区矫正制度改革发展与社区矫正惩罚功能正当性回归，更好地提供法律依据和法律保障。

第二，着力于完善社区矫正法律内容。社区矫正法律体系的基本要素是法律内容。完善社区矫正法律内容，是推进社区矫正法律体系建设的核心问题。当前社区矫正存在的刑罚本质偏离、刑罚功能缺失、管理体制不顺、管理机制不畅的诸多问题，集中反映了现行社区矫正制度设置的法律内容缺陷。法律内容的规范、丰富和完善，直接关系到社区矫正法律依据的合法性和法律保障的正当性。从一定意义上来讲，法律内容是法律形式的法律基础，而法律形式则是法律内容的法律前提。如何完善社区矫正法律体系，核心在于在完善社区矫正法律形式的前提下，着力于完善社区矫正法律内容。主要包括：一是要明确社区矫正的适用范围，以此扩张非监禁刑罚的适用领域和适用规模，提升社区矫正在刑罚执行体系中的法律地位和法律功能；二是要明确社区矫正的执法主体，以此优化社区矫正刑罚权能配置，规范社区矫正刑罚执行体制；三是要明确社区矫正的权利义务，以此强化社区矫正对象的法定义务条件，依法维护社区矫正对象的合法权益；四是要明确社区矫正实施程序，以此规范社区矫正机构的执法活动和执法行为，维护社区矫正监督管理和教育矫正秩序。总之，要通过完善社区矫正法律内容，切实有效地解决社区矫正面临的各种法律缺陷和制度弊端，为完善社区矫正法律体系创造法律条件，为促进社区矫正改革发展提供法律依据和法律保障。

(2)社区矫正法律体系建设的总体规划。其总体规划是：以《社区矫正法》的制定为法律主体形式，以《社区矫正法》的实施为法律发展机遇，坚持借鉴引进国外有益经验和突出中国特色相结合，坚持法律体系循序渐进和法律体系总体规划相同步，努力构建一个适应国家政治经济和社会发展需要、体现刑罚文明进步发展规律的社区矫正法律体系，进而全面推进我国社区矫正的法治化、现代化和文明化进程。如何实现这个总体规划，似应采取以下两步走的发展步骤：

第一，实现社区矫正法律体系建设的近期目标。所谓社区矫正法律体系建设的近期目标，是指在当前一段时期内，要以《社区矫正法》的颁布和实施，作为构建社区矫正法律体系的新起点和新动力，着力于促进社区矫正的法律调整和法律完善，着力于修补社区矫正的法律缺陷和制度弊端，为全面建构社区矫正法律体系奠定良好基础，为全面深化社区矫正改革发展提供法律支撑。如何实现社区矫正法律体系建设的近期目标，主要应采取以下措施：

一是调整社区矫正法律体系结构。即要以《社区矫正法》为社区矫正法律主体形式，对我国现行的各种相关法律形式和相关法律实体，进行一次全面的清理和调整。其中，重点是对启动社区矫正试点工作以来，两院两部先后颁布和实施的一系列司法解释与规章制度，该废止的应废止，该合并的应合并，该调整的应调整，从根本上改变长时间以来以两院司法解释和两部规章制度为主体的社区矫正法律体系状况，从总体上实现向《社区矫正法》为主体的社区矫正法律体系的转变。这就要求在进行结构调整的基础上，尽快提请国务院制定“社区矫正法实施细则”。因为，社区矫正既是一项国家刑事司法活动，又是一项国家行政管理活动。《社区矫正法》第 8 条规定，地方人民政府根据需要设立社区矫正委员会，负责统筹协调和指导该行政区域内的社区矫正工作。这一法律规定，明确了社区矫正工作特定的行政属性，确立了政府管理社区矫正工作的职责任务。两院两部《社区矫正法实施办法》，虽然可以细化《社区矫正法》的实施工作，但仅能规范公、检、法、司四机关的刑罚执行程序和刑罚执行活动。而如能由国务院颁布实施“社区矫正法实施细则”，则能更好地提升社区矫正工作在国家行政管理体系中应有的法律地位和社会地位，尤其是可以紧紧依靠各级政府，更好地动员社会资源和整合社会资源，为社区矫正工作提供一个良好的社会环境。在此基础上，努力形成一个以《刑法》和《刑事诉讼法》为核心，以《社区矫正法》为主体，以国务院“社区矫正法实施细则”为基础，以两院司法解释和两部规章制度为辅助的新型社区矫正法律体系。

二是优化社区矫正法律体系内容。即要以《社区矫正法》为社区矫正法律依据，对我国现存的社区矫正法律缺陷和制度弊端，进行一次全面的修补和完善。其中，重点是要针对社区矫正刑罚本质偏离引发的社区矫正惩罚功能缺失问题，及时修订和完善《刑法》《刑事诉讼法》《社区矫正法》的相关法律规定，重点修订和完善两院两部的相关司法解释和规章制度，不断创新和完善适应新形势和新任务的社区矫正法律规范。在优化社区矫正法律体系内容的基础上，实现《社区矫正法》与《刑法》和《刑事诉讼法》相协调，实现《社区矫正法》与国务院"社区矫正法实施细则"和两院两部《社区矫正法实施办法》相融合，为重塑社区矫正惩罚功能正当性，提供法律依据和法律保障。

三是深化社区矫正法律体系实践。即要以《社区矫正法》为社区矫正法律原则和法律依据，在深化社区矫正法律实践和法律效果方面，进行一次全面的理性评价和科学验证。其中，重点是要通过深化社区矫正惩罚功能的法律实践，深入探索《社区矫正法》的法律优势和法律缺陷，具体验证《社区矫正法》的法律价值和法律效益。并按照实践是检验真理的唯一标准的原理和原则，根据国家政治经济和社会发展的需要，适时修订和完善《社区矫正法》，将社区矫正法律实践成果及时以法律形式固定下来。在深化社区矫正惩罚功能法律实践的基础上，不断提升社区矫正法律体系的合理性和有效性，不断完善社区矫正惩罚功能的法律设置与法律实施，为全面实现社区矫正惩罚功能的正当性，提供实践依据和制度保障。

第二，实现社区矫正法律体系建设的远期目标。所谓社区矫正法律体系的远期目标，是指在《社区矫正法》颁布实施后不太长的一个时期里，以进一步扩张、规范、完善国家司法制度和刑罚制度为发展趋向，着眼于刑罚执行领域的法律整合和法律创新，着眼于社区矫正领域的法律整合和法律衔接，不断推进我国刑事法律体系的现代化、法治化和文明化。如何实现社区矫正法律体系建设的远期目标，其整体设想包括以下两方面：

一是统一国家刑罚执行法律体系。即在国家刑罚执行领域，以《社区矫正法》的颁布实施为历史机遇和重要基础，进一步扩张和深化社区矫正的立法成果，进一步确立和提升社区矫正的法律地位。通过统一刑罚执行法律体系，将社区矫正法律体系提升到国家刑事法律体系的更高层面。具体而言，就是要合理借鉴国外现代刑罚执行理念、执行模式和执行体制，充分整合我国社区矫正立法成果和监狱矫正立法成果，在将《社区矫正法》和《监狱法》以及相关司法解释、规章制度进行整合的基础上，重新制定一部与《刑法》和《刑事诉讼法》的法律形式并行、法律地位并重的"刑事执行法"。① 以"刑事执行法"来统一建构监禁刑罚执行与非监禁刑罚执行相结合的法律体系和法律形式，统一调整刑罚执行机关与刑罚裁量机关相区别的刑罚权能和刑罚职责，统一规范社区矫正与监狱矫正相衔接的管理体制和运行机制。从根本上解决社区矫正惩罚功能面临的刑罚执行权能分散和刑罚执行体制不顺的法律性痼疾和制度性弊病，在更高的法律层面上，不断提升社区矫正的刑罚执行能力和刑罚执行效益。

二是统一国家刑事司法法律体系。即在国家刑事司法领域，进一步规划刑事司法法律体系的长远发展图景和长远发展路径，以统一的国家刑事司法法律体系，更好地体现中国特色社会主义法律体系建设的总体要求。具体而言，就是要顺应当今世界刑事司法现代化、法治化、文明化的时代潮流，根据中国特色社会主义法律体系的根本要求，努力构建一个由《刑法》、《刑事诉讼法》、"刑事执行法"为主体形式的三位一体的现代刑事司法法律体系，进一步协调刑事司法领域的各种刑事法律关系，进一步衔接刑罚设置、刑罚裁量、刑罚执行的各个刑事法律环节，更好地实现犯罪设置与刑罚依据、刑罚裁量与刑罚执行、惩罚犯罪与预防犯罪的系统化，在此基础上，整体推进和全面深化我国刑事司法制度的现代化、法治化和文明化的历史进程。

（三）选择社区矫正法律体系建设的有效路径

1. 注重社区矫正法律体系建设的质量效率

社区矫正法律体系建设的发展进程，取决于社区矫正的科学立法和依法立法，体现于社区矫正的立法质量和立法效率。党的十九大报告强调要"推进科学立法、民主立法、依法立法，以良法促进发展、保障善治。"党的十九大的这一

① 参见刘政：《论社会安全刑罚基础与社区矫正刑罚功能》，载《江海学刊》2019 年第 3 期。

立法要求,突出表明了以良法促善治的重要性和注重立法质量效率的必要性。在现代法治社会的立法实践中,坚持科学立法和依法立法,是构建国家法律体系的必要途径;注重立法质量和立法效率,是完善国家法律体系的必然要求。从一定意义上来讲,科学立法和依法立法,决定着立法质量和立法效率;而立法质量和立法效率,检验着科学立法和依法立法,最终关系到国家法律体系建设的价值追求和目标实现。提升社区矫正法律体系建设的立法质量和立法效率,关键在于把握立法质量的评估标准。具体而言,根据立法质量的评估标准,在如何评价社区矫正法律体系的立法质量和立法效率方面,应当重点关注的是:社区矫正刑罚权能的配置是否得到了优化;社区矫正管理体制的关系是否得到了理顺;社区矫正运行机制的内容是否得到了规范;社区矫正惩罚功能的正当性是否得到了实现;最终看社区矫正现存的法律缺陷和制度弊端是否得到了有效的修补,看制约社区矫正改革发展的法律性、制度性障碍是否得到了具体的排除。

2. 坚持社区矫正法律体系建设的基本原则

社区矫正法律体系建设的发展进程,取决于社区矫正的立法原则和立法活动,体现于社区矫正的法治原则和法治进程。其中,“立法原则是指立法活动中始终遵循的总的、根本性的依据。立法活动作为国家政权重要的活动,不能没有准绳以为遵循,不能没有内在精神品格以为支撑。立法总是时代的反映,作为立法的内在精神品格的立法原则,总要随着时代的改变而嬗进。每一大的历史时代,甚至每一历史时期的不同阶段,都会有相应的立法原则”。① 在现代法治社会的立法实践中,立法原则规范着国家法律体系建设的立法活动,立法原则规制着国家法律体系建设的立法行为。完善社区矫正法律体系建设,就必须始终坚持社区矫正法律体系建设的基本原则。

(1)坚持法治原则。社区矫正法律体系作为中国特色社会主义法律体系的重要构成,完善社区矫正法律体系建设作为深化依法治国实践的重要任务,其特有的法治本质,尤其要求其切实坚持法治原则。只有围绕深化依法治国实践,在社区矫正法律体系建设中,认真坚持法治原则,切实做到依法立法和依法修法,才能真正将社区矫正法律体系建设纳入法治中国建设的正确轨道,才能

① 张善恭:《行为法学》,上海人民出版社2015年版,第272页。

更好地适应全面推进依法治国的需要。

（2）坚持科学原则。社区矫正法律体系作为一个复杂的法律系统工程，尤其是面对制约社区矫正改革发展的一系列体制性机制性问题，面对现行社区矫正惩罚功能存在的法律缺陷和制度弊端，为了完善社区矫正法律体系建设，必须更为严谨、更为认真地坚持科学立法原则。只有认真坚持科学立法原则，才能保证社区矫正法律体系更好地符合社区矫正发展规律，才能更好地实现社区矫正法律体系的科学性、合理性和正当性。

3. 增强社区矫正法律体系建设的协调技术能力

社区矫正法律体系建设的发展进程，取决于社区矫正的立法技术和立法能力，体现于社区矫正的协调能力和技术能力。在现代法治社会的立法实践中，国家法律体系建设取决于立法质量和立法效率，而立法质量和立法效率依存于立法技术和立法能力。要想完善社区矫正法律体系建设，就必须着力于增强社区矫正法律体系建设的协调能力和技术能力。

（1）增强立法协调能力。完善社区矫正法律体系建设，面临着法律体系内部与外部、纵向与横向的各种复杂法律关系，主要包括基本法与构成法的关系、实体法与程序法的关系、不同法律部门之间的关系、不同地方性法规之间的关系。这些法律关系的综合协调和有效协调，直接关系到立法质量和立法效率，直接影响到法律体系建设的立法进程和立法目标。面对社区矫正惩罚功能问题涉及的复杂法律关系，尤其要求我们不断注重立法协调工作，增强立法协调能力。如何增强社区矫正法律体系建设的立法协调能力，似应围绕重塑社区矫正惩罚功能正当性，着重协调处理好涉及法律关系调整的以下相关问题：

第一，协调处理好惩罚功能涉及的法律与政策关系。重塑社区矫正惩罚功能正当性，是推进社区矫正制度改革的重要内容；完善社区矫正法律体系，是全面深化司法改革的必然要求。增强社区矫正法律体系建设的立法协调能力，首先要协调处理好社区矫正惩罚功能所涉及的完善法律体系与深化司法改革的关系。只有围绕完善法律体系来深化司法改革，并通过深化司法改革来完善法律体系，才能更好地理顺社区矫正惩罚功能应有的法律条件和政策条件之间的衔接与配套关系。

第二,协调处理好惩罚功能涉及的法治与德治关系。重塑社区矫正惩罚功能正当性,涉及调整社会关系和维护社会秩序;而调整社会关系和维护社会秩序,取决于国家法律规范与社会道德规范的结合。增强社区矫正法律体系建设的立法协调能力,关键在于协调处理好社区矫正惩罚功能所涉及的依法治理与以德治理、法律规范与道德规范的关系。在完善社区矫正法律体系建设的过程中,只有通过增强法律规范的道德基础,才能使社区矫正惩罚功能的正当性,更加符合社会道德标准和社会道德要求,得到全社会的道德认同和道德支持;只有通过确立道德规范的法律前提,才能使社区矫正惩罚功能的正当性,更加具有法律权威和法律效益,更好地实现社区矫正的刑罚公平和社会正义;也只有协调处理好社区矫正惩罚功能所涉及的法治与德治之间的社会关系,才能使社区矫正法律体系更好地实现惩罚功能的正当性。

第三,协调处理好惩罚功能涉及的权力与权利关系。重塑社区矫正惩罚功能正当性,关系到依法规制国家刑罚公权力的配置与行使,关系到依法保障社区矫正对象刑罚私权利的确立与维护。增强社区矫正法律体系建设的立法协调能力,很重要的一个问题,就是要协调处理好社区矫正惩罚功能所涉及的刑罚执行公权力和刑罚执行私权利之间的法律关系。在完善社区矫正法律体系建设的过程中,只有切实把握好社区矫正惩罚功能的适度性和合理性,才能有效避免因惩罚功能泛滥而导致的刑罚权力滥用,才能有效纠正因惩罚功能缺失而引发的刑罚权力弱化,从而实现社区矫正惩罚功能的刑罚公平和刑罚正义;同时,也只有把握好社区矫正惩罚功能的人道性和谦抑性,才能合理规范社区矫正对象的法律义务,才能切实维护社区矫正对象的合法权益,真正实现社区矫正惩罚功能的正当性。

(2)增强立法技术能力。立法技术是立法活动中所遵循的方法和技巧,它是保障立法质量的技术手段。一般来说,立法技术包括法律的结构设计,法律之间的衔接和协调,法律规范的构造,法律的宣示条款和规范条款的配合,法律效力的表达,法律责任的适当,法律语言的准确和精练,等等。[①] 立法技术在立

① 参见信春鹰:《中国特色社会主义法律体系形成意义深远》,载全国人大常委会法制工作委员会组织编写:《中国特色社会主义法律体系学习读本》,新华出版社 2011 年版,第 98 页。

法的构成中具有重要的功能和作用，其可以使立法更加科学合理，使立法更好地调整社会关系，使法律体系更加和谐。完善社区矫正法律体系建设作为一项复杂的法律系统工程，重塑社区矫正惩罚功能正当性作为一个深化司法改革的法律调整过程，如何提高立法技术水平和增强立法技术能力，已经成为影响法律体系立法质量和立法效率的必要条件与重要基础。增强社区矫正法律体系建设的立法技术能力，应重点体现在以下两个方面：

第一，提升法律体系实用性的立法技术能力。两院两部《关于全面推进社区矫正工作的意见》关于着眼社区矫正长远发展需要的立法意图，既是社区矫正法律体系建设的指导思想，又是社区矫正法律体系建设的价值目标。这个价值目标的本质特征，就是强调社区矫正法律体系的实用性。完善社区矫正法律体系建设，应当围绕如何凸显法律体系的实用性，增强社区矫正立法技术能力。通过提升立法技术能力，从法律层面切实解决好社区矫正改革发展的体制性机制性问题，将社区矫正法律体系的实用性，转换为实施社区矫正惩罚功能正当性的法律依据和法律保障。

第二，提升法律体系操作性的立法技术能力。检验社区矫正法律体系的立法质量和立法效率的重要标准，是社区矫正法律体系的可操作性。实现社区矫正法律体系的可操作性，需要创新立法思维与立法方式，转变重原则而轻操作、重实体而轻程序的传统立法模式，防范偏重立法原则性而偏离立法实用性的传统立法倾向。实现社区矫正法律体系的可操作性，需要增强社区矫正的立法技术能力，以高超的立法技巧和较强的立法能力，有效协调法律关系，修补法律缺陷，制定法律对策，在实现社区矫正法律体系法治化、合理化、系统化、规制化的前提下，确保社区矫正惩罚功能的可操作性。

（四）坚持社区矫正法律体系建设的价值取向

1. 依法确立社区矫正刑罚执行本质

依法确立社区矫正刑罚执行本质，是我国完善社区矫正法律体系的重要前提，是实施社区矫正惩罚功能的法律保障。社区矫正作为现代法治条件下的一项新型的非监禁刑罚执行制度，要求对其刑罚执行本质的法律规定非常明确。

社区矫正作为国家非监禁刑罚执行制度，无疑应当成为国家刑事司法法律体系的重要构成，应当与监禁刑罚执行制度一样，具有相应的刑罚本质和刑罚地位。我国现行《刑法》和《刑事诉讼法》，虽已初步确立了社区矫正在国家刑事司法法律体系中的法律地位，但对社区矫正的刑罚执行本质并无具体明确规定。作为社区矫正主要执法依据的《社区矫正法》和两院两部《社区矫正法实施办法》，虽已初步规范了社区矫正的刑罚执行内容和刑罚执行程序，但在制度设置上，仍模糊了社区矫正应有的刑罚本质；在刑罚体系上，仍忽视了社区矫正应有的刑罚定位。因而在社区矫正的法律实践中，不同限度地导致了社会民众对社区矫正刑罚本质的质疑，不同限度地引发了社区矫正制度的刑罚本质偏离。例如，《社区矫正法》第1条规定："为了推进和规范社区矫正工作，保障刑事判决、刑事裁定和暂予监外执行决定的正确执行，提高教育矫正质量，促进社区矫正对象顺利融入社会，预防和减少犯罪，根据宪法，制定本法。"这一法律规定虽然明确了刑罚执行和教育矫正的功能表述，但较之于《监狱法》，却遗弃了刑罚执行和刑罚惩罚的性质定位。这就难免给社会带来对社区矫正刑罚本质的非理性误判。当前，我国之所以存在社区矫正惩罚功能缺失或泛滥现象，并由此制约了社区矫正的法律效果和社会效果，在较大程度上就是由于刑罚执行本质偏离而带来的消极影响。

为此，社区矫正法律体系建设应当注重依法确立刑罚执行本质。参照《监狱法》的立法宗旨和立法模式，今后可在修订和完善《社区矫正法》和两院两部《社区矫正法实施办法》的过程中，进一步明确规定："社区矫正是一项重要的非监禁刑罚执行制度，为了正确执行国家刑罚，依法惩罚犯罪和预防犯罪，维护社会安全和社会稳定，依法实施监督管理、教育矫正和社会帮扶工作，提高社区矫正刑罚执行的法律效果和社会效果。"通过进一步确立社区矫正的刑罚执行本质，提升社区矫正在国家刑事司法法律体系和刑罚执行制度体系中的法律地位，重塑社区矫正惩罚功能的正当性，为深化社区矫正改革发展提供法律保障。

2. 依法设置社区矫正刑罚执行主体

依法设置社区矫正的刑罚执行主体，是我国完善社区矫正法律体系的关键环节，是实施社区矫正惩罚功能的体制保障。在当今世界法治社会，任何国体政体国家的刑罚执行制度，都有着明确的刑罚执行主体，这已经成为普遍的刑罚制度法律设置的基本内容和基本原则。我国的现行刑事司法法律体系，也都在不同的刑事司法领域，根据不同的刑事司法程序，依法确立了不同的刑事司法主体。社区矫正机构作为国家非监禁刑罚执行机关，作为实施社区矫正惩罚功能的刑罚主体，本应与监狱矫正机关一样，在国家刑罚执行体制中居于同等重要地位。我国《刑法》和《刑事诉讼法》虽然已经赋予社区矫正相应的法律地位，但对社区矫正机构的刑罚权能配置和刑罚主体职责，并未作出明确具体的法律规定。例如，我国颁布实施的《社区矫正法》第 8 条第 1、2 款规定："国务院司法行政部门主管全国的社区矫正工作。县级以上地方人民政府司法行政部门主管本行政区域内的社区矫正工作。人民法院、人民检察院、公安机关和其他有关部门依照各自职责，依法做好社区矫正工作。人民检察院依法对社区矫正工作实行法律监督。"这一法律规定，虽然已经从法律设置上，初步明确了社区矫正工作主管机关，表面上体现了政法各部门对社区矫正工作的综合管理和协调配合，但由于没有具体明确政法各部门职能配置和职责范围，实质上使社区矫正的刑罚主体和刑罚职责，仍然处于相对模糊和相对分离的状况，导致社区矫正工作产生多头管理、权能分散、职责交叉的体制性弊端，从而给社区矫正惩罚功能正当性带来了严重的体制性制约和机制性掣肘。

为此，社区矫正法律体系建设应当注重依法设置刑罚执行主体。根据《中共中央关于全面推进依法治国若干重大问题的决定》关于"完善刑罚执行制度，统一刑罚执行体制"的部署与要求，今后可在修订和完善《社区矫正法》和两院两部《社区矫正法实施办法》的过程中进一步明确规定："司法行政机关是社区矫正管理机关，统一行使社区矫正的组织实施和管理监督职权；司法行政机关管理下的社区矫正机构是国家非监禁刑罚执行机关，具体履行对社区矫正对象的刑罚执行任务；社区矫正执法队伍是人民警察性质的刑罚执行力量，具体承担维护社区矫正秩序和社区安全稳定的执法职责。"并在依法设置刑罚执行主体的基础上，在深化社区矫正法律体系刑罚实践的过程中，不断推进社区矫正执法权能的依法配置、社区矫正执法机构的依法设置、社区矫正执法队伍的依法构建，为深化社区矫正改革发展以及重塑社区矫正惩罚功能正当性提供体制保障。

3. 依法规范社区矫正刑罚执行程序

依法规范社区矫正刑罚执行程序，这是我国完善社区矫正法律体系的重要内容，是实施社区矫正惩罚功能的机制保障。当今世界各国的刑事司法法律体系中，对执法程序都有着明确具体的法律规定，虽然其刑罚执行程序各有区别、刑罚执行机制存在差异，但在严格执法和规范执法方面，都呈现出同一性和严谨性。我国的现行刑事司法法律体系，注重刑罚程序的法治化、规范化、制度化建设，《刑事诉讼法》的颁布，就是规范国家刑罚程序的重要依据；刑罚裁量程序和刑罚执行程序的设置，就是规范国家刑罚执行程序的集中体现。《中共中央关于全面推进依法治国若干重大问题的决定》对规范刑罚程序的要求是："坚持以事实为依据，以法律为准绳，健全事实认定符合客观真相、办案结果符合实体公正、办案程序符合程序公正的法律制度。"根据深化依法治国实践的要求，转变以往重实体而轻程序、重实质而轻形式的传统刑罚思维和传统刑罚方式，已经成为当前深化司法改革的重要内容，已经成为完善我国刑事法律体系建设的当务之急。

社区矫正作为国家非监禁刑罚执行制度，在行刑社会化的条件下，尤其要求规范刑罚执行程序和刑罚执行活动，完善法治化规范化的刑罚执行运行机制。当前存在的社区矫正惩罚功能的法律缺陷和制度弊端，在相当程度上与刑罚执行程序不完善和刑罚执行活动不规范有着密切联系。我国颁布实施的《社区矫正法》，虽然对社区矫正的决定和接收、监督管理、教育帮扶、解除和终止等执法环节，作出了系统而又明确的程序性规定，并对未成年人社区矫正作出了特别规定，仅就依法规范刑罚执行程序来讲，《社区矫正法》和两院两部《社区矫正法实施办法》无疑是对原两院两部《社区矫正实施办法》的法律升华和法律完善。但总体而言，《社区矫正法》和两院两部《社区矫正法实施办法》在刑罚执行程序的法律设置方面，仍存在相当程度上的教育矫正程序偏重，而监督管理程序偏轻的失衡现象，尤其是惩罚功能的实施程序不够规范不够具体，这难免引发社区矫正刑罚执行过程中的惩罚功能缺失或泛滥问题，直接影响到社区矫正惩罚功能的正当性。

为此,社区矫正法律体系建设应当注重依法规范刑罚执行程序。通过修订完善《社区矫正法》和两院两部《社区矫正法实施办法》,通过制定实施国务院“社区矫正法实施细则”等法律形式,突出社区矫正行刑社会化的刑罚执行本质特征,以此推进社区矫正刑罚执行程序的规范化和法治化。如何在修法过程中依法规范社区矫正刑罚执行程序,应切实把握以下两点:一是把握刑罚执行程序的科学性。主要是认真总结社区矫正试点工作经验教训,重点抓住刑罚本质偏离和刑罚功能缺失问题,深入剖析社区矫正的法律缺陷和制度弊端,在借鉴国外社区矫正成功经验和参考国内监狱矫正成熟做法的基础上,做到科学规范和科学实施社区矫正刑罚执行程序。二是把握刑罚执行程序的系统性。主要是紧紧抓住监督管理、教育帮扶、奖励惩戒等重要环节,加强社区矫正刑罚执行程序的整体性、系统性和衔接性,将严格执法和规范执法的基本原则,贯穿到社区矫正刑罚执行程序的各环节与全过程。以完善的刑罚执行程序和规范的刑罚执行活动,为重塑社区矫正惩罚功能正当性,为提升社区矫正的执法水平和执法效率,依法提供正当合法的机制保障。

4. 依法强化社区矫正刑罚执行监督

依法强化社区矫正刑罚执行监督,是我国完善社区矫正法律体系的重要举措,是实施社区矫正惩罚功能的秩序保障。当今世界各国的刑事法律体系中,普遍都注重刑罚执行监督程序,有着不同形式不同程度的刑罚执行监督体制和监督机制。我国在现行刑事司法法律体系中,对国家刑罚执行机关和刑罚执行活动,构建了一个以宪法监督、法律监督、司法监督、社会监督相结合的刑罚执行监督体制。这主要包括:国家立法机关的法律监督、国家检察机关的司法监督、新闻媒体机构的舆论监督、社会组织团体的民主监督、社会民众的维权监督,等等。社区矫正作为国家刑罚执行权能的实施主体,作为行刑社会化的特殊刑罚执行方式,由于其刑罚执行活动直接关联到社会生活,涉及社会公共安全和社会和谐稳定,涉及社区矫正对象司法人权保障和合法权益维护,依法强化对社区矫正刑罚执行活动的法律监督,尤其显现出其重要性和必要性。

当前我国社区矫正之所以存在惩罚功能缺失或泛滥问题,之所以因此引发社会各界对社区矫正公平正义的质疑和误判,从某种意义上来讲,对社区矫正惩罚功能法律实施的刑罚执行监督不到位，亦是一个重要原因。我国颁布实施的《社区矫正法》为此专门设置了有关法律责任的法律规定，如在第 61 条明确规定了对社区矫正机构工作人员和其他国家工作人员的责任追究办法，在第 62 条明确规定了人民检察院的监督职责。这一规定虽然将执法监督条款上升到了国家法律的高度，但其仅突出了执法监督的主体和客体，以及责任追究的内容，却忽略了执法监督的体系建设和程序建设，实质上将刑罚执行监督局限于内部监督而忽略了外部监督，在一定程度上制约了行刑社会化条件下的社区矫正刑罚执行监督的实际效果。

为此，社区矫正法律体系建设应当注重依法强化刑罚执行监督。依据《社区矫正法》的规定，结合社区矫正行刑社会化的刑罚执行特征和刑罚执行需求，我们要着力于构建国家监督和社会监督相结合的社区矫正刑罚执行监督体系。一是在强化国家监督方面。确立刑罚执行监督主体，建立由人大机关法律监督、检察机关司法监督、社会团体组织民主监督三位一体的刑罚执行监督体系；规范法律监督方式，创新法律监督思维和规范法律监督行为，严格把握法律监督与刑罚执行的法律定位和法律界限，强调法律监督既要到位又不越位。二是在强化社会监督方面。充分依靠社会组织和社会民众的社会监督力量，充分发挥新闻媒体的社会监督作用，依托社会监督而为社区矫正营造良好的社会氛围。在此基础上，通过强化各种层次、各种形式的刑罚执行监督，为依法实施社区矫正惩罚功能提供秩序保障。

5. 依法整合社区矫正刑罚执行资源

依法整合社区矫正刑罚执行资源，是我国完善社区矫正法律体系的重要条件，是实施社区矫正惩罚功能的基础保障。当今世界各国的刑事司法法律体系中，对国家刑罚投入都有着明确的法律规定，对国家刑罚活动都有着充分的法律保障。现代刑罚实践充分表明，国家刑罚活动必须依托国家刑罚投入，国家刑罚投入意味着国家刑罚保障，国家刑罚保障则取决于国家刑罚资源整合。我国的刑事司法法律体系，历来注重刑罚活动的刑罚投入和刑罚保障，这具体体现在一些部门法的法律法规的规定之中。例如，《人民法院组织法》第 55－57 条，《人民检察院组织法》第 49－51 条，《公安机关组织管理条例》第 19－23 条，

《监狱法》第 8 条、第 9 条，均分别就法院、检察院、公安机关、监狱机关的执法条件作了相应规定，为刑罚活动的顺利进行提供了必要保障。

社区矫正作为国家非监禁刑罚执行制度，其刑罚执行活动必然依托国家刑罚投入，需要国家依法给予人力、财力、物力方面的有效保障；社区矫正作为行刑社会化的社会治理系统工程，其刑罚执行活动离不开社会参与，还需要社会各界人力、财力、物力方面的有力支撑。社区矫正区别于监狱矫正的行刑方式和行刑特征，要求社区矫正通过整合国家刑罚执行资源和社会刑罚执行资源，不断改善社区矫正的执法条件，提升社区矫正的执法能力。尤其在依法实施社区矫正惩罚功能方面，需要通过整合刑罚执行资源，不断改善监督管理和教育帮扶的刑罚执行条件，推进社区矫正的基础设施建设和行刑力量建设；同时需要通过整合社会刑罚执行资源，不断优化监督管理和教育帮扶的社会行刑条件，推进社区矫正的社会力量参与和社会环境营造。我国颁布实施的《社区矫正法》第 5 条、第 6 条，第 10－13 条，对组织、动员、整合国家行刑资源和社会行刑资源，明确了相应的法律规定。这些规定从国家立法层面上，对社区矫正给予了有力的资源保障，从根本上依法解决了社区矫正人力、物力、财力等基础建设方面面临的突出问题，可以说是我国社区矫正领域取得的一个重大立法成果。但接下来所面临的另一个问题，则是如何将这一立法成果转化为刑罚资源，以推进社区矫正的基础建设与能力建设。

为此，社区矫正法律体系建设应当依法注重整合刑罚执行资源。要依据《社区矫正法》的相关法律规定，紧紧依靠各级地方党委政府的关心和重视，积极争取各单位各部门的支持和配合，充分动员社会各领域各方面的参与和帮助，进一步整合国家行刑资源和社会行刑资源，构建一个多功能全方位的社区矫正刑罚执行资源体系。一是整合国家刑罚执行资源，即依法保障社区矫正机构监管矫正罪犯所需经费，将社区矫正专职工作人员经费、社区矫正对象监管矫正经费、帮困扶助经费、装备设施经费以及其他相关专项经费，列入国家财政预算；将居民（村民）委员会和其他社会组织协助社区矫正机构开展工作所需各项经费，列入社区矫正机构的政府财政预算。二是整合社会刑罚执行资源。即依法推行政府向社会购买社区矫正社会服务，发动和引导社会组织和社会民众广泛参与社区矫正活动，通过捐赠物资装备、提供工作岗位、进行技能培训等方式，为社区矫正对象适应社会、回归社会提供扶助。在整合国家行刑资源和社会行刑资源的基础上，为实施社区矫正惩罚功能创造必要条件，为推进社区矫正制度改革发展提供基础保障。

二、重构社区矫正惩罚功能正当性的管理体制

社区矫正管理体制，作为国家现代刑罚执行体制的重要构成，由于其直接关系到社区矫正的刑罚本质和刑罚目的，具体影响到社区矫正的执法体系和执法能力，对于重塑社区矫正惩罚功能的正当性，起着体制保障的重要作用。当前我国之所以存在社区矫正惩罚功能缺失或泛滥现象，主要是由于社区矫正法律体系中的刑罚执行功能配置不合理、社区矫正法律实践中的刑罚执行主体设置不到位，因而导致多头管理、权能交叉、职责不明的体制性弊端，在相当程度上制约了社区矫正的刑罚执行能力和刑罚执行效益。由此可见，重塑社区矫正惩罚功能的正当性，关键在于建立健全社区矫正管理体制。只有依法健全社区矫正管理体制，才能从根本上改变管理体制不顺和管理机制不畅的制度弊端，才能从整体上提升社区矫正刑罚实施的管理能力和管理效率，为实现社区矫正惩罚功能正当性提供体制保障。①

（一）推进社区矫正刑罚执行权能配置的合理化

1. 推进社区矫正刑罚执行权能配置合理化的现实需要

推进社区矫正刑罚执行权能配置的合理化，是健全社区矫正管理体制的前提条件和关键所在。“刑罚执行权，也称作刑权，是司法体制制衡中重要权力之一，关乎现代司法体制的合理架构和良性运行。合理界定刑罚执行权，既是有效支持刑罚执行功能的前提，也是构建科学的刑罚执行体制、完善刑罚执行制度的理论基础。”②由此可见，社区矫正刑罚执行权能作为国家刑罚权能的重要构成，优化其刑罚执行权能配置，既是深化社区矫正改革发展的核心内容，亦是

① 参见刘政：《完善社区矫正管理体制之构想》，载《法学杂志》2018 年第 4 期。

② 周勇主编：《统一刑罚执行体制研究》，法律出版社 2018 年版，第 28 页。

健全社区矫正管理体制的关键所在，对于重塑社区矫正惩罚功能正当性，具有十分重要的现实意义。

(1)是统一社区矫正刑罚执行体制的需要。根据党中央关于全面推进依法治国与全面深化司法改革的部署和要求，优化刑罚执行权能配置和统一刑罚执行体制，已经成为当前我国全面推进依法治国的重要任务和全面深化司法改革的重要内容。其中，社区矫正刑罚执行权能作为国家刑罚执行权能体系的重要内容，社区矫正管理体制作为国家刑罚执行管理体系的重要构成，合理配置刑罚执行权能与统一构建刑罚执行体制，应然成为推进我国社区矫正制度改革发展的关键环节。① 在现代社区矫正刑罚实践中，优化刑罚执行权能与统一刑罚执行体制，是一个相辅相存的命运共同体。其中，统一刑罚执行体制是优化刑罚执行权能的必然要求，只有紧紧围绕统一刑罚执行体制这个中心，优化刑罚执行权能配置才能保持正确导向；而优化刑罚执行权能配置是统一刑罚执行体制的必要条件，只有依法合理配置刑罚执行权能，统一刑罚执行体制才能取得正当合理的法律依据。从这个意义上来讲，统一刑罚执行体制需要通过优化刑罚执行权能来实现，优化刑罚执行权能需要通过统一刑罚执行体制来促进。依法合理配置社区矫正刑罚执行权能，对于统一社区矫正刑罚执行体制，已越来越显现出其重要性必要性。

(2)是重塑社区矫正惩罚功能正当性的需要。从当今世界现代刑罚执行制度发展趋势来看，优化刑罚执行权能配置和健全刑罚执行管理体制，已经成为衡量刑罚制度文明进步的重要标志，已经成为推进刑罚制度改革发展的重要条件。西方法治国家之所以能够率先创制和不断发展社区矫正制度，其社区矫正惩罚功能之所以能够得到正当实施和有效实施，与其合理配置国家刑罚执行权能有着密切联系。反思和剖析我国社区矫正惩罚功能存在的问题，其直接表现出来的是社区矫正法律缺陷和制度弊端，但其根本原因，还是来自国家刑事司法法律体系中的刑罚执行权能配置的不科学不合理。这种不科学不合理问题主要表现在：一是由于刑罚执行权能的实施既分散又重叠，公、检、法、司四机关分别履行社区矫正监督管理职责，给社区矫正惩罚功能造成了多头管理的状

① 参见刘政：《完善社区矫正管理体制之构想》，载《法学杂志》2018 年第 4 期。

况；二是由于刑罚执行权能的配置或倚轻或倚重，作为社区矫正执法主体的司法行政机关的刑罚执行权能弱化，而非社区矫正执法主体的公、检、法机关的刑罚执行权能强化，这种刑罚执行权能配置的不合理，在较大程度上制约了司法行政机关及其社区矫正机构实施惩罚功能的执法空间和执法能力。从这个意义上来讲，合理配置刑罚执行权能，关系到社区矫正执法主体的法律地位，关系到社区矫正惩罚功能的执法依据和执法能力。只有切实调整刑罚执行权能体系结构，合理优化刑罚执行权能体系内容，才能不断增强社区矫正刑罚执行依据和刑罚执行能力，为实现社区矫正惩罚功能正当性提供刑罚执行权能支撑。

2. 推进社区矫正刑罚执行权能配置合理化的改革构想

推进社区矫正刑罚执行权能配置的合理化，关键在于坚持权能配置方式的科学性和权能配置内容的合理性。"司法权配置的科学性，意味着司法权配置应当符合科学规律。也就是说，应当符合司法规律以及与司法有关的国家权力配置及运行的规律。科学性不是一句空洞的口号，判断司法权配置是否科学，根据就是这种配置是否与司法规律相符合；凡符合司法规律的，就是科学的；不符合司法规律的，就是不科学的。"①根据科学性和合理性的基本原则，依法合理配置社区矫正刑罚执行权能的总体改革构想，可确定为：坚持社区矫正的刑罚本质和刑罚目的，强调社区矫正的权能均衡和权能衔接，突出社区矫正的刑罚公平和刑罚正义，围绕完善刑罚执行制度和统一刑罚执行体制这个中心，通过优化刑罚执行权能配置，来推进社区矫正刑罚执行模式的一体化建设。

（1）坚持社区矫正刑罚执行一体化的价值取向。推进社区矫正刑罚执行模式的一体化建设，作为合理配置社区矫正刑罚执行权能的价值取向，对于重塑社区矫正惩罚功能的正当性，对于推进社区矫正制度的改革发展，都具有现实意义上的重要性和必要性。在社区矫正刑罚实践中，推进刑罚执行一体化的价值取向主要包括：一是有助于合理配置刑罚执行权能。推进社区矫正刑罚执行一体化，意味着重新确立社区矫正刑罚执行主体，由司法行政机关统一行使社区矫正刑罚执行权能，这有助于确立合理配置社区矫正刑罚执行权能的价值取向，优化社区矫正刑罚执行权能体系结构。二是有助于完善刑罚执行配合制约

① 谭世贵等：《中国司法体制改革研究》，中国人民公安大学出版社 2013 年版，第 126 页。

机制。推进社区矫正刑罚执行一体化，意味着强化司法行政机关的刑罚执行权能，提升司法行政机关的刑罚执行定位，这有助于建构新型的公、检、法、司四机关之间的法律关系，将社区矫正配合制约工作机制的重心落到实处。三是有助于消除刑罚执行制度弊端。推进社区矫正刑罚执行一体化，意味着改变社区矫正多头管理、权能分散、职责交叉的制度现状，修补社区矫正惩罚功能的制度缺陷，这有助于推进社区矫正制度的改革与发展，重塑社区矫正管理体制运行机制的正当性。四是有助于提升刑罚执行效益。推进社区矫正刑罚执行一体化，意味着规范社区矫正的刑罚执行程序，整合社区矫正的刑罚执行资源，这有助于增强社区矫正刑罚执行能力，提升社区矫正的刑罚执行质量和刑罚执行效率。

(2)依法赋予司法行政机关统一行使社区矫正管理权能。两院两部《关于全面推进社区矫正工作的意见》曾明确要求："理顺社区矫正工作体制机制。建立和完善党委政府统一领导，司法行政部门组织实施、指导管理，法院、检察院、公安等相关部门协调配合，社会力量广泛参与的社区矫正领导体制和工作机制。"这一领导体制和工作机制，表面上体现了党委政府的重视与领导，体现了政法各机关的配合与协作，但实质上则使社区矫正管理体制处于纵向由党委政府管控，横向受公、检、法机关制约的被动状态。这就难免导致司法行政机关作为组织实施和指导管理社区矫正工作的责任主体，一段时间以来，无法独立行使刑罚执行权能，无法自主管理刑罚执行活动。后来颁布实施的《社区矫正法》明确规定："国务院司法行政部门主管全国的社区矫正工作。县级以上地方人民政府司法行政部门主管本行政区域内的社区矫正工作。人民法院、人民检察院、公安机关和其他有关部门依照各自职责，依法做好社区矫正工作。"这一法律规定，将司法行政部门由组织实施和指导管理机关，明确为主管机关，这无疑是在管理体制和管理机制的法律设置方面的法律进步。但由于其尚未依法确立司法行政部门的具体管理权能，司法行政部门在如何独立自主行使管理职能方面仍存在模糊性，社区矫正管理体制运行机制不顺问题，并未得到全面解决。

为此，这就要求通过完善社区矫正法律体系建设，通过修改《社区矫正法》和两院两部《社区矫正法实施办法》以及制定相关规章制度，来依法赋予司法行政机关统一行使对社区矫正的管理权能。在管理主体上,实现刑罚裁量机关和刑罚执行机关的权能分离,突出司法行政机关管理主体的法律地位和法律权威;在管理模式上,实现社区矫正刑罚执行权能的合理配置,统一社区矫正刑罚执行管理体制;在管理机制上,实现刑罚执行管理权能与刑罚执行管理职责的相配套相协调,规范政法各机关在社区矫正刑罚执行管理程序中的相互配合和相互制约。在依法赋予司法行政机关统一行使社区矫正管理权能的基础上,理顺监督管理体制,增强监督管理能力,着力于重塑社区矫正惩罚功能的正当性。①

(3)依法赋予司法行政机关统一行使社区矫正执法权能。我国颁布实施的《社区矫正法》和两院两部《社区矫正法实施办法》,虽然初步明确了社区矫正的执法程序,但并未统一司法行政机关的执法权能,社区矫正机构仍处于执法权能分割的被动局面。例如,法院负责行使对缓刑、假释、暂予监外执行的裁定或撤销的执法权能;公安机关负责行使对违反监督管理规定、违反人民法院刑事禁止令的执法权能;监狱机关负责行使暂予监外执行的决定或收监的执法权能;而社区矫正机构则在某种程度上,处于管理职责和执法权能相分离的被动状况。② 由于社区矫正机构的刑罚执行权能不到位,严重制约了社区矫正的刑罚执行能力,给社区矫正惩罚功能正当性带来了严重制约。换言之,我国颁布实施的《社区矫正法》和两院两部《社区矫正法实施办法》,虽然在决定和接收、监督管理、教育帮扶、解除和终止等执法程序上,进一步明确了社区矫正机构的执法权能,但这些执法权能多为虚化状态和弱化状态,其对社区矫正对象真正起实质影响作用的社区矫正执法权能,仍然主要掌握于人民法院的刑罚裁量权能和公安机关的治安管理权能之中。

为此,这就有赖于通过完善社区矫正法律体系建设,通过修改《社区矫正法》和两院两部《社区矫正法实施办法》以及制定相关规章制度,来依法强化司法行政机关统一行使社区矫正矫正执法权能。包括:推动探索缓刑行刑模式本

---

① 参见刘政:《论社会安全刑罚基础与社区矫正刑罚功能》,载《江海学刊》2019年第3期。

② 参见刘政:《社区矫正惩罚功能正当性的法理研判和理性回归》,载《南海法学》2019年第1期。

质属性由司法属性向行政属性的演化，赋予司法行政机关变更缓刑的行政决定权；推动探索假释行刑模式本质属性由司法属性向行政属性的让渡，赋予司法行政机关假释决定权和假释变更权；推动探索减刑行刑模式本质属性由司法属性向行政属性的进化，赋予司法行政机关对社区矫正对象的减刑决定权；[①]同时，推动探索暂予监外执行行刑模式本质属性由司法属性向行政属性的倾斜，赋予司法行政机关对各类暂予监外执行罪犯的收监执行决定权；推动探索其他非监禁刑罚执行措施本质属性由司法属性向行政属性的归并，赋予司法行政机关解除管制宣布权、财产刑执行监督权，赋予司法行政机关撤销缓刑和假释对象的逮捕决定权，等等。通过依法强化司法行政机关统一行使社区矫正对象的刑罚执行权能，为顺利实施社区矫正惩罚功能提供法律依据，为重塑社区矫正惩罚功能正当性提供权能保障。[②]

（二）推进社区矫正刑罚执行机构体系建设的现代化

1. 推进社区矫正刑罚执行机构体系建设现代化的现实需要

推进社区矫正刑罚执行机构体系的现代化，是健全社区矫正管理体制的重要条件和必要途径。要科学理解社区矫正执行体系的概念，或者要正确把握社区矫正执行体系的内涵，首先必须明确这不是普通的体系，而是国家刑罚执行体系的一部分，是使国家刑罚权得以实施、实现的一个体系。它涉及对施加对象人身自由的限制或者剥夺，既要使人民法院及其他司法机关的判决、裁定、决定付诸实施，使矫正对象得到应有的惩罚，实现社区的公平正义；又要根据法律及相关制度的规定，对社区矫正人员进行监管、教育矫正和帮扶，使社区矫正人员改过自新、养成良好的行为和思维习惯，使他们成为能够适应社会正常生活的守法公民，实现社会的和谐、稳定。[③] 其中，要想正确把握社区矫正执行体系的内涵，就要高度重视社区矫正刑罚执行机构体系建设的重要性必要性。因为，社区矫正刑罚执行机构体系包括管理机构和执行机构，它们作为实施国家

---

① 参见刘政：《完善社区矫正管理体制之构想》，载《法学杂志》2018 年第 4 期。

② 参见刘政：《完善社区矫正管理体制之构想》，载《法学杂志》2018 年第 4 期。

③ 参见高贞主编：《社区矫正执行体系研究》，法律出版社 2017 年版，第 13 页。

刑罚执行权能的特定刑罚执行主体，其刑罚执行机构体系是否健全，刑罚执行机构能力是否增强，刑罚执行机构职责是否明确，都直接关系到社区矫正的刑罚本质和刑罚目的，都具体影响着社区矫正制度建设的现代化进程。

(1)深化社区矫正刑罚执行体制改革发展的需要。党和十九大在部署“深化依法治国实践”时，突出强调要“深化司法体制综合配套改革”。当前，“综合配套改革是事关司法体制改革全局和成败的重大举措，是党中央要求司法体制改革落地见效、全面决胜的集结号和动员令，对于建设公正高效权威的社会主义司法制度，推进国家治理体系和治理能力现代化，具有十分重要的意义”。[①]换言之，深化司法体制综合配套改革，作为深化依法治国实践的重大举措，作为深化司法改革发展的重要内容，直接关系到国家司法权能的司法机制创新、国家司法机关的司法权威树立、国家司法队伍的司法能力增强以及国家司法活动的司法效益提升，是一个牵动依法治国全局、推动司法改革发展的系统工程。在这个系统工程中，健全社区矫正的刑罚执行机构体系，既是深化司法体制综合配套改革的重要任务，亦是深化依法治国实践的必然要求。只有健全社区矫正刑罚执行机构体系，才能有效消除传统刑罚执行体制对社区矫正刑罚执行体系建设的负面影响，才能尽快转变社区矫正刑罚执行机构体系基础薄弱的被动状态；也只有健全社区矫正刑罚执行机构体系，才能实现深化司法体制综合配套改革的总体要求，才能为全面推进依法治国和全面深化司法改革提供能动效应。

(2)重塑社区矫正惩罚功能正当性的需要。在社区矫正刑罚实践中，重塑社区矫正惩罚功能正当性，既是健全社区矫正管理体制的必然要求，又是深化社区矫正制度改革的必要途径，尤其与推进社区矫正刑罚执行机构体系建设有着密切的联系。当今世界法治社会国家的社区矫正之所以能够得到迅速发展，刑罚执行功能之所以能够取得明显效果，其重要经验之一，就是高度重视社区矫正惩罚功能的正当性，健全了与其国情社情相适应的社区矫正刑罚执行机构体系。反思和剖析我国社区矫正惩罚功能存在的问题，主要原因还是社区矫正起步晚、基础弱、条件差，至今没有形成一个完整、规范、有力的社区矫正刑罚执

---

① 姜伟：《司法体制综合配套改革的路径和重点》，载《中国法学》2017 年第 6 期。

行机构体系。尤其是在部分地区，社区矫正管理机构不健全、社区矫正执行机构不到位的情况，不同限度地影响到社区矫正刑罚执行条件和刑罚执行能力，严重制约了社区矫正刑罚执行的实施质量和实施效率。社区矫正惩罚功能正当性与社区矫正刑罚执行机构体系正当性的内在联系充分表明，只有健全社区矫正刑罚执行机构体系，才能形成社区矫正惩罚功能的执法基础和执法能力，才能为重塑社区矫正惩罚功能正当性，提供组织保障和能力保障。

2. 推进社区矫正刑罚执行机构体系建设现代化的改革构想

推进社区矫正刑罚执行机构体系建设的现代化，关键在于顺应当今世界现代社区矫正制度的发展规律和发展趋势，结合中国国情和坚持中国特色，努力实现我国社区矫正刑罚执行机构体系建设的国际化、法治化、系统化。其总体改革构想是：围绕全面推进依法治国和全面深化司法改革，坚持社区矫正刑罚本质和刑罚目的，在全国上下着力于重构一个有利于实现惩罚功能正当性的、纵向贯通与横向紧密相衔接的、刑罚执行效能与行政管理效能相融合的社区矫正刑罚执行机构体系。

（1）努力实现主体机构设置与主体权能配置相匹配。基于社区矫正刑罚执行机构与社区矫正刑罚执行权能之间不可割裂的一体化刑罚关联性，主要“应该从两方面着手发展和完善社区矫正机构体系：一方面应该通过健全社区矫正机构的法律框架和明确各级社区矫正管理机构之间的职责分工，来强化社区矫正机构体系的法治化；另一方面应该针对我国不同层级和种类的行政区划，设计相应的社区矫正机构体系。”①在健全社区矫正刑罚执行机构体系过程中，如何实现主体机构设置与主体权能配置相匹配，应重点把握以下几个方面：

第一，把握社区矫正刑罚执行机构的本质属性。社区矫正制度固有的刑罚本质，决定了社区矫正机构应有的刑罚本质和刑罚目的。而社区矫正机构应有的刑罚本质和刑罚目的，要求社区矫正在主体机构设置与主体权能配置方面，切实把握涉及社区矫正机构本质属性的两个问题。一是社区矫正机构的统一性问题。社区矫正刑罚执行权能，作为国家刑罚权力的一部分，必须要有专门的统一的国家刑罚执行机构来组织实施。只有统一的机构对社区矫正各阶段

---

① 高贞主编：《社区矫正执行体系研究》，法律出版社 2017 年版，第 79 页。

各环节的任务进行统筹规划、落实推进、有机衔接、评估考核等，才能保证执法的统一性，严肃性和有效性，更好地发挥刑罚教育人、改造人的功能，实现社区矫正的目标。[①] 换言之，只有在健全社区矫正刑罚执行机构体系的过程中，切实把握社区矫正刑罚执行机构的本质属性，坚持社区矫正机构和社区矫正职能的统一性，才能真正实现主体机构设置与主体权能配置的相匹配。二是社区矫正机构的独立性问题。现代司法体制的一个重要原则就是依法独立行使司法职权。只有在依法独立行使司法职权的前提下，才能形成司法活动中的相互配合、相互制约机制。根据依法独立行使司法职权的原则，社区矫正机构在刑罚执行活动中，应当具有独立的法律地位，应当履行独立的法律权能，应当承担独立的法律职责。只有切实把握社区矫正机构的这种刑罚执行独立性，才能真正实现主体机构设置的科学性和效能性。

第二，把握社区矫正刑罚执行机构的职能定位。社区矫正机构应有的刑罚目的，在于社区矫正机构法定的刑罚功能；而社区矫正机构的刑罚功能，则在于社区矫正机构法定的职能定位。健全社区矫正刑罚执行机构体系，只有坚持主体机构设置与主体权能配置相匹配，并突出社区矫正机构的职能定位，才能显现出社区矫正机构应有的社会功能和社会作用。如何把握社区矫正机构的职能定位，主要应紧扣社区矫正的刑罚本质和刑罚目的，根据社区矫正的刑罚功能和刑罚特征，依法确立社区矫正机构的以下基本职能：一是确立社区矫正机构的刑罚惩罚职能。社区矫正作为国家非监禁刑罚执行制度，对社会违法犯罪实施刑罚惩罚，是其必须遵循的刑罚目的和必须履行的刑罚职能。社区矫正机构只有确立刑罚惩罚职能，才能从根本上体现社区矫正机构固有的刑罚本质，提升社区矫正机构在国家刑罚体系中应有的刑罚地位。二是确立社区矫正机构的监督管理职能。依法对社区矫正对象实施监督管理，维护社区矫正的刑罚秩序，保障国家刑事制裁结果的具体实现，这是社区矫正机构主要的刑罚任务。社区矫正机构只有确立监督管理职能，才能体现行刑社会化条件下的非监禁刑罚执行特征，表明社区矫正机构设置的重要性必要性。三是确立社区矫正机构的教育矫正职能。依法对社区矫正对象进行科学的、系统的、有效的教育矫正，

---

① 参见高贞主编：《中国特色社区矫正制度研究》，法律出版社2018年版，第17页。

为社会教育、改造、输送自食其力的合法公民，这是社区矫正机构的中心任务和根本职能。社区矫正机构只有确立教育矫正职能，才能提升社区矫正的法律效果和社会效果，突出显现社区矫正机构在预防社会犯罪和维护社会稳定中的积极作用。四是确立社区矫正机构的帮困扶助职能。在社区矫正过程中对社区矫正对象进行帮困扶助，这是现代刑罚执行体系的社会延伸，是社区矫正区别于其他刑罚执行模式的刑罚比较优势。社区矫正机构只有确立帮困扶助职能，才能有效地动员和整合社会行刑资源，充分体现社区矫正的刑罚人道效应，更好地促进社区矫正对象适应社会、融入社会和回归社会。

第三，把握社区矫正刑罚执行机构的设置原则。社区矫正刑罚执行机构，作为社区矫正刑罚执行主体和刑罚执行平台，如何实现其应有的刑罚执行效率和刑罚执行能力，关键在于把握社区矫正刑罚执行机构的以下设置原则：一是把握精简化的设置原则。社区矫正制度的比较优势，是要努力减少国家刑罚投入和提高社会刑罚效益，这就要求社区矫正刑罚执行机构建设，应当围绕主体机构设置与主体职能配置相匹配的要求，根据国家政治经济和社会发展的现实条件，立足于降低社区矫正的刑罚成本，坚持以精简原则来规划社区矫正的机构设置。二是把握高效化的设置原则。社区矫正是一项艰巨复杂的社区治理系统工程，担负着繁重的刑罚执行任务。这就要求社区矫正刑罚执行机构建设，务必围绕主体机构设置与主体职能配置相匹配的要求，根据推进社会治理和维护社会稳定的新形势、新任务，立足于提升社区矫正的刑罚效益，坚持以高效原则来实施社区矫正的机构设置。三是把握专业化的设置原则。社区矫正既是行使国家刑罚权的一项严肃的刑罚执行活动，也是一项涉及面很广、专业性很强的刑罚执行工作，务必要围绕主体机构设置与主体职能配置相匹配的要求，根据社区矫正的刑罚本质和刑罚目的，立足于社区矫正的专业化管理，坚持以专业化原则来促进社区矫正的机构设置。

(2)努力实现管理机构设置与执行机构设置相同步。社区矫正刑罚执行机构体系的主体框架，包括社区矫正管理机构和社区矫正执行机构。其中，社区矫正管理机构，是指设置在各级人民政府的、对社区矫正工作实施管理的国家司法行政管理专门机关；社区矫正执行机构，是指隶属于基层人民政府司法行政管理专门机关的、对社区矫正对象具体实施监督管理和教育矫正的刑罚执行专门机构。作为国家刑罚执行机构体系不可分割的整体,如何实现管理机构设置与执行机构设置相同步,关系到社区矫正刑罚执行机构体系建设的整体效能,关系到全面推进社区矫正工作的组织保障。这就要求各级司法行政机关紧紧依靠同级党委政府的领导与重视,依据《社区矫正法》的相关规定,在社区矫正试点以来机构体系建设已有成果的基础上,以同步推进管理机构设置与执行机构设置为重心,进一步加强社区矫正刑罚执行机构的现代化建设,在我国尽快建构一个符合中国国情和体现中国特色的,在司法行政机关集中统一管理下的社区矫正刑罚执行机构体系。主要应采取以下措施:

第一,建立健全社区矫正管理机构。即在全国各级人民政府设置三级社区矫正管理机构,形成社区矫正工作的纵向管理网络体系。一是在国家司法部归口设置相对独立的社区矫正管理总局或内部设置社区矫正管理局。作为全国社区矫正工作的组织管理机构,在国家司法部的统一领导下,主要行使以下管理职能:负责研究提出社区矫正工作方针政策,负责草拟提交社区矫正法律法规草案,负责制定社区矫正管理程序和管理方法,负责指导监督全国社区矫正实施工作。二是在各省(自治区、直辖市)司法厅(局)归口设置相对独立的社区矫正管理局。作为地方省级社区矫正工作管理机构,在省级司法厅(局)的统一领导下,主要行使以下管理职能:负责行政区域与缓刑、假释、减刑相关的裁定机关、法律监督机关、社会治安管理机关、监狱管理机关,以及同级政府其他相关部门的职能衔接和工作协调;负责本行政区域社区矫正的组织实施和监督管理;负责本行政区域社区矫正机构设置和队伍建设。三是在各地(市、州)司法局(处)归口设置相对独立的或内部设置社区矫正管理局(科)。作为地方市级社区矫正工作管理机构,在同级司法局(处)的直接领导下,主要行使以下管理职能:负责传达贯彻落实上级工作部署和工作要求;负责本行政区域社区矫正工作的组织实施和监督管理;负责本行政区域社区矫正队伍建设。

我国自启动社区矫正试点工作以来,经过十余年来的基础建设,全国各级社区矫正管理机构建设已经初具规模,初步适应了全面推进社区矫正工作的需要。当前,社区矫正管理机构建设面临的主要任务,是要实现全国社区矫正管理机构建设的规范化、现代化和系统化，包括统一管理机构称谓、统一管理机构级别、统一管理机构规模、统一管理机构职能、统一管理机构标准，着力于构建一个统一管理模式下的社区矫正管理机构网络体系。其中，全国社区矫正管理机构建设，亟须研究解决的一个突出问题，是如何改变省级社区矫正管理机构普遍存在的管理权能弱化、管理效率低下的被动状况。存在这种被动状况的重要原因之一，是由于省级社区矫正管理机构，均为省级司法厅（局）的内设部门，其机构层级较低和法律权能较弱，机构规模较小和人员编制较少，难以独立自主地承担组织实施和监督管理全省社区矫正工作的繁重任务。

社区矫正作为现代非监禁刑罚执行制度，在国家刑罚执行体系中，其与监狱矫正，具有相同相等的刑罚地位。尤其是随着我国刑罚执行制度的文明进步，以及非监禁刑罚执行规模的不断扩张，社区矫正管理机构担负的社区矫正监督管理任务已越来越繁重。目前，全国社区矫正对象 2017 年年底在册总人数就已高达 693675 人，已经接近全国同期监狱在押犯人数的一半，早已远远超过全国强制隔离戒毒机构的收容规模，加上行刑社会化条件下的社区矫正工作难度较大，这些都对社区矫正管理机构的管理效能和管理能力，提出了越来越高的要求。为此，省级社区矫正管理机构的设置现状，已根本无法适应社区矫正管理工作长远发展的需要。

故此，建立健全省级社区矫正管理机构，已经成为推进社区矫正体系建设的重中之重，已经成为实现社区矫正管理体制现代化的当务之急。具体的改革思路包括两个设想：一是可仿效现行的省级监狱管理局和省级戒毒管理局的组织模式，提请中央和地方机构编制委员会下决心，将省级社区矫正管理机构，由内设机构调整为归口机构，作为相对独立的副厅级归口管理执法机关，赋予其相对独立，相对集中的人、财、物管理职能，强化其相应的社区矫正管理职能和管理权威。二是可以当前全国各地省级戒毒管理局即将逐步实施的机构合并、体制改革、规模收缩为契机，提请中央和地方机构编制委员会下决心，推动实行省级社区矫正管理机构与省级戒毒管理局的机构合并和体制改革，利用省级戒毒管理局现行的、相对独立的归口管理部门体制架构，从根本上解决省级社区矫正管理机构面临的管理权威、管理地位、管理条件、管理效能严重不足的诸多

“瓶颈”问题。在以上两个体制改革思路中，受我国精简机构和严控编制的相关政策限制，意图将省级社区矫正管理机构直接升格为副厅级归口管理部门的设想极难实现，而意图将省级社区矫正管理机构与省级戒毒管理局机构体制合并的设想则具有相对的可能性和可行性。

之所以提出这个可能性和可行性，这是由于我国多年来大力开展全方位多功能的禁毒斗争，禁毒斗争领域取得了历史性成果，禁毒斗争形势实现了根本性好转，形成了吸毒对象群体大幅度减少、强制隔离戒毒规模大幅度萎缩的大好局面，并由此形成了戒毒场所设施大量闲置和戒毒民警队伍大量赋闲的状况，这就逐步引发了国家对新时期戒毒管理体制改革的高度关注，并开始拉开省级戒毒管理机构合并、体制调整、规模收缩的序幕。例如，2018 年 12 月，北京市在全国率先实行市监狱管理局与市戒毒管理局的机构合并和体制整合，重新设置以监狱管理为主体、以戒毒管理为辅助的新型管理机构，在戒毒管理体制改革方面为全国提供了成功的北京模式。又如，2022 年 7 月，海南省着手酝酿省监狱管理局、省戒毒管理局、省社区矫正管理局三机构合并方案，计划将戒毒管理体制改革工作扩展到社区矫正工作领域，如果该方案得到正式确立并付诸实施，将由此形成不同于北京模式的海南新模式。不难想象，随着全国各地省级戒毒管理体制改革的逐步展开，随着海南社区矫正改革模式的逐步推行，对全国各地社区矫正管理机构的现代化建设，必然产生积极的、多维的、直接的影响。

应该肯定，海南由省级戒毒管理体制改革引发的省级社区矫正管理体制改革模式，在总体意义上，有利于整合全省监狱矫正和社区矫正的刑罚资源与刑罚功能，有利于提升全省社区矫正管理的刑罚权威和刑罚功能，有利于建立社区矫正民警队伍和改善社区矫正执法条件，这在全国社区矫正工作领域，无疑是一个体制创新和改革创举。但是，将社区矫正管理机构和管理职能，简单采取归属于省监狱管理局的做法，似乎也存在诸多值得探讨和有待商榷的地方。例如，从刑罚执行本质属性上来讲，以省监狱管理局名义统一管理监狱矫正和社区矫正两种刑罚执行方式，似与当今世界监禁刑罚与非监禁刑罚分别实施的法理要求和时代潮流不相符，可能不利于社区矫正刑罚制度的长远发展。又如，从行政管理权能配置上来讲，由省监狱管理局统一行使对戒毒系统和社区矫正系统的行政管理权能，将意味着全省戒毒管理机构和社区矫正管理机构，失去其单列的财政体制、投资渠道、编制规划，失去其应有的人、财、物独立管理和集中管理权能，并由此掣肘社区矫正国家资源和社会资源的整合效果与运用能力。

由此可见，省级社区矫正管理机构体制的改革创新，不拟采取归属于、兼并于省级监狱管理机关的做法，更为合理、更为科学的改革取向，似应实行省级社区矫正管理机构与省级戒毒管理机关的机构合并和体制融合，并以社区矫正管理为主和戒毒管理为辅的权能配置框架，组建相对独立的、统一机构称谓的省社区矫正管理局（省戒毒管理局）的新型管理机构。如能实现这个改革设想，随着省级社区矫正管理机构的机构升格和体制独立，将有利于强化对全省社区矫正工作的统一规划、统一部署、统一组织实施、统一监督指导，进一步提升对全省社区矫正工作的管理质量和管理效率；将有利于争取省级财政预算和省级项目投入，进一步开拓全省社区矫正综合资源和改善社区矫正建设条件；将有利于实现戒毒警察队伍向社区矫正司法警察队伍的岗位转换，进一步提升全省社区矫正执法队伍的整体素质；将有利于实现强制隔离戒毒场所设施向社区矫正监管教育设施的应用转换，进一步改善社区服刑人员的矫正环境和丰富社区服刑人员的矫正生活。

第二，建立健全社区矫正执行机构。即在全国各地方基层人民政府司法行政机关，普遍设置直接履行监督管理和教育矫正职能的社区矫正执行机构，形成社区矫正工作的基层工作网络体系。一是在各县（市、区）普遍归口设置相对独立的社区矫正中心。作为县（市、区）综合性的社区矫正执行机构，在同级司法行政机关的组织领导下，主要行使以下职能：负责本县（市、区）社区矫正工作的具体组织实施；负责对社区矫正对象的接收与解矫、惩罚与监督、教育与帮扶等相关刑罚执行事项的承办、审核和申报；负责对所属各乡镇（街道）社区矫正工作站的组织建设和业务建设。二是在各县（市、区）所属各乡镇（街道）普遍设置相对独立的社区矫正工作站。作为最基层、最直接的社区矫正执行机构，在县（市、区）社区矫正工作中心的组织指导下，其主要职能是：负责贯彻执行国家法律法规和上级各项工作部署，具体组织实施社区矫正刑罚执行活动，维护社区矫正秩序和社区和谐稳定；负责依法对社区矫正对象进行监督管理和教育帮扶，在实施刑罚惩罚的同时，着力于提高社区矫正的教育改造效果，为社会输送改造合格的守法公民。①

我国自启动社区矫正试点工作以来，经过十余年的基层基础建设，虽然各级人民政府的社区矫正管理机构建设已经初具规模，但基层人民政府的社区矫正执行机构建设却仍进展缓慢和未成体系。目前普遍存在"两个取代"的被动状态：一是以县级司法局取代社区矫正工作中心，存在基层人民政府的社区矫正执行机构异化现象，其结果或是影响面上的司法行政管理工作，或是影响点上的社区矫正执行工作。二是以乡镇（街道）司法所取代社区矫正工作站，存在基层乡镇（街道）的社区矫正执行机构异化现象，其结果既影响基层司法行政业务工作，又影响社区矫正执行工作。以上"两个取代"的现状，在相当程度上弱化了全国社区矫正工作的组织基础，严重制约了社区矫正的法律效果和社会效果。客观地讲，在我国社区矫正工作的试点阶段和推进初期，"两个取代"的做法作为过渡性的权宜之计，具有相应的合理性和可行性，实际上也确已取得了积极的过渡性效果。但从社区矫正长远发展来看，"两个取代"的做法难以适应国家刑罚执行现代化、法治化的要求，难免削弱社区矫正的刑罚执行体系和刑罚执行能力。

我国颁布实施的《社区矫正法》第 9 条第 2 款规定："司法所根据社区矫正机构的委托，承担社区矫正相关工作。"这一规定在某种意义上已经表明，司法所不是规范的、法律意义上的社区矫正执行机构，司法所与社区矫正执行机构之间，充其量是一种过渡性的职能委托与职能被委托的法律关系。正如我国学者所指出：《社区矫正法》第 9 条采用了利益妥协的处理办法：一方面规定"县级以上地方人民政府根据需要设置社区矫正机构"，表明司法所不再适合作为社区矫正的执法机构和执法主体；另一方面规定"司法所根据社区矫正机构的委托，承担社区矫正相关工作"，意味着含糊地认可了司法所承担社区矫正执法工作的合法性。为此，刘强认为，司法所承担社区矫正执法管理工作并非没有一

① 参见刘政：《完善社区矫正管理体制之构想》，载《法学杂志》2018 年第 4 期。

定的理由，但它不符合党中央提出的法治队伍正规化、专业化和职业化的要求。① 由此可见，改变"两个取代"的现状，尤其是加快乡镇（街道）社区矫正工作站的建设，应当成为当前加强全国社区矫正基层基础建设的当务之急。因为，乡镇（街道）司法所本身执法力量普遍量少质弱，其根本任务和日常工作，主要是承担繁杂的民间调解、普法教育等司法行政业务，加上受频繁的基层党委政府中心工作任务的牵累，相当一部分司法所根本没有能力，更无法集中精力，来实施如此严肃而又繁重的社区矫正执行工作。这就需要我们紧紧依靠各基层党委政府的领导和重视，大力推进乡镇（街道）社区矫正工作站的机构设置和力量配置，实现乡镇（街道）司法所与社区矫正工作站的机构分设和职责分离，使社区矫正工作站真正成为一个独立运行的基层刑罚执行机构，为我国社区矫正刑罚执行体系建设，奠定一个扎实的组织基础。

（3）努力实现协调指导机构设置与专门工作机构设置相结合。社区矫正协调指导工作机构，是社区矫正刑罚执行机构体系的重要组织形式。实现协调指导机构设置与专门工作机构设置相结合，对于全面推进社区矫正刑罚执行机构的体系建设和能力建设，具有不可或缺与不可替代的重要作用。因为社区矫正协调指导机构，充分体现了党委政府对社区矫正工作的重视与领导，是社区矫正领导体制的组织形式具体化，是组织指导社区矫正发展方式和发展方向的重要程序，是组织协调社区矫正政策支持和法律支持的重要途径。协调指导机构功能作用与专门工作机构功能作用相结合，才能为全面推进社区矫正工作，提供坚强有力的组织保障。

我国自启动社区矫正工作试点以来，曾就协调指导机构设置与专门工作机构设置相结合问题，进行积极探索并已取得积极效果。例如，两院两部《关于全面推进社区矫正工作的意见》中关于社区矫正联席会议制度的设置，曾在启动和推进社区矫正工作方面，发挥了相应的积极作用。但从社区矫正长远发展来看，这种联席会议制度仍存在诸多的体制性和功能性缺陷。主要表现在：一是联席会议制度组织性质不明。社区矫正协调指导机构的本质属性，本应是代表

① 参见刘强：《我国社区矫正顶层设计中存在的主要问题及解决对策》，载《辽宁师范大学学报（社会科学版）》2022 年第 2 期。

党委政府对社区矫正工作实施政治领导,从法律和政策上协调和支持社区矫正工作;而社区矫正联席会议制度的本质属性,则仅是政法各机关和各有关部门对社区矫正工作实施的业务联系,从相互配合和相互制约上,协调社区矫正工作程序与工作方法。尤其是这种联席会议制度,作为一种会议形式而非法定机构,以及一种临时组织模式而非常设组织模式,若以其取代协调指导机构,必然混淆两者之间的本质属性,弱化党委政府协调指导社区矫正工作的实际效果。二是联席会议制度组织层级不高。社区矫正协调指导机构,作为党委政府领导社区矫正工作的纵向组织形式,其组织层级应高于社区矫正管理机构;而社区矫正联席会议制度,作为相关职能部门联系沟通社区矫正工作的横向组织形式,其组织层级仅等同于社区矫正管理机构。这种横向的组织层级,其组织协调社区矫正工作的权威性和有效性,必然受到相应的局限。

如何推进协调指导机构设置与专门工作机构设置相结合,进一步完善社区矫正刑罚执行机构体系建设,我国颁布实施的《社区矫正法》第 8 条第 3 款明确提出"地方人民政府根据需要设立社区矫正委员会,负责统筹协调和指导本行政区域内的社区矫正工作"。这一法律规定,较之于两院两部《关于全面推进社区矫正工作的意见》中设置的联席会议制度,进一步明确了协调指导机构的法律属性、法律形式、法律地位和法律功能,无疑是我国社区矫正刑罚执行体系建设中的又一重大进步。当前围绕如何推进协调指导机构设置与专门工作机构设置相结合,我们应依据《社区矫正法》的相关规定,着力于健全协调指导机构设置、明确协调指导机构职责、发挥协调指导机构作用。主要抓紧抓好以下两个方面:

第一,层层设置社区矫正委员会机构。即尽快在地方各级人民政府层层设置省(自治区、直辖市)、地(州、市)、县(市、区)等三级社区矫正委员会机构。在此基础上,为了体现党中央和国务院对全国社区矫正工作的统一领导,可在国务院同时设置国家社区矫正委员会机构,以便在全国上下形成一个纵向的社区矫正委员会机构体系。机构设置工作需要明确和统一三个问题:一是统一机构称谓。通常可能存在两种机构称谓:或称某某省(自治区、直辖市)人民政府社区矫正委员会,或称某某省(自治区、直辖市)社区矫正委员会。但为了更好地体现机构设置的科学性和统一性，全国各级社区矫正协调指导机构的称谓，可统一为某某省（自治区、直辖市）、某某地（州、市）、某某县（市、区）社区矫正委员会。二是统一组成人员。为了更好地加强党委政府对社区矫正工作的领导，各级社区矫正委员会的组成，均应由同级党委政府的领导同志牵头。具体组成人员包括：由一名党委常委（政法委员会书记）任主任，由一名政府副职任副主任，并分别由司法行政机关、公安机关、审判机关、检察机关、教育部门、财政部门、民政部门、卫生健康部门、人力资源和社会保障部门等相关部门的一名负责同志任委员。三是统一办事机构。为了更好地组织实施社区矫正协调指导工作，各级社区矫正委员会应分别设置日常工作机构——办公室。社区矫正委员会办公室与同级司法行政机关合署办公，实行两块牌子一组人马，以此更好地实现协调指导机构与专门工作机构相结合。

第二，具体明确社区矫正委员会职能。社区矫正委员会作为党委政府组织领导社区矫正工作的协调指导机构，既要在刑罚执行体制上与社区矫正管理机构相结合，在政治上和政策上主导和支持社区矫正管理工作；又要在刑罚执行功能上与社区矫正管理机构相分离，做到在法律上和管理上不取代与不干涉社区矫正具体工作。按照社区矫正委员会应有的本质特征，其基本职能可明确为：一是政治主导职能。社区矫正委员会首先应在政治上，引导与掌控社区矫正的价值取向与发展趋向，确保党委政府的工作中心和工作部署，在社区矫正领域得到贯彻落实。将社区矫正纳入全面推进依法治国和全面深化司法改革的轨道，使社区矫正更好地适应中国国情和体现中国特色，充分发挥社区矫正在维护国家总体安全与维护社会和谐稳定中的刑罚功能作用，并持续推进社区矫正的改革发展，实现社区矫正的文明进步。二是政策支持职能。社区矫正委员会应在相关政策上，协调与支持社区矫正的组织实施和基础建设，充分调动国家行刑资源，广泛整合社会行刑资源，及时帮助解决社区矫正刑罚执行实践中存在的困难和问题，不断推进社区矫正的组织建设和业务建设，为社区矫正制度的顺利实施提供政策保障。三是监督协调职能。社区矫正委员会应在法律实施上，监督与协调社区矫正的刑罚程序与刑罚活动，依据《刑法》、《刑事诉讼法》、《社区矫正法》以及相关法律法规，规范政法各机关的社区矫正执法权能，协调政法各机关的社区矫正执法活动，及时帮助解决社区矫正刑罚执行实践中，可能产生的法律分歧和职能冲突，更好地形成相互配合和相互制约的体制机制，为实现社区矫正刑罚执行的正当性提供法律保障。

（三）推进社区矫正刑罚执行队伍体系建设的系统化

1. 推进社区矫正刑罚执行队伍体系建设系统化的现实需要

推进社区矫正刑罚执行队伍体系建设的系统化，是提升社区矫正刑罚执行能力的重要举措，是依法实施社区矫正刑罚执行权能的重要保障。社区矫正刑罚执行队伍体系的基本构成，主要包括专职执法队伍、辅助工作队伍、社会志愿工作队伍等三部分。社区矫正刑罚执行队伍体系的本质特征，是要强调国家刑罚力量与社会辅助力量相整合。之所以强调国家刑罚力量与社会辅助力量相整合，是因为"社区矫正工作具有明显的专门性与浓厚的群众性，作为刑罚执行工作的社区矫正，首先是一项严肃的执法活动，当然需要专业技术人员的主持与参与，但作为一项带有人道主义色彩的社会工作，社区矫正是一项与一般执法活动的严厉性相区别的更多带有人文关怀色彩的社会工作，当然需要广大群众的参与"。[①] 推进社区矫正刑罚执行队伍体系建设的系统化，对于重构社区矫正惩罚功能正当性的管理体制，具有十分重要的现实意义。

（1）是增强社区矫正刑罚执行队伍整体执法能力的需要。社区矫正刑罚执行队伍体系，作为重要的国家刑罚力量，其队伍建设的核心要求，是要优化刑罚执行队伍体系结构和增强刑罚执行队伍执法能力。当前，随着全面推进社区矫正工作的历史进程，社区矫正机构的收容规模越来越大，社区矫正队伍的执法任务已越来越重，社区矫正工作的刑罚要求已越来越高，但社区矫正刑罚执行队伍量少质弱的状况尚未得到根本改变，社区矫正刑罚执行队伍的体系建设和能力建设尚未得到整体提升，已经无法完全适应新形式、新任务的新要求。这就要求我们围绕健全社区矫正管理体制，着力于推进社区矫正刑罚执行队伍体系的系统化建设，不断增强社区矫正队伍的整体素质和整体能力。具体要求包括：一是要不断增强社区矫正队伍的结构性执法能力。即重点加快推进专职执

① 连春亮主编：《社区矫正理论与实务》，中国检察出版社 2010 年版，第 129 页。

法队伍和辅助工作队伍的组织建设，整合专职执法力量、辅助工作力量和社区志愿力量，优化社区矫正执法队伍体系结构，以增强社区矫正队伍的结构性执法能力。二是要不断增强社区矫正队伍的素质性执法能力。即要不断加强社区矫正队伍的管理教育，不断提升社区矫正队伍的政治思想素养、职业道德素养、专业知识素养、开拓创新素养、群体协同素养，以增强社区矫正队伍的素质性执法能力。总体而言，推进社区矫正刑罚执行队伍体系的系统化建设，将有利于增强社区矫正刑罚执行队伍的整体执法能力，使之更好地适应全面推进社区矫正工作改革发展的需要。

（2）是重塑社区矫正惩罚功能正当性的需要。在社区矫正刑罚实践中，重塑社区矫正惩罚功能正当性，既要依托具有相应法律地位的社区矫正刑罚执行机构，又要依靠具有整体执法能力的社区矫正刑罚执行队伍。当今世界法治国家的社区矫正刑罚执行管理体制，由于历来注重社区矫正队伍的规范化和系统化建设，其社区矫正队伍体系具有较强的整体执法能力，故而较好地保障了实施社区矫正惩罚功能的正当性和效益性。反思和剖析我国社区矫正惩罚功能存在的问题，主要原因除社区矫正惩罚功能的法律设置缺陷及社会意识异化之外，在相当程度上则是受制于社区矫正队伍的执法理念偏误和执法能力不足。例如，在刑罚执行理念上，部分执法工作人员偏离社区矫正刑罚本质，重教育矫正而轻监督管理，将社区矫正活动片面理解为“慈善活动”或“感化活动”，热衷于帮助和满足于解决社区矫正对象的安居条件和生活困难，从而对社区矫正对象管而不严或矫而不实。又如，在刑罚执行能力上，部分执法工作人员缺乏管理方法和管理素质，对社区矫正对象不能坚持严格执法，尤其对一些具有从政背景和经商背景的“特殊”社区矫正对象，基于社会人情或徇私枉法的种种因素而往往疏于监管，对于一些老弱病残或抗拒矫正的社区矫正对象，则又往往束手无策和无能为力。社区矫正队伍在刑罚执行理念和刑罚执行能力方面的诸多不足，致使社区矫正在影响社区矫正对象矫正生活方面未能充分体现惩罚功能，在端正社区矫正对象矫正态度方面未能有效实现惩罚效果，在约束社区矫正对象矫正活动方面未能正确实施惩罚手段，在规范社区矫正对象矫正行为方面未能适度把握惩罚标准。由此可见，重塑社区矫正惩罚功能正当性，需要着重解决的一个突出问题，就是要进一步增强社区矫正刑罚执行队伍的整体素质和整体能力。只有依靠社区矫正队伍的整体执法能力，实现社区矫正惩罚功能的正当性，才能取得其应有的法律效果和社会效果，才能更好地得到国家的确认和社会的肯定。

2. 推进社区矫正刑罚执行队伍体系建设系统化的改革构想

推进社区矫正刑罚执行队伍体系建设的系统化，关键在于围绕党的十九大关于“深化依法治国实践”和“深化司法体制综合配套改革”的部署与要求，着力于实现社区矫正队伍体系的结构优化和综合优势，不断提升社区矫正队伍体系的整体素质和整体能力。总体改革构想是：围绕完善国家治理体系和增强国家治理能力，突出社区矫正刑罚功能和刑罚效益，努力重构一个以司法警察为执法主体力量、以社会工作者为辅助管理力量、以社会志愿者为社会参与力量的三位一体、专群结合的社区矫正刑罚执行队伍体系。

(1)组建社区矫正司法警察队伍。我国社区矫正刑罚执行队伍体系建设，当前亟须解决的一个核心问题，是要下决心组建社区矫正司法警察队伍。一段时间以来，法学界法律界对于组建社区矫正司法警察队伍的重要性必要性，有着诸多的争议和不同的观点。其中，从事法学理论研究的部分专家学者持否定意见，认为世界各国很少使用警察力量来实施非监禁刑罚执行活动，设置社区矫正司法警察体制，有违社区矫正行刑社会化的制度初衷和制度属性，担心在社会矫正活动中使用司法警察力量，会引发社会的逆反心态和抵触情绪，会导致国家警察力量的膨胀和滥用，最终既影响国家民主法治形象，又加重国家人力、物力、财力负担。但与此相反，从事法律实务的绝大多数实务工作者，则普遍主张和积极呼吁组建社区矫正司法警察队伍，认为这是健全社区矫正刑罚执行队伍体系建设的重中之重，是切实增强社区矫正刑罚执行队伍整体素质和整体能力的当务之急，是坚持中国国情和突出中国特色的必要之举。其基本理由如下：

第一，组建社区矫正司法警察队伍具有必要性。社区矫正作为国家非监禁刑罚执行制度，其所固有的刑罚本质，必然要求配备一支与其本质属性相匹配的刑罚执行队伍。而组建社区矫正司法警察队伍，将从执法主体上彰显社区矫正刑罚本质的合法性，从执法能力上支撑社区矫正刑罚目的的效益性，尤其是在重塑社区矫正惩罚功能正当性方面具有必要性。

组建社区矫正司法警察队伍，是规范社区矫正惩罚功能执法主体的需要。在社区矫正刑罚执行实践中，实施社区矫正惩罚功能，作为一项非常严肃的国家刑罚权执行活动，必须要有一支凸显刑罚本质的国家刑罚执行力量。而组建社区矫正司法警察队伍，有利于规范社区矫正惩罚功能的执法主体，有利于彰显社区矫正惩罚功能执法主体的合法性。只有以社区矫正司法警察为执法主体，才能有效行使社区矫正刑罚执行权能，才能有力支撑实施社区矫正惩罚功能的刑罚本质正当性。

组建社区矫正司法警察队伍，是增强社区矫正惩罚功能执法能力的需要。在社区矫正刑罚执行实践中，惩罚功能的执法能力强或弱，一是取决于国家刑事法律所赋予的刑罚权能，刑罚权能配置越合理则意味着执法能力越强；二是取决于国家刑事资源所提供的刑罚条件，刑罚条件构建越充分则意味着执法能力越强；三是取决于国家刑罚体系所确定的刑罚主体，刑罚主体地位越明确则意味着执法能力越强。而组建社区矫正司法警察队伍，有利于形成社区矫正的绝对执法能力和相对执法能力，有利于破解日益繁重的社区矫正任务与量少质弱的社区矫正队伍之间的矛盾，为重塑社区矫正惩罚功能正当性提供能力保障。①

组建社区矫正司法警察队伍，是树立社区矫正惩罚功能执法权威的需要。在社区矫正刑罚执行实践中，执法效果往往来自执法权威，执法权威通常依赖于执法公信力，而执法公信力则在一定程度上取决于社会评判和社会信念。只有组建社区矫正司法警察队伍，才能通过彰显社区矫正刑罚执行体系的社会合理性，体现社区矫正刑罚执行权能的国家专属性，进而树立社区矫正刑罚执行机关和刑罚执行队伍的执法权威，让社会民众从司法警察队伍的良好执法形象上，更好地形成对社区矫正惩罚功能的执法公信力，不断增强对刑罚公平正义

① 参见刘政：《论社区矫正的刑罚功能与社区矫正警察体制》，载《江西警察学院学报》2019 年第 4 期。

的社会意识和社会信念。①

组建社区矫正司法警察队伍,是提升社区矫正惩罚功能执法效益的需要。在社区矫正刑罚执行实践中,刑罚功能与刑罚效益的内在关联性,集中表明了提升社区矫正刑罚效益对于强化社区矫正刑罚功能的依赖性,表明了强化社区矫正刑罚功能对于推进社区矫正队伍建设的依赖性。而组建社区矫正司法警察队伍,既是增强社区矫正刑罚执行功能的重要举措,又是增强社区矫正刑罚执行能力的重要途径,对于提升实施社区矫正惩罚功能的刑罚效益,整体推进社区矫正惩罚功能的法律效果和社会效果,都具有现实必要性。

组建社区矫正司法警察队伍,是适应社区矫正惩罚功能执法形势的需要。在社会结构转型与社会治理变革相结合、国家传统安全与国家非传统安全相融合的新形势下,社区矫正作为国家安全建设的刑罚基础,社区矫正作为社会治理体系的刑罚构成,不仅面临着维护公共安全的严重挑战,更承担着保障公共安全的繁重任务。而组建社区矫正司法警察队伍,有利于增强社区矫正应对公共安全严峻形势的刑罚能力,有利于统一行使社区矫正和社区治安的刑罚权能,有利于实现社区矫正惩罚功能的正当性,最终充分体现社区矫正惩罚功能对于维护国家总体安全和维护社会安全稳定的刑罚保障功能作用。②

第二,组建社区矫正司法警察队伍具有可行性。当今世界各国社区矫正现代化、法治化、文明化的发展趋势,我国全面推进依法治国和全面深化司法改革的历史进程,我国政治经济和社会发展的时代要求,我国社区矫正全面试点到全面推进的实践经验,以上这些,都从根本上为组建社区矫正司法警察队伍提供了法律意义上和制度意义上的可行性。这些可行性主要包括:

当今国际社会现代社区矫正发展趋势提供的可行性。在国外现代社区矫正管理体制中,社区矫正执法官员虽然不具有明确的警察身份,但一般都履行着等同于甚至超越于警察的刑罚职权。例如,美国的假释官员的执法权限即超出了美国警察的职权范围。据了解,"美国 80.4% 的假释委员会可发出搜查令;

① 参见刘政:《论社区矫正的刑罚功能与社区矫正警察体制》,载《江西警察学院学报》2019 年第 4 期。

② 参见刘政:《论社区矫正的刑罚功能与社区矫正警察体制》,载《江西警察学院学报》2019 年第 4 期。

72.5%的假释委员会可决定赦免;70.6%的假释委员会有权进行减刑;27%的假释委员会可以决定逮捕”。[①] 而且美国的矫正官员普遍佩戴执法标志并携带执法装备,无论从其外部形态上还是内部实质上来讲,可以说就是一位不具有警察称谓的社区矫正警察。目前,世界各国尤其是欧美国家的社区矫正管理体制,虽然尚无警察制度的法律设置,但蕴含于矫正官、缓刑官、假释官制度之中的现代管理模式,对我国社区矫正司法警察队伍建设,提供了十分有益的实践启示。何况,在《联合国非拘禁措施最低限度标准规则》《欧洲社区制裁与措施规则》等国际性或区域性刑罚规则中,均无设置社区矫正警察的限制性条款和制度性障碍,这也为我国组建社区矫正司法警察队伍预留了实践空间。国外现代社区矫正的刑罚理念和刑罚实践,国外现代社区矫正制度的发展趋势和发展成效,以及国际法治社会通行的社区矫正刑罚规范,无形中为我国组建社区矫正司法警察队伍提供了实践可行性。[②]

当今我国传统社会文化意识提供的可行性。中国警察体制和警察形态,由于其在不同历史时期和不同社会制度下,在维护统治阶级利益和保障社会秩序稳定方面,所发挥的不可替代的社会功能和历史作用,其对于传统社会文化和传统社会意识,都产生了广泛而又深刻的社会影响。特别是在中华人民共和国建立新型人民政权以来,伴随着社会主义民主法制的历史进程,我国人民警察队伍在中华人民共和国成立初期的镇压反革命斗争,改革开放初期的严厉打击刑事犯罪斗争,以及惩治社会犯罪的一系列化常态化刑事斗争中,为建立良好社会秩序和维护社会和谐稳定,充分发挥了国家刑罚力量的支柱作用,已经成为国家安全的象征和社会稳定的基石。[③] 因而,警察形象尤为人民群众所崇尚,警察地位尤为人民群众所尊重,警察权威尤为人民群众所拥戴。在这样一个历史背景下,我国作为一个在传统社会文化和传统社会意识主导下,长期受警察文化深刻影响的市民社会;作为一个警察文化、警察形象和警察权威,已经渗透

---

① 徐静村主编:《减刑、假释制度改革研究》,中国检察出版社2011年版,第38页。

② 参见刘政:《论社区矫正的刑罚功能与社区矫正警察体制》,载《江西警察学院学报》2019年第4期。

③ 参见刘政:《论社区矫正的刑罚功能与社区矫正警察体制》,载《江西警察学院学报》2019年第4期。

社会和深入民心的社会形态；作为一个社会民众已经习惯于警察管理、已经崇尚于警察权威的传统社会，必然对构建社区矫正司法警察体制产生社会需求和社会期待，为构建社区矫正司法警察队伍的可行性，提供社会支持和奠定社会基础。①

当今我国社区矫正基层基础建设提供的可行性。自我国社区矫正全面试点和全面推进以来，在各级党委政府的关心重视下，全国社区矫正的基层基础建设不断推进和不断发展，已经初具规模并取得初步成果。特别是在社区矫正司法警察队伍建设方面，北京、天津、辽宁等3省(市)实行公安机关队建制的管理模式，实际上推开了我国社区矫正司法警察体制的改革探索。例如，北京市于2014年10月在市司法局成立社区矫正管理总队，2015年年初在区县司法局全部成立社区矫正管理支队，在市区两级成立社区矫正执法督察队。并统筹安排抽调一定数量的司法行政机关人民警察充实到区县司法所，实行一所一警，任务较重的司法所达到一所双警，形成了长效工作机制。② 同时，全国各地还采取了各种方式积极探索用警制度建设，据统计，截至2017年年底，全国社区矫正用警共计3017人，涉及20个省(自治区、直辖市)，用警省份覆盖率为62.5%；全国社区矫正用警平均配比率为0.43%，其中，全国抽调监狱戒毒人民警察延伸社区矫正用警平均配比率，即全国抽调参与社区矫正的监狱戒毒人民警察数量，与在册社区服刑人员数量的比例为0.29%。从规模上看，北京市社区矫正用警人数最多，达到409人，配比率最高达12.23%；辽宁、黑龙江、上海、广东、广西、云南、江苏7省(市、区)用警数量也分别达到100人以上。③ 全国各地探索社区矫正用警制度所取得的积极成果，既反映了全国各级社区矫正管理机构和执法机构对社区矫正用警的急切需求和迫切期待，也为在全国社区矫正系统组建司法警察队伍，进行了有益探索和积累了丰富经验。

---

① 参见刘政：《论社区矫正的刑罚功能与社区矫正警察体制》，载《江西警察学院学报》2019年第4期。

② 参见司法部社区矫正管理局编：《全国社区矫正教育管理工作会议文件汇编》，法律出版社2015年版，第36页。

③ 参见司法部社区矫正管理局编：《2012～2017年全国社区矫正工作统计分析报告》，法律出版社2018年版，第13页。

尤其是在全国各地强制隔离戒毒系统面临规模收缩和体制改革,导致的戒毒民警队伍的职能转型和分流转业,给全国各地组建社区矫正司法警察队伍带来了千载难逢的历史机遇。例如,2018 年 12 月,北京市通过实行市监狱管理局与市戒毒管理局的机构体制合并,大幅收缩戒毒管理工作规模的过程中,及时将部分戒毒民警队伍分流到社区矫正管理工作第一线,社区矫正用警比率达到全国最高水平。同期全国各地社区矫正用警,也都多数来自戒毒民警队伍。又如,2022 年 7 月,海南省组织实施的省监狱管理局、省戒毒管理局、省社区矫正管理局三位一体的机构体制改革,必然将全省监狱民警队伍、戒毒民警队伍、社区矫正执法队伍融为一体,为组建全省社区矫正司法警察队伍提供必要条件。在当前和今后一段时期,随着全国各地省级戒毒管理机构体制改革的逐步展开和不断深入,现有戒毒民警队伍的职能转型和分流转业必然同步进行,除一部分用以充实加强监狱民警队伍外,更多的戒毒民警必然转向社区矫正工作领域,这就为我国组建社区矫正司法警察队伍增添了人才资源方面不可质疑的可行性。

第三,组建社区矫正司法警察队伍的实现路径。组建社区矫正司法警察队伍,是我国完善发展社区矫正制度的重大举措,是建立健全国家警察体制的重大改革,更是顺应现代社区矫正发展规律和促进现代社区矫正管理体制的必然要求。组建社区矫正司法警察队伍,由于涉及国家刑罚权能的调整和国家刑罚资源的配置,将面临诸多的法律障碍和制度藩篱。面对这一重大改革,组建社区矫正司法警察队伍的前提和关键,是要紧紧依靠各级党委政府的领导与重视,通过国家刑事法律调整和国家警察体制改革的高层设计,努力实现相关法律性和制度性的重大突破。① 其实现路径的改革构想包括:

依法设置社区矫正司法警察体制,确立其应有的执法地位。组建社区矫正司法警察队伍的重要前提,是要注重社区矫正司法警察体制的法律设置,依法确立社区矫正司法警察体制的法律地位,为组建社区矫正司法警察队伍提供法律依据和法律保障。为此,一是要将社区矫正司法警察体制纳入《社区矫正

① 参见刘政:《论社区矫正的刑罚功能与社区矫正警察体制》,载《江西警察学院学报》2019 年第 4 期。

法》。可通过修订和完善《社区矫正法》作出明确规定：在社区矫正管理机构和执行机构配置人民警察，作为社区矫正执法主体，依法赋予其履行对社区矫正对象的监督管理、教育矫正、帮困扶助等刑罚执行职责，并受国家法律保护，以此依法确立社区矫正司法警察应有的法律地位。二是要将社区矫正司法警察体制纳入《人民警察法》。可通过修订和完善《人民警察法》作出明确规定：人民警察包括公安机关、国家安全机关、司法行政机关（监狱、戒毒所、社区矫正机构）、人民法院、人民检察院的人民警察，以此依法确立社区矫正司法警察在国家人民警察体系中的法律地位。①

依法确立社区矫正司法警察身份，整合其应有的执法资源。确立我国社区矫正司法警察的刑罚执行主体制度，主要应根据社区矫正的刑罚本质、刑罚目的和刑罚功能，推进以下工作：一是依法设置社区矫正新型警种。即参照全国监狱系统和强制隔离戒毒系统的警种设置模式，在国家人民警察警种体系中，增设社区矫正司法警察警种，并将其纳入国家人民警察职务系列。具体而言，就是要将全国各级社区矫正管理机构和执行机构的公务员，全部转换成刑罚执行主体身份，均确定为社区矫正司法警察。二是合理配置社区矫正警察编制。即考量国家政治经济和社会发展在不同时期的不同状况，根据国家刑罚执行资源条件，合理配置适应社会发展需要的社区矫正司法警察编制；考量总体国家安全和社会治理在不同时期的不同状况，根据社区矫正形势任务的发展变化，合理配置适应新形势新任务需要的社区矫正司法警察编制；考量全国各地区域经济社会发展在不同时期的不同状况，根据社区矫正区域发展的差异性，合理配置适应区域发展需要的社区矫正司法警察编制；考量全国各地社区矫正机构监管社区矫正服刑人员规模的不同状况，参照监狱矫正机关的警囚比，合理配置适应非监禁刑罚执行需要的社区矫正司法警察编制。三是科学整合社区矫正警察资源。即整合司法行政基层工作系统的公务员资源，将全国各地现有的12610名专职国家工作人员编制，全部转换为社区矫正司法警察编制，以此作为整合社区矫正司法警察资源的重要基础；整合司法行政戒毒工作系统的警察资

① 参见刘政：《论社区矫正的刑罚功能与社区矫正警察体制》，载《江西警察学院学报》2019年第4期。

源,尤其是要针对当前相当一部分地方戒毒工作机构存在的设施闲置和警力闲置的状况,推动强制隔离戒毒警察向社区矫正司法警察的体制性转型和合理性流动,并将其作为整合社区矫正司法警察资源的重要途径。①

依法完善社区矫正司法警察管理,增强其应有的执法能力。社区矫正司法警察队伍,作为国家重要的刑罚执行力量,既要注重组建,更要加强管理。一是要加强社区矫正司法警察的组织管理。即建立健全组织领导制度,在全国社区矫正工作系统,实行"层级制与职能制相结合"的组织管理机制,实行各级司法行政机关对社区矫正司法警察统一管理的组织领导体制;建立健全录用辞退制度,严格实行社区矫正司法警察的录用条件和录用程序,严格把握社区矫正司法警察的辞退条件和辞退程序,推进社区矫正司法警察队伍建设的法治化和规范化;建立健全考核奖惩制度,实行社区矫正司法警察的科学考核和公正评价,通过奖励先进和鞭策后进,激励奉献精神和弘扬职业正气,建立良好的工作氛围和工作秩序。二是要加强社区矫正司法警察的教育管理。即改革学历教育培养模式,采取高层次警察学历教育与一般性警察学历教育相结合,国家警察学历教育与地方警察学历教育相结合的新型学历教育体制,在司法部所属中央司法警官学院开设社区矫正专业院系和课程,着力于实现社区矫正司法警察队伍的知识化和专业化;创新职业教育培训模式,在实现学历教育培养模式与职业教育培训模式相结合的基础上,注重中国特色社会主义核心价值观教育,加强思想政治与职业道德教育,不断提升社区矫正司法警察队伍的政治素质和业务素质,不断增强社区矫正司法警察队伍的事业心和责任感,使之成为特别能战斗的刑罚执行力量。②

(2)扩张社区矫正社会工作者队伍。我国颁布实施的《社区矫正法》第 11 条规定:"社区矫正机构根据需要,组织具有法律、教育、心理、社会工作等专业知识或者实践经验的社会工作者开展社区矫正相关工作。"这一法律规定,确立了社会工作者队伍在社区矫正刑罚执行队伍体系中的重要地位,强调了社会工

① 参见刘政:《论社区矫正的刑罚功能与社区矫正警察体制》,载《江西警察学院学报》2019 年第 4 期。

② 参见刘政:《论社区矫正的刑罚功能与社区矫正警察体制》,载《江西警察学院学报》2019 年第 4 期。

作者队伍建设的重要性必要性。针对社会工作者队伍量少质弱且职责模糊的现状,拟从以下三方面来扩张社会工作者队伍规模和提升社会工作者队伍素质。

第一,拓宽政府购买社区矫正服务的渠道。主要是根据我国政治经济和社会发展的需要,在科学评估社区矫正发展规模以及社区矫正对象收容情况的基础上,合理确定社区矫正管理机构和执行机构配备社会工作者的编制数。并结合社区矫正工作对不同人才的不同需求,参照国家公务员的招录程序和招录方式,多途径多渠道地推进各级政府向社会购买社区矫正服务方式的规范化、制度化、常态化。

第二,明确社会工作者队伍的职责范围。主要是在社区矫正机构与社区矫正工作者之间,依据聘用合同确立服务与被服务的法律关系,明确社会工作者的角色定位和权利义务。原则上讲,社会工作者作为社区矫正辅助管理力量,不应具有社区矫正刑罚执行权能,不能直接或单独实施对社区矫正对象的调查评估、矫正接收、矫正解除、禁止令执行、案件排查、奖惩审批、应急处置等刑罚执行活动。其基本工作职责范围应明确为,协助社区矫正司法警察履行监督管理和执法辅助工作,更多的是具体承办社区矫正日常运行中的行政管理事务。在社区矫正活动中扮演好相当于公安机关现行的辅警身份和协警职责。

第三,加强社会工作者队伍的管理教育。主要应根据《社区矫正法》关于"社区矫正机构应当加强对社区矫正工作人员的管理、监督、培训和职业保障,不断提高社区矫正工作的规范化、专业化水平"的部署与要求,通过规范化和制度化的教育培训,促使社会工作者队伍树立从事社区矫正工作的荣辱观和责任感,促进社会工作者队伍熟练掌握社区矫正法律法规和业务知识,引导社会工作者队伍依法实施社区矫正工作程序、工作方法和工作技巧,不断提升社会工作者队伍的政治素质和业务素质,在社区矫正活动中充分发挥辅助力量的积极作用。

(3)扩张社区矫正社会志愿者队伍。我国颁布实施的《社区矫正法》规定:"国家鼓励、支持企业事业单位、社会组织、志愿者等社会力量依法参与社区矫正工作。"这一法律规定充分表明了社会志愿者队伍在社区矫正刑罚执行队伍体系中不可或缺的重要地位。针对当前我国社区矫正志愿者队伍建设的社会动员不充分、社会规模不理想、社会管理不到位、社会效益不明显的诸多问题，为了健全社区矫正管理体制，更好地构建司法警察、社会工作者、社会志愿者三位一体的社区矫正刑罚执行队伍体系，我们要进一步扩张社区矫正志愿者队伍，充分整合社会资源和动员社会力量，更多更好地参与到社区矫正刑罚执行活动中来。应着重从以下三个方面加强社会志愿者队伍的建设工作。

第一，加强社区矫正志愿者队伍的社会宣传和社会动员。主要是依靠各级党委政府的关心重视，通过各种途径和各种方式，加大社区矫正的社会动员力度和社会动员范围，进一步普及社区矫正志愿服务理念和社会奉献意识，积极营造社区矫正志愿服务氛围，将更多的社会志愿组织和社会志愿人员，动员和引导到社区矫正事业中来。

第二，建立社区矫正志愿者队伍的身份注册和服务记录。主要是通过身份注册，确立社会志愿者队伍的参与对象、参与规模和参与范围，掌握社会志愿者队伍的人员结构、人员素质和人员动态，进一步明确社区矫正志愿者队伍建设的发展思维和发展取向；主要是通过服务记录，对社会志愿者队伍的服务意识、服务能力、服务质量、服务效果进行系统考核和综合评估。在此基础上，积极开展社会评选表彰活动，弘扬社会正能量，更好地激励社会志愿组织和社会志愿者的奉献精神，使之真正成为社区矫正可依赖的社会基础力量。

第三，明确社区矫正志愿工作者队伍的职责范围和服务标准。主要是通过明确职责范围，确立社会志愿组织和社会志愿者在社区矫正中的职能定位，重点明确其在教育矫正和帮困扶助活动中的工作范围和工作任务，充分发挥其体现社会民意和运用社会资源的职能特征与职能优势；主要是通过明确服务标准，突出社区矫正的社会需求和服务需求，重点明确社会志愿者参与社区矫正工作的效率标准和质量标准，以此作为考核、评价、奖励社会志愿者业绩的重要依据。在此基础上，切实做好社会志愿组织和社会志愿者的管理服务工作，由社区矫正机构通过提供办公用地、办公设施、办公经费等方式，为社会志愿组织和社会志愿者参与社区矫正活动，提供必要的工作条件。

三、重构社区矫正惩罚功能正当性的运行机制

社区矫正运行机制，是指我国的司法行政机关在国家社区矫正战略思想指导下，适应国际刑罚发展的趋势和矫正对象社会化及社会适应的需要，而建立的一种全新的、使用非监禁方式的矫治工作系统，该系统社区矫正工作机构和司法资源配置相对合理，各个方面的工作运行协调，崇尚以较小的矫正成本投入获得较大的矫正绩效，实现社区矫正工作目标。① 在社区矫正刑罚实践中，健全社区矫正运行机制，这是创新惩罚功能理念的重要内容，是规范惩罚功能行为的重要措施，是提升惩罚功能效益的重要条件，是深化惩罚功能改革的重要动力，是实现惩罚功能目标的重要保障。重塑社区矫正惩罚功能正当性，尤其要以健全社区矫正运行机制为切入点，针对当前社区矫正惩罚功能正当性方面亟须研究解决的一些突出问题，通过重构刑罚约束机制、刑罚防卫机制和刑罚矫治机制，坚持社区矫正刑罚本质和贯穿社区矫正刑罚目的，更好地实现社区矫正惩罚功能的法律效果和社会效果。

（一）健全实施社区矫正惩罚功能的刑罚约束机制

1. 实现社区矫正刑罚约束机制中的社区服务制度化

社区服务是社区矫正刑罚约束机制的重要形式，实现社区服务制度化，是实现社区矫正惩罚功能正当性的必然要求。在重塑社区矫正惩罚功能正当性的刑罚实践中，实现社区服务制度化，有利于完善社区矫正惩罚功能的实施领域和实施方式，有利于依法执行对社区矫正对象的刑罚惩罚和刑罚矫治，有利于依法约束社区矫正对象的矫正生活和矫正行为。在全面推进社区矫正改革发展进程中，只有努力实现社区服务制度化，才能有效构建社区矫正刑罚约束机制，为充分实现社区矫正惩罚功能正当性提供制度支撑。

（1）社区服务制度化与社区矫正惩罚功能正当性。社区服务（community service）是指由法庭判决犯罪人到社区中进行一定时间无偿劳动或者服务的非监禁刑措施。一般认为，现代意义上的社区服务是在英国产生的。1970 年，英

① 参见连春亮、张峰主编：《社区矫正概论》，法律出版社 2006 年版，第 102 - 103 页。

国的刑罚制度咨询委员会(the Advisory Council of the Penal System)在一份题目为《非监禁刑和准监禁刑》(non - custodial and semi - custodial penalties)的报告中,首先提出了"社区服务令"的建议。[①] 关于社区服务的本质属性,在世界各国社区矫正的刑罚实践中,社区服务普遍具有惩罚兼矫正的属性。这个本质属性的核心内涵,就是对社会犯罪行为实施刑罚惩罚,同时对社会犯罪危害进行刑罚补偿。关于社区服务的基本特征,我国学者吴宗宪将其概括为:[②]一是具有无偿性特征。社区服务是由犯罪人无偿提供的劳动或者服务,是赔偿或者补偿他们的犯罪行为给社区和社会造成的损失和损害。二是具有强制性特征。社区服务作为一种刑罚方式,强制性是其固有的刑罚特征。这种强制性特征,是社区服务惩罚性的集中体现。三是具有社区性特征。社区服务活动往往是在犯罪人居住的社区或者有关的社区中进行的。在许多情况下,犯罪人社区服务既可在自己居住或者生活的社区环境中进行,也可到一些有关的非营利机构中进行,还可到政府指定的机构中进行。四是具有建设性特征。在执行社区服务令的过程中,社区矫正机构并不会仅仅为了惩罚犯罪人而让他们进行一些毫无意义的劳动或者服务,而是会把犯罪人看成一种建设性的力量,利用犯罪人进行对于犯罪人和社会都有益的建设性活动。

社区服务的本质属性和基本特征,集中表明了社区服务制度化与社区矫正惩罚功能正当性的内在联系。从本质属性上来讲,社区服务是实施社区矫正惩罚功能的重要内容,社区服务制度化是实现社区矫正惩罚功能正当性的必然要求。我国《社区矫正法》第 42 条规定:"社区矫正机构可以根据社区矫正对象的个人特长,组织其参加公益活动,修复社会关系,培养社会责任感。"两院两部《社区矫正法实施办法》第 44 条规定:"执行地县级社区矫正机构、受委托的司法所按照符合社会公共利益的原则,可以根据社区矫正对象的劳动能力、健康状况等情况,组织社区矫正对象参加公益活动。"

上述法律法规规定,虽然在国家法律法规层面上将社区服务确立为了社区矫正教育帮扶制度的具体内容,为实施社区服务提供了法律依据。但在法律意

① 参见吴宗宪:《社区矫正比较研究》,中国人民公安大学出版社 2011 年版,第 581 - 587 页。
② 参见吴宗宪:《社区矫正比较研究》,中国人民公安大学出版社 2011 年版,第 582 - 584 页。

涵上，由于这一规定将社区服务归类为教育帮扶，而非归类为监督管理，无法体现社区服务的刑罚惩罚功能，似有刑罚本质偏离之嫌。加上实施社区服务的配套措施不明确，社区服务无法体现其应有的强制性和规范性，尤其是由于其在法律设置上尚未规范化和制度化，加上其在服务场地、服务项目、服务组织、服务条件等方面的严重不足，社区服务并未取得理想的实践效果，甚至于在不少地方形同虚设或流于形式。正如我国学者吴宗宪所指出：不少研究者呼吁应当增强社区矫正的惩罚性，特别是要优化具有一定惩罚性的"社区服务"措施。但是，在《社区矫正法》中，却进一步削弱了这类措施的强制性，在第42条中规定的"公益活动"变成了可以任意选择的措施，这类没有强制性的活动，几乎不具有任何惩罚性。[①] 社区服务的刑罚实践现状，从某种程度上来讲，可以说是导致我国社区矫正惩罚功能缺失或泛滥问题的具体原因和具体表现。在这种情况下，为了重塑社区矫正惩罚功能的正当性，应当将实现社区服务制度化，作为健全社区矫正刑罚约束机制的重要内容，作为推进社区矫正改革发展的必要选择。也只有实现社区矫正刑罚约束机制中的社区服务制度化，才能充实加强社区矫正惩罚功能的刑罚方式，才能有效实现对社区矫正对象的刑罚约束，更好地建立实施社区矫正惩罚功能的刑罚秩序。

（2）实现社区服务制度化的改革构想。如何实现社区矫正刑罚约束机制中的社区服务制度化，主要应借鉴当今世界法治社会国家社区服务制度的先进理念和成功实践，结合中国国情和体现中国特色，在深化社区矫正制度改革的进程中，坚持社区服务与社区矫正惩罚功能的制度融合，以此推进社区服务的制度化。具体改革构想是：

第一，确立社区服务的刑罚执行法律地位。即通过《刑法》和《刑事诉讼法》的修订，具体确立社区服务的法律依据，切实提升社区服务的法律地位，在社区服务的法律设置中，依法实现社区服务的制度化。具体措施包括：一是将社区服务纳入国家刑罚体系。在我国《刑法》确立的刑罚体系中增设社区服务刑，以此调整刑罚体系结构和充实刑罚体系内容，确立社区服务在国家刑罚体系中的法律地位和法律依据，为进一步扩张非监禁刑罚领域和完善社区矫正制度提供

① 参见吴宗宪：《再论社区矫正的法律性质》，载《中国司法》2022年第1期。

法律支撑。二是将社区服务确立为国家刑罚种类。在我国《刑法》确立的刑种体系中,或将社区服务确立为等同于管制、拘役、有期徒刑、无期徒刑、死刑等刑种的主刑地位;或将社区服务确立为等同于罚金、没收财产、剥夺政治权利等刑种的附加刑地位;至少将社区服务确立为等同于职业禁止、驱逐出境及其他非刑罚处罚措施的刑罚措施地位。

第二,强化社区服务的刑罚执行法律功能。即通过修订和完善《社区矫正法》和两院两部《社区矫正法实施办法》及相关法律法规,在社区矫正刑罚功能的法律设置和法律实施过程中,坚持社区矫正固有的刑罚本质和应有的惩罚功能,切实把握以下两个方面的内容:一是强调社区服务的惩罚性功能,把握社区服务对社区矫正对象应有的刑罚惩罚内容和刑罚惩罚效益,以社区服务来实施惩罚功能,以惩罚功能来渗透社区服务,着力于修补社区矫正惩罚功能缺失现象,充分发挥社区服务在实施社区矫正惩罚功能中的积极作用。二是强调社区服务的强制性功能。把握社区服务对社区矫正对象应有的刑罚惩罚手段和刑罚惩罚幅度,推进法定性义务与裁量性义务相衔接,着力于修补社区矫正惩罚功能的缺失或泛滥现象,以促进社区服务强制性功能在实施社区矫正惩罚功能中的能动效应。

第三,规范社区服务的刑罚执行法律程序。即通过修订和完善《社区矫正法》和两院两部《社区矫正法实施办法》及相关法律法规,在社区矫正的刑罚执行活动中,规范社区服务的管理程序,维护社区服务的管理秩序。主要包括:一是建立社区服务的程序规范。围绕社区服务的法律设置,建立健全有关社区服务管理程序的法律法规制度体系,用以规范社区矫正机构的社区服务管理活动和规范社区矫正对象的社区服务实施行为,维护社区服务管理的良好秩序。二是完善社区服务的实施条件。围绕国家政治经济和社会发展的现状,结合社区矫正对象监督管理和教育矫正的需求,整合国家行刑资源和社会行刑资源,不断完善与社区服务制度化相适应、相配套的社区服务项目和社区服务方式,为实现社区服务制度化提供必要的物质保障。三是强化社区服务的考核监督。在组织实施社区服务的过程中,重点考察监督社区矫正对象履行法律义务的情况,根据刑罚执行个别化的处遇原则,严格执行奖励和惩罚制度,以督促社区矫正对象的矫正行为,激发社区矫正对象的矫正热情,提升社区服务的法律效果和社会效果。

2. 实现社区矫正刑罚约束机制中的刑事禁止法治化

刑事禁止是社区矫正刑罚约束机制的重要内容,是实现社区矫正惩罚功能正当性的必要途径。在重塑社区矫正惩罚功能正当性的刑罚执行实践中,刑事禁止法治化有利于体现社区矫正刑罚惩罚功能,有利于强化社区矫正刑罚惩罚手段,有利于落实对社区矫正对象的监督管理,有利于树立社区矫正的刑罚执行权威。在全面推进社区矫正工作改革发展的进程中,只有努力实现刑事禁止法治化,才能有效构建社区矫正刑罚约束机制,为实施社区矫正惩罚功能正当性提供法治保障。

(1)刑事禁止法治化与社区矫正惩罚功能正当性。刑事禁止是指在社区矫正刑罚实践中,以特定社区矫正对象的人身危险性为依据,基于对特定社区矫正对象的未然之罪进行预防,而施加兼具刑罚本质和刑罚功能的相关禁止性义务的一种综合性刑罚处遇制度和刑罚管控措施。我国刑事禁止制度作为当今世界现代非监禁刑罚执行制度的重要构成,虽然其融合了西方国家社区刑罚令制度和保安处分制度的相关理念,但更多地体现了中国国情和中国特色。在社区矫正的刑罚实践中,刑事禁止制度从以下五个方面,集中体现了其所具有的本质特征。一是法定性。实施刑事禁止制度必须坚持以法律为依据,严格执行相关法律规定和法定程序。二是特定性。实施刑事禁止制度仅限于特定对象(判处管制、宣告缓刑的社区矫正对象)、特定内容(限制从事特定活动、进入特定场所、接触特定人员)。三是强制性。实施刑事禁止制度作为施加的强制性义务和强制性规范,要求特定的刑事禁止对象必须严格遵守和具体执行。四是预防性。实施刑事禁止制度的目的和作用,在于对特定刑事禁止对象重新犯罪可能的特殊预防作用。五是附属性。实施刑事禁止制度必须附属于判处管制或宣告缓刑这个前提条件,而不能于被判处刑罚之外单独存在。

刑事禁止的基本内涵和基本特征充分表明,刑事禁止法治化与社区矫正惩罚功能正当性有着紧密联系。从刑事禁止制度的本质特征上来讲,人民法院对判处管制或宣告缓刑的社区矫正对象作出刑事禁止决定,社区矫正机构对判处管制和宣告缓刑的社区矫正对象实施刑事禁止措施，相关法律法规强制被判处管制或宣告缓刑的社区矫正对象遵守刑事禁止义务，以上这些都具体体现了蕴含于刑事禁止制度之中的刑罚惩罚性。从一定意义上来讲，对社区矫正对象实施刑事禁止的过程，就是对社区矫正对象实施刑罚惩罚的过程，刑事禁止的强制功能等同于社区矫正的惩罚功能，刑事禁止制度是有效约束社区矫正对象矫正行为，体现刑罚惩罚和刑罚预防功能的重要措施。我国刑事禁止制度的制定和试行，虽然对于全面推进社区矫正工作已经产生了积极影响，但由于目前刑事禁止适用对象太少、实用程序太粗、适用力度太弱，刑事禁止制度对社区矫正对象群体的刑罚约束效果并不明显，在社区矫正刑罚执行实践中的惩罚功能并未得到应有的体现。我国颁布实施的《社区矫正法》和两院两部《社区矫正法实施办法》，将刑事禁止制度上升到了国家法律法规的高度，无疑是刑事禁止法治化的一个法律进步。但在社区矫正刑罚实践中，如何实现刑事禁止法治化对于社区矫正惩罚功能正当性的积极影响，还需要进行更多的探索和努力。由此可见，为了重塑社区矫正惩罚功能的正当性，有必要不断推进刑事禁止制度的法治化建设，更好地完善刑事禁止制度的约束机制，充分发挥刑事禁止制度在实施社区矫正惩罚功能中的积极作用。

(2)实现刑事禁止法治化的改革构想。如何实现社区矫正刑罚约束机制中的刑事禁止法治化，主要应围绕全面推进依法治国和全面深化司法改革这个主题，立足于法治的思维和法治的选择，根据社区矫正现代化法治化建设的总体要求，抓住社区矫正惩罚功能正当性的基本需求，来推进刑事禁止制度的法治化进程。具体改革构想应突出两个方面：

第一，依法扩张刑事禁止制度的适用范围。我国现行刑事禁止制度的主要缺陷，是刑事禁止对象适用范围的严重受限。社区矫正适用对象包括：被判处管制、宣告缓刑、裁定假释、暂予监外执行等四类犯罪分子；而刑事禁止适用对象仅限于：被判处管制和宣告缓刑的两类犯罪分子。这不仅使刑事禁止的适用范围和适用效果受到了较大局限，而且严重影响到社区矫正对象群体内部的权利均衡和义务衔接，影响到社区矫正的刑罚公平和刑罚正义，并具体影响到社区矫正惩罚功能的正当性。为此，有必要从两个方面来扩张刑事禁止的适用范围:一是适度扩张刑罚裁量程序中的刑事禁止适用范围。从强化刑罚惩罚和刑罚防卫的实际需要出发,通过刑罚裁量程序,适度扩张被判处管制和宣告缓刑的犯罪分子适用刑事禁止措施的绝对数和相对数,从根本上改变刑事禁止适用范围太小、适用比例太低的被动状况。二是适度扩张刑罚执行程序中的刑事禁止适用范围。从坚持刑罚本质和强化刑罚功能的实际需要出发,通过刑罚执行程序,适度降低刑事禁止适用门槛,适度扩张刑事禁止适用对象,将刑事禁止适用范围扩张到整个社区矫正对象群体,更好地实现社区矫正刑罚执行的公平与正义。

第二,依法调整刑事禁止制度的适用主体。我国现行刑事禁止制度,实行的是由人民法院裁定宣告、公安机关治安处罚、人民检察院法律监督、司法行政机关组织实施的管理体制。刑事禁止的这种管理体制,表面上具有配合制约的合理性,但实际上存在职能重叠、功能脱节的制度性缺陷,严重影响到刑事禁止制度的刑罚效益。为此,有必要调整刑事禁止的执法主体,实行刑罚裁量机关和刑事执行机关相结合、刑事禁止宣告与刑事禁止执行相衔接的二元刑事禁止适用主体架构,推动刑事禁止适用主体的本质属性,由司法属性向行政属性转变。① 在维持人民法院对管制犯和缓刑犯继续行使刑事禁止宣告权的同时,从以下三个方面来调整刑事禁止的适用主体:一是依法赋予司法行政机关(含监狱管理机关、社区矫正管理机构)对假释犯、暂予监外执行犯适用刑事禁止措施的决定权。二是依法赋予司法行政机关(含社区矫正管理机构)对社区矫正对象违反刑事禁止规定的处罚权。三是依法赋予司法行政机关(含社区矫正管理机构)对社区矫正对象刑事禁止的适用期限和适用内容的变更权。

3. 实现社区矫正刑罚约束机制中的监督管理信息化

推进监督管理信息化,是实现社区矫正刑罚约束机制的重要手段,是实现社区矫正惩罚功能正当性的必要方式。在重塑社区矫正惩罚功能正当性的刑罚执行实践中,监督管理信息化,有利于提升社区矫正管理的现代化和科学化水平,有利于增强社区矫正机构的管理能力和执法能力,有利于约束社区矫正对象的矫正生活和矫正行为。在全面推进社区矫正改革发展进程中,只有实现

① 参见刘政:《论社会安全刑罚基础与社区矫正刑罚功能》,载《江海学刊》2019 年第 3 期。

监督管理信息化，才能有效构建社区矫正刑罚约束机制，才能有力提升社区矫正监督管理效率，为实现社区矫正惩罚功能正当性提供科技支撑。

（1）监督管理信息化与社区矫正惩罚功能正当性。社区矫正监督管理信息化的实质，是根据惩罚犯罪和预防犯罪的社会需求，以科学的理念、科学的手段、科学的方式，对社区矫正对象的矫正生活和矫正行为，实行科学有效的监督管理和刑罚约束，以维护社区矫正的良好秩序，保障社区矫正的实施效益。社区矫正监督管理信息化的基本形式，就是充分运用现代化电子监控技术，对特定的社区矫正对象实行全方位、全天候的行为约束。当今世界各国司法领域，率先运用电子监控手段的当属美国。电子监控技术作为社区矫正监督管理现代化的重要手段和重要模式，目前已在世界各国的社区矫正监督管理活动中被普遍运用，并已取得有效约束社区矫正对象矫正行为的积极效果。我国学者吴宗宪将世界各国电子监控技术在刑事司法实践中显现的功能优势概括为：①一是使用电子监控有利于帮助犯罪人重新融入社区；二是使用电子监控有利于帮助犯罪人保持工作和赡养家庭；三是使用电子监控有利于帮助缓刑官从事监控活动；四是使用电子监控有利于帮助法官和其他有关官员进行量刑等活动的选择；五是使用电子监控有利于帮助缓刑替代措施更好地降低累犯率；六是使用电子监控有利于减少看守所和监狱中的犯人数量；七是使用电子监控有利于实现非监禁的成本更低而效益更高。

电子监控技术作为监督管理科学手段所具有的管理优势，突出表明了监督管理信息化与社区矫正惩罚功能正当性的必然联系。在社区矫正刑罚执行实践中，加强社区矫正对象的日常监督管理，其重要内容包含实施社区矫正的惩罚功能。换言之，实施社区矫正惩罚功能的效果，取决于社区矫正监督管理的能力；影响社区矫正监督管理能力的条件，来自社区矫正监督管理手段的信息化。尤其在我国社区矫正起步晚、基础弱、条件差的情况下，面对社区矫正收容规模不断扩张与社区矫正监督管理队伍量少质弱的矛盾，能否努力实现监督管理模式的科学化和监督管理手段的信息化，由于直接关系到监督管理水平和监督管理效率，无论是对于实施社区矫正惩罚功能，还是对于维护社区矫正管理

① 参见吴宗宪：《社区矫正比较研究》，中国人民公安大学出版社 2011 年版，第 54 页。

秩序,都已越来越显现出重要性必要性。

我国自全面启动社区矫正试点工作以来,国家司法部高度重视和不断推进社区矫正信息化建设,通过在全国社区矫正系统大力开展信息化网络试点,使社区矫正信息化建设取得了较快发展,并在加强监督管理工作中发挥了初步效能。据统计,全国各地社区矫正机构通过手机、电子腕带等终端设备对社区服刑人员进行定位管理,2017 年度,全国社区服刑人员电子监管数已达到 532011 人,占在册社区服刑人员总数的电子监管率已达到 76.7%,其中,江西、福建、上海、江苏等省(市)的电子监管率高达 90% 以上。近年来,天津、广东、江苏、江西、青海等省(市)还应用"手机 + 腕带"定位及人脸识别技术,或在定位终端上安装 App,实现移动执法,对社区服刑人员的监督管理正逐步迈向智能化。①

但由于受各种因素和各种条件的制约,在相当长的一段时间里,全国社区矫正监督管理的信息化建设仍然不够理想甚至严重不足。主要是物联网络技术覆盖方面仍有较大缺口,电子监控技术应用方面仍有较多缺陷,无法很好地适应社区矫正监督管理现代化、信息化的需要。我国颁布实施的《社区矫正法》第 5 条规定:"国家支持社区矫正机构提高信息化水平,运用现代信息技术开展监督管理和教育帮扶。社区矫正工作相关部门之间依法进行信息共享。"这一法律规定,将现代信息技术纳入社区矫正监督管理范围,它不仅确立了使用电子监控技术手段的合法性,也为推进社区矫正监督管理信息化建设提供了法律依据。由此可见,加快推进社区矫正监督管理的信息化建设,已经成为重塑社区矫正惩罚功能正当性的必然要求,已经成为强化社区矫正刑罚约束机制的关键措施。

(2)实现监督管理信息化的改革构想。在社区矫正领域实现监督管理信息化,既有利于提升社区矫正监督管理效率,又有利于强化社区矫正刑罚约束机制,全国司法行政机关和社区矫正机构,有必要以科学的理念和改革的举措,大力推进社区矫正监督管理信息化建设,充分发挥其在重塑社区矫正惩罚功能正当性方面的能动效应。在当前和今后一个时期的总体改革构想是,根据司法部

① 参见司法部社区矫正管理局编:《2012~2017 年全国社区矫正工作统计分析报告》,法律出版社 2018 年版,第 24-26 页。

的部署和要求，在全国社区矫正系统全力推进以"智慧矫正"系统工程为主体的社区矫正信息化建设进程。主要包括以下内容：

第一，充分认识智慧矫正建设的现实意义。智慧矫正是现代国家治理数字化在社区矫正领域的重要体现。习近平总书记曾明确提出，加快数字中国建设，就是要适应我国发展新的历史方位，全面贯彻新发展理念，以信息化培育新动能，用新动能推动新发展，以新发展创造新辉煌。国家"十四五"规划也明确要求："将数字技术广泛应用于政府管理服务，推动政府治理流程再造和模式优化，不断提高决策科学性和服务效率。"我国《社区矫正法》第 5 条则明确规定："国家支持社区矫正机构提高信息化水平，运用现代信息技术开展监督管理和教育帮扶。社区矫正工作相关部门之间依法进行信息共享。"根据国家治理数字化建设的战略部署和《社区矫正法》的法律规定，自 2019 年 1 月以来，司法部先后印发《关于加快推进全国"智慧矫正"建设的实施意见》《关于开展"智慧矫正中心"创建工作的通知》，并先后制定《智慧矫正总体技术规范》《智慧矫正中心建设标准》，司法部有关智慧矫正建设的一系列部署和要求，从明确指导思想、确立总体目标、设置体系架构、强化规范管理的各个方面，已经将智慧矫正系统工程建设工作，摆到了推进社区矫正现代化、法治化、信息化建设的全局工作新高度。

按照司法部有关智慧矫正建设的部署和要求，全国各级司法行政机关和社区矫正机构，全力以赴推进智慧矫正系统工程建设，仅短短 3 年多时间里，在加快智慧矫正历史进程的硬件建设和提升智慧矫正科技效能的软件建设相结合方面，积累了初步的经验，取得了初步的成果。例如，浙江省司法厅紧紧抓住本省数字化改革全面推进的重要契机，着力于打造"三纵四横"业务体系和"五网六台"终端架构，为全省社区矫正数字化改革和智慧矫正系统工程建设打下了坚实基础。又如，四川省司法厅以社区矫正数字化、网络化、智能化发展为主线，加快推进社区矫正和信息技术的深度融合，不断推动"智慧矫正中心"建设的提档升级，线上线下协同应用，为实现社区矫正向智慧矫正的跨越式发展提供了有力支撑。再如，湖南省司法厅成功打造"五形五化"智慧矫正模式，积极构建"大平台共享、大系统共治、大数据慧治"的智慧矫正新格局。我国法律实务界有关专家对智慧矫正创建工作的开局现状所给予的初步评估结论是："实践证明，'智慧矫正'建设是新时期贯彻落实社区矫正法，推进社区矫正工作跨越式高质量发展的重要引擎，是规范社区矫正工作，提高社区矫正刑事执行规范化、精细化水平的重要手段。通过开展'智慧矫正中心'创建工作，推动社区矫正工作从人工管理到智能化管理，智慧矫正在推动自助矫正、智能预警、规范执法、精准帮教等方面，发挥着越来越重要的作用。"①

全国社区矫正机构推进智慧矫正建设的初步成果，充分展示了社区矫正信息化建设所具有的现实意义。其宏观现实意义至少包括：一是顺应当今世界刑罚智能化发展时代潮流的需要。以美国为典型的国外社区矫正智能化的发展成果，在运用科技力量、降低刑罚成本、提高刑罚效益等方面，对于有效预防再次犯罪和实现犯罪治理转型的刑罚影响力波及全球，已经成为法治国家现代非监禁刑罚执行的发展趋势。面对当今世界现代网络技术迅猛发展的新时代，在我国大力推进智慧矫正系统工程建设，对于促进我国社区矫正管理模式，更好地融入当今世界社区矫正智能化的发展潮流，具有重要的现实意义。二是服从于服务于数字中国建设发展大局的需要。数字中国建设是一项宏大的社会系统工程，既包括将数字技术广泛应用于为国家行政管理和经济社会建设服务，也包括将数字技术广泛应用于为应对社会犯罪形态和创新犯罪治理模式服务。在我国大力推进智慧矫正系统工程建设，既是服从于数字中国建设大局的重要内容，也是服务于数字中国建设大局的必然要求，对于充分体现社区矫正在国家治理体系中的重要地位和作用，具有重要的现实意义。三是创新发展社区矫正现代管理模式的需要。全国各地对智慧矫正的积极探索和初步实践已经表明，在我国大力推进智慧矫正系统工程建设，既是对社区矫正管理模式的优化升级和创新发展，也是实现社区矫正管理模式数据化、智能化、科学化方面的重大进步，更是涉及社区矫正执法理念、执法方式、执法程序、执法手段的重大变革，对于加快我国社区矫正管理模式现代化的发展进程，具有重要的现实意义。

充分认识智慧矫正建设的现实意义，这是在我国大力推进智慧矫正建设系统工程的重要思想基础。自2019年1月启动智慧矫正建设系统工程以来，全国

① 郭健：《社区矫正法的几个基础性问题探析》，载《犯罪与改造研究》2022年第5期。

各地智慧矫正建设虽然已经有所进展有所成效，但在发展进程中仍然存在诸多问题。主要表现为：总体发展程度不够平衡，智能技术应用不够充分，信息共享渠道不够畅通，网络安全防控不够精细，专业技术队伍不够得力。存在这些问题的根本原因来自两个方面：一是由于相关地方的党委政府对智慧矫正建设现实意义的认识不足，没有将智慧矫正摆到数字中国建设全局应有的高度，没有充分认识智慧矫正对于法治中国建设固有的地位作用，故而对智慧矫正建设的重视支持不够和物资保障不力。二是由于相关地方的社区矫正机构对智慧矫正建设现实意义的认识不足，没有将智慧矫正摆到社区矫正改革发展全局应有的高度，没有真正形成推进社区矫正智能化、信息化、科学化的紧迫感和责任感，故而对智慧矫正建设缺乏主观能动意识和开拓创新精神。由此可见，各级党委政府和社区矫正机构，都应充分认识新时期加快智慧矫正建设的现实意义，不断凝聚数字中国建设与智慧矫正建设的一体化共识，不断形成依靠党委政府重视支持和发挥社区矫正机构能动作为的整体合力，共同把我国智慧矫正建设继续推向前进。

第二，依法规划智慧矫正建设的总体目标。主要是应依据《社区矫正法》的相关法律规定，按照司法部《关于加快推进全国“智慧矫正”建设的实施意见》和《智慧矫正总体技术规范》的部署与要求，在进一步总结几年来智慧矫正建设经验教训的基础上，坚持以问题为导向，依法规划和科学实施我国智慧矫正建设的总体发展目标。即以全面推进社区矫正数字化、智能化、网络化发展为主线，充分运用互联网、云计算、物联网、大数据、人工智能、区块链等现代信息技术，通过对传统社区矫正管理模式进行全方位、多维度、全过程的技术改造和方式创新，着力于构建“大平台共享、大系统共治、大数据慧治”的建设新格式，努力形成全面覆盖、移动互联、智能应用、信息共享的“智慧矫正中心”建设新模式，加快实现“数据一体化、管理智能化、互联移动化、指挥可视化”的建设新成效。实施这个总体发展目标应突出以下三个关键环节：

加快实现智慧矫正建设一体化。即按智慧矫正统筹规划、一体建设的政策要求，坚持顶层设计，明确建设标准，统筹协调各方，强化分类指导，推进全国社区矫正信息化建设的统一规划、统一架构和统一标准，努力实现全国智慧矫正建设的模式一体化。同时,根据一切业务数据化、一切数据业务化的原则要求,及时、充分、有效地采聚社区矫正管理信息,实现全国社区矫正系统数据汇聚和数据互通方面的数据一体化。还要根据融合共享、协同联动的机制要求,切实沟通社区矫正机构与法院、检察院、公安机关、监狱机关等相关职能部门的信息交换通道,进一步强化数据资源的整合共享,加大多维度多方向的数据交换力度,通过信息化手段打破部门数据壁垒,以获取更加全面、更加准确的数据资源,促进全国政法各部门及其相关部门,在实施智慧矫正领域的执法一体化。

加快实现智慧矫正管理智能化。即坚持智慧引领、科技优先的发展方向,把握当前数字中国建设的发展契机,按照数字化、网络化、智能化的发展要求,应用现代信息技术对传统社区矫正模式进行改造创新,着力于构建集自动化数据采集与共享、精准化大数据分析与研判、智能化决策与管理为一体的智慧矫正管理智能化的新模式。在智慧矫正管理智能化的硬件建设方面,要按照国家信息安全保护制度有关安全可控措施要求,配齐防护设备,配备专门力量,及时开展内外网信息系统的等级测评和安全整改,以确保网络安全、系统安全、数据安全。在智慧矫正管理智能化的软件建设方面,紧密依托互联网、物联网、智能感知和识别技术,推动人像识别、心理预测、行为分析等实用技术的落地应用,推动社区矫正管理工作从人工管理向智能化管理、从粗犷化管理向精细化管理、从单一化管理向集约化管理的整体跨越。

加快实现智慧矫正实用效能化。即坚持深化应用、注重实效的价值目标,从社区矫正管理工作的实际需要出发,采取一切有力措施,持续提升信息工程和大数据服务产品的研发应用能力,充分发挥智慧矫正"减负增效"的智能优势,并将智慧矫正的智能优势,及时转化为社区矫正刑罚执行的战略优势。其中,检验智慧矫正的实用效能的重要标志,是要努力实现全国社区矫正管理活动的指挥可视化。具体而言,是要实现全国各级社区矫正机构的可视化指挥调度管理平台与移动执法终端设备的链接,实现社区矫正指挥调度管理平台与综治部门"雪亮"工程、公安机关"天网工程"的链接,通过视频智联能力平台与远程视频督察手段相结合,全天候地做到社区矫正场所状况可视、社区矫正执法活动可见、社区服刑人员行动轨迹可查,确保社区矫正机构的全局指挥能力、精准处置能力和快速响应能力。

第三,合理布局智慧矫正建设的体系架构。主要是应依据司法部"数字法治、智慧司法"建设的总体部署,紧紧依靠各级党委政府的重视和支持,进一步整合智慧矫正建设的国家资源和社会资源,着力于构建一个以"一个平台、两个中心、三大支撑体系、四个智慧化融合"为基本构成的智慧矫正体系架构。构建这个体系架构的具体要求包括:

推进"一个平台"建设。所谓"一个平台"建设,是指在全国社区矫正系统,建设一个上下级社区矫正机构纵向贯通并与同级政法各部门横向联通的智慧矫正大平台,以实现对全国社区矫正领域的全时空、全方位、全流程的统一管理。"一个平台"建设主要包括以下模块:一是构建各级社区矫正管理系统。主要是对社区矫正监督管理、教育矫正和帮扶解困工作进行数据化管理,努力实现数据采集自动化、工作流程规范化、业务方式标准化、绩效评估公平化。以充分体现社区矫正管理系统在"人在网上走、事在网上办、结果网上查"方面的基础功能作用。二是实施社区矫正服刑人员的定位监管。主要是依据司法部《全国矫正人员定位系统技术规范》的要求,进一步完善和应用全国社区矫正机构统一开发的定位管理系统,同时协调和联通公安机关"天网工程"和综治部门"雪亮工程",对社区服刑人员实施活动轨迹的全天候精准定位。通过有效监控来防范脱管漏管现象发生,以充分体现定位监管在维持社区矫正秩序方面的重要功能作用。三是进行社区矫正远程视频督察。主要是根据司法部《社区矫正远程视频督察系统建设要求(试行)》的规定,在全国社区矫正系统构建远程视频督察系统和视频点名系统,实行以人证比对、人脸识别和视频智能分析为主要内容的远程视频控联网,充分发挥远程视频督察在加强社区矫正管理效率方面的重要功能作用。四是开展社区服刑人员的远程教育帮扶活动。主要是增加智慧矫正平台的"互联网+教育矫正"远程在线教育功能,增加在线帮教形式的远程帮扶功能,增加针对性的社区服刑人员心理矫正功能,以充分体现远程教育帮扶在不断提高社区服刑人员教育矫正质量方面的重要功能作用。

推进"两个中心"建设。所谓"两个中心"建设,是指在全国社区矫正系统,层层构建社区矫正数据中心和社区矫正指挥中心,作为智慧矫正工作的主要抓手和核心工程，以保障全国智慧矫正系统工程的有序运行和有效运行。“两个中心”建设的具体要求包括：一是在推进社区矫正数据中心建设方面，要求全国各级社区矫正机构在数据中心建设过程中，切实依据同级司法行政机关大数据库，结合同级政法各部门的相关数据，及时汇聚本级社区矫正管理的基础数据和业务数据，逐级传送至司法部社区矫正数据资源平台，实现全国统一的数据计算和数据存储效能，为深化智慧矫正的数据分析和数据应用，打下重要的数据基础。二是在推进社区矫正指挥中心建设方面，要求全国各级社区矫正机构在指挥中心建设过程中，紧紧依托同级司法行政机关指挥中心，切实加强和充分应用远程视频督察系统、远程视频点名系统、应急处置指挥调度系统，在司法部的集中统一指挥下，切实保障全国智慧矫正运行工作的顺利实施。

推进“三大支撑体系”建设。所谓“三大支撑体系”建设，是指在全国社区矫正系统，通过推进标准规范体系、网络安全体系、运维服务体系的建设，为全面推进智慧矫正体系建设，提供体制性、机制性的有力支撑。“三大支撑体系”建设的基本要求包括：一是在标准规范支撑体系建设方面，要严格按照司法部确定的系列标准规范，做到基础数据标准统一、定位监控规范统一、核心业务流程统一、关键装备标准统一、跨部门数据标准统一，在基础数据规范和业务应用规范等方面，为智慧矫正的顺利实施和有序运行提供必要条件。二是在网络安全支撑体系建设方面，要按照国家有关信息安全等级保护的原则要求，将社区矫正信息系统安全保障因素，渗透到网络信息系统的物理层、网络层、系统层、应用层、安全管理层等五个内部构成要素之中。通过对网络和业务系统实施严格管理，努力实现数据采集、数据存储和数据传输的安全可控，为智慧矫正信息化体系的运行提供安全保障。三是在运维服务支撑体系建设方面，要按照司法部《全国司法行政信息化总体技术规范》的要求，建立健全一个面向全国的、一体化的、分级保障的运维保障体系，包括适应智慧矫正需要的运维管理机制、运维管理系统、运维管理队伍，为智慧矫正提供信息技术和信息队伍的有力支撑。

推进“四个智慧化融合”建设。所谓“四个智慧化融合”建设，是指在全国社区矫正系统，通过推动云计算、物联网、人工智能、大数据、区块链等现代信息技术和现代科技手段，在社区矫正信息建设大平台上的深度应用，实现大数据分析技术、互联移动技术、人工智能、物联网等四个方面的智慧化深度融合，以此构建智慧矫正新模式和体现智慧矫正新功能。“四个智慧化融合”建设所要形成的效果，主要应体现在一系列相关智能系统的应用功能上。具体包括：通过构建社区服刑人员矫前智能分析评估系统，体现其多维度智能化调查评估和社区矫正智能评估建设的功能作用；通过构建社区服刑人员智能报到系统，体现其身份证读取、生命特征采集比对、身份核验、报到登记点名等集成应用的功能作用；通过构建社区服刑人员矫正方案智能生成系统，体现其生成智能推荐个性化矫正方案的功能作用；通过构建社区服刑人员智能心理测评系统，以体现其自动形成心理评估、心理辅导和矫正建议的功能作用；通过构建社区矫正智能穿戴管控系统，体现其全天候精准定位监管和行为轨迹分析的功能作用；通过构建社区矫正 VR（Virtual Reality，虚假现实）教育管理系统，体现其矫正行为分析和教育效果评估的功能作用；通过构建社区矫正精准帮扶系统，体现其满足社区服刑人员实际需求的个性化精准帮扶的功能作用；通过构建“雪亮工程 + 天网工程 + 智慧矫正”系统，体现其强化特殊人群管控的功能作用；通过构建社区矫正效果评估智慧化系统，体现其智能生成矫正效果评估报告的功能作用；通过构建社区服刑人员危险性评估智能化系统，体现其对再犯罪现象进行及时处置和风险干预的功能作用；通过构建社区矫正电子网络化管理系统，体现其对社区矫正对象实施网络化精准管控的功能作用。

（二）健全实施社区矫正惩罚功能的刑罚防卫机制

1. 实现社区矫正刑罚防卫机制中的项目管理现代化

项目管理是社区矫正刑罚防卫机制的重要措施，实现项目管理现代化，是实现社区矫正惩罚功能正当性的必要条件。在重塑社区矫正惩罚功能正当性的刑罚执行实践中，项目管理现代化，有利于加强社区矫正对象的分类管理，有利于促进社区安全防范和社会安全治理，有利于整体提升社区矫正监督管理的现代化水平。在全面推进社区矫正改革发展的进程中，只有努力实现项目管理现代化，才能有效构建社区矫正刑罚防卫机制，为实现社区矫正惩罚功能正当性提供管理效能。

（1）项目管理现代化与社区矫正惩罚功能正当性。社区矫正项目是基于风险和需求评估结果对于存在监管风险或心理、精神、社会适应等方面有严重问题的社区矫正对象的集成化、模块化的矫正措施；是整合社会资源参与社区矫正工作的重要载体。对于提高社区矫正工作的规范化、科学化和社会化水平具有十分重要的意义。[①] 社区矫正项目管理的理念和模式，起源并发展于美国等西方法治国家，已经形成较为系统的做法和较为成熟的经验。其基本内涵主要包括：一是项目管理的特征。即项目管理具有主体性，由矫正项目内容有机结合形成的项目管理体系，既可在社区矫正项目中单独运行，亦可在社区矫正其他项目中结合运行；项目管理具有结构性，矫正项目需经循证或论证后，方可根据设定的结构循序渐进；项目管理具有实用性，矫正项目所具有的结构性和程序性，适用于社区矫正的刑罚执行目的；项目管理具有针对性，不同矫正项目内容针对不同社区矫正对象，不同矫正项目结构针对不同社区矫正需求；项目管理具有定量性，矫正项目须根据项目管理难度来设定项目管理力度，以适度的项目管理投入来实现相应的项目管理效益。二是项目管理的原则。即在坚持风险管理原则方面，实施矫正项目应根据社区矫正对象的人身危险程度，及时调控项目管理的干预力度，坚持将项目管理重点指向危险程度较高的社区矫正对象；在坚持满足需求原则方面，实施矫正项目应针对社区矫正对象的矫正需求，适时适地调整项目管理内容和项目管理方式；在坚持追求实效原则方面，实施矫正项目应结合社区矫正监督管理工作实际，追求项目管理的可行性和有效性。

项目管理的基本特征和基本原则，具体表明了项目管理现代化与社区矫正惩罚功能正当性的内在联系。在社区矫正刑罚执行实践中，实现社区矫正惩罚功能的正当性，有赖于健全社区矫正的刑罚防卫机制；而健全社区矫正刑罚防卫机制，则又有赖于社区矫正项目管理的现代化进程。因为社区矫正项目管理现代化，体现了刑法学、管理学、系统学、社会学等现代刑罚理论的有机融合，涉及刑罚本质、刑罚功能、刑罚政策等现代刑罚实践的不断深化，对于重构社区矫

---

① 参见梅义征：《社区矫正制度的移植、嵌入与重构——中国特色社区矫正制度研究》，中国民主法制出版社 2015 年版，第 161 页。

正刑罚防卫机制具有重要的促进作用。我国自全面启动社区矫正试点工作以来,各地积极探索和逐步试行多种内容与多种形式的矫正项目管理模式,在提升矫正质量和维护矫正秩序方面取得了初步成果。但与国外的成功做法相比较,我国矫正项目的理念尚未完全树立,矫正项目的开发尚未形成规模,矫正项目管理的机制尚未科学化和系统化,矫正项目管理的效果尚未法律化和现代化。我国颁布实施的《社区矫正法》第24条规定:"社区矫正机构应当根据裁判内容和社区矫正对象的性别、年龄、心理特点、健康状况、犯罪原因、犯罪类型、犯罪情节、悔罪表现等情况,制定有针对性的矫正方案,实现分类管理、个别化矫正。矫正方案应当根据社区矫正对象的表现等情况相应调整。"这一法律规定,明确了社区矫正项目管理的基本内容和基本要求,从国家法律层面上确立了社区矫正项目管理的重要地位和重要作用。这就要求新时期的社区矫正监督管理,必须进一步树立刑罚执行现代化的新思维和新理念,积极探索和不断深化社区矫正项目管理现代化的新内容和新模式,努力推进社区矫正刑罚防卫机制中的项目管理现代化,充分发挥其在重塑惩罚功能正当性方面的积极作用。

(2)实现项目管理现代化的改革构想。实现社区矫正项目管理现代化,其本身就是社区矫正监督管理模式的重要改革。只有学习借鉴国外社区矫正项目管理的先进理念和成功经验,加快我国社区矫正项目管理的现代化进程,才能使之成为有利于实现社区矫正惩罚功能正当性的刑罚防卫机制。其主要改革构想包括:

第一,树立社区矫正项目管理的新理念。实现社区矫正项目管理现代化的重要前提,是要将现代刑罚理念和现代管理理念,引入和融入社区矫正项目管理,努力推进社区矫正管理思维和管理模式的综合创新,着重于实现两个转变:一是实现传统监禁刑罚理念向现代非监禁刑罚理念的转变。主要应严格区分监禁刑罚与非监禁刑罚的本质特征,在社区矫正刑罚执行制度现代化的框架下,推动社区矫正项目管理理念的与时俱进。尤其要在合理借鉴监狱矫正项目管理理念和管理模式的同时,突出社区矫正的本质特征,着力于探索社区矫正项目管理的理念创新和实践创新。二是实现粗放型项目管理理念向精细化项目管理理念的转变。社区矫正作为一项艰巨而又复杂的社会治理系统工程,必须要有严谨的管理理念和科学的管理方式。这就要求进一步创新精细化的项目管理理念和精细化的项目管理方式,尤其是要通过创新社区矫正项目管理的责任意识、质量意识和效率意识,不断提升社区矫正项目管理水平,将项目管理现代化转换成为社区矫正刑罚防卫机制。

第二,开发社区矫正项目管理的新领域。在我国全面推进社区矫正工作的历史进程中,基于矫正规模和矫正对象的不断扩张,基于矫正需求和矫正难度的不断增加,努力开发社区矫正项目管理的新领域,已经成为健全社区矫正刑罚防卫机制的重要途经。如何开发矫正项目管理领域,一是要着力于开发不同内容的矫正项目。主要包括:大力开发家庭监禁矫正项目,将具有重大人身危险性的社区矫正对象,将严重违规违纪的社区矫正对象,列入家庭监禁对象范围;大力开发社区服务矫正项目,构建社区服务规范和社区服务基地,依法规范社区矫正对象的社区服务义务、社区服务幅度、社区服务内容、社区服务秩序;大力开发社区帮扶矫正项目,动员和整合社会资源,在合理分类的前提下,按照行刑个别化的原则实施帮困扶助。二是要着力于开发不同对象的矫正项目。主要包括:大力开发异地户籍矫正项目,实行全国网络化管理,建立类似于国外“中途之家”的“社区矫正中心”机构,允许矫正对象流动,推行“异地托管”方式;大力开发特殊矫正项目,坚持因地制宜、因时制宜、因人制宜,分别开发女性罪犯、性罪犯、艾滋病罪犯、涉毒罪犯、精神障碍罪犯等不同类型社区矫正对象矫正项目。尤其是要高度重视未成年社区矫正对象矫正项目的开发与管理。我国颁布实施的《社区矫正法》,为此专门设置了未成年人社区矫正的特别规定:“社区矫正机构应当根据未成年社区矫正对象的年龄、心理特点、发育需要、成长经历、犯罪原因、家庭监护教育条件等情况,采取针对性的矫正措施。”这就要求我们积极开发区别于成年人的未成年人矫正项目,协调政府相关部门和动员社会相关组织,重点关注和重点投入对未成年社区矫正对象的矫正项目管理活动,依法给予更多的政策支持和资源帮助。

2. 实现社区矫正刑罚防卫机制中的风险评估常态化

风险评估是社区矫正刑罚防卫机制的重要程序,实现风险评估常态化,是实现社区矫正惩罚功能正当性的必要依据。在重塑社区矫正惩罚功能正当性的刑罚执行实践中,风险评估常态化,有利于完善社区矫正刑罚执行程序,有利于提升社区安全风险防控能力,有利于确立社区矫正刑罚执行价值目标。在全面推进社区矫正改革发展的进程中,只有努力实现风险评估常态化,才能有效构建社区矫正刑罚防卫机制,为实现社区矫正惩罚功能正当性提供决策依据。

(1)风险评估常态化与社区矫正惩罚功能正当性。社区矫正风险评估,是指社区矫正机构运用科学的方法,对拟采用非监禁刑而投入社区矫正的矫正对象或已经确定社区矫正的矫正对象,对其人格上存在的实施犯罪行为以及其他严重违法或社会越轨行为的危险倾向的有无及大小所作的评估和预测。[①] 在当今世界现代社区矫正实践中,美国等西方国家在社区矫正风险评估方面,起步较早且较为成熟,特别是其风险评估工具模式,较为科学、系统和准确,具有较高程度的可适用性和可操作性,在社区矫正的风险评估和风险管理方面发挥了积极作用。社区矫正风险评估的基本内涵,主要体现在其基本原则和基本方法上。主要包括:一是客观性。即要求社区矫正风险评估,必须坚持实事求是、一切从实际出发的原则,客观公正地评价社区矫正对象的犯罪危害和矫正状况,客观准确地预测社区矫正对象的重新犯罪可能性,尽量避免主观臆断和感情因素对风险评估的误导。二是系统性。即要求社区矫正风险评估,形成一个结构合理的评估体系,在风险评估体系构建和风险评估内容选择上,充分认识系统内部各要素之间的相互联系和相互作用。三是科学性。即要求社区矫正风险评估,应当运用科学思维和坚持科学规律,建立科学的考核体系和科学的评价标准,实行科学的评估方案和科学的评估方法。四是标准性。即要求社区矫正风险评估,应当最大限度地控制风险评估过程可能发生的误差,统一评估体系标准、方法标准和效果标准,实现在定量评估和定性评估有机结合基础上的风险评估标准化。

风险评估的基本原则和基本方法,具体表明了实现风险评估常态化与社区矫正惩罚功能正当性的依存关系。在社区矫正刑罚执行实践中,实现社区矫正风险评估常态化的目的,是正确实施社区矫正惩罚功能;而实施社区矫正惩罚功能的依据,则有赖于社区矫正风险评估的常态化。只有在社区矫正风险评估

---

① 参见连春亮主编:《社区矫正理论与实务》,中国检察出版社2010年版,第312页。

常态化的条件下,实施社区矫正惩罚功能,才能获取准确的风险评估信息,以此对惩罚功能正当性,进行理性的思维判断和制度选择;也只有在社区矫正风险评估常态化的基础上,健全社区矫正刑罚防卫机制,才能取得有效的预防犯罪依据,由此对实现刑罚惩罚与刑罚防卫相结合,产生科学客观的积极影响。我国社区矫正风险评估,由于历史的、理念的、体制的原因,法律定位尚不明确,运行模式尚不规范,管理体系尚不完备,整个社区矫正风险评估尚处于机能性缺失状态,在社区矫正刑罚防卫机制中的功能作用,尚未得到应有的体现。而社区矫正风险评估的机能性缺失,必然导致社区矫正惩罚功能的正当性偏误。我国颁布实施的《社区矫正法》规定:"社区矫正决定机关根据需要,可以委托社区矫正机构或者有关社会组织对被告人或者罪犯的社会危险性和对所居住社区的影响,进行调查评估,提出意见,供决定社区矫正时参考。居民委员会、村民委员会等组织应当提供必要的协助。"这一法律规定,赋予社区矫正机构的调查评估职能,实质上强调了社区矫正风险评估,在社区矫正刑罚防卫机制建设中的重要性必要性。由此可见,实现社区矫正刑罚防卫机制中的风险评估常态化,将为重塑社区矫正惩罚功能正当性,提供必要的法律依据和实证依据。

(2)实现风险评估常态化的改革构想。健全实施社区矫正惩罚功能的刑罚防卫机制,其重要环节是要实现社区矫正风险评估的常态化。而实现风险评估常态化的根本要求,是要在坚持科学性、客观性和系统性原则方法的前提下,推进社区矫正风险评估的经常化、规范化和制度化。其具体改革构想包括:

第一,优化社区矫正风险评估体系结构。主要是应当在社区矫正刑罚执行实践中,强调社区矫正风险评估体系内部结构的系统性和稳定性。具体包括:一是实施对社区矫正项目内容的风险评估,根据社区矫正的目标取向和安全条件,对社区矫正对象可能影响社区矫正项目实施的各种因素进行风险评估;二是实施对社区矫正对象行为的风险评估,根据社区矫正对象的矫正行为,对社区矫正对象的人身危险性和重新犯罪可能性进行评估预测;三是实施社区矫正机构能力的风险评估,根据社区矫正基层基础建设情况,对社区矫正机构的社会矫正资源动员能力、日常矫正活动组织能力进行风险评估;四是实施社区矫正设计效果的风险评估,根据社区矫正的社会需求,对矫正措施有效性、矫正对象针对性、矫正能力适应性、矫正效果可能性进行风险评估。

第二,重构社区矫正风险评估管理机制。主要应当在社区矫正刑罚执行实践中,实现社区矫正风险评估管理方式上的客观性与科学性相结合、定量分析与定性分析相融合。具体包括:一是完善风险评估证据机制,确立风险评估报告作为证据效力的法律地位,体现证据应有的价值取向和功能作用,防范刑罚裁量和刑罚执行中的权力滥用;二是完善风险评估认证机制,建立风险评估认证机构和认证队伍,对风险评估工具和风险评估结果的准确度进行科学认证;三是完善风险评估救赎机制,建立特有的犯罪记录消除制度,帮助社区矫正对象在心理上获得救赎,进而树立回归社会的信心;四是完善风险评估标准机制,在全国组织开发和统一行使具有国际先进水平的风险评估标准系统和分类管理系统,提高社区矫正对象危险评估量表的实用性和准确性;五是完善风险评估监督机制,对风险评估实施全程法律监督,确保风险评估的客观公正,以保障社区矫正对象的合法权益。

第三,健全社区矫正风险评估运行网络。主要应当在社区矫正刑罚执行实践中,注重信息内容与信息载体的融合,对社区矫正相关信息进行充分收集和科学分析,以提升风险评估的运行效率和运行质量。具体包括:通过国家顶层设计和资源整合,建立一个面向全社会、全领域的社区矫正风险评估运行网络,将风险评估机制和分类管理制度,覆盖各级社区矫正管理机构和执行机构,跟踪定位和具体落实到每一个社区矫正对象,努力形成一个科学高效的风险评估运行机制和管理平台。

(三)健全实施社区矫正惩罚功能的刑罚矫治机制

1. 实现社区矫正刑罚矫治机制中的循证矫正精细化

循证矫正是社区矫正刑罚矫治机制的重要模式,实现循证矫正精细化,是实现社区矫正惩罚功能正当性的必要基础。“在刑事司法实践中引入循证矫正理念和方法,对于推进教育改造工作方式方法创新,提高教育改造工作科学化水平,不断提高教育改造质量具有积极的现实意义。”[①]尤其,在重塑社区矫正惩

① 高莹主编:《社区矫正工作手册》,法律出版社 2015 年版,第 378 页。

罚功能正当性的刑罚实践中，循证矫正精细化，有利于规范社区矫正方式和社区矫正程序，有利于提高社区矫正质量和社区矫正效率，有利于转化社会消极因素和维护社会和谐稳定。在全面推进社区矫正改革发展的进程中，只有努力实现循证矫正精细化，才能有效构建社区矫正刑罚矫治机制，为实现社区矫正惩罚功能正当性提供科学方法。

（1）循证矫正精细化与社区矫正惩罚功能正当性。“循证矫正的本质是指在矫正实践中，要应用现代循证理念及其方法论，即应寻找并遵循现有最佳的证据（观念、方法、手段、措施等）来开展矫正活动。这就是循证矫正的真正内涵所在。”①循证矫正模式作为对传统矫正模式的创新，渊源于20世纪中期英美等国的探索，目前已经成为西方法治国家普遍应用的罪犯改造新模式新趋势。循证矫正的基本内涵具体包括：一是循证矫正的基本特征。主要体现在：循证矫正思维的科学性，即以对矫正对象的科学认识为基础，以对科学技术知识的系统运用为前提，以科学的定性定量综合考量为标准，以科学的最佳证据资源为途径；循证矫正目的的人本性，即在矫正政策上重视矫正对象的法律地位，在矫正人权上维护矫正对象的合法权益；循证矫正方法的开放性，即将具有比较优势的矫正方法作为最佳选择，将最佳矫正证据作为应然追求；循证矫正内容的融合性，即以矫正理念和矫正实践的紧密融合与相互转化，推进循证矫正的法律效果和社会效果。二是循证矫正的基本原则。主要体现在：循证矫正个别化原则，即充分考虑矫正对象客观存在的个体差异性，针对不同矫正对象制订不同矫正方案；循证矫正精细化原则，即对每个矫正对象进行客观全面准确的分析与评估，并精确、具体、有效地确定针对每个矫正对象的矫正内容和矫正目标；循证矫正系统化原则，即实现矫正目标与矫正措施相结合，实现矫正对象危险性与矫正需求针对性相配合，形成行之有效的循证矫正系统工程；循证矫正效能化原则，即着力于通过实施惩罚功能而实现矫正功能，最终实现社区矫正的法律公平和社会正义。

循证矫正的基本特征和基本原则，反映了循证矫正精细化与社区矫正惩罚功能正当性的协同关系。在现代社区矫正刑罚执行实践中，循证矫正效果决定

① 周勇：《循证矫正若干问题探究》，载《中国司法》2014年第1期。

教育矫正质量,教育矫正质量影响惩罚功能效益。从这个意义上来讲,循证矫正精细化必然成为社区矫正惩罚功能正当性的重要基础和重要条件。具体而言,如果循证矫正效果好和教育矫正质量高,必然调动社区矫正对象认罪服法的改造积极性,从而减少惩罚功能适用规模,降低惩罚功能适用量度;如果循证矫正效果差和教育矫正质量低,必然加剧社区矫正对象的抗改情绪和违法行为,从而不得不扩张刑罚惩罚的适用范围和适用量度;而如果循证矫正效果不确定和教育改造质量不明朗,则又必然引发惩罚功能缺失或惩罚功能泛滥,从而误导社区矫正惩罚功能的正当性。

循证矫正作为我国借鉴引进的现代矫正理念和矫正方式,一段时期以来,已经成为监狱矫正和社区矫正实践探索的重点,并已经取得了初步的效果。比较而言,循证矫正在监狱矫正中的应用较为充分,但在社区矫正中的应用却较为粗浅。当前我国社区矫正之所以存在惩罚功能缺失或泛滥现象,显然与此有一定关系。我国颁布实施的《社区矫正法》第 36 条规定:"社区矫正机构根据需要,对社区矫正对象进行法治、道德等教育,增强其法治观念,提高其道德素质和悔罪意识。对社区矫正对象的教育应当根据其个体特征、日常表现等实际情况,充分考虑其工作和生活情况,因人施教。"这一规定的法律意涵,就是强调社区矫正教育帮扶活动中的循证矫正原则要求。也就是要求通过大力推进循证矫正的精细化,进一步健全社区矫正的刑罚矫治机制,为重塑社区矫正惩罚功能正当性,提供循证矫正效果和教育矫正质量的刑罚支持。

(2)实现循证矫正精细化的改革构想。健全实施社区矫正惩罚功能的刑罚矫治机制,重要方法是要实现社区矫正循证矫正的精细化。实现循证矫正精细化的价值取向,是要"探寻最佳证据,运用最佳证据,进行最佳实践,达到最佳效果"。① 围绕这一价值取向,循证矫正精细化的改革构想主要包括:

第一,实现循证矫正精细化的理念创新。推进社区矫正循证矫正精细化,首先要求在深化社区矫正改革发展中,实现社区矫正的刑罚理念创新。具体包括:一是要努力实现教育矫正传统理念向循证矫正现代理念的转变。着力于改

① 武玉红、郑小兵:《社区矫正中的循证程序研究》,载刘强、姜爱东主编:《社区矫正评论》(第 4 卷),中国人民公安大学出版社 2014 年版,第 188 页。

变目前各地粗放适用的传统教育矫正项目，改变对各类社区矫正对象不加区别的传统教育矫正方法，强调对每个社区矫正对象分别采用不同的矫正方案，以创新循证矫正多元化的社区矫正循证矫正精细化理念。二是要努力实现教育矫正弥散理念向循证矫正系统理念的转变。着力于改变目前各地教育矫正模式各自为政、各搞一套的无序状况，以创新研究者与实践者、管理者与执行者融为一体的社区矫正循证矫正精细化理念。三是要努力实现教育矫正形式理念向教育矫正实质理念的转变。着力于改变目前各地教育矫正重形式而轻实质、重程序公正而轻实体公正的状况，在坚持循证矫正流程科学性和内容合理性的同时，以创新注重循证矫正最佳证据与提升循证矫正最佳效果相结合的社区矫正循证矫正精细化理念。

第二，实现循证矫正精细化的程序细化。推进社区矫正循证矫正精细化，关键在于在深化社区矫正改革发展中，不断细化社区矫正的循证矫正程序。具体包括：一是注重循证矫正调研程序的针对性。针对不同矫正对象和不同矫正项目，以调研程序的精准性要求，作为循证矫正的问题导向、任务导向、目标导向，有的放矢地处理调研程序中发现的问题，努力实现不同视角下实施社区矫正循证矫正的精准性。二是注重循证矫正取证程序的广泛性。大力扩张取证渠道和证据来源，通过多途径、多方法、多载体，发掘证据和提炼证据。在努力实现证据来源广泛性和多样性的同时，充分发挥取证主体的主观能动性。通过营造主动参与、自主表达、共同担当的取证氛围，努力实现证据主体的广泛性和代表性。三是注重循证矫正质证程序的客观性。坚持在循证矫正监管者、循证矫正参与者、循证矫正针对者等三类群体中的平行质证和交叉质证。通过质证理论和质证实践的有机结合，通过质证社会价值取向和质证个体功能作用的综合评估，从中筛选和比对出循证矫正的最佳证据。四是注重循证矫正应用程序的适用性。着眼于对循证矫正方案的接受程度和配合程度，通过提升社区矫正日常教育矫治的技术含量和技术管理水平，实现循证矫正在激励悔罪动机和预防重新犯罪方面的积极效果。五是注重循证矫正评估程序的科学性。坚持循证矫正效果评估的精细化，确立以降低重新违法犯罪率为效果评估的首要标准，以客观公正和科学有效为效果评估的原则要求，以方法创新和数据更新为效果评估的基本模式，始终保持追求新事物和探索新实践的工作姿态，努力实现社区矫正循证矫正精细化的不断完善和不断创新。

第三，实现循证矫正精细化的质量优化。循证矫正质量关系到社区矫正效果，直接影响到社区矫正惩罚功能正当性的实现，最终影响到社区矫正的社会效果和法律效果。是否注重循证矫正质量和如何优化循证矫正质量，关键在于树立循证矫正评估意识和构建循证矫正评估体系。“社区矫正质量评估，是指按照一定的制度，组织一定的专业人员对社区矫正对象在矫正过程中所达到的悔改和达到‘守法公民’标准的需求、过程、影响进行整体考核评价的活动。”①根据循证矫正精细化的质量要求，我国社区矫正系统在构建循证矫正质量评估体系方面，应当切实把握以下两点：一是把握教育矫正质量评估原则。包括在坚持系统性原则方面，既要树立整体观，把教育矫正质量评估作为一个系统整体，又要树立联系观，明确教育矫正系统内部各要素之间的内在联系；在坚持客观性原则方面，坚持实事求是的客观精神，根据合理有效的客观程序，对教育矫正质量作出客观评价；在坚持科学性原则方面，根据教育矫正质量评估的不同对象和不同内容，制订科学有效的评估方案，实行科学规范的评估程序，形成科学准确的评估结果；在标准性原则方面，实现教育矫正质量评估体系的标准化、评估方法的标准化、评估结果解释的标准化。二是把握教育矫正质量评估内容。包括：在遵纪守法评估内容方面，对社区矫正对象认罪悔罪、遵纪守法和服从矫正情况进行评估；在心理健康评估内容方面，对社区矫正对象认知方式修正、自控能力提高、心理问题调适、犯罪心理消除、守法心理建立、不良人格矫治等情况进行评估；在道德素质评估内容方面，对社区矫正对象道德认知、道德情感、道德行为情况进行评估；在社区适应评估内容方面，对社区矫正对象劳动观念、劳动技能以及社会适应能力情况进行评估。

2. 实现社区矫正刑罚矫治机制中的累进处遇合理化

累进处遇是社区矫正刑罚矫治机制的重要构成，实现累进处遇合理化，是实现社区矫正惩罚功能正当性的必要政策。在重塑社区矫正惩罚功能正当性的刑罚实践中，累进处遇合理化，有利于优化社区矫正刑罚执行政策体系，有利

① 姜祖桢主编：《社区矫正理论与实务》，法律出版社 2010 年版，第 354 页。

于体现奖惩结合与宽严结合的刑罚执行政策方式，有利于贯彻人道主义的刑罚执行价值目标，有利于激励和督促社区矫正对象的矫正热情和矫正行为。在全面推进社区矫正改革发展的进程中，只有努力实现累进处遇合理化，才能有效构建社区矫正刑罚矫治机制，为实现社区矫正惩罚功能正当性提供政策依据。

（1）累进处遇合理化与社区矫正惩罚功能正当性。在现代社区矫正刑罚执行实践中，累进处遇制度是将矫正对象社区矫正的时间分为几个阶段，依照矫正对象改善的程度，逐渐由下级进到上级，随着级别的递增，逐渐缓和其处遇，以鼓励矫正对象改过自新，使其成功地重新与社会结合的社区矫正制度。① 累进处遇作为一种传统的监狱矫正政策模式，最早产生于1840年澳大利亚诺福克岛的英国流放刑执行地，先由时任行政长官亚历山大·马克洛基提出并试行，后为其继任者克罗夫顿在进行改善的基础上，形成相对完善的累计处遇制度。在这以后，英美等西方国家将累进处遇引入矫正领域并上升到法律层面，在刑罚执行活动中取得了明显效果。

累进处遇制度的基本内涵包括：一是累进处遇的政策性。累进处遇其本身就是一项刑罚执行政策，即宽严相济的国家刑事政策。它针对矫正对象的不同矫正表现，施以不同的矫正处遇，从而充分体现区别对待的刑罚个别化原则，有效发挥累进处遇对于社区矫正的政策引领作用。二是累进处遇的激励性。矫正活动既是对矫正对象的刑罚执行过程，也是矫正对象自我改造的过程；而矫正对象的自我改造，又是一个需要不断获取动力和不断得到肯定的动态过程。累进处遇的根本效能，就是激励矫正对象的自我改造意识和自我改造行为，为促进矫正对象的矫正进程，赋予必要的精神动力。三是累进处遇的有效性。矫正活动是一个复杂的刑罚执行和社会治理系统工程，面临着诸多法律性和社会性的问题，而累进处遇在化解这些问题上表现出了应然的有效性。总体而言，累进处遇既是一种体现刑罚个别化原则的刑罚实践要求，可以有效地区别不同矫正对象的不同矫正表现而施以不同矫正处遇，进而维护刑罚执行的公平正义；又是一项实施分类管理制度的刑罚实践，可以有效地规范矫正监督管理活动，针对不同的矫正对象，分类施以有效的矫正项目管理，从而维护社区安全和

---

① 参见连春亮主编：《社区矫正理论与实务》，中国检察出版社2010年版，第155页。

维护社会稳定。

累进处遇的政策性、激励性和有效性，体现了累进处遇合理化与社区矫正惩罚功能正当性的必然联系。在现代社区矫正刑罚执行实践中，累进处遇作为宽严相济的刑罚执行政策，直接关系到社区矫正惩罚功能的政策导向，影响着惩罚功能严厉性或惩罚功能轻缓性的政策选择；累进处遇作为科学有效的刑罚执行措施，直接关系到社区矫正惩罚功能的刑罚效益，影响着社区矫正对象的矫正目标和矫正效果。从这个意义上来讲，累进处遇合理化，已经成为健全社区矫正刑罚矫治机制的重要政策，已经成为实施社区矫正惩罚功能的必然要求。我国累进处遇制度在监狱矫正领域，虽然进行了积极的探索并取得了积极的效果，但制度设置尚不完善、制度实施较为粗放；而累进处遇在社区矫正领域，则仅为刚刚起步，尚无明确的法律设置和严格的制度规范，可谓社区矫正法律体系中的一个制度缺陷。当前存在的社区矫正惩罚功能缺失或泛滥现象，在一定程度上与此有着相应的关系。换言之，由于社区矫正累进处遇制度不完善，难免导致社区矫正惩罚功能的实施对象盲目性和实施量度模糊性，难免导致社区矫正对象矫治处遇与社区矫正惩罚功能的分离状态。我国颁布实施的《社区矫正法》，在对社区矫正对象的监督管理方面，提出了宽严相济的奖励与惩戒措施；在对社区矫正对象的法律责任方面，明确了治安管理处罚与刑事责任追究的法律规定。这些规定虽未具体涉及累进处遇的刑罚概念，但却体现了累进处遇的刑罚内涵。依据《社区矫正法》的相关规定，我们只有努力实现社区矫正刑罚矫治机制中的累进处遇合理化，才能提升社区矫正教育矫正质量和教育矫正效益，为重塑社区矫正惩罚功能正当性，提供合理的刑罚支持。

(2)实现累进处遇合理化的改革构想。累进处遇作为传统监禁刑罚执行政策模式，将其借鉴引入现代非监禁刑罚执行领域，这无疑是我国社区矫正刑罚执行政策的一个转变，是我国社区矫正刑罚执行制度的一项改革。关于如何实现社区矫正累进处遇的合理化，健全社区矫正刑罚矫治机制，充分发挥累进处遇对于实现社区矫正惩罚功能正当性的积极作用，具体改革构想是：

第一，切实把握社区矫正与监狱矫正相衔接的累进处遇合理性。在国家刑罚执行体系中，社区矫正作为国家非监禁刑罚执行制度，监狱矫正作为国家监禁刑罚执行制度,两者之间具有同质性。例如,两者在刑罚本质上,均为国家刑罚执行方式,具有实施国家刑罚惩罚权能的本质属性;两者在刑罚目的上,均需要通过刑罚执行程序,达到惩罚犯罪与预防犯罪的刑罚价值;两者在刑罚功能上,均需要通过监督管理和教育矫正,充分发挥维护社会稳定和保障公平正义的重要作用。社区矫正与监狱矫正的同质性提示我们,社区矫正领域应当学习借鉴监狱矫正领域累进处遇的实践成果和惩戒经验,以加快社区矫正累进处遇的创新步伐。与此同时,也要注意监狱矫正与社区矫正在行刑方式上的差异性,既要切实把握两种不同刑罚执行方式相衔接的累进处遇合理性,又要切实避免将两种不同刑罚执行方式的累进处遇混为一体,而违背社区矫正累进处遇应有的科学性和合理性,在此基础上创新社区矫正累进处遇制度,为健全社区矫正刑罚矫治机制、实施社区矫正惩罚功能提供正当性依据。

第二,切实把握社区矫正与社会治理相关联的累进处遇合理性。社区矫正是社会治理创新的重要形式和重要成果,社会治理是社区矫正的重要依托和重要目标,两者之间的关联性,表明了实现社区矫正刑罚矫治机制中的累进处遇制度的重要性与必要性。累进处遇作为一种动态的刑罚执行方式,其能否有效地适应社区矫正和社会治理的新形势新任务,取决于累进处遇在动态运行过程中,能否不断地调整其运行方式、充实其运行内容、完善其运行机制。只有切实把握社区矫正与社会治理相关联的累进处遇合理性,才能及时有效地化解社区矫正与社会治理联结中面临的各种矛盾和问题,更好地体现社区矫正累进处遇的刑罚功能和社会功能,为实施社区矫正的惩罚功能提供正当性依据。

第三,切实把握社区矫正与处遇标准相协调的累进处遇合理性。社区矫正累进处遇制度的实施依据,源自社区矫正对累进处遇的刑罚执行需求,主要包括监督管理活动对累进处遇的需求、教育矫正活动对累进处遇的需求。实现客观的社区矫正需求,应当依托合理的累进处遇制度;构建合理的累进处遇制度,应当确立合理的累进处遇标准。而衡量累进处遇标准合理性的基本条件包括:一是设置累进处遇标准,应衡量其是否具有科学合理的可操作性的处遇内容与处遇等级,是否能够体现社区矫正对象法益的合理配置,是否能够体现社区矫正对象处遇的宽严相济,尤其是涉及社区矫正对象合法权益的处遇标准,应当设定在社区矫正法律明确规定剥夺权利和赋予权利的范畴之外。二是实施累进处遇标准,应衡量其是否做到了根据不同社区矫正对象的矫正类型,划分不同社区矫正对象的处遇等级,实施不同社区矫正对象的处遇标准。只有做到了累进处遇标准的法律设置与法律实施相结合,才能切实把握社区矫正与处遇标准的相协调,提高社区矫正累进处遇的整体效能,为实施社区矫正惩罚功能提供正当性依据。

参考文献

一、专著类

[1]高铭暄、马克昌主编:《刑法学》(第4版),高等教育出版社2010年版。

[2]高铭暄、赵秉志主编:《刑罚总论比较研究》,北京大学出版社2008年版。

[3]高铭暄主编:《刑法学原理》,中国人民公安大学出版社2005年版。

[4]马克昌主编:《刑罚通论》,武汉大学出版社1999年版。

[5]马克昌主编:《近代西方刑法学说史》,中国人民公安大学出版社2008年版。

[6]马克昌主编:《近代西方刑法学说史略》,中国检察出版社2004年版。

[7]吴宗宪主编:《中国刑罚改革论》,北京师范大学出版社2011年版。

[8]吴宗宪:《社区矫正比较研究》,中国人民大学出版社2011年版。

[9]吴宗宪:《中国社区矫正规范化研究》,北京师范大学出版社2021年版。

[10]张文显:《法哲学范畴研究》,中国政法大学出版社2001年版。

[11]张文显主编:《法理学》,高等教育出版社、北京大学出版社1999年版。

[12]张文显:《权利与人权》,法律出版社2011年版。

[13]赵秉志、张智辉:《中国刑法的运用与完善》,法律出版社1989年版。

[14]陈兴良:《刑法的价值构造》(第2版),中国人民大学出版社2016年版。

[15]刘强编著:《美国刑事执法的理论与实践》,法律出版社2000年版。

[16]刘强主编:《社区矫正制度研究》,法律出版社2003年版。

[17]刘强主编:《英国社区刑罚执行制度研究》,中国法制出版社2011

年版。

[18]邱兴隆:《比较刑法:第二卷刑罚基本理论专号》,中国检察出版社2004年版。

[19]邱兴隆、许章润:《刑法学》,中国政法大学出版社1999年版。

[20]邱兴隆:《刑罚的哲理与法理》,法律出版社2003年版。

[21]邱兴隆:《刑罚理性泛论——刑罚的正当性展开》,中国检察出版社2008年版。

[22]翟中东:《刑罚问题的社会学思考:方法及运用》,法律出版社2010年版。

[23]翟中东:《刑罚个别化研究》,中国人民公安大学出版社2001年版。

[24]翟中东:《社区性刑罚的崛起与社区矫正的新模式——国际的视角》,中国政法大学出版社2013年版。

[25]徐静村主编:《减刑、假释制度改革研究》,中国检察出版社2011年版。

[26]谭世贵等:《中国司法体制改革研究》,中国人民公安大学出版社2013年版。

[27]储槐植:《美国刑法》,北京大学出版社2005年版。

[28]陈金钊主编:《法律方法论》,中国政法大学出版社2007年版。

[29]肖扬主编:《中国刑事政策和策略问题》,法律出版社1996年版。

[30]沈宗灵、黄丹森主编:《西方人权学说》(下),四川人民出版社1994年版。

[31]谢望原:《刑罚价值论》,中国检察出版社1999年版。

[32]冯卫国:《行刑社会化研究——开放社会中的刑罚趋向》,北京大学出版社2003年版。

[33]高莹主编:《社区矫正工作手册》,法律出版社2015年版。

[34]赵汀阳:《人之常情》,辽宁人民出版社1998年版。

[35]姜祖桢主编:《社区矫正理论与实务》,法律出版社2010年版。

[36]何秉松主编:《刑事政策学》,群众出版社2002年版。

[37]王立峰:《法治中国》,人民出版社2014年版。

[38]王立峰:《惩罚的哲理》(第 2 版),清华大学出版社 2013 年版。

[39]钟安惠:《西方刑罚功能论》,中国方正出版社 2001 年版。

[40]王宏玉:《非监禁刑问题研究》,中国人民公安大学出版社 2008 年版。

[41]包雯等:《21 世纪刑罚价值取向研究》,知识产权出版社 2006 年版。

[42]曾粤兴:《刑罚伦理》,北京大学出版社 2015 年版。

[43]贾宇:《社区矫正导论》,知识产权出版社 2010 年版。

[44]杜雪晶:《轻罪刑事政策的中国图景》,中国法制出版社 2013 年版。

[45]张昱主编:《更生时代:社区矫正社会工作案例研究》,华东理工大学出版社 2017 年版。

[46]潘华仿主编:《外国监狱史》,社会科学文献出版社 1994 年版。

[47]郝方昉:《刑法现代化研究》,中国政法大学出版社 2011 年版。

[48]王平主编:《社区矫正制度研究》,中国政法大学出版社 2014 年版。

[49]梅义征:《社区矫正制度的移植、嵌入与重构——中国特色社区矫正制度研究》,中国民主法制出版社 2015 年版。

[50]田兴洪:《社区矫正中的社区参与模式研究》,法律出版社 2017 年版。

[51]王世洲:《德国经济犯罪与经济刑法研究》,北京大学出版社 1999 年版。

[52]梁根林:《刑事制裁:方式与选择》,法律出版社 2006 年版。

[53]卢建平:《刑事政策学》,中国人民大学出版社 2007 年版。

[54]蔡道通:《刑事法治的基本立场》,北京大学出版社 2008 年版。

[55]连春亮主编:《社区矫正理论与实务》,中国检察出版社 2010 年版。

[56]白泉民主编:《刑罚变更执行法律监督制度研究》,中国检察出版社 2009 年版。

[57]高贞主编:《社区矫正执行体系研究》,法律出版社 2017 年版。

[58]王耀忠:《非监禁刑研究》,法律出版社 2016 年版。

[59]杨春雷:《中国行刑问题研究》,人民出版社 2011 年版。

[60]贡太雷:《惩戒与人权:中国社区矫正制度的法治理论》,法律出版社 2015 年版。

[61]屈学武主编:《刑法改革的进路》,中国政法大学出版社 2012 年版。

[62]陈宗友:《监狱行刑理性论》,法律出版社 2014 年版。

[63]於兴中:《法治东西》,法律出版社 2015 年版。

[64]陆幸福:《迈向法治主义》,法律出版社 2014 年版。

[65]王人博、程燎原:《法治论》,广西师范大学出版社 2015 年版。

[66]靳辉明主编:《中国特色社会主义理论体系研究》,海南出版社 1998 年版。

[67]虞崇胜:《政治文明论》,武汉大学出版社 2003 年版。

[68]武经伟、高萍美:《公民社会的人文发展:中国公民社会的道德文化与政治生态》,上海三联书店 2012 年版。

[69]周向军等:《精神文明发展规律论》,山东大学出版社 2006 年版。

[70]张晓玲主编:《人权法学》,中共中央党校出版社 2014 年版。

[71]罗玉中等:《人权与法制》,北京大学出版社 2001 年版。

[72]张善恭:《行为法学》,上海人民出版社 2015 年版。

[73]朱立恒:《社会主义法治理念视野下的司法体制改革》,法律出版社 2012 年版。

[74]朱淑丽:《中国式民主框架下的法治建设》,学林出版社 2015 年版。

[75]聂慧苹:《刑事政策的刑法规范化研究》,法律出版社 2015 年版。

[76]刘杨:《法律正当性观念的转变——以近代西方两大法学派为中心的研究》,北京大学出版社 2008 年版。

[77]周勇主编:《统一刑罚执行体制研究》,法律出版社 2018 年版。

[78]董淑君:《刑罚的要义》,人民出版社 2004 年版。

[79]欧阳康主编:《社会认识方法论》,武汉大学出版社 1998 年版。

[80]戚渊等:《法律论证与法学方法》,山东人民出版社 2005 年版。

[81]沈志先主编:《法律方法论》,法律出版社 2014 年版。

[82]江国华:《中国司法学》,武汉大学出版社 2016 年版。

[83]张中秋:《中西法律文化比较研究》,中国政法大学出版社 2010 年版。

[84]周玉华主编:《中国司法学》,法律出版社 2015 年版。

[85]陈根发:《宽容的法理》,知识产权出版社2008年版。

[86]陈正云:《刑法的精神》,中国方正出版社1999年版。

[87]童伟华:《法律与宽容——以中国刑政为视点》,社会科学文献出版社2008年版。

[88]胡志军:《刑罚功能新解》,山东大学出版社2015年版。

[89]陈征楠:《法的正当性问题的道德面向》,中国政法大学出版社2014年版。

[90]刘作翔:《法理学视野中的司法问题》,上海人民出版社2003年版。

[91]肖乾利、熊启然:《社区矫正基本问题研究》,法律出版社2022年版。

[92]肖乾利主编:《社区矫正理论与实务研究》,法律出版社2021年版。

[93]司绍寒:《社区矫正程序问题研究》,法律出版社2019年版。

[94]汪世荣主编:《枫桥经验:基层社会治理的实践》,法律出版社2018年版。

[95]马兰花:《社区矫正机制问题研究》,法律出版社2022年版。

二、译著类

[1][德]黑格尔:《法哲学原理》,范扬、张企泰译,商务印书馆1996年版。

[2][德]康德:《法的形而上学原理:权利的科学》,沈叔平译,商务印书馆1991年版。

[3][德]孟德斯鸠:《论法的精神》(上册),张雁深译,商务印书馆1966年版。

[4][德]安塞尔姆·里特尔·冯·费尔巴哈:《德国刑法教科书》,徐久生译,中国方正出版社2010年版。

[5][德]佛兰茨·冯·李斯特:《德国刑法教科书》,徐久生译,法律出版社2000年版。

[6][德]冯·李斯特:《论犯罪、刑罚与刑事政策》,徐久生译,北京大学出版社2016年版。

[7][德]马克斯·韦伯:《经济与社会》(上卷),林荣远译,商务印书馆1998

年版。

[8][德]哈贝马斯:《合法化危机》,刘北成、曹卫东译,上海人民出版社2000年版。

[9][德]哈贝马斯:《交往与社会进化》,张博树译,重庆出版社1989年版。

[10][德]哈贝马斯、卢曼:《社会理论还是社会技术学》,法兰克福1972年版。

[11][德]尼采:《论道德的谱系》,周红译,三联书店1992年版。

[12][德]克劳斯·罗克辛:《刑事政策与刑法体系》(第2版),蔡桂生译,中国人民大学出版社2011年版。

[13][德]克劳斯·罗克辛:《德国刑法学·总论》(第1卷),王世洲译,法律出版社2005年版。

[14][德]卡尔·施米特:《合法性与正当性》,冯克利等译,上海人民出版社2015年版。

[15][德]罗伯特·阿列克西:《法律论证理论——作为法律证立理论的理性论辩理论》,舒国滢译,中国法制出版社2002年版。

[16][德]赫尔穆特·科殷:《法哲学》,林荣远译,华夏出版社2002年版。

[17][德]梅尔:《德国观念论与惩罚的概念》,邱帅萍译,知识产权出版社2017年版。

[18][美]约翰·罗尔斯:《正义论》,何怀宏等译,中国社会科学出版社1988年版。

[19][美]劳伦斯·梭伦:《法理词汇:法学院学生的工具箱》,王凌皞译,中国政法大学出版社2010年版。

[20][美]E.博登海默:《法理学——法哲学及其方法》,邓正来等译,华夏出版社1987年版。

[21][美]戴维·米勒:《布莱克维尔政治思想百科全书》,邓正来译,中国政法大学出版社1992年版。

[22][美]阿尔蒙德·鲍维尔:《比较政治学——体系、过程和政策》,曹沛霖译,上海译文出版社1987年版。

[23][美]李普塞特:《政治人——政治的社会基础》,张绍宗译,上海人民出版社 1997 年版。

[24][美]迈克尔·D. 贝勒斯:《法律的原则》,张文显译,中国大百科全书出版社 1996 年版。

[25][美]哈伯特·帕克:《刑事制裁的界限》,梁根林译,法律出版社 2008 年版。

[26][美]塞缪尔·亨廷顿:《变化社会中的政治秩序》,王冠华译,上海译文出版社 1988 年版。

[27][美]C. E. 布莱克:《现代化的动力》,段小光译,四川人民出版社 1988 年版。

[28][美]R. E. 昂格尔:《现代社会中的法律》,周汉华译,凤凰出版传媒集团、译林出版社 2008 年版。

[29][美]保罗·H. 罗宾逊:《刑法的分配原则:谁应受刑,如何量刑?》,沙丽金译,中国人民公安大学出版社 2009 年版。

[30][美]科尔曼:《原则的实践——为法律理论的实用主义方法辩护》,丁海俊译,法律出版社 2006 年版。

[31][英]理查德·霍金斯·杰弗里·P. 阿尔伯特:《美国监狱制度——刑罚与正义》,孙晓雳、林遐译,中国人民公安大学出版社 1991 年版。

[32][英]边沁:《立法理论——刑法典原理》,孙力等译,中国人民公安大学出版社 1993 年版。

[33][英]边沁:《政府片论》,沈叔平译,商务印书馆 1995 年版。

[34][英]威廉·葛德文:《政治正义论》(第 2 卷),何慕李译,商务印书馆 1997 年版。

[35][英]霍布斯:《利维坦》,黎思复、黎廷弼译,商务印书馆 1997 年版。

[36][英]汤因比:《历史研究》(下册),郭小凌译,上海人民出版社 1997 年版。

[37][英]米尔恩:《人的权利与人的多样性》,夏勇等译,中国大百科全书出版社 1995 年版。

[38][英]威廉姆·威尔逊:《刑法理论的核心问题》,谢望原、罗灿、王波译,中国人民大学出版社 2015 年版。

[39][英]戴雪:《英宪精义》,雷宾南译,中国法制出版社 2001 年版。

[40][英]戈登·休斯:《解读犯罪预防——社会控制、风险与后现代》,刘晓梅、刘志松译,中国人民公安大学出版社 2009 年版。

[41][英]艾伦·诺里:《刑罚、责任与正义:关联批判》,杨丹译,中国人民大学出版社 2009 年版。

[42][英]戴维·米勒、韦农·波格丹诺主编:《布莱克维尔政治学百科全书》,邓正来译,中国政法大学出版社 2002 年版。

[43][法]米歇尔·福柯:《规训与惩罚》,刘北成、杨远婴译,生活·读书·新知三联书店 2012 年版。

[44][法]米海依尔·戴尔玛斯-马蒂:《刑事政策的主要体系》,卢建平译,法律出版社 2000 年版。

[45][法]阿列克西·德·托克维尔:《论美国的民主》,高牧缩译,南海出版公司 2007 年版。

[46][法]让·马克·夸克:《合法性与政治》,佟心平译,中央编译出版社 2002 年版。

[47][法]涂尔干:《道德教育》,陈金光等译,上海人民出版社 2001 年版。

[48][日]大谷实:《刑事政策学》,黎宏译,法律出版社 2000 年版。

[49][日]大塚仁:《刑法概说》(总论第 3 版),冯军译,中国人民大学出版社 2009 年版。

[50][日]森下忠:《刑事政策的论点》,成文堂 1994 年版。

[51][日]平野龙一:《刑法总论》,有斐阁 1992 年版。

[52][日]中山研一:《刑法总论》,成文堂 1989 年版。

[53][意]切萨雷·贝卡里亚:《论犯罪与刑罚》,黄风译,北京大学出版社 2014 年版。

[54][意]切萨雷·贝卡里亚:《论犯罪与刑罚》,黄风译,中国大百科全书出版社 1993 年版。

[55][意]菲利:《犯罪社会学》,郭建安译,中国人民公安大学出版社 1990 年版。

[56][意]菲利:《犯罪社会学》,郭建安译,中国人民公安大学出版社 2004 年版。

[57][意]杜里奥·帕多瓦尼:《意大利刑法学原理》,陈忠林译,法律出版社 1998 年版。

[58][加]大卫·戴岑豪斯:《合法性与正当性:魏玛时代的施米特、凯尔森与海勒》,刘毅译,商务印书馆 2015 年版。

[59][挪威]托马斯·马蒂森:《受审判的监狱》,胡菀如译,北京大学出版社 2014 年版。

[60][挪威]安德聂斯:《刑罚与预防犯罪》,钟大能译,法律出版社 1983 年版。

[61][印]阿马蒂亚·森:《正义的理念》,王磊、李航译,中国人民大学出版社 2012 年版。

[62][苏]T. M. 尚巴:《法律秩序与民主》,常玢译,载《法学译丛》1987 年第 4 期。

三、编著类

[1]中央编译局编译:《马克思恩格斯全集》(第 19 卷),人民出版社 1963 年版。

[2]中共中央党史和文献研究院编:《习近平关于总体国家安全观论述摘编》,中央文献出版社 2018 年版。

[3]中国法律年鉴编辑部编辑:《中国法律年鉴[2017]》,中国法律年鉴社 2017 年版。

[4]司法部社区矫正管理局编:《全国社区矫正发展情况与数据统计》,法律出版社 2017 年版。

[5]《全国法院司法统计数据》,载《最高人民法院公报》2009 年第 3 期、2010 年第 4 期、2011 年第 4 期、2012 年第 4 期、2013 年第 4 期、2014 年第 4 期。

[6]全国人大常委会法制工作委员会组织编写:《中国特色社会主义法律体系学习读本》,新华出版社2011年版。

[7]中国社会科学院语言研究所词典编辑室编:《现代汉语词典》,商务印书馆1983年版。

[8]百名法学家百场报告会组委会办公室编:《法治百家谈——百名法学家纵论中国法治进程》,中国长安出版社2007年版。

[9]张文显主编:《中国特色社会主义司法理论体系研究》,法律出版社2014年版。

[10]邱兴隆主编:《比较刑法》(第1卷死刑专号),中国检察出版社2001年版。

[11]刘强、姜爱东主编:《社区矫正评论》(第4卷),中国人民公安大学出版社2014年版。

[12]俞可平主编:《国家底线:公平正义与依法治国》,中央编译出版社2014年版。

[13]刘家琛:《当代刑罚价值研究》,法律出版社2003年版。

[14]王珏、王平、杨诚主编:《中加社区矫正概览》,法律出版社2008年版。

四、期刊类

[1]沈宗灵:《论法律移植和比较法学》,载《外国法译评》1995年第1期。

[2]张文显:《继承·移植·改革:法律发展的必由之路》,载《社会科学战线》1995年第2期。

[3]张文显:《建设中国特色社会主义法治体系》,载《法学研究》2014年第6期。

[4]江必新:《正确认识司法与政治的关系》,载《求是》2009年第24期。

[5]江必新:《深化依法治国实践刍论》,载《法学杂志》2017年第12期。

[6]公丕祥:《法制现代化的概念架构》,载《法律科学》1998年第4期。

[7]公丕祥:《当代中国能动司法的意义分析》,载《江苏社会科学》2000年第5期。

[8]刘强:《社区矫正的定位及社区矫正工作者的基本素质要求》,载《法治论丛》2003年第2期。

[9]何勤华:《法的移植与法的本土化》,载《中国法学》2002年第3期。

[10]何勤华:《关于法律移植语境中几个概念的分析》,载《法治论丛》2002年第5期。

[11]何勤华:《法的国际化与本土化——以中国近代移植外国法实践为中心的思考》,载《中国法学》2011年第4期。

[12]刘崇亮:《本体与属性:监狱惩罚的新界定》,载《法律科学》(西北政法大学学报)2012年第6期。

[13]信春鹰:《中国特色社会主义法律体系及其重大意义》,载《法学研究》2014年第6期。

[14]刘东根:《两极化——我国刑事政策的选择》,载《中国刑事法杂志》2002年第6期。

[15]康树华:《新社会防卫论评析》,载《贵州社会科学》1992年第2期。

[16]杨红文:《非监禁刑乃刑罚轻缓之必然》,载《学术交流》2007年第3期。

[17]贾学胜:《非犯罪化的概念界定》,载《暨南学报》(哲学社会科学版)2007年第1期。

[18]刘凌梅:《域外非犯罪化的立法途径及启示》,载《国家检察官学院学报》2015年第6期。

[19]马荣春、王超强:《论犯罪化与非犯罪化》,载《犯罪研究》2012年第6期。

[20]张绍彦:《刑罚实现探析》,载《现代法学》1999年第2期。

[21]廖劲敏:《刑罚的非监禁化及其在中国的实现》,载《南京社会科学》2008年第7期。

[22]阎少华、杨秀春:《对管制刑的历史考察与再认识》,载《理论学刊》2003年第4期。

[23]田宏杰:《本土化还是国际化:中国刑法现代化的道路选择》,载《禁令

法律评论》2001 年春季卷。

[24]肖飞:《社区矫正规范化之探析》,载《贵州警官职业学院学报》2013 年第 3 期。

[25]邵建云:《建立和完善新型科学决策机制研究》,载《社会经济问题调研》2004 年第 8 期。

[26]孙辉:《罪犯的监狱矫正与社区矫正模式比较——以上海市为例》,载《南京师大学报》(社会科学版)2007 年第 4 期。

[27]杨烨:《论犯罪论中的折衷主义》,载《法制与社会》2007 年第 2 期。

[28]马灵喜:《社区矫正标准化研究》,载《中国司法》2016 年第 12 期。

[29]韩轶:《试论惩罚犯罪的刑罚目的》,载《河南公安高等专科学校学报》2004 年第 1 期。

[30]肖金明:《推进法治社会理论与实践创新》,载《法学杂志》2017 年第 8 期。

[31]杨红文:《非监禁刑改革的困境与进路》,载《湖南大学学报》(社会科学版)2009 年第 4 期。

[32]法言:《判断法律体系形成的主要标志——话说中国特色社会主义法律体系的形成》,载《中国人大》2011 年第 12 期。

[33]徐靖:《高校校规:司法适用的正当性与适用原则》,载《中国法学》2017 年第 5 期。

[34]周勇:《循证矫正若干问题探究》,载《中国司法》2014 年第 1 期。

[35]李林:《全面推进依法治国的时代意蕴》,载《法学研究》2014 年第 6 期。

[36]郭道晖:《法治国家与法治社会、公民社会》,载《政法论丛》2007 年第 5 期。

[37]张立伟:《什么是法治思维和法治方式》,载《学习时报》2014 年 3 月 31 日。

[38]姚莉:《司法公正要素分析》,载《法学研究》2003 年第 5 期。

[39]汪振江、王更:《能动司法:程序公正与实体公正的平衡》,载《兰州大学

学报》(社会科学版)2011 年第 6 期。

[40]胡云腾:《公正司法重在契合人民群众的公平正义观念》,载《法制日报》2013 年 8 月 14 日,第 9 版。

[41]张祥明:《宽容:庄子的认识论精神》,载《齐鲁学刊》1998 年第 6 期。

[42]叶传星:《和谐社会构建中的法理念转换》,载《法制与社会发展》2006 年第 1 期。

[43]刘权:《论必要性原则的客观化》,载《中国司法》2016 年第 5 期。

[44]刘政:《社区矫正惩罚功能正当性的法理研判和理性回归》,载《南海法学》2019 年第 1 期。

[45]刘政:《论社会安全刑罚基础与社区矫正刑罚功能》,载《江海学刊》2019 年第 3 期。

[46]刘政:《论社区矫正的刑罚功能与社区矫正警察体制》,载《江西警察学院学报》2019 年第 4 期。

[47]刘政:《完善社区矫正管理体制之构想》,载《法学杂志》2018 年第 4 期。

[48]吴宗宪:《我国社区矫正法的历史地位与立法特点》,载《法学研究》2020 年第 4 期。

[49]李岚林:《"柔性"矫正:未成年人社区矫正的理论溯源与实践路径》,载《河北法学》2020 年第 10 期。

[50]吴宗宪:《再论社区矫正的法律性质》,载《人民司法》2022 年第 1 期。

[51]刘强:《我国社区矫正顶层设计中存在的主要问题及解决对策》,载《辽宁师范大学学报(社会科学版)》2022 年第 2 期。

五、外文文献类

[1]Black's Law Dictionary, West Group, S. T. Paul, Minn, 1999.

[2]The Law Lexion, by T. P. Mukherjee & K. K. Singh, Central Law Agency, 1989.

[3]Orris N., The future of imprisonment. University of Chicago Press, 1974;

76 – 79.

[4]John Rawls, Two Concepts of Rules, The Philosophical Review, 64: 3 – 32(1955).

[5]Hart, Punishment and Responsibility, Oxford University Press, 1968, p. 1.

[6]Tyler, Why People Obey the Law, Yale University Press, Newhaven and London, 1990, p. 172.

[7]Aleksander Peczenik, On Law and Reason, Kluwer Academic Publisher, 1989, p. 74.

[8]Rebert M. Bohm & Keith N. Haley, introduction to criminal justice(New York: Glencoe/McGraw – Hill, 1997), p. 383.

[9]R. A. Duff, Trails and Punishment, Cambridge: Cambridge University Press, 1986, p. 4.

[10]Joel Feinberg, Harmless Wrongdoing, New York/Oxford: Oxford University Press, (1988), p. 124 – 175.

[11]Jeffrie G. Murphy, Does Kant have a Theory of Punishment? Columbia Law Review, 87(1987), p. 532.

[12]Herbert L. Packer, The Limits of the Criminal sanction, Stanford: University Press, 1968, p. 9.

[13]Morton J. 1994, A Guide to the Criminal Justice and Public Order Act 1994. Lindon; Macmillan.

[14]Nuvolone La legislation penaleitaliennerecente et la politique criminelle criminellebipolaire, Revuedesciencecriminelle et droit penal comparela politique 1982.

[15]Petersilia J., Turner S. & Peterson, J., Prisonversus Probationin Calfiornia (R – 3323 – NIJ), Santa Mon , Santa Monica: RAND, 1986.

[16] Joseph Raz., The Authority of Law, Oxford University Press, 1983, p. 211 – 213.

[17]Robert Adams, The Abuse of Punishment, Macmillan Press Ltd., 1988,

p. 3 - 25.

[18] Jurgen Habermas, Justification and Application: Remarks on Discourse Ethics, tr. Ciaran. Cambridge: Polity Press, 1993, p. 2.

[19] Kant, kritik der reinen Vernunft, Hamburg: Verlag von Felix Meiner, 1956, p. 22 - 23.

[20] John awis, Two concepts of Rules, The Philosophical Review 64: 3 - 32 (1955).

[21] Raphael Cohen - Almagor, The Boundarles of Liberty Tolerance, University Press of Florida Gainesville, 1994, p. 9.

[22] Eberhard Grabitz, Der Grundsatz der Verhältnismässigkeit in der Rechtsprechung des Bundesverfassungsgerichts, 570 (1973).

[23] Lothar Hirschberg, Der Grundsatz der Verhältnismässigkeit, Göttingen: Schwartz, 50 (1981).

[24] Herbert L. Packer, The Limits of the Criminal Sanction 67 - 68 (Stanford 1968).

[25] SveinEng, Legislative Inflation and the Quality of Law, Luc Wintgens eds, Legisprudence: New Theoretical Approach to Legislation, Hart Publishing 2002, p. 66 - 79.

后　记

本书是笔者在对原主持结项的国家社会科学基金青年项目《社区矫正的惩罚功能及其实现路径研究》的研究成果进行大幅修改、充实、整理的基础上，最终形成的书稿。本书在社区矫正制度建设的理论研究和实践探索方面有所创新、有所开拓，对于当前深入进行社区矫正惩罚功能正当性研究颇有学术价值和应用价值。但由于受限于本人法理学识的粗浅和法律实践的不足，本书可能在内容上存在疏漏之处，在观点上存在偏误之处，敬请读者批评指正。

本书能够得以顺利出版发行，首先要感谢谭世贵教授的精心指导，他作为笔者当年的博士研究生导师，长期以来一直关心指导我的教学生涯和业务成长，尤其是对本书内容提出了宝贵的指导意见，并亲自为本书的出版作序；同时要感谢海南大学法学院对本书出版的慷慨资助；感谢法律出版社有关负责同志和责任编辑的支持与帮助，他们为本书的顺利出版发行付出了艰辛和汗水。